에듀윌과 함께 시작하면,
당신도 합격할 수 있습니다!

편입 합격 후 대학에 진학했으나 학과 전공이 맞지 않아
휴학 후 다시 편입을 결심하여 서강대에 합격한 3학년 대학생

직장생활을 하며 2년간 편입공부를 해
인서울 대학에 당당히 합격한 30대 직장인

대학진학을 포기하고 20살 때 학점은행제 독학사를 통해 전문학사를 취득하고
편입을 준비하여 합격한 21살 전문학사 수험생

군복무 중 취업에 대해 고민하다 공대계열 학과로 편입을 결심하여
1년 만에 한양대에 합격한 복학생

누구나 합격할 수 있습니다.
시작하겠다는 '다짐' 하나면 충분합니다.

마지막 페이지를 덮으면,

에듀윌과 함께
편입 합격이 시작됩니다.

6년간 아무도 깨지 못한 기록

합격자 수 1위
에듀윌

KRI 한국기록원 2016, 2017, 2019년 공인중개사 최다 합격자 배출 공식 인증 (2022년 현재까지 업계 최고 기록)

에듀윌을 선택한 이유는 분명합니다

편입 교육
브랜드만족도

1위

3년 연속 서성한반
서울소재 대학 합격

100%

합격 시
업계 최대 환급

500%

업계 최초
불합격 시 환급

100%

에듀윌 편입을 선택하면
합격은 현실이 됩니다.

3년 연속 서성한반 서울소재 대학 100% 합격자 배출* 교수진

합격까지 이끌어줄 최정예 합격군단
에듀윌 편입 명품 교수진을 소개합니다.

기본이론부터 문제풀이까지 6개월 핵심압축 커리큘럼

기본이론 완성	핵심유형 완성	기출심화 완성	적중실전 완성	파이널
기본이론 압축 정리	핵심포인트 집중 이해	기출문제 실전훈련	출제유력 예상문제 풀이	대학별 예상 모의고사

에듀윌 편입 시리즈
전격 출간

3년 연속 100% 합격자 배출* 교수진이 만든 교재로
합격의 차이를 직접 경험해 보세요.

* 본 교재 이미지는 변동될 수 있습니다.
* 여러분의 합격을 도와줄 편입 시리즈 정보는 에듀윌 홈페이지(www.eduwill.net)에서 확인하세요.

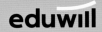

노베이스 수험생을 위한
편입 스타터팩 무료혜택

편입 영어 X 수학 입문강의
한 달이면 기초 탈출! 신규회원이면 누구나 신청 가능!

편입 영어 X 수학 입문 강의

· 한 달이면 기초 탈출 입문 강의
· 짧지만, 이해하기 쉬운 기초 탄탄 강의
· 1타 교수진 노하우가 담긴 강의

토익 베이직 RC/LC 강의

· 첫 토익부터 700+ 한 달이면 끝
· 편입 공인영어성적 준비를 위한 토익 기초 지원

합격비법 가이드

· 대학별 최신 편입 전형 제공
· 최신 편입 관련 정보 모음
· 합격전략 및 합격자 수기 제공

기출어휘 체크북

· 편입생이 꼭 알아야 할 편입 어휘의 모든 것
· 최신 기출 어휘를 빈도순으로 구성

편입 합격!
에듀윌과 함께하면 현실이 됩니다.

스타터팩
무료 이벤트

* 본 혜택과 경로는 예고 없이 변경되거나 대체될 수 있습니다.

에듀윌 편입의
독한 관리 시스템

전문 학습매니저의 독한 관리로
빠르게 합격할 수 있도록 관리해 드립니다.

독한 담임관리

· 진단고사를 통한 수준별 학습설계
· 일일 진도율부터 성적, 멘탈까지 관리
· 밴드, SNS를 통한 1:1 맞춤 상담 진행
· 담임 학습매니저가 합격할 때까지
  독한 관리

독한 학습관리

· 학습진도 체크 & 학습자료 제공
· 데일리 어휘 테스트
· 모의고사 성적관리 & 약점 보완 제시
· 대학별 배치상담 진행

독한 생활관리

· 출석 관리
· 나의 학습량, 일일 진도율 관리
· 월별 총 학습시간 관리
· 슬럼프 물리치는 컨디션 관리
· 학원과 동일한 의무 자습 관리

친구 추천하고
한 달 만에 920만원 받았어요

2021년 2월 1달간 실제로 리워드 금액을 받아가신
*a*o*h**** 고객님의 실제사례입니다.

자세한 내용이 궁금하다면 1600-6700

에듀윌
편입영어

기본이론 완성

논리

머리말

PREFACE

편입 영어에서 논리는 어휘와 독해의 종합 예술이다. 지문을 해석·이해하는 것도 매우 중요하지만 보기에 나온 어휘 뜻을 모른다면 답을 고를 수 없다. 그래서 수험생들은 문장 완성, 즉 논리 영역이 편입 영어에서 가장 어렵다고 한다. 그렇지만 체계적으로 학습한다면 논리 영역은 충분히 정복할 수 있는 영역이기도 하다. 그렇다면 어떤 방식으로 학습하는 것이 효과적인가?

저자는 이를 해결하기 위한 첫 단계로 『기본 논리』를 출간하였다. 『기본 논리』는 논리 문제를 처음 접하는 학생들을 위하여 편입 시험에서 실제 출제된 문제들 중 난도가 그리 높지 않은 것들과, 저자가 기본 수준에서 필요하다고 생각하는 수준으로 예상 문제를 만들어서 수록하였다. 편입 논리의 효율적인 학습 데이터베이스를 만들기 위하여 지난 20년간 시행된 편입 시험을 분석하였고, 그 가운데 최근 2011~2020년도의 문제를 기본으로 220문제의 기출문제와 100문제의 예상 문제를 엄선하여 수록하였다.

『기본 논리』에서는 기본 수준에서 해결할 수 있는 문제와, 이보다 약간 더 어려운 수준의 문제로 국한하였다. 아무리 좋은 문제라도 보기의 단어가 너무 어렵다거나, 흥미를 잃을 정도로 어려운 문제들은 배제하였다. 논리는 어휘와 연계하여 학습하여야 그 효율을 배가할 수 있으므로 에듀윌 편입의 『기본 어휘』와 연계될 수 있는 예상 문제들을 상당수 수록하였다.

논리 문제들 중 상당수는 어휘를 알면 풀 수 있는 문제들이다. 하지만 어휘를 정확히 모르더라도 글의 방향성을 파악한다면 해결할 가능성이 높다. 본서에서는 그런 방향성을 파악하는 방법을 학습하고자 한다. 하지만 기본적으로 논리 영역에서 어휘는 매우 중요하므로 본서에 수록된 어휘를 철저히 학습하길 권한다.

본서에서는 각 단원의 도입부에 문장 완성의 원리를 파악할 수 있도록 자세히 설명하였다. 연습 문제에서는 플러스(+) 방향 유형의 문제를 100문제, 마이너스(−) 방향 유형의 문제를 80문제, 방향성 이외의 단서를 이용하여 푸는 문제들을 70문제, 최신 경향에 해당하는 유형의 50문제 등 총 300문제를 수록하였다. 기본 단계이므로, 문제를 풀 때 이 문제를 해결하는 단서는 무엇인지를 찾는 연습을 하며 풀어 나가면 향후 논리 학습을 위한 탄탄한 기본기를 다질 수 있을 것이다.

『기본 논리』를 충분히 학습하고 나면, 최근 기출문제를 유형별로 분석한 『유형 논리』, 최근 출제된 문제들을 종합형의 형태로 구성한 『기출 논리』, 그리고 실전과 유사하게 수준 높은 예상 문제로 만든 『실전 논리』 등을 이어서 학습하길 바란다. 이런 단계별 학습 과정을 따라간다면, 수많은 편입에 성공한 선배들이 보여 준 것처럼 실전에서 놀라운 성과를 거두게 될 것이다.

에듀윌과 함께 합격을 기원하며

저자 홍준기

논리 학습법

GUIDE

논리는 어휘와 독해의 결합이므로 전체 영역 가운데 가장 종합적인 능력을 요구하는 분야라고 할 수 있다. 충분한 어휘력과 정확한 글의 해독 능력을 갖추고 있으면 무난히 해결할 수 있는 영역이다.

1 충분한 어휘 실력을 기른다.

어휘는 어느 날 갑자기 실력이 쌓이는 것이 아니기 때문에 항상 꾸준히 암기하여야 한다. 단순하게 어휘를 암기하기보다는 어휘 간의 어울림(collocation)을 파악하고, 자주 나오는 표현이나 용례를 익혀 두는 것이 실전에서도 상당히 유용하다. 더불어 편입 시험에서는 어휘 학습 시 동의어나 유의어는 익혀도 반의어는 별로 신경을 쓰지 않는 경향이 있는데, 반의어는 논리 문제를 해결하는 데 유용한 단서가 될 수 있으므로 많이 쓰이는 반의어는 반드시 암기해 두는 게 좋다.

2 문장 내에서 어휘를 이해한다.

가능하다면 어휘는 예문과 함께 학습하는 게 좋으며, 문장 내에서 단서를 찾는 훈련과 병행하면 논리 실력 향상에 큰 성과를 얻을 수 있다. '이 문장에서는 이 단어를 키워드로 잡으면 앞뒤 관계에서 양보의 흐름을 이어 갈 수 있겠다.' 등 자기 스스로 글을 능동적으로 읽으며 생각해 보는 훈련을 하면 도움이 된다.

3 논리 문제를 조직적으로 활용한다.

논리 문제에서는 단서를 찾고 방향성을 파악하는 연습을 해야 한다. 자신이 푼 문제를 해설과 대조해 보면서 자신의 논리를 올바르게 정립해 가는 훈련을 하는 것이 중요하다. 여러 차례 핵심을 찾는 연습을 하다 보면 자신도 모르게 어느새 객관적인 논리의 틀에 익숙해지게 될 것이다.

4 독해를 소홀히 하면 안 된다.

여러 문장이 모여 단락이 되고, 여러 단락이 모여 글이 되는 것이다. 그렇기 때문에 독해를 하면서도 앞뒤 문장, 앞뒤 단락 간의 논리적인 판단을 하며 글을 읽어 가는 연습을 하는 게 좋다. 반대로 독해 지문 속에서 문장 간의 전환을 나타내는 표지에 유의하면서 글을 읽어 가는 연습 역시 유용할 것이다. 최근에는 단락 간의 관계를 묻거나 단락 속에 문장 자체를 채우는 문제도 빈번하므로, 여러 가지 글을 읽는 훈련을 할 때 문장 간의 관계 파악에도 유의해야 할 것이다.

이 책의 사용법 (논리 4단계 학습법)

GUIDE

논리는 원래 완성된 형태의 글 가운데 일부를 삭제한 후 다시 이를 완성시키는 문제 형태이다. 일부를 빈칸으로 구성한다고 해서 모든 문장이 논리 문제로써 적합한 것은 아니다. 논리 문제를 출제할 때에는, 반드시 정답을 도출할 수 있는 단서가 있어야 하고 이를 찾아내는 능력이 중요하다. 따라서 논리 영역의 학습법은 크게 네 단계로 나눠 볼 수 있다.

논리 문제를 풀기 위해서는 단서를 찾고 방향성을 판단하는 훈련이 선행되어야 하므로, 어휘의 활용을 중심으로 이를 체계적으로 훈련해야 한다. 대체로 글의 흐름을 이해하면서 앞뒤 관계를 대략적으로나마 판단할 수 있는 수준이 되면 충분히 유형에 대한 학습을 할 수 있다.

편입 시험에 가장 많이 출제되는 유형들을 학습하는 단계이다. 본서는 저자가 지난 20여 년간의 문제들을 체계적으로 분석하여 만든 교재이므로, 이를 철저히 학습하고 나면 논리 문제의 유형과 흐름을 정확하게 파악할 수 있다. 최신 기출문제를 바탕으로 하였기 때문에 최근 시험 경향도 쉽게 파악할 수 있을 것이다.

유형에 맞춰 학습하였던 논리를 이제는 종합적으로 풀어 보는 단계이다. 최신 기출문제를 중심으로 길고 복잡한 문제들까지 정리하는 단계이다. 이 단계를 거치고 나면 아무리 어렵고 복잡한 긴 글에서도 단서를 찾고 문제를 풀 수 있는 요령을 익힐 수 있다. 물론 뛰어난 독해력과 어휘력을 갖추는 것이 중요하다.

유형과 심화 과정 이후에는 실전 대비를 위한 예상 문제를 풀어야 한다. 시사적인 글뿐만 아니라 고전을 비롯하여 수준 높은 글에서 발췌한 문제들로 논리적인 훈련을 해야 한다. 이렇게 실전 난도에 맞춘 양질의 400문제를 풀고 나면 편입 시험에 대한 자신이 붙을 것이다. 고난도의 문제들에 대한 연습을 통해 실전에서도 흔들리지 않는 실력과 자신감을 기를 수 있다.

구성과 특징

FOREWORD

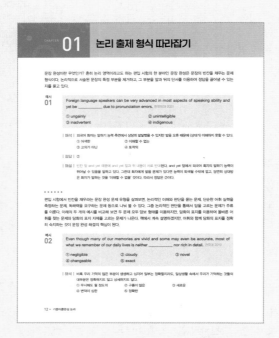

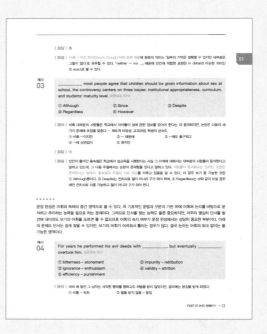

1 어휘와 연계 학습으로 학습 효과 극대화

논리는 어휘와 연계하여 학습하여야 그 효율을 배가할 수 있으므로, 본서의 앞부분에 최다 빈출 어휘 1500개를 수록하여, 학습 전 자신의 어휘를 평가하고 부족한 부분을 메꾼 뒤 학습에 임하도록 구성하였다. 더불어 에듀윌 편입의 『기본 어휘』와 연계될 수 있는 예상 문제들을 상당수 수록하였다.

2 편입 논리 방향성 이론의 집대성

논리 문제를 철저히 분석하여 방향성을 체계적으로 구성하였다. 막연한 이론이 아니라, 단순히 한 문제에만 적용되는 문제를 위한 이론이 아니라 보편타당한 이론 구성으로 방향성을 정립하였다. 논리 문제에 초보라도 이 책 한 권으로 논리 문제의 전반적인 틀을 파악할 수 있도록 구성하였다.

3 체계적인 학습으로 논리의 토대 구축

편입 논리의 효율적인 학습 데이터베이스를 만들기 위하여 지난 20년간 시행된 편입 시험을 분석하였고, 그 가운데 최근 2011~2020년도의 문제를 기본으로 220문제의 기출문제와 100문제의 예상 문제를 엄선하여 수록하였다. 플러스(+) 방향 유형의 문제를 100문제, 마이너스(−) 방향 유형의 문제를 80문제, 방향성 이외의 단서를 이용하여 푸는 문제들을 70문제, 최신 경향에 해당하는 유형의 50문제 등 총 300문제를 수록하였다.

4 4단계의 체계적인 단계별 학습 구성

단계별 시리즈 구성으로 체계적인 학습이 가능하도록 구성하였다. 〈기본 ⇨ 유형 ⇨ 기출 ⇨ 실전〉으로 이어지는 체계적인 에듀윌 편입 논리 시리즈를 학습하면 문제를 2,000개 이상 풀어볼 수 있으므로, 모든 단계를 마치고 나면 논리 영역만큼은 완벽한 실력을 가지게 될 것이다.

차례
CONTENTS

PART
01

논리 파헤치기

문장 완성이란 무엇인가? 흔히 논리 영역이라고도 하는 편입 시험의 한 분야인 문장 완성은 문장의 빈칸을 채우는 문제 형식이다. 논리적으로 서술된 문장의 특정 부분을 제거하고, 그 부분을 앞과 뒤의 단서를 이용하여 정답을 끌어낼 수 있는지를 묻고 있다.

예시 01

Foreign language speakers can be very advanced in most aspects of speaking ability and yet be _____ due to pronunciation errors. 한국외대 2021

① ungainly
② unintelligible
③ inadvertent
④ indigenous

| 해석 | 외국어 화자는 말하기 능력 측면에서 상당히 발달했을 수 있지만 발음 오류 때문에 (상대가) 이해하지 못할 수 있다.
　　　① 어색한　　　　　　　　　　　② 이해할 수 없는
　　　③ 고의가 아닌　　　　　　　　　④ 토착의

| 정답 | ②

| 해설 | 빈칸 앞 and yet 때문에 and yet 앞과 뒤 내용이 서로 반대된다. and yet 앞에서 외국어 화자의 말하기 능력이 뛰어날 수 있음을 말하고 있다. 그런데 화자에게 발음 문제가 있다면 능력이 퇴색될 수밖에 없고, 당연히 상대방은 화자가 말하는 것을 '이해할 수 없을' 것이다. 따라서 정답은 ②이다.

• • • • • •

편입 시험에서 빈칸을 채우라는 문장 완성 문제 유형을 살펴보면, 논리적인 이해와 판단을 묻는 문제, 단순한 어휘 실력을 측정하는 문제, 독해력을 요구하는 문제 등으로 나눠 볼 수 있다. 그중 논리적인 판단을 통해서 답을 고르는 문제가 주류를 이룬다. 아래의 두 개의 예시를 비교해 보면 두 문제 모두 양보 형태를 이용하지만, 담화의 표지를 이용하여 올바른 어휘를 찾는 문제와 담화의 표지 자체를 고르는 문제가 나온다. 책에서 계속 설명하겠지만, 어휘와 함께 담화의 표지를 정확히 숙지하는 것이 문장 완성 해결의 핵심이 된다.

예시 02

Even though many of our memories are vivid and some may even be accurate, most of what we remember of our daily lives is neither _____ nor rich in detail. 건국대 2019

① negligible
② cloudy
③ novel
④ changeable
⑤ exact

| 해석 | 비록 우리 기억의 많은 부분이 생생하고 심지어 일부는 정확할지라도, 일상생활 속에서 우리가 기억하는 것들의 대부분은 정확하지도 않고 상세하지도 않다.
　　　① 무시해도 될 정도의　　② 구름이 많은　　③ 새로운
　　　④ 변덕이 심한　　　　　　⑤ 정확한

| 정답 | ⑤

| 해설 | '비록 ~이긴 하지만(Even though)'이란 표현 때문에 본문의 의미는 '일부의 기억은 정확할 수 있지만 대부분은 그렇지 않다'로 유추할 수 있다. 「neither ~ nor ...」 때문에 빈칸에 적합한 표현은 in detail과 비슷한 의미인 ⑤ exact로 볼 수 있다.

예시 03

_____ most people agree that children should be given information about sex at school, the controversy centers on three issues: institutional appropriateness, curriculum, and students' maturity level. 숙명여대 2019

① Although   ② Since   ③ Despite

④ Regardless   ⑤ However

| 해석 | 비록 대부분의 사람들은 학교에서 아이들이 성에 관한 정보를 얻어야 한다는 데 동의하지만, 논란은 다음의 세 가지 문제에 초점을 맞춘다 – 제도적 타당성, 교과 과정, 학생의 성숙도.
　　　① 비록 ~이지만   ② ~ 때문에   ③ ~에도 불구하고
　　　④ ~에 상관없이   ⑤ 하지만

| 정답 | ①

| 해설 | 빈칸이 들어간 종속절은 학교에서 성교육을 시행한다는 사실 그 자체에 대해서는 대부분의 사람들이 동의한다고 말하고 있는데, 그다음 주절에서는 논란이 존재함을 있다고 말하고 있다. 사람들이 동의하고는 '있지만' 논란은 존재한다는 말에서, 종속절과 주절이 서로 대조를 이루고 있음을 알 수 있다. 이 경우 보기 중 가능한 것은 ① Although뿐이다. ③ Despite는 전치사로 절이 아니라 구가 와야 하며, ④ Regardless는 of와 같이 쓰일 경우에만 전치사로 사용 가능하고 절이 아니라 구가 와야 한다.

• • • • • •

문장 완성은 어휘와 독해의 중간 영역으로 볼 수 있다. 즉 기초적인 문법과 구문의 기반 하에 어휘와 논리를 바탕으로 분석하고 추리하는 능력을 필요로 하는 문제이다. 그러므로 단서를 찾는 능력도 물론 중요하지만, 아무리 열심히 단서를 발견해 내더라도 보기의 어휘를 모르면 풀 수 없으므로 어휘의 숙지 여부가 문장 완성에서는 상당히 중요한 부분이다. 아래의 문제도 단서는 쉽게 찾을 수 있지만, 보기의 어휘가 어려워서 틀리는 경우가 많다. 결국 논리는 어휘의 토대 없이는 불가능한 영역이다.

예시 04

For years he performed his evil deeds with _____, but eventually _____ overtook him. 성균관대 2021

① bitterness – atonement   ② impunity – retribution

③ ignorance – enthusiasm   ④ validity – attrition

⑤ efficiency – punishment

| 해석 | 여러 해 동안 그 남자는 사악한 행위를 행하고도 처벌을 받지 않았지만, 결국에는 응징을 받게 되었다.
　　　① 비통 – 속죄   ② 벌을 받지 않음 – 응징

③ 무지 – 열정   ④ 유효함 – 소모
⑤ 효율성 – 처벌

| 정답 | ②

| 해설 | 우선 두 문장이 but으로 연결되어 있으므로, 두 문장의 의미가 상반된 것임을 유추할 수 있다. 이를 감안하고 보기의 단어를 빈칸에 대입해 보면, 문맥상 '처벌을 받지 않았지만 but 결국 응징을 받았다'는 의미의 ②가 가장 자연스럽다.

• • • • • •

논리 형식의 문장 완성은 문장에서 단서를 찾고, 그 단서를 중심으로 전후 관계를 파악하여 논리적으로 추론하여 푸는 문제 유형이다. 주로 GRE와 같이 논리력을 요구하는 시험에서 출제되는 유형으로, 이런 경우는 개별적인 어휘뿐만 아니라 구조나 논리가 중요하다. 편입 시험에는 담화의 표지를 이용한 논리적인 문제 뿐 아니라, 글의 논리적인 흐름을 파악해서 푸는 문제들이 많다.

예시
05

Most people would admit that the English language is breaking down, but it is generally assumed that we cannot by conscious action do anything about it. Our civilization is on its way to ruin and our language — so the argument runs — must inevitably share in the general [A] _____. But the process is [B] _____. Modern English is full of bad habits which can be avoided if one is willing to take the necessary trouble. 이화여대 2021

① skepticism – static   ② malaise – doomed
③ situation – inevitable   ④ failure – paralyzing
⑤ collapse – reversible

| 해석 | 대부분의 사람들은 영어가 붕괴하고 있음을 인정하지만, 대체로는 우리가 이런 상황을 두고 의식적인 행동을 통해 할 수 있는 것이 없다고 추정된다. 우리의 문명은 파멸로의 길을 걷고 있으며, 따라서 주장하는 바에 따르면, 우리의 언어는 보편적인 붕괴를 필연적으로 공유하게 될 것임이 틀림없다. 하지만 이러한 과정을 되돌릴 수는 있다. 현대 영어는 나쁜 습관으로 가득하지만, 이런 습관은 누군가가 필요한 수고를 기꺼이 들인다면 피할 수 있는 습관이다.

① 회의 – 정지 상태의   ② 불만감 – 불운한
③ 상황 – 불가피한   ④ 실패 – 마비시키는
⑤ 붕괴 – 되돌릴 수 있는

| 정답 | ⑤

| 해설 | [A]: 빈칸 앞에서 영어는 붕괴하고 있고, 문명은 파멸하고 있으며, 이에 어떻게 대처할 방법은 없다고 말한다. 이는 결국 보편적으로 '붕괴' 내지는 '실패'로 이어진다 할 수 있다. 따라서 빈칸에는 failure 또는 collapse가 적합하다. [B]: 빈칸 앞에서는 계속 영어가 붕괴할 것이라 말하고 있지만, 빈칸 뒤에서는 필요한 수고를 들인다면 붕괴하는 결말을 피할 수 있을 것이라 말한다. 이는 즉 붕괴는 '되돌릴 수 있다'는 의미이다. 따라서 빈칸에는 reversible이 적합하다.

. . . . . .

독해력을 요하는 문제는 짧은 글의 형태로 글 속에서 흐름에 맞추어 빈칸에 올바른 것을 고르는 문제이다. 빈칸에 어휘를 넣는 문제도, 구나 절, 혹은 올바른 문장을 넣는 문제도 있다. 일반적으로 문제를 푸는 데 필요한 단서를 파악할 것이 요구된다. 출제가 수월하고 독해력과 어휘력을 동시에 확인하기 좋기 때문에 중·장문 독해의 형식으로 출제하는 경우가 많으며, 최근 출제 빈도가 급상승하고 있다. 글을 읽어 내고 이해할 수 있는 글의 해독 능력이 요구되는 형식이며, 단순한 기술적인 부분으로 풀 수 없는 영역이다.

예시 06

When you describe an object, you frequently use gestures to illustrate what the object is like. Your listener finds it easier to understand what you're saying when you let your body create a picture of the object rather than relying on words alone. If you're describing a round object, like a ball, for example, you may hold your hands in front of yourself with your fingers arched upward and your thumbs pointing down. Describing a square building you may draw vertical and horizontal lines with a flat hand, cutting through the space like a knife. The point is that _____. 한양대 2019

① gestures are the same across all cultures
② humans are capable of choosing gestures on their own
③ gesturing is a useful means of conveying visual information
④ humans are blessed with the ability to create a wide variety of gestures
⑤ gesturing is more effective in conveying a message than any words you can use

| 해석 | 당신은 어떠한 물체에 관해 묘사할 때 물체가 어떻게 생겼는지를 설명하기 위해 몸짓을 자주 사용한다. 당신의 말을 듣는 청자는 말에만 의지하는 것보다는 물체의 그림을 몸으로 표현할 경우 당신이 말하는 것을 더 쉽게 이해할 수 있다. 예를 들어 만일 당신이 공처럼 둥근 물체를 묘사할 경우, 당신은 손가락은 위로 동그랗게 구부리고 엄지는 아래로 향한 채 손을 쥔 모습을 보여 줄 수 있다. 사각형 건물을 묘사할 경우, 당신은 핀 손으로 수직선과 수평선을 그릴 수 있고, 마치 칼처럼 공간을 자를 수 있다. 요점은 몸짓은 시각적 정보를 전달하는 데 있어 유용한 수단이라는 점이다.
① 몸짓은 모든 문화권에서 동일하다
② 인간은 스스로 몸짓을 선택할 수 있다
③ 몸짓은 시각적 정보를 전달하는 데 있어 유용한 수단이다
④ 인간은 다양한 몸짓을 창조할 수 있는 능력을 누리는 복 받은 존재이다
⑤ 몸짓은 사용 가능한 어떤 말보다도 메시지 전달에 있어 더욱 효과적이다

| 정답 | ③

| 해설 | 빈칸 앞까지의 내용은 전부 몸짓이 물체의 모습 같은 시각적 정보를 전달할 때 말로만 설명하는 것보다 상당히 유용하게 쓰일 수 있음을 말하고 있다. 따라서 정답은 ③이다.

단서를 발견하는 것에 관해서 보면, 글의 방향성을 따져 보아야 한다. 글의 전개가 순차적 흐름이거나 인과 관계와 같은 한 방향의 글의 흐름인지 아니면 역접이나 대조를 사용해서 다른 방향으로 글이 진행되는지를 검토해 보고 이에 알맞은 어휘를 선택하면 된다. 이러한 단서를 찾기 위해서는 접속사나 전치사 등의 활용을 이해하는 것이 중요하다. 더불어 글의 흐름으로 나올 만한 내용을 예측하면서 문장을 살펴보는 추론의 기술이 필요하기도 하다. 문장 완성에서는 정답 이외에는 제거할 만한 충분한 이유가 있는 경우가 대부분이지만, 미묘한 차이로 오답이 되는 경우도 종종 있기 때문에 성급하게 전체 보기를 다 읽지도 않고 답을 선택하는 우(遇)를 범해서는 안 된다.

문장 완성에서는 글의 방향성을 파악하여 논리적인 연관성을 따져보는 훈련이 중요하다. 그러기 위해서는 담화의 표지(Discourse markers)를 알아두는 것이 중요하다. 이 책에서는 방향성과 함께 담화의 표지를 살펴보고, 방향성이 두드러지지 않은 경우의 해결 원리 등에 대해 검토해 보기로 한다. 여기서 제기한 것은 전반적인 틀에 해당하며 이외에도 다른 단서나 지표가 있을 수 있지만, 글이란 일정한 방향성이 있기 때문에 대략 다음과 같은 틀을 알고 있으면 충분히 응용이 가능할 것이다.

다만 주의할 것은 하나의 단락에서도, 심지어 문장에서도 단 하나의 지표만 있는 것은 아니고 여러 가지 사항들이 존재될 수 있다. 그렇지만 논리의 유형을 학습하기 위하여 하나의 틀에 묶은 것이고, 여러 가지에 포섭될 수 있는 경우도 존재한다. 예를 들어서 하나의 연구 과정을 나타내는 경우는 인과 관계로도, 시간적 구성으로도 볼 수 있고, 이전의 성과를 반박한다면 반박이나 일축으로, 연구의 결과를 드러낸다면 결론으로 볼 여지가 있는 것이다. 그러므로 어느 하나의 담화 표지만으로 글을 파악하는 것이 아니라, 글은 글 자체로 판단하되 문제를 푸는 단서에서 여러 가지 지표를 활용하면 좀 더 유리하다는 뜻으로 이해하면 된다. 아래의 담화의 지표는 전반적으로 편입 시험에 자주 나오는 것들이고, 각자 얼마나 숙지하고 있는지 파악하기 바란다. 모르는 것이 절반이 넘는다면, 사전에서 철저히 찾아서 암기하고 시작하는 게 좋겠다.

• • • • • •

(1) 플러스(+) 방향의 진행

as a result	as well as	because
because of	consequently	due to
for example	for instance	hence
in addition	in addition to	in conclusion
in consequence	in fact	in other words
in short	in summary	in the similar vein
likewise	moreover	now that
on behalf of	on top of	owing to
similarly	since	so as to
so that	thanks to	therefore
thus	to sum up	

●●●●●●

(2) 마이너스(−) 방향의 진행

although	but	by contrast
contrary to	despite	even if
even though	however	in contrast
in contrast to	in spite of	instead
instead of	nevertheless	nonetheless
notwithstanding	on the contrary	on the other hand
to the contrary	whereas	while
yet		

CHAPTER 03

논리 핵심 어휘 따라잡기

• • • • • •

논리 학습 이전에 해야 할 것이 있다. 바로 빈출 어휘의 장악이다. 2017년부터 2021년의 어휘 중 시험에 한 번이라도 빈출된 어휘를 선별하였다. 어휘든 논리든 독해에서든 간에 어휘를 활용한 문제들을 철저하게 분석하였다. 그런 다음 빈도순으로 구성해 보니, 9회 이상 빈출되었던 어휘는 90, 8회 출제는 67, 7회 출제는 104, 6회 출제는 186 등이었고, 2회 출제는 1562회였다. 단 1회 출제는 4757개였다. 그중에서 3회 이상 출제된 어휘들을 중심으로 논리 학습의 선행 어휘로 제시하였다.

아래의 어휘는 저자가 에듀윌 체크북에 수록한 어휘로 최근 6년간 편입 시험에 출제된 빈도에 따라 1500 어휘를 선정하였다. 어휘를 먼저 학습하게 하는 이유는 논리 관계를 파악하는 것이 문장 완성 문제의 본질임에도 불구하고 학생들이 어휘를 몰라서 틀리는 경우가 많기 때문에, 마치 논리 공부를 어휘 공부하듯 한다. 그러니 논리 관계 파악이 더딜 수 밖에 없다. 이런 문제를 해결하기 위해서는 최다 빈출 어휘를 먼저 학습하는 것이 바람직하다. 반드시 숙지하고 논리 학습을 한다면 보기를 몰라서 틀리는 일이 상당수 줄어들 것이다.

• • • • • •

우선순위 빈도순 기출 어휘

☑ **11회 이상 빈출**

☐☐ **abandon** [əbǽndən] ⓥ 버리다; 단념하다, 그만두다

☐☐ **conspicuous** [kənspíkjuəs] ⓐ 눈에 띄는, 두드러진

☐☐ **critical** [krítikəl] ⓐ 비평의, 평론의, 비판적인; 중요한, 중대한

☐☐ **deteriorate** [dití(:)əriərèit] ⓥ 악화시키다; 악화되다, 더 나빠지다

☐☐ **encourage** [inkə́:ridʒ] ⓥ 권고하다, 격려하다, 장려하다

☐☐ **enhance** [inhǽns] ⓥ 높이다, 향상시키다

☐☐ **exacerbate** [igzǽsərbèit] ⓥ (고통·병·노여움 등을) 악화시키다; 격분시키다

☐☐ **ignore** [ignɔ́:r] ⓥ 무시하다, 묵살하다; 각하[기각]하다

☐☐ **impede** [impí:d] ⓥ 방해하다, 저해하다, 지연시키다

☐☐ **increase** [inkrí:s] ⓥ 늘리다, 증대하다 ⓝ 증가, 증대

☐☐ **indifferent** [indífərənt] ⓐ 무관심한, 마음에 두지 않는, 냉담한

☐☐ **meticulous** [mətíkjələs] ⓐ 꼼꼼한, 세심한; 지나치게 신중한

☐☐ **natural** [nǽtʃərəl] ⓐ 자연의, 천연의; 당연한; 타고난

☐☐ **obsolete** [ὰbsəlí:t] ⓐ 한물간, 구식의, 쓸모없는

☐☐ **positive** [pázitiv] ⓐ 긍정적인; 단정적인, 명확한; (검사 결과가) 양성인 (↔ negative 부정적인)

☐☐ **reduce** [ridʒú:s] ⓥ (규모·크기·양 등을) 줄이다; (가격 등을) 낮추다

☐☐ **reinforce** [rì:infɔ́:rs] ⓥ 강화하다, 보강하다

☑ **10회 빈출**

☐☐ **criticize** [krítisàiz] ⓥ 비난하다, 비판하다

□□ **decline** [dikláin] ⓥ 거절하다; 감소하다 ⓝ 감소

□□ **decrease** [di:krí:s] ⓥ 줄이다, 감소시키다 ⓝ 감소, 축소

□□ **diversify** [divə́:rsəfài] ⓥ 다양화하다, 다각화하다

□□ **exaggerate** [igzǽdʒərèit] ⓥ 과장하다, 침소봉대하다

□□ **genuine** [dʒénjuin] ⓐ 진짜의, 진품의; 진실한, 진심 어린

□□ **indispensable** [ìndispénsəbl] ⓐ 불가결의, 없어서는 안 될

□□ **irrelevant** [iréləvənt] ⓐ 무관한, 부적절한

□□ **irreversible** [ìrivə́:rsəbl] ⓐ 되돌릴 수 없는; 뒤집을 수 없는

□□ **mitigate** [mítəgèit] ⓥ 누그러뜨리다, 가라앉히다, 완화하다

□□ **mundane** [mʌ́ndein] ⓐ 현세의, 세속적인; 보통의, 일상적인

□□ **popular** [pápjələr] ⓐ 인기 있는; 대중적인, 일반적인

□□ **predictable** [pridíktəbl] ⓐ 예측할 수 있는, 너무 뻔한

□□ **reflect** [riflékt] ⓥ 반사하다; 반영하다

□□ **separate** [sépərèit] ⓐ 분리된, 떨어진; 별개의, 서로 다른 ⓥ 분리하다, 나누다; 구분하다, 차이를 두다

□□ **support** [səpɔ́:rt] ⓥ 지탱하다, 지지하다; 원조하다

□□ **sustain** [səstéin] ⓥ 견디다; 유지하다, 계속하다; (상처, 부상) 입다

☑ **9**회 빈출

□□ **aggravate** [ǽgrəvèit] ⓥ 악화시키다, 심하게 하다

□□ **artificial** [à:rtəfíʃəl] ⓐ 인공의, 인위적인

□□ **concern** [kənsə́:rn] ⓝ 우려, 걱정; 관계, 관련; 회사 ⓥ ~에 관계하다, ~에 관계되다

□□ **detrimental** [dètrəméntəl] ⓐ 유해한, 손해되는

□□ **diminish** [dimíniʃ] ⓥ 줄이다, 감소시키다; 줄어들다, 약해지다

□□ **imagination** [imædʒənéiʃən] ⓝ 상상(력); 창의성

□□ **improve** [imprú:v] ⓥ 개선하다, 향상시키다

□□ **indigenous** [indídʒənəs] ⓐ 토착의, 원산의; 타고난, 고유의

□□ **malleable** [mǽliəbl] ⓐ 유연한; 융통성 있는; 펴서 늘릴 수 있는, 연성의

□□ **optimistic** [àptəmístik] ⓐ 낙관적인, 낙천적인

□□ **permanent** [pə́:rmənənt] ⓐ 영속적인, 영구적인

□□ **similarly** [símələrli] ⓐⓓ 유사하게, 비슷하게

□□ **suspicious** [səspíʃəs] ⓐ 의심스러운, 의혹을 갖는, 수상쩍은

□□ **temporary** [témpərèri] ⓐ 일시적인, 순간의; 임시의

□□ **vulnerable** [vʌ́lnərəbl] ⓐ 상처를 입기 쉬운, 취약한; 비난받기 쉬운

☑ **8**회 빈출

□□ **abate** [əbéit] ⓥ 줄이다, 약화시키다, 약해지다, 누그러뜨리다

□□ **aggressive** [əgrésiv] ⓐ 공격적인, 적극적인, 저돌적인

□□ **alleviate** [əlí:vièit] ⓥ (고통·슬픔 등을) 완화하다, 덜다, 경감하다

□□ **ambiguous** [æmbígjuəs] ⓐ 애매[모호]한, 분명치 않은, 확실치 않은

□□ **arbitrary** [á:rbitrèri] ⓐ 임의적인, 자의적인, 제멋대로인; 독단적인, 전제적인

□□ **attractive** [ətrǽktiv] ⓐ 사람의 마음을 끄는; 매력적인

□□ **attribute** [ətríbjuːt] ⓥ ~의 탓으로 하다 ⓝ 속성, 특성

□□ **beneficial** [bènəfíʃəl] ⓐ 유익한, 이로운

□□ **compliment** [kɑ́mpləmənt] ⓝ 칭찬, 찬사 ⓥ 칭찬하다

□□ **compromise** [kɑ́mprəmàiz] ⓝ 타협, 절충 ⓥ 타협하다; 손상시키다

□□ **contentious** [kənténʃəs] ⓐ 다투기 좋아하는, 논쟁하기 좋아하는; 논쟁을 불러일으킬 만한

□□ **contribute** [kəntríbjuːt] ⓥ 기부하다, 기증하다; 기여하다

□□ **conventional** [kənvénʃənəl] ⓐ 전통적인, 관습적인

□□ **creativity** [krìːeitívəti] ⓝ 창조성

□□ **demanding** [dimǽndiŋ] ⓐ 일의 부담이 큰, 요구가 지나친

□□ **denounce** [dináuns] ⓥ 공공연히 비난하다; 고발하다

□□ **dwindle** [dwíndl] ⓥ 줄다, 작아지다, 축소되다

□□ **emotional** [imóuʃənəl] ⓐ 감정의, 감정적인, 정에 약한

□□ **emulate** [émjəlèit] ⓥ 모방하다, 흉내 내다; 필적하다, 경쟁하다

□□ **equivalent** [ikwívələnt] ⓐ 동등한, 같은 ⓝ 상당하는 것, 등가물

□□ **eradicate** [irǽdəkèit] ⓥ 근절하다, 뿌리 뽑다, 박멸하다

□□ **essential** [isénʃəl] ⓐ 근본적인, 필수의, 불가결한

□□ **expand** [ikspǽnd] ⓥ 넓히다, 확장하다; 팽창시키다

□□ **generous** [dʒénərəs] ⓐ 관대한, 아량 있는; 후한, 푸짐한

□□ **impartial** [impɑ́ːrʃəl] ⓐ 공평한; 치우치지 않은, 편견 없는

□□ **implement** [ímpləmənt] ⓥ 이행하다, 실행하다 ⓝ 도구, 기구

□□ **instigate** [ínstəgèit] ⓥ 부추기다, 선동하다

□□ **intensify** [inténsəfài] ⓥ 강화하다, (정도·강도가) 격렬해지다

□□ **moderate** [mɑ́dərèit] ⓐ 보통의; 중용의, 온건한; 적당한, 적정한

□□ **negligible** [néɡlidʒəbl] ⓐ 무시해도 좋은, 하찮은

□□ **observe** [əbzɚ́ːrv] ⓥ 관찰하다, 목격하다; (법률·풍습·시간 등을) 지키다, 준수하다

□□ **permeate** [pɚ́ːmièit] ⓥ 스며들다, 퍼지다, 삼투하다, 투과하다

□□ **pertinent** [pɚ́rtənənt] ⓐ 적절한, 꼭 들어맞는; 직접적으로 관련된

□□ **principle** [prínsəpl] ⓝ 원리, 원칙

□□ **reject** [ridʒékt] ⓥ 거부하다, 거절하다, 퇴짜를 놓다

□□ **release** [rilíːs] ⓥ 풀어 주다, 석방하다; 출시하다, (영화 등을) 개봉하다 ⓝ 해방, 석방; 발표; (영화) 개봉

□□ **respect** [rispékt] ⓝ 존경, 경의 ⓥ 존중하다, 존경하다

□□ **skeptical** [sképtikəl] ⓐ 의심 많은, 회의적인

□□ **substantial** [səbstǽnʃəl] ⓐ 상당한; 실질적인, 실체의; 풍부한

□□ **understand** [ʌ̀ndərstǽnd] ⓥ 이해하다, 알아듣다

□□ **viable** [váiəbl] ⓐ (계획 따위가) 실행 가능한; 살아갈 수 있는

☑ 7회 빈출

□□ **acknowledge** [əknɑ́lidʒ] ⓥ 인정하다, 승인하다

☐☐ **alternative** [ɔːltə́ːrnətiv] ⓝ 대안, 양자택일 ⓐ 양자택일의; 대체되는

☐☐ **apathy** [ǽpəθi] ⓝ 냉담; 무관심

☐☐ **appropriate** [əpróupriət] ⓐ 적당한, 적합한; 특유의, 고유의 ⓥ 전유(專有)하다; 할당하다, 책정하다; 몰수하다

☐☐ **approve** [əprúːv] ⓥ 시인하다, 찬성하다; 승인하다, 허가하다

☐☐ **audacity** [ɔːdǽsəti] ⓝ 뻔뻔스러움; 무례; 대담함

☐☐ **avoid** [əvɔ́id] ⓥ 피하다, 회피하다; 방지하다, 막다

☐☐ **buttress** [bʌ́tris] ⓝ 지지, 버팀; 지지자, 지지물 ⓥ 지탱하다

☐☐ **capitalism** [kǽpitəlìzəm] ⓝ 자본주의

☐☐ **capricious** [kəpríʃəs] ⓐ 변덕스러운, (마음이) 변하기 쉬운

☐☐ **cause** [kɔːz] ⓝ 원인, 근거, 이유; 사회적 이상, 대의명분 ⓥ 야기하다

☐☐ **cautious** [kɔ́ːʃəs] ⓐ 신중한, 조심스러운

☐☐ **compete** [kəmpíːt] ⓥ 경쟁하다, 겨루다, 경합하다

☐☐ **competition** [kàmpitíʃən] ⓝ 경쟁, 겨루기; 대회, 시합

☐☐ **confident** [kɑ́nfidənt] ⓐ 확신하는, 자신이 있는, 자신만만한

☐☐ **conflict** [kənflíkt] ⓥ 투쟁하다, 다투다, 충돌하다, 모순되다 ⓝ 투쟁, 전투; 상충, 대립

☐☐ **cumbersome** [kʌ́mbərsəm] ⓐ 크고 무거운, 다루기 힘든; 복잡하고 느린, 번거로운

☐☐ **demand** [dimǽnd] ⓝ 수요; 요구 ⓥ 요구하다; 따지다

☐☐ **destroy** [distrɔ́i] ⓥ 파괴하다, 훼손하다

☐☐ **determine** [ditə́ːrmin] ⓥ 결심시키다, 결의하게 하다; 결심하다, 결정하다

☐☐ **dismiss** [dismís] ⓥ 해고하다; 묵살하다

☐☐ **distribute** [distríbju(ː)t] ⓥ 분배하다, 배부하다, 퍼뜨리다, 나누어 주다

☐☐ **diverge** [daivə́ːrdʒ] ⓥ 갈라지다, 나뉘다; 벗어나다, 일탈하다

☐☐ **dormant** [dɔ́ːrmənt] ⓐ 수면 상태의; 활발하지 못한, 움직이지 않는

☐☐ **efficient** [ifíʃənt] ⓐ 효과적인, 유효한; 능률적인

☐☐ **eliminate** [ilímənèit] ⓥ 없애다, 제거하다

☐☐ **enigma** [inígmə] ⓝ 수수께끼; 수수께끼 같은 인물, 불가해한 사물

☐☐ **enthusiasm** [inθjúːziæzəm] ⓝ 열심, 열중, 열광, 의욕, 열의

☐☐ **estimate** [éstəmèit] ⓥ 추산하다, 추정하다 ⓝ 추정(치); 견적서

☐☐ **facilitate** [fəsílitèit] ⓥ 가능하게 하다, 용이하게 하다; (행위 등을) 돕다

☐☐ **feasible** [fíːzəbl] ⓐ 실행할 수 있는, 가능한; 그럴듯한, 있을 법한

☐☐ **feeble** [fíːbl] ⓐ 연약한, 약한, 힘이 없는

☐☐ **flourish** [flə́ːriʃ] ⓥ 번영하다; 우거지다; (칼 등을) 휘두르다 ⓝ 미사여구, 화려함; 과시, 허세

☐☐ **frigid** [frídʒid] ⓐ 몹시 추운, 쌀쌀한; 냉랭한, 냉담한

☐☐ **hilarious** [hilɛ́əriəs] ⓐ 명랑한; 재미있는, 아주 우스운

☐☐ **hinder** [híndər] ⓥ 방해하다, 훼방하다

☐☐ **indulgence** [indʌ́ldʒəns] ⓝ 하고 싶은 대로 함, 탐닉, 멋대로 하게 둠; (중세) 면죄부

☐☐ **inevitable** [inévitəbl] ⓐ 피할 수 없는, 불가피한; 필연의, 당연한

☐☐ **innocuous** [inɑ́kjuəs] ⓐ 해가 없는, 악의 없는

☐☐ **insignificant** [ìnsignífikənt] ⓐ 무의미한, 하찮은, 중요하지 않은

□□ **intangible** [intǽndʒəbl] ⓐ 만질 수 없는, 만져서 알 수 없는, 무형의 ⓝ 만질 수 없는 것; 무형의 것; 파악하기 어려운 것

□□ **lucrative** [lúːkrətiv] ⓐ 유리한, 수지맞는, 수익성이 좋은

□□ **maintain** [meintéin] ⓥ 유지하다; (권리·주장 등을) 옹호하다, 지지하다

□□ **modest** [mádist] ⓐ 겸손한; 알맞은; 수수한

□□ **mystery** [místəri] ⓝ 신비, 수수께끼, 비밀

□□ **negative** [négətiv] ⓐ 부정적인, 비관적인, 부정의, (테스트) 음성의 ⓝ 부정, 거부, 부인

□□ **objective** [əbdʒéktiv] ⓐ 객관적인, 공평한 ⓝ 목적, 목표

□□ **obvious** [ábviəs] ⓐ 명백한, 확실한, 명확한

□□ **opinion** [əpínjən] ⓝ 의견, 생각, 견해, 관점

□□ **potential** [pəténʃəl] ⓐ 가능성이 있는, 잠재적인 ⓝ 가능성, 잠재력

□□ **practical** [prǽktikəl] ⓐ 현실적인, 실제적인; 실용적인

□□ **reasonable** [ríːzənəbl] ⓐ 분별 있는, 사리를 아는; 합리적인

□□ **repeal** [ripíːl] ⓥ 취소하다, 폐지하다 ⓝ (법률의) 폐지, 무효화

□□ **reprimand** [réprəmænd] ⓥ 꾸짖다, 질책하다 ⓝ 견책, 징계; 비난

□□ **restore** [ristɔ́ːr] ⓥ 회복시키다; 되찾게 하다

□□ **result** [rizʌ́lt] ⓝ 결과, 결말, 성과

□□ **sarcastic** [sɑːrkǽstik] ⓐ 빈정거리는, 냉소적인, 비꼬는

□□ **stimulate** [stímjəlèit] ⓥ 자극하다, 활발하게 하다; 경기를 부양하다

□□ **subject** [sʌ́bdʒikt] ⓝ 주제, 문제, 화제; 대상, 소재 ⓐ ～될 수 있는 ⓥ 종속시키다

□□ **substitute** [sʌ́bstitjùːt] ⓥ 대체하다, 대리하다 ⓝ 대리인, 대용물

□□ **susceptible** [səséptəbl] ⓐ 영향받기 쉬운; 민감한; ～에 걸리기 쉬운

□□ **taciturn** [tǽsitəːrn] ⓐ 말없는, 과묵한; 둔한, 언짢은

□□ **tangible** [tǽndʒəbl] ⓐ 만져서 알 수 있는, 유형의; 실체적인; 확실한, 명백한

□□ **transient** [trǽnʃənt] ⓐ 일시적인; 순간적인; 덧없는

□□ **trivial** [tríviəl] ⓐ 사소한, 하찮은; 진부한, 평범한

□□ **underestimate** [ʌ̀ndəréstəmeit] ⓥ 과소평가하다; (비용을) 너무 적게 추산하다

☑ **6회 빈출**

□□ **accelerate** [əksélərèit] ⓥ 촉진하다; 가속하다

□□ **active** [ǽktiv] ⓐ 활동적인, 적극적인

□□ **adamant** [ǽdəmənt] ⓐ 완고한, 확고한, 철석같은

□□ **adjacent** [ədʒéisənt] ⓐ 접근한, 인접한

□□ **adversity** [ædvə́ːrsəti] ⓝ 역경; 불행, 불운

□□ **affinity** [əfínəti] ⓝ 애호, 좋아함; 친근감, 공감

□□ **affluent** [ǽfluənt] ⓐ 풍부한; 유복한

□□ **amicable** [ǽmikəbl] ⓐ 우호적인, 친화적인

□□ **animosity** [æ̀nəmásəti] ⓝ 반감, 적대감; 악의, 원한

□□ **apathetic** [æ̀pəθétik] ⓐ 냉담한; 무관심한

□□ **auspicious** [ɔːspíʃəs] ⓐ 길조의, 상서로운

□□ **austere** [ɔːstíər] ⓐ 엄(격)한; 소박한, 긴축의

□□ **authority** [əθɔ́ːrəti] ⓝ 권위; 권한

□□ **benefit** [bénəfit] ⓝ 이익; 은혜 ⓥ 유익하다, 이득을 보다

□□ **benevolent** [bənévələnt] ⓐ 친절한, 자비심 많은, 인정 많은

□□ **benign** [bináin] ⓐ 친절한; (날씨 등이) 온화한; 양성의 (↔ malignant 악성의)

□□ **besides** [bisáidz] ⓐⓓ 그 밖에, 게다가

□□ **boost** [bu:st] ⓥ 들어 올리다; 기분을 돋우다, 격려하다 ⓝ 힘, 부양책

□□ **calm** [kɑ:m] ⓐ 고요한, 조용한; 침착한, 냉정한 ⓝ (상황) 평온, 진정; 차분함

□□ **challenge** [tʃǽlindʒ] ⓥ 도전하다; 의심하다 ⓝ 도전, (보람 있는) 힘든 일

□□ **collapse** [kəlǽps] ⓝ 실패, 붕괴 ⓥ (건물·지붕 등이) 무너지다, 붕괴하다

□□ **common** [kámən] ⓐ 공통의, 공동의; 일반의, 보통의

□□ **comparison** [kəmpǽrisən] ⓝ 비교; 유사, 필적

□□ **confer** [kənfə́:r] ⓥ 수여하다, 부여하다; 의논하다, 협의하다

□□ **conform** [kənfɔ́:rm] ⓥ (사회의 규범·관습 등에) 순응시키다; 따르게 하다

□□ **control** [kəntróul] ⓥ 제어하다, 통제하다; 관리하다; 조절하다 ⓝ 지배; 관리, 감독

□□ **controversial** [kàntrəvə́:rʃəl] ⓐ 논쟁의; 논의의 여지가 있는

□□ **conundrum** [kənʌ́ndrəm] ⓝ 수수께끼; 어려운 문제

□□ **deduce** [didjú:s] ⓥ 연역하다, 추론하다

□□ **demolish** [dimáliʃ] ⓥ (건물을) 헐다, 부수다, 폭파하다; (계획을) 뒤집다

□□ **distort** [distɔ́:rt] ⓥ (얼굴 등을) 찡그리다, 비틀다; (사실 등을) 왜곡하다

□□ **distraction** [distrǽkʃən] ⓝ 정신이 흐트러짐; 주의 산만; 기분 전환, 오락

□□ **effective** [iféktiv] ⓐ 유능한, 유효한, 효과적인

□□ **elusive** [ilú:siv] ⓐ 피하는, 잘 빠져나가는; 파악하기 어려운

□□ **emphasize** [émfəsàiz] ⓥ 강조하다, 역설하다, 두드러지게 하다

□□ **enervate** [énəːrvèit] ⓥ 약화시키다; 무기력하게 하다

□□ **entertain** [èntərtéin] ⓥ 즐겁게 해주다; (생각·감정을) 품다

□□ **eschew** [istʃú:] ⓥ 피하다, 삼가다

□□ **establish** [istǽbliʃ] ⓥ (학교·회사를) 설립하다, 창립하다; 확립하다, 확고히 굳히다

□□ **expedite** [ékspədàit] ⓥ 신속히 처리하다, 진척하다

□□ **experience** [ikspíəriəns] ⓝ 경험, 체험 ⓥ 경험하다

□□ **fantasy** [fǽntəsi] ⓝ 공상, 환상

□□ **fastidious** [fæstídiəs] ⓐ 까다로운, 괴팍스러운; 세심한, 꼼꼼한

□□ **flexible** [fléksəbl] ⓐ 구부리기 쉬운; 융통성 있는

□□ **hamper** [hǽmpər] ⓥ 방해하다, (동작·진보를) 훼방하다

□□ **hide** [haid] ⓥ 숨기다, 감추다, 은닉하다 ⓝ 은신처; 생가죽

□□ **identify** [aidéntəfài] ⓥ 확인하다; 동일시하다

□□ **illuminate** [ilú:mənèit] ⓥ (불을) 비추다, 밝게 하다; 명백히 하다, 설명하다

□□ **impecunious** [ìmpəkjú:niəs] ⓐ 돈이 없는, 가난한

□□ **inadvertent** [ìnədvə́:rtənt] ⓐ 부주의한, 소홀한, 태만한; 우연한

□□ **inexorable** [inéksərəbl] ⓐ 멈출 수 없는, 거침 없는, 굽힐 수 없는, 냉혹한

□□ **influence** [ínfluəns] ⓝ 영향, 영향력 ⓥ ~에게 영향을 미치다

□□ **inordinate** [inɔ́ːrdənət] ⓐ 지나친, 과도한, 터무니없는

□□ **knowledge** [nɑ́lidʒ] ⓝ 지식; 알고 있음

□□ **laudable** [lɔ́ːdəbl] ⓐ 칭찬할 만한, 훌륭한

□□ **lessen** [lésən] ⓥ 줄이다, 감소하다; 완화하다

□□ **limit** [límit] ⓝ 제한; 한계, 한도 ⓥ 제한하다, 한정하다

□□ **logical** [lɑ́dʒikəl] ⓐ 논리적인; (논리상) 필연의

□□ **maximize** [mǽksəmàiz] ⓥ 극대화하다; 최대한 활용하다

□□ **measure** [méʒər] ⓥ 측정하다, 재다; 판단하다, 평가하다 ⓝ 조치, 정책; 척도, 기준

□□ **moral** [mɔ́(ː)rəl] ⓐ 도덕(상)의, 윤리(상)의; 도덕적인 ⓝ 윤리학, 도덕, 교훈

□□ **myth** [miθ] ⓝ 신화; 근거 없는 믿음

□□ **native** [néitiv] ⓐ (사람이) 태어난 곳의, 토박이의; 원주민의; 원산의; 타고난

□□ **obdurate** [ɑ́bdjurit] ⓐ 완고한, 고집 센, 냉혹한

□□ **obliterate** [əblítərèit] ⓥ 지우다, 없애다, 제거하다

□□ **obscure** [əbskjúər] ⓐ 어두운; 모호한, 불명료한, 분명치 않은 ⓥ 모호하게 하다, 은폐하다

□□ **penetrate** [pénitrèit] ⓥ 꿰뚫다, 관통하다, 침투하다

□□ **personality** [pə̀rsənǽləti] 성격, 인격; 개성; 유명인

□□ **persuade** [pərswéid] ⓥ 설득하다, 납득시키다

□□ **pervasive** [pərvéisiv] ⓐ 널리 퍼진, 만연하는, (구석구석) 스며드는, 배어드는

□□ **popularity** [pɑ̀pjəlǽrəti] ⓝ 인기, 인지도

□□ **precarious** [prikɛ́(ː)əriəs] ⓐ 불안정한, 위태로운, 위험한

□□ **preserve** [prizə́ːrv] ⓥ 보전하다, 유지하다; 보존하다

□□ **privilege** [prívəlidʒ] ⓝ 특전, 특혜 ⓥ 특권을 주다

□□ **promote** [prəmóut] ⓥ 증진하다, 승진시키다; 홍보하다

□□ **provoke** [prəvóuk] ⓥ 자극하다; 유발하다, 일으키다

□□ **question** [kwéstʃən] ⓝ 질문; 문제; 의심, 의문 ⓥ 질문하다, 심문하다; 이의를 제기하다, 의심하다

□□ **reality** [ri(ː)ǽləti] ⓝ 진실; 사실; 실체, 실재

□□ **refrain** [rifréin] ⓥ 그만두다, 삼가다 ⓝ 후렴 (chorus), 자주 반복되는 말

□□ **regardless** [rigɑ́ːrdlis] ⓐ 무관심한; 부주의한

□□ **rigorous** [rígərəs] ⓐ 혹독한, 가혹한; 엄격한, 엄밀한, 철저한

□□ **sanction** [sǽŋkʃən] ⓥ 인가하다, 허가하다, 승인하다 ⓝ 재가, 인가; 제재

□□ **secure** [sikjúər] ⓐ 안전한, 확실한 ⓥ 확보하다

□□ **sensible** [sénsəbl] ⓐ 현명한, 분별이 있는, 재치가 있는

□□ **social** [sóuʃəl] ⓐ 사회의, 사회적인

□□ **sporadic** [spərǽdik] ⓐ 때때로 일어나는, 산발적인

□□ **standard** [stǽndərd] ⓝ 수준, 기준

□□ **succinct** [səksíŋkt] ⓐ 간결한, 간단명료한

□□ **superfluous** [suːpə́ːrfluəs] ⓐ 여분의, 과잉의, 남아도는; 불필요한

□□ **supplement** [sʌ́pləmənt] ⓝ 보충, 보충제; 부록 ⓥ 보충하다

☐☐ **temperate** [témpərit] ⓐ 온화한, 온난한; 차분한, 절제된

☐☐ **tenacious** [tənéiʃəs] ⓐ 끈질긴, 고집스런, 집요한

☐☐ **undermine** [ʌndərmáin] ⓥ 약화시키다, 해치다, 손상시키다, 훼손하다

☐☐ **versatile** [və́:rsətil] ⓐ 다재다능한; 변하기 쉬운, 변덕스러운

☐☐ **vigilant** [víʤələnt] ⓐ 방심하지 않는; 자지 않고 지키는, 부단히 경계하고 있는

☐☐ **volatile** [válətil] ⓐ 휘발성의, 변덕스러운; 폭발성의

☐☐ **vulnerability** [vʌlnərəbíləti] ⓝ 취약성; 비난 〔공격〕받기 쉬움, 약점이 있음

☐☐ **worsen** [wə́:rsən] ⓥ 악화하다, 악화시키다

☑ **5회 빈출**

☐☐ **absorb** [əbsɔ́:rb] ⓥ 흡수하다; 열중하다, 몰두하게 하다

☐☐ **abundant** [əbʌ́ndənt] ⓐ 풍부한, 많은

☐☐ **acceptance** [əkséptəns] ⓝ 받아들임; 동의, 승인; 가입 절차

☐☐ **accuracy** [ǽkjərəsi] ⓝ 정확(도), 정밀

☐☐ **advance** [ədvǽns] ⓝ 앞으로 나아감; 발전 ⓥ 다가가다; 증진되다, 진전되다

☐☐ **advocate** [ǽdvəkit] ⓥ 옹호하다, 지지하다 ⓝ 옹호자, 지지자

☐☐ **allocate** [ǽləkèit] ⓥ 할당하다, 배분하다

☐☐ **appease** [əpí:z] ⓥ 달래다; 진정시키다

☐☐ **approval** [əprú:vəl] ⓝ 인정, 찬성; 승인

☐☐ **archaic** [ɑːrkéiik] ⓐ 낡은

☐☐ **arduous** [ɑ́:rʤuəs] ⓐ 힘이 드는, 고된

☐☐ **assess** [əsés] ⓥ 가늠하다; 평가하다

☐☐ **asylum** [əsáiləm] ⓝ 보호 시설; 망명; 피난처

☐☐ **attentive** [ətén tiv] ⓐ 주의 깊은, 배려하는, 신경을 쓰는, 세심한

☐☐ **augment** [ɔ́:gment] ⓥ 늘리다, 증대시키다

☐☐ **authenticity** [ɔ̀:θentísəti] ⓝ 확실성, 신뢰성; 출처가 분명함

☐☐ **balance** [bǽləns] ⓝ 균형, 안정; 조화; 잔고 ⓥ 균형을 잡다

☐☐ **biology** [baiálədʒi] ⓝ 생물학

☐☐ **bolster** [bóulstər] ⓥ 지지하다, 보강하다

☐☐ **burden** [bə́:rdən] ⓝ 부담, 짐 ⓥ 부담을 주다

☐☐ **callous** [kǽləs] ⓐ 무정한, 냉담한; 무감각한, 굳어진

☐☐ **camouflage** [kǽməflà:ʒ] ⓝ 위장 ⓥ 위장하다, 숨기다

☐☐ **chance** [tʃǽns] ⓝ 기회; 가능성; 우연

☐☐ **clandestine** [klændéstən] ⓐ 비밀의, 비밀리에 하는, 은밀한

☐☐ **coin** [kɔin] ⓥ (새로운 낱말·어구를) 만들다; (주화를) 주조하다

☐☐ **comfortable** [kʌ́mfərtəbl] ⓐ 편안한, 기분 좋은

☐☐ **communal** [kəmjú:nəl] ⓐ 공동의, 공용의; 지역 사회의

☐☐ **complex** [kəmpléks] ⓐ 복잡한 ⓝ 복합 건물, 단지; 콤플렉스

☐☐ **conceal** [kənsí:l] ⓥ 숨기다, 감추다

☐☐ **condition** [kəndíʃən] ⓝ 조건, 상황; 건강 상태, 병

☐☐ **congenial** [kəndʒí:njəl] ⓐ 같은 성질의; 마음이 맞는; 친절한

☐☐ **conscious** [kánʃəs] ⓐ 의식하는, 자각하는

☐☐ **consent** [kənsént] ⓥ 동의하다, 허락하다 ⓝ 합의, 인가

☐☐ **consult** [kənsʎlt] ⓥ 상담하다, 상의하다

☐☐ **contagious** [kəntéidʒəs] ⓐ 전염성의; 만연하는, 전파하는; 접촉하는, 인접하는

☐☐ **contingent** [kəntíndʒənt] ⓐ 있을 법한, 우발적인; ~을 조건으로 하는, 부수하는 ⓝ 대표단; 파견대

☐☐ **convert** [kənvə́:rt] ⓥ 개종하다, 전환시키다 ⓝ 개심자, 개종자

☐☐ **conviction** [kənvíkʃən] ⓝ 신념, 확신; 유죄 선고

☐☐ **correlation** [kɔ̀(:)rəléiʃən] ⓝ 상호관계, 상관관계

☐☐ **creative** [kriéitiv] ⓐ 창의적인, 창조적인, 독창적인

☐☐ **curb** [kə:rb] ⓝ 구속, 속박; (도로의) 연석 ⓥ 구속하다, 속박하다, 억제하다

☐☐ **damage** [dǽmidʒ] ⓝ 손상, 피해, 훼손; 악영향; 손해 배상금 ⓥ 손해를 입히다

☐☐ **deliberate** [dilíbərit] ⓐ 의도적인, 계획적인; 신중한, 숙고한

☐☐ **deliberately** [dilíbəritli] ⓐⓓ 신중히; 의도적으로

☐☐ **deny** [dinái] ⓥ 부인하다, 인정하지 않다

☐☐ **desire** [dizáiər] ⓝ 욕구, 욕망 ⓥ 바라다, 원하다

☐☐ **deter** [ditə́:r] ⓥ 그만두게 하다, (못하게) 막다, 저지하다, 단념시키다

☐☐ **deterioration** [ditìəriəréiʃən] ⓝ 악화, (가치의) 하락, 저하; 퇴보

☐☐ **develop** [divéləp] ⓥ 성장하다, 발달하다; 개발하다; (사진을) 현상하다

☐☐ **discreet** [diskrí:t] ⓐ 사려 깊은, 분별 있는, 조심스러운, 신중한

☐☐ **dissipate** [dísəpèit] ⓥ 흩뜨리다; 낭비하다, 탕진하다

☐☐ **distinctive** [distíŋktiv] ⓐ 독특한, 구별이 되는

☐☐ **dogmatic** [dɔ(:)gmǽtik] ⓐ 교의상의, 교리에 관한, 교조의; 독단적인

☐☐ **dubious** [djú:biəs] ⓐ 의심스러운, 수상한, 불확실한

☐☐ **duplicate** [djú:pləkit] ⓥ 복사하다, 복제하다; 두 배로 하다; 다시 하다

☐☐ **elaborate** [ilǽbərèit] ⓥ 상세히 설명하다; 정교하게 만들어 내다 ⓐ 복잡한, 정교한

☐☐ **empathy** [émpəθi] ⓝ 감정 이입, 공감

☐☐ **endorse** [indɔ́:rs] ⓥ 지지하다; (어음 등에) 배서 (背書)하다; (유명인이) 광고하다

☐☐ **environment** [inváiərənmənt] ⓝ 환경, 자연 환경

☐☐ **ephemeral** [ifémərəl] ⓐ 덧없는, 수명이 짧은, 한순간의

☐☐ **epidemic** [èpidémik] ⓝ 유행성, 유행병 ⓐ 유행병[전염병]의

☐☐ **exclude** [iksklú:d] ⓥ 제외하다, 배제하다, 몰아내다, 추방하다, 차단하다

☐☐ **expectation** [èkspektéiʃən] ⓝ 예상, 기대

☐☐ **extension** [iksténʃən] ⓝ 연장; 확대; 증축, 증설

☐☐ **extol** [ikstóul] ⓥ 칭찬하다, 칭송하다

☐☐ **failure** [féiljər] ⓝ 실패(작); 하지 않음, 불이행

☐☐ **felicitous** [filísitəs] ⓐ 아주 적절한, 절묘하게 어울리는; 경사스러운, 행복한

☐☐ **flagrant** [fléigrənt] ⓐ 노골적인, 파렴치한, 뻔뻔스러운; 악명 높은, 극악한

☐☐ **flamboyant** [flæmbɔ́iənt] ⓐ 현란한, 화려한; 이색적인, 대담한

☐☐ **frugal** [frú:gəl] ⓐ 검소한, 절약하는

☐☐ **gather** [gǽðər] ⓥ 모으다, 수집하다

☐☐ **gloomy** [glú:mi] ⓐ 우울한, 침울한; 어두운, 침침한

□□ **gregarious** [griɡɛ́(:)əriəs] ⓐ 사교적인, 남과 어울리기 좋아하는

□□ **homogeneous** [hòumədʒí:niəs] ⓐ 동종의, 동질의, 균질의

□□ **imaginative** [imǽdʒənətiv] ⓐ 상상의, 가공의; 창의적인

□□ **immaculate** [imǽkjəlit] ⓐ 오점 없는; 완전한, 깨끗한

□□ **immutable** [imjú:təbl] ⓐ 변경할 수 없는, 불변의

□□ **impart** [impá:rt] ⓥ 전하다, 주다; (지식 등을) 전달하다, 알려 주다

□□ **impractical** [imprǽktikəl] ⓐ 비실용적인; 비현실적인

□□ **impressive** [imprésiv] ⓐ 인상적인, 감동을 주는

□□ **improvise** [ímprəvàiz] ⓥ 즉석에서 짓다, 즉흥적으로 하다

□□ **inadequate** [inǽdəkwit] ⓐ 불충분한, 부족한; 부적당한, 부적절한

□□ **inadvertently** [ìnədvə́:rtəntli] ⓐ 우연히, 무심코

□□ **incomparable** [inkámpərəbl] ⓐ 견줄 데 없는, 비길 데 없는, 비교할 수 없는

□□ **inept** [inépt] ⓐ 솜씨 없는, 서투른; 부적당한, 부적절한

□□ **inherit** [inhérit] ⓥ 상속하다, 물려받다

□□ **inhibit** [inhíbit] ⓥ 억제하다, 제지하다, 방해하다

□□ **insist** [insíst] ⓥ (끝까지) 주장하다, 고집하다; 강요하다, 요구하다

□□ **instrumental** [ìnstrəméntəl] ⓐ 중요한, 수단이 되는; 악기에 의한

□□ **intelligence** [intélidʒəns] ⓝ 지성, 이해력; 정보, 첩보

□□ **intention** [inténʃən] ⓝ 의향, 의도, 의지

□□ **interpret** [intə́:rprit] ⓥ 통역하다, 해석하다; 이해하다

□□ **investigate** [invéstəgèit] ⓥ 조사하다, 수사하다, 연구하다

□□ **investment** [invéstmənt] ⓝ 투자, 출자

□□ **irrational** [irǽʃənəl] ⓐ 비이성적인, 비논리적인, 불합리한

□□ **laconic** [ləkánik] ⓐ 간결한, 간명한; 말수가 적은, 할 말만 하는

□□ **lavish** [lǽviʃ] ⓐ 아끼지 않는, 후한, 풍성한, 넉넉한; 호화로운

□□ **legal** [lí:ɡəl] ⓐ 법률(상)의, 법률에 관한

□□ **liberal** [líbərəl] ⓐ 자유주의의, 자유를 존중하는; 자유사상의, 진보적인

□□ **liberty** [líbərti] ⓝ 자유; 제멋대로 함

□□ **minimize** [mínəmàiz] ⓥ 최소로 하다; 경시하다

□□ **mutation** [mju(:)téiʃən] ⓝ 돌연변이 (과정)

□□ **neutral** [njú:trəl] ⓐ 중립의, 중립국의; 공평한, 불편부당한 ⓝ 중립

□□ **novel** [návəl] ⓐ 새로운, 신기한 ⓝ 소설

□□ **obligation** [àbləɡéiʃən] ⓝ (법적·도덕적) 의무

□□ **onerous** [ánərəs] ⓐ 힘든; 번거로운, 귀찮은

□□ **oppose** [əpóuz] ⓥ (계획·정책에) 반대하다, 대항하다; 겨루다, 경쟁하다

□□ **order** [ɔ́:rdər] ⓝ 순서, 질서; 명령 ⓥ 명령하다, 지시하다

□□ **ordinary** [ɔ́:rdənèri] ⓐ 일반적인, 평범한, 보통의

□□ **original** [ərídʒənəl] ⓐ 원래의; 독창적인 ⓝ 독창적인 사람

□□ **paradox** [pǽrədàks] ⓝ 역설(적인 것[사람, 상황])

□□ **perennial** [pəréniəl] ⓐ 꾸준한, 지속적인; 영구적인; 연중 끊이지 않는

□□ **perplex** [pərpléks] ⓥ 당황하게 하다, 난처하게 하다

□□ **persistent** [pərsístənt] ⓐ 끈질긴, 집요한; 계속적인, 끊임없는, 불변의

□□ **placid** [plǽsid] ⓐ 평온한, 조용한; 침착한

□□ **plausible** [plɔ́ːzəbl] ⓐ 그럴듯한, 타당한 것 같은, 이치에 맞는

□□ **plethora** [pléθərə] ⓝ 과다, 과잉

□□ **pliable** [pláiəbl] ⓐ 휘기 쉬운, 유연한; 유순한, 온순한, 고분고분한

□□ **plummet** [plʌ́mit] ⓥ 갑자기 내려가다, 곤두박질치다, 급락하다

□□ **pompous** [pámpəs] ⓐ 거만한, 젠체하는, 뽐내는

□□ **praise** [preiz] ⓝ 칭찬, 찬양 ⓥ 칭찬하다

□□ **predict** [pridíkt] ⓥ 예측하다; 예언하다

□□ **prediction** [pridíkʃən] ⓝ 예측, 예견, 예상, 예언

□□ **prejudice** [prédʒədis] ⓝ 편견 ⓥ 편견을 갖게 하다

□□ **present** [prézənt] ⓐ 존재하는, 있는; 현재의 ⓝ 현재; 선물 ⓥ 제시하다

□□ **prevent** [privént] ⓥ 막다, 예방하다, 방지하다

□□ **prodigious** [prədídʒəs] ⓐ 거대한, 엄청난, 굉장한; 경이적인, 놀랄 만한

□□ **productive** [prədʌ́ktiv] ⓐ 생산적인; 다산의, 풍요한, 비옥한

□□ **proliferation** [prəlìfəréiʃən] ⓝ 급증, 확산

□□ **prolific** [prəlífik] ⓐ 다작의; 다산의, 열매를 많이 맺는

□□ **prominent** [prámənənt] ⓐ 중요한, 두드러진, 눈에 잘 띄는; 저명한, 탁월한

□□ **prone** [proun] ⓐ ~하는 경향이 있는; 엎드려 있는

□□ **propensity** [prəpénsəti] ⓝ 경향, 성질, 성향, 기호

□□ **provision** [prəvíʒən] ⓝ (법) 조항; 공급, 제공; 대비, 준비

□□ **provocative** [prəvákətiv] ⓐ 자극적인, 도발적인, 화나게 하는

□□ **proximity** [prɑksíməti] ⓝ 근접, 접근, 근사치, 가까움

□□ **prudent** [prúːdənt] ⓐ 신중한, 분별 있는, 조심성 있는

□□ **quandary** [kwándəri] ⓝ 당혹, 곤혹; 궁지, 곤경

□□ **reconciliation** [rèkənsìliéiʃən] ⓝ 화해, 조정; 조화, 일치; 복종, 체념

□□ **refute** [rifjúːt] ⓥ 논박하다, 반박하다

□□ **relevant** [réləvənt] ⓐ 관련된; 적절한, 타당한

□□ **replace** [ripléis] ⓥ 제자리에 놓다, 되돌리다; 대신하다

□□ **replicate** [répləkèit] ⓥ 사본을 뜨다, 복제하다; 뒤로 접다

□□ **resilience** [rizíljəns] ⓝ 탄성, 탄력; (부상·충격 등에서) 회복력

□□ **respectful** [rispéktfəl] ⓐ 존경심을 보이는, 공손한

□□ **responsibility** [rispànsəbíləti] ⓝ 책임, 의무

□□ **restrain** [ristréin] ⓥ 제지하다, 제한하다; 억누르다, 억제하다

□□ **revere** [rivíər] ⓥ 존경하다, 공경하다, 경외하다

□□ **reward** [riwɔ́ːrd] ⓝ 보상; 현상금, 사례금, 보상금 ⓥ 보상하다, 보답하다

□□ **ruin** [rúːin] ⓥ 망치다, 엉망으로 만들다; 파산시키다

□□ **run-of-the-mill** [rʌn-əv-ðə-mil] ⓐ 흔히 있는, 평범한, 보통의

□□ **sagacious** [səgéiʃəs] ⓐ 현명한, 영리한, 기민한

□□ **scientific** [sàiəntífik] ⓐ 과학적인, 과학의

□□ **scrutinize** [skrú:tənàiz] ⓥ 면밀히 조사[검토]하다, 세심히 살피다

□□ **serious** [sí(:)əriəs] ⓐ 진지한, 진정인, 엄숙한, 심각한

□□ **shift** [ʃift] ⓥ 옮기다, 이동하다; 책임을 전가하다 ⓝ 교대 근무

□□ **sophisticated** [səfístəkèitid] ⓐ 세련된, 교양 있는; 정교한, 복잡한

□□ **spontaneous** [spantéiniəs] ⓐ 자발적인, 자진해서 하는; 자연히 일어나는

□□ **spread** [spred] ⓥ 펴다, 펼치다, 뒤덮다

□□ **stagnant** [stǽgnənt] ⓐ 정체된, 침체된

□□ **stock** [stɑk] ⓝ 재고품, 저장품; 주식(株式) ⓐ 상투적인 ⓥ 채우다, 갖추다

□□ **subjective** [səbdʒéktiv] ⓐ 주관의, 주관적인; 내성적인

□□ **succumb** [səkʌ́m] ⓥ 굴복하다, 무릎을 꿇다; 압도되다; 죽다

□□ **sumptuous** [sʌ́mptʃuəs] ⓐ 호화로운, 사치스러운

□□ **sumptuary** [sʌ́mptʃuèri] ⓐ 비용 절감의, 사치 규제의

□□ **surreptitious** [sə̀ːrəptíʃəs] ⓐ 비밀의, 몰래 하는, 은밀한

□□ **sustainable** [səstéinəbəl] ⓐ 유지할 수 있는, 계속할 수 있는

□□ **symbolic** [simbálik] ⓐ 상징적인, 기호의, 부호의

□□ **sympathetic** [sìmpəθétik] ⓐ 동정적인, 공감을 나타내는

□□ **sympathy** [símpəθi] ⓝ 동정, 연민

□□ **tacit** [tǽsit] ⓐ 암묵적인, 무언의

□□ **tolerance** [tálərəns] ⓝ 관용, 아량, 포용력; 내성

□□ **tranquil** [trǽŋkwil] ⓐ 조용한, 고요한, 평온한

□□ **trite** [trait] ⓐ 진부한, 흔해 빠진, 평범한

□□ **unequivocal** [ʌ̀nikwívəkəl] ⓐ 모호하지 않은, 명료한, 솔직한

□□ **universal** [jù:nəvə́ːrsəl] ⓐ 전 세계적인; 일반적인, 보편적인

□□ **unpredictable** [ʌ̀npridíktəbl] ⓐ 예측 불가능한, 예측할 수 없는

□□ **uphold** [ʌphóuld] ⓥ 지지하다, 변호하다; (떠)받치다, (들어) 올리다

□□ **voracious** [vɔːréiʃəs] ⓐ 게걸스러운, 식욕이 왕성한; (지식, 정보 등을) 열렬히 탐하는

□□ **yield** [ji:ld] ⓥ 산출하다; 굴복하다, 항복하다 ⓝ 산출량, 수확량, 총수익

☑ **4회 빈출**

□□ **abdicate** [ǽbdəkèit] ⓥ 퇴위하다, 물러나다; 포기하다

□□ **abrogate** [ǽbrəgèit] ⓥ 취소하다; (법률·습관 등을) 폐지하다

□□ **abrupt** [əbrʌ́pt] ⓐ 돌연한, 갑작스러운; 퉁명스러운

□□ **absolute** [ǽbsəlù:t] ⓐ 절대적인, 확실한; 전제적인

□□ **abstruse** [æbstrú:s] ⓐ 난해한, 심오한

□□ **access** [ǽkses] ⓥ 접근하다 ⓝ 접근, 출입

□□ **accidentally** [æ̀ksidéntəli] ⓐⓓ 우연히, 뜻밖에

□□ **admonish** [ædmániʃ] ⓥ 훈계하다, 타이르다, 권고하다, 경고하다

□□ **adore** [ədɔ́ːr] ⓥ 숭배하다; 아주 좋아하다

□□ **advent** [ǽdvent] ⓝ 도래, 출현

□□ **adventure** [ædvéntʃər] ⓝ 모험, 모험심; 투기, 요행

□□ **adversary** [ǽdvərsèri] ⓝ 적수, 상대방

□□ **adverse** [ædvə́ːrs] ⓐ 역의, 거스르는, 반대의; 부정적인, 불리한

□□ **aesthetic** [esθétik] ⓐ 미적인, 심미적인 ⓝ 미적 특질; 미학

□□ **affect** [ǽfekt] ⓥ 영향을 미치다; (감정적으로) 충격을 주다

□□ **affection** [əfékʃən] ⓝ 애정, 호의; 애착, 보살핌

□□ **affirmative** [əfə́ːrmətiv] ⓐ 긍정하는, 긍정의; 동의하는

□□ **affluence** [ǽfluəns] ⓝ 풍족함; 부, 부유함

□□ **affordable** [əfɔ́ːrdəbəl] ⓐ 입수 가능한, (값이) 알맞은, 감당할 수 있는

□□ **alienate** [éiljənèit] ⓥ 멀리하다, 소원하게 하다, 소외시키다

□□ **align** [əláin] ⓥ 나란히 만들다, 일직선으로 하다

□□ **allegation** [æ̀ləɡéiʃən] ⓝ 주장, 진술; 증거 없는 주장

□□ **alliance** [əláiəns] ⓝ 동맹, 연합

□□ **ambivalence** [æmbívələns] ⓝ 양면 가치, 반대 감정 병존; 모순, 동요

□□ **ambivalent** [æmbívələnt] ⓐ 반대 감정이 공존하는, 애증이 엇갈리는

□□ **amuse** [əmjúːz] ⓥ 재미있게 하다, 즐겁게 하다

□□ **analysis** [ənǽləsis] ⓝ 분석

□□ **analytic** [æ̀nəlítik] ⓐ 분석적인, 해석적인

□□ **anonymity** [æ̀nəníməti] ⓝ 익명성, 무명; 특색

□□ **apex** [éipeks] ⓝ 꼭대기, 정점

□□ **appearance** [əpí(ː)ərəns] ⓝ 출현; 기색, 징조; 외양, 겉모습

□□ **appraise** [əpréiz] ⓥ 평가하다, 감정하다

□□ **apprehension** [æ̀prihénʃən] ⓝ 염려, 불안; 체포; 이해

□□ **aptitude** [ǽptitjùːd] ⓝ 적성, 소질; 경향, 습성

□□ **assiduous** [əsídʒuəs] ⓐ 근면 성실한, 끈기 있는, 바지런한

□□ **assign** [əsáin] ⓥ 맡기다, 할당하다; (임무 등을) 부여하다; 배치하다, 파견하다

□□ **assimilate** [əsíməlèit] ⓥ 흡수하다; 이해하다; 동화하다

□□ **attack** [ətǽk] ⓥ 공격하다, 덤벼들다 ⓝ 공격; 발작

□□ **attenuate** [əténjuèit] ⓥ 약하게 하다; 희박하게 하다, 희석시키다

□□ **attitude** [ǽtitjùːd] ⓝ 태도, 자세, 사고방식

□□ **authentic** [ɔːθéntik] ⓐ 진짜의, 믿을 만한, 진정한

□□ **belief** [bilíːf] ⓝ 신념, 확신, 믿음

□□ **belligerent** [bəlídʒərənt] ⓐ 호전적인, 다투길 좋아하는

□□ **beneficiary** [bènəfíʃièri] ⓝ 수혜자; 수익자, 수령인

□□ **bestow** [bistóu] ⓥ 주다, 수여하다

□□ **biography** [baiáɡrəfi] ⓝ 전기, 일대기

□□ **biological** [bàiəládʒikəl] ⓐ 생물학상의

□□ **blatant** [bléitənt] ⓐ 노골적인, 뻔한 (속이 들여다 보이는); 떠들썩한, 시끄러운

□□ **blind** [blaind] ⓐ 눈먼; 맹목적인

□□ **block** [blɑk] ⓝ 큰 덩이, 큰 토막; 받침 ⓥ 방해하다, 차단하다

□□ **boisterous** [bɔ́istərəs] ⓐ 활기찬, 떠들썩한, 시끄러운; (날씨·바람 등이) 몹시 사나운

□□ **boon** [buːn] ⓝ 은혜, 이익, 혜택

□□ **calamity** [kəlǽməti] ⓝ 재앙, 재난

□□ **calculate** [kǽlkjəlèit] ⓥ 계산하다, 산출하다

□□ **capability** [kèipəbíləti] ⓝ 할 수 있음, 가능성; 능력

□□ **capitulate** [kəpítʃəlèit] ⓥ 굴복하다, 항복하다

□□ **catastrophic** [kæ̀təstráfik] ⓐ 대재앙의, 파멸의, 비극적인

□□ **censure** [sénʃər] ⓥ 견책하다, 책망하다 ⓝ 견책, 책망

□□ **chancy** [tʃǽnsi] ⓐ 불확실한, 위험한

□□ **charge** [tʃɑːrdʒ] ⓥ 비난하다, 고소하다; 임명하다, 명령하다; 위탁하다; 책임 지우다, 청구하다 ⓝ 책임

□□ **circuitous** [sərkjúːitəs] ⓐ 에두르는, 간접적인, 넌지시 말하는, 완곡한

□□ **clarify** [klǽrəfài] ⓥ 명확하게 하다, 분명히 하다; 명백하게 설명하다

□□ **cogent** [kóudʒənt] ⓐ 설득력 있는, 강제력 있는

□□ **collective** [kəléktiv] ⓐ 집합적인; 공동의 ⓝ 집단, 공동체

□□ **combine** [kəmbáin] ⓥ 결합하다, 합치다; 겸비하다

□□ **compatible** [kəmpǽtəbl] ⓐ 양립하는, 모순되지 않는; 호환이 가능한

□□ **compelling** [kəmpéliŋ] ⓐ 설득력 있는; 강제적인; 마음을 끄는, 매력적인

□□ **complacent** [kəmpléisənt] ⓐ 현실에 안주하는, 자기만족적인

□□ **complementary** [kàmpləméntəri] ⓐ 상호 보완적인

□□ **complicated** [kámplikèitid] ⓐ 복잡한, 까다로운, 번거로운

□□ **comprehensive** [kàmprihénsiv] ⓐ 포괄적인; 이해가 빠른

□□ **conceit** [kənsíːt] ⓝ 자부심, 자만심; 효과적 장치

□□ **confidence** [kánfidəns] ⓝ 신용, 신뢰; 자신감

□□ **confirm** [kənfɔ́ːrm] ⓥ 사실임을 보여 주다, 확인하다

□□ **confound** [kənfáund] ⓥ 어리둥절하게 하다; ~이 틀렸음을 입증하다

□□ **conscientious** [kànʃiénʃəs] ⓐ 꼼꼼한, 신중한; 성실한, 양심적인

□□ **consider** [kənsídər] ⓥ 고려하다, 곰곰이 생각하다; ~라고 여기다

□□ **considerable** [kənsídərəbl] ⓐ 상당한, 중요한; 무시할 수 없는, 유력한

□□ **consolidate** [kənsálidèit] ⓥ 강화하다; 합병하다, 통합하다

□□ **contend** [kənténd] ⓥ 다투다, 경쟁하다; 주장하다

□□ **content** [kəntént] ⓥ 만족하다 ⓐ 만족하는 ⓝ 만족; 함유량

□□ **continuous** [kəntínjuəs] ⓐ (시간·공간적으로) 연속적인; 계속되는, 지속적인

□□ **contract** [kántrǽkt] ⓥ 수축하다; 계약하다; 병에 걸리다 ⓝ 계약; 약혼

□□ **contradictory** [kàntrədíktəri] ⓐ 모순된, 양립하지 않는

□□ **contrast** [kántræst] ⓝ 대조, 대비 ⓥ 대조시키다, 대비시키다

□□ **convenient** [kənvíːnjənt] ⓐ 편리한, 간편한, 사용하기 좋은

□□ **convention** [kənvénʃən] ⓝ 모임, 집회; 관습, 관례

□□ **cooperation** [kouàpəréiʃən] ⓝ 협력, 협동

□□ **corruption** [kərʌ́pʃən] ⓝ 부패, 타락; 오염, 변질

□□ **craven** [kréivən] ⓐ 겁 많은, 비겁한 ⓝ 겁쟁이

□□ **credible** [krédəbl] ⓐ 신뢰할 수 있는, 믿을 만한, 확실한

☐☐ **crucial** [krúːʃəl] ⓐ 중대한, 결정적인

☐☐ **culprit** [kʌ́lprit] ⓝ 범인, 장본인, 주범, 범죄자

☐☐ **cultural** [kʌ́ltʃərəl] ⓐ 문화의, 교양의; 경작의

☐☐ **cursory** [kə́ːrsəri] ⓐ 대강의, 피상적인; 서투른, 엉성한

☐☐ **curtail** [kə(ː)rtéil] ⓥ 짧게 줄이다, 단축하다, 생략하다

☐☐ **cynical** [sínikəl] ⓐ 냉소적인; 부정적인; 자기 이익만 생각하는

☐☐ **dearth** [dəːrθ] ⓝ 부족, 결핍

☐☐ **debacle** [dibáːkl] ⓝ (갑작스런) 파멸, 붕괴; (시세의) 폭락; 대실패

☐☐ **debate** [dibéit] ⓝ 토론; 논의; 논쟁 ⓥ 논의하다

☐☐ **decision** [disíʒən] ⓝ 결정, 판단, 판결

☐☐ **decisive** [disáisiv] ⓐ 결정적인, 결단력 있는; 단호한, 확고한

☐☐ **dedication** [dèdikéiʃən] ⓝ 전념, 헌신

☐☐ **defendant** [diféndənt] ⓝ 피고

☐☐ **deficient** [difíʃənt] ⓐ 부족한, 결핍된; 결함이 있는, 모자라는

☐☐ **definite** [défənit] ⓐ 뚜렷한, 명확한; 한정하는

☐☐ **delusion** [dilúːʒən] ⓝ 미혹, 기만; 망상

☐☐ **deprecate** [déprəkèit] ⓥ 비난하다, 반대하다; 경시하다

☐☐ **depress** [diprés] ⓥ 우울하게 만들다; 침체시키다; 하락시키다

☐☐ **depression** [dipréʃən] ⓝ 의기소침, 침울; 불경기

☐☐ **description** [diskrípʃən] ⓝ 기술, 묘사, 서술

☐☐ **desirable** [dizáiərəbl] ⓐ 바람직한, 호감이 가는

☐☐ **destitute** [déstitjùːt] ⓐ 궁핍한, 극빈의; ~이 없는

☐☐ **determination** [ditə̀ːrmənéiʃən] ⓝ 투지; 결정

☐☐ **deterrent** [ditə́ːrənt] ⓝ 단념하게 하는 것, 억지 [제지]물 ⓐ 단념시키는, 방해하는

☐☐ **didactic** [daidǽktik] ⓐ 교훈적인, 설교적인

☐☐ **differentiate** [difərénʃièit] ⓥ 차별화시키다, 구별하다, 차이를 인정하다

☐☐ **dilate** [dailéit] ⓥ 팽창시키다, 넓히다, 확장하다

☐☐ **dilemma** [dilémə] ⓝ 진퇴양난, 궁지, 딜레마

☐☐ **dilettante** [dìlitáːnti] ⓝ (문학·예술·학술의) 애호가; 아마추어 평론가 ⓐ 예술을 애호하는, 아마추어의

☐☐ **disappear** [dìsəpíər] ⓥ 사라지다, 없어지다, 소실되다

☐☐ **disappointment** [dìsəpɔ́intmənt] ⓝ 실망, 낙심

☐☐ **discipline** [dísəplin] ⓝ 훈련, 훈육; 규율, 예절; (학문의) 분야 ⓥ 징계하다

☐☐ **disdain** [disdéin] ⓥ 경멸하다, 멸시하다 ⓝ 경멸, 멸시

☐☐ **dismal** [dízməl] ⓐ 음울한, 우울한; 황량한, 쓸쓸한

☐☐ **disparage** [dispǽridʒ] ⓥ 깔보다, 얕보다; 헐뜯다

☐☐ **distinction** [distíŋkʃən] ⓝ 구별, 차별; 대조, 대비

☐☐ **distribution** [dìstrəbjúːʃən] ⓝ 분배, 분포; 배급, 유통

☐☐ **divide** [diváid] ⓥ 나누다, 분할하다; 분열시키다

☐☐ **doubt** [daut] ⓝ 의심, 의혹, 의문 ⓥ 의심하다

☐☐ **effect** [ifékt] ⓝ 영향; 결과, 효과; 느낌, 인상

☐☐ **effort** [éfərt] ⓝ 노력, 수고; 노력의 결과, 역작

☐☐ **elastic** [ilǽstik] ⓐ 탄력 있는, 고무로 된; 신축적인, 변통 가능한

☐☐ **elicit** [ilísit] ⓥ 끌어내다, 유도해 내다

☐☐ **elongate** [ilɔ́ːŋgeit] ⓥ 길게 하다, (잡아) 늘이다, 연장하다

□□ **eloquent** [éləkwənt] ⓐ 웅변의, 달변인, 유창한

□□ **elucidate** [ilúːsidèit] ⓥ (문제 등을) 밝히다, 명료하게 하다

□□ **emotion** [imóuʃən] ⓝ 감정, 정서

□□ **employ** [implɔ́i] ⓥ 고용하다; (물건·수단 등을) 쓰다, 사용하다

□□ **encapsulate** [inkǽpsjulèit] ⓥ 요약하다; 캡슐로 싸다, 소중히 보호하다

□□ **encompass** [inkʌ́mpəs] ⓥ 둘러싸다; 품다, 포함하다

□□ **encounter** [inkáuntər] ⓥ 우연히 만나다, 마주치다 ⓝ (우연히) 만남

□□ **endanger** [indéindʒər] ⓥ 위태롭게 하다, 위험에 빠뜨리다

□□ **enigmatic** [ènigmǽtik] ⓐ 수수께끼 같은, 불가사의한

□□ **enthusiastic** [inθjùːziǽstik] ⓐ 열렬한, 열광적인

□□ **equally** [íːkwəli] ⓐⓓ 똑같이, 동등하게, 균등하게; 마찬가지로, 동시에

□□ **equilibrium** [ìːkwəlíbriəm] ⓝ 평형 상태, 균형; (마음의) 평정

□□ **equivocal** [ikwívəkəl] ⓐ (뜻이) 애매한, 다의적인, 모호한

□□ **escalate** [éskəlèit] ⓥ 짙어가다; 확대하다, 높이다

□□ **ethical** [éθikəl] ⓐ 도덕상의, 윤리적인

□□ **evacuate** [ivǽkjuèit] ⓥ 대피시키다; 피난하다

□□ **evasive** [ivéisiv] ⓐ 회피하는, 얼버무리는; 포착하기 어려운, 분명치 않은

□□ **evident** [évidənt] ⓐ 분명한, 눈에 띄는

□□ **exceptional** [iksépʃənəl] ⓐ 예외적인, 이례적인; 아주 우수한, 특출한

□□ **excessive** [iksésiv] ⓐ 과도한, 지나친

□□ **exonerate** [igzánərèit] ⓥ ~의 결백을[무죄를] 증명하다; 해방하다

□□ **exotic** [igzátik] ⓐ 외국의, 이국적인

□□ **expect** [ikspékt] ⓥ 예상하다, 기대하다

□□ **experimental** [ikspèrəméntəl] ⓐ 경험상의; 실험적인, 시험적인

□□ **extinction** [ikstíŋkʃən] ⓝ 사멸, 소멸, 멸종

□□ **extravagant** [ikstrǽvəgənt] ⓐ 낭비하는, 사치스러운; 화려한, 과장된

□□ **facet** [fǽsit] ⓝ 측면, 양상

□□ **facile** [fǽsil] ⓐ 손쉬운, 용이한; 간편한, 쓰기 쉬운

□□ **fallacious** [fəléiʃəs] ⓐ 불합리한; 거짓된; 잘못된, 틀린

□□ **fascinate** [fǽsənèit] ⓥ 매혹시키다, 매료시키다, 마음을 사로잡다

□□ **fatuous** [fǽtʃuəs] ⓐ 얼빠진, 어리석은, 우둔한; 텅 빈, 알맹이 없는

□□ **favorable** [féivərəbl] ⓐ 호의를 보이는, 찬성의; 유리한, 형편이 좋은

□□ **figure** [fígjər] ⓝ 수치, 숫자; 인물

□□ **financial** [finǽnʃəl] ⓐ 경제의, 금융의

□□ **formidable** [fɔ́ːrmidəbl] ⓐ 가공할, 어마어마한

□□ **fortunately** [fɔ́ːrtʃənitli] ⓐⓓ 다행스럽게도, 운 좋게도

□□ **foster** [fɔ́(ː)stər] ⓥ 양육하다, 기르다; 조성하다

□□ **fraud** [frɔːd] ⓝ 사기, 부정, 조작; 사기꾼

□□ **garner** [gáːrnər] ⓥ 얻다, 모으다

□□ **gratitude** [grǽtitjùːd] ⓝ 고마움, 감사, 사의

□□ **greed** [griːd] ⓝ 탐욕, 욕심

□□ **hierarchy** [háiəràːrki] ⓝ 계급, 계층

☐☐ **hostile** [hάstil] ⓐ 적의 있는, 적대적인; 반대하는

☐☐ **hostility** [hɑstíləti] ⓝ 적의, 적개심, 적대감, 적대 행위

☐☐ **humility** [hjuːmíləti] ⓝ 겸손, 겸양; 비하

☐☐ **humorous** [hjúːmərəs] ⓐ 재미있는, 익살스러운

☐☐ **hyperbole** [haipə́ːrbəli] ⓝ 과장법, 과장 어구

☐☐ **hypothesis** [haipάθisis] ⓝ 가설, 가정, 추정, 추측

☐☐ **idiosyncratic** [ìdiousiŋkrǽtik] ⓐ 특질의, 특이 질의; 특유한

☐☐ **illusory** [iljúːsəri] ⓐ 공상의, 환영의; 착각의, 혼 동하기 쉬운

☐☐ **imaginary** [imǽdʒənèri] ⓐ 상상의, 가상의; [수 학] 허수의

☐☐ **immediate** [imíːdiət] ⓐ 즉각적인; 아주 가까이 에 있는

☐☐ **imminent** [ímənənt] ⓐ 임박한, 목전의, 곧 닥쳐 올 것 같은

☐☐ **immoral** [imɔ́(ː)rəl] ⓐ 비도덕적인; 부도덕한, 행실이 나쁜

☐☐ **impediment** [impédəmənt] ⓝ 방해(물), 장애

☐☐ **implicate** [ímpləkèit] ⓥ (범죄 등에) 연루되었음 을 보여 주다; 관련시키다

☐☐ **implication** [ìmplikéiʃən] ⓝ 영향, 결과; 함축, 암시; (범죄에의) 연루

☐☐ **improbable** [imprάbəbl] ⓐ 있을 법하지 않은, 사실 같지 않은; 희한한, 별난

☐☐ **incompatible** [ìnkəmpǽtəbl] ⓐ 맞지 않는; 양 립하지 않는, 모순된

☐☐ **incompetent** [inkάmpitənt] ⓐ 무능한, 무자격 의; 서투른

☐☐ **inconsequential** [inkὰnsikwénʃəl] ⓐ 하찮은, 대수롭지 않은, 중요하지 않은

☐☐ **inculcate** [inkʌ́lkeit] ⓥ 되풀이하여 가르치다, 열심히 설득하다, (머릿속에) 심어 주다, 주입하다

☐☐ **indifference** [indífərəns] ⓝ 무관심, 냉담

☐☐ **indulge** [indʌ́ldʒ] ⓥ 마음껏 하다; 충족시키다, 채우다; 가담하다

☐☐ **indulgent** [indʌ́ldʒənt] ⓐ 관대한, 멋대로 하는

☐☐ **ingenuity** [ìndʒənjúːəti] ⓝ 재주, 창의력

☐☐ **ingredient** [ingríːdiənt] ⓝ 성분, 구성 요소; 재료

☐☐ **inherent** [inhí(ː)ərənt] ⓐ 고유의, 타고난, 내재 하는, 본질적인

☐☐ **innate** [inéit] ⓐ (성질 따위가) 타고난, 천부적인, 선천적인

☐☐ **insatiable** [inséiʃəbl] ⓐ 만족할 줄 모르는, 탐욕 스러운

☐☐ **insomnia** [insάmniə] ⓝ 불면증

☐☐ **institution** [ìnstitjúːʃən] ⓝ 기관, 단체, 협회

☐☐ **intelligent** [intélidʒənt] ⓐ 지적인, 이해력이 뛰 어난

☐☐ **intrigue** [intríːg] ⓝ 모의, 음모; 흥미로움 ⓥ 흥 미를 갖게 하다; 모의하다

☐☐ **invaluable** [invǽljuəbl] ⓐ 매우 귀중한, 값을 매길 수 없을 정도의

☐☐ **involuntary** [invάləntèri] ⓐ 원치 않는, 비자발 적인; 무의식의

☐☐ **ironic** [airάnik] ⓐ 반어의, 비꼬는, 풍자적인

☐☐ **irritate** [íritèit] ⓥ 짜증 나게 하다, 화나게 하다; 거슬리다, 자극하다

☐☐ **isolate** [áisəlèit] ⓥ 격리하다, 고립시키다

☐☐ **judgment** [dʒʌ́dʒmənt] ⓝ 재판, 심판, 판결, 판단

☐☐ **justify** [dʒʌ́stəfài] ⓥ 정당화하다; 해명하다, 옹호 하다

☐☐ **laud** [lɔːd] ⓥ 칭찬하다 ⓝ 칭찬

☐☐ **lethal** [líːθəl] ⓐ 치명적인, 파괴적인; 죽음에 이르는

☐☐ **loquacious** [loukwéiʃəs] ⓐ 수다스러운, 말이 많은, 떠들썩한

☐☐ **magnify** [mǽgnəfài] ⓥ 크게 하다, 확대하다; 과장하다

☐☐ **manageable** [mǽnidʒəbl] ⓐ 관리할 수 있는, 처리할 수 있는

☐☐ **mandate** [mǽndeit] ⓝ 권한; 지시, 명령 ⓥ 명령하다, 지시하다

☐☐ **mandatory** [mǽndətɔ̀ːri] ⓐ 의무적인, 강제적인

☐☐ **manipulate** [mənípjulèit] ⓥ 조작하다; 조종하다, 다루다

☐☐ **marginal** [máːrdʒənəl] ⓐ 미미한, 중요하지 않은; 가장자리의, 주변부의

☐☐ **meager** [míːgər] ⓐ 빈약한; 야윈; 불충분한

☐☐ **mediator** [míːdièitər] ⓝ 조정자, 매개자, 중개인

☐☐ **mediocre** [mìːdióukər] ⓐ 보통의, 평범한, 이류의; 썩 좋지 않은

☐☐ **menace** [ménəs] ⓝ 협박, 위협 ⓥ 위협하다

☐☐ **mercurial** [məːrkjú(ː)əriəl] ⓐ 변덕스러운, 활달한; 수은(mercury)의, 수성의

☐☐ **meticulously** [mətíkjələsli] ⓐⓓ 꼼꼼하게; 지나치게 소심하여

☐☐ **misleading** [mislíːdiŋ] ⓐ 호도하는, 그르치기 쉬운, 오해하기 쉬운

☐☐ **monopolize** [mənápəlàiz] ⓥ 독점하다

☐☐ **monotonous** [mənátənəs] ⓐ (소리·목소리가) 단조로운; 한결같은, 변화 없는

☐☐ **motivation** [mòutəvéiʃən] ⓝ 자극, 유도; 동기부여

☐☐ **multiply** [mʌ́ltəplài] ⓥ 곱하다; 늘리다, 증가시키다

☐☐ **mural** [mjú(ː)ərəl] ⓝ 벽화

☐☐ **mysterious** [mistí(ː)əriəs] ⓐ 신비한; 설명하기 힘든

☐☐ **nascent** [nǽsənt] ⓐ 발생기의; 초기의

☐☐ **necessity** [nəsésəti] ⓝ 필요(성); 불가피한 일

☐☐ **nervous** [nə́ːrvəs] ⓐ 불안해하는, 신경과민의; 신경의

☐☐ **novelty** [návəlti] ⓝ 새로움, 참신함

☐☐ **obedience** [oubíːdiəns] ⓝ 복종, 순종

☐☐ **object** [ábdʒikt] ⓝ 물건, 물체 ⓥ 반대하다

☐☐ **obscene** [əbsíːn] ⓐ 음란한, 외설적인; 불쾌한, 역겨운

☐☐ **obscurity** [əbskjú(ː)ərəti] ⓝ 무명, 잊혀짐; 모호함

☐☐ **obsession** [əbséʃən] ⓝ 집착; 강박 상태, 망상

☐☐ **obtuse** [əbtjúːs] ⓐ 둔한, 무딘; 날카롭지 않은

☐☐ **ominous** [ámənəs] ⓐ 불길한, 나쁜 징조의; (날씨가) 찌푸린

☐☐ **opaque** [oupéik] ⓐ 불투명한, 빛을 통과시키지 않는; 불명료한, 이해하기 힘든

☐☐ **optional** [ápʃənəl] ⓐ 임의의; 선택적인, 선택의

☐☐ **opulent** [ápjələnt] ⓐ 부유한; 풍부한, 풍족한

☐☐ **ostensible** [αsténsəbl] ⓐ 표면적인, 겉치레의; 분명한

☐☐ **outdated** [àutdéitid] ⓐ 구식의, 시대에 뒤진

☐☐ **overestimate** [òuvəréstəmèit] ⓥ 과대평가하다, 높이 사다

☐☐ **overwhelm** [òuvərhwélm] ⓥ 압도하다, 제압하다; ~의 기를 꺾다

☐☐ **palpable** [pǽlpəbl] ⓐ 손으로 만질 수 있는; 매우 뚜렷한, 명백한

☐☐ **paltry** [pɔ́ːltri] ⓐ 하찮은, 보잘것없는

☐☐ **passion** [pǽʃən] ⓝ 열정; 격정, 격노

□□ **pathetic** [pəθétik] ⓐ 애처로운; (노력·이자 등이) 극히 적은, 아주 불충분한

□□ **peculiar** [pikjú:ljər] ⓐ 이상한, 특이한; 고유의, 독자의

□□ **pedantic** [pədǽntik] ⓐ 아는 체하는, 현학적인

□□ **pejorative** [pidʒɔ́(:)rətiv] ⓐ 가치를 떨어뜨리는, 경멸적인

□□ **penalty** [pénəlti] ⓝ 처벌, 형벌; 벌금, 위약금

□□ **perfect** [pə́:rfikt] ⓐ 완벽한, 완전한

□□ **perish** [périʃ] ⓥ 멸망하다, 소멸하다; 썩다, 타락하다

□□ **perpetuate** [pərpétʃuèit] ⓥ 영속시키다, 불멸케 하다

□□ **personal** [pə́rsənəl] ⓐ 개인의, 자기만의, 일신상의, 사적인

□□ **pessimistic** [pèsəmístik] ⓐ 비관적인, 염세적인

□□ **physical** [fízikəl] ⓐ 육체의, 신체의; 물질의, 물질적인

□□ **plastic** [plǽstik] ⓐ 형태를 만들기가 쉬운, 가소성의

□□ **precursor** [prikə́:rsər] ⓝ 선구자, 선각자; 전조, 조짐

□□ **prerequisite** [prì(:)rékwəzit] ⓝ 전제 조건, 필요조건, 선수 과목

□□ **prescribe** [priskráib] ⓥ 규정하다; 처방하다

□□ **prestige** [prestí:dʒ] ⓝ 위신, 명망 ⓐ 위신 있는, 명망 있는

□□ **pretentious** [priténʃəs] ⓐ 자만하는, 우쭐대는, 허세 부리는

□□ **prevail** [privéil] ⓥ 만연하다, 퍼지다; 우세하다, 이기다

□□ **private** [práivit] ⓐ 사적인, 개인의; 자기 부담의

□□ **process** [práses] ⓝ 과정, 절차 ⓥ 처리하다

□□ **proclaim** [proukléim] ⓥ 공포하다, 선언하다; 분명히 나타내다

□□ **prodigal** [prádigəl] ⓐ 낭비하는; 방탕한

□□ **profit** [práfit] ⓝ 이익; 수익, 이윤

□□ **prohibit** [prouhíbit] ⓥ 금지하다, ~을 못하게 하다; 방해하다

□□ **project** [prádʒekt] ⓝ 계획 ⓥ 비추다, 보여 주다

□□ **proliferate** [proulífərèit] ⓥ 증식하다, 번식하다; 급격히 늘다

□□ **promising** [prámisiŋ] ⓐ 가망 있는, 전도유망한

□□ **prompt** [prampt] ⓐ 신속한, 기민한; 즉석의 ⓥ 촉구하다, 재촉하다

□□ **psychological** [sàikəládʒikəl] ⓐ 심리학적인; 정신의, 심리의

□□ **querulous** [kwérjələs] ⓐ 불만이 많은, 화를 잘 내는, 짜증 내는

□□ **ratify** [rǽtəfài] ⓥ 비준하다, 재가하다; 승인하다

□□ **reason** [rí:zən] ⓝ 이유; 이성, 지성 ⓥ 추론하다; 설득하다

□□ **recluse** [riklú:s] ⓝ 은둔자 ⓐ 속세를 떠난, 은둔한 [re(back) + clus(shut) + e]

□□ **recognize** [rékəgnàiz] ⓥ 알아보다, 인식하다; 인정하다

□□ **reconcile** [rékənsàil] ⓥ 화해시키다, 조화시키다; 익숙해지다

□□ **recover** [rikʌ́vər] ⓥ (기능·의식 등을) 회복하다; 되찾다, 찾아내다

□□ **reduction** [ridʌ́kʃən] ⓝ 축소, 삭감, 감소

□□ **reimburse** [rì:imbə́:rs] ⓥ 상환하다, 변제하다, 배상하다

□□ **rejuvenate** [ridʒú:vənèit] ⓥ 다시 젊어 보이게 하다, 활기를 되찾게 하다

□□ **relate** [riléit] ⓥ ~와 사이좋게 지내다, 순응하다

reliable [rilɑ́iəbl] ⓐ 의지가 되는, 믿음직한	**significant** [signífikənt] ⓐ 중요한; 상당한; 의미심장한
relieve [rilíːv] ⓥ (고통·부담 등을) 경감하다, 덜다; 구제하다, 해방하다	**similarity** [sìmələ́rəti] ⓝ 유사성, 유사점, 닮음
religious [rilíʤəs] ⓐ 종교상의, 종교적인; 신앙심이 깊은	**simultaneously** [sàiməltéiniəsli] ⓐ 동시에; 일제히
replenish [ripléniʃ] ⓥ 채우다; 보충하다	**solidarity** [sὰlidǽrəti] ⓝ 연대, 결속, 단결
reproach [ripróutʃ] ⓥ 꾸짖다, 책망하다; 비난하다 ⓝ 비난, 꾸짖음, 책망	**solitary** [sάlitèri] ⓐ 혼자 하는, 홀로, 고독한, 외로운
reproduction [rìːprədʌ́kʃən] ⓝ 생식, 번식; 복사, 복제	**solution** [səljúːʃən] ⓝ 해결책; 용해
rescind [risínd] ⓥ 무효로 하다, 폐지하다, 철폐하다, 해지하다	**speculate** [spékjulèit] ⓥ 추측하다, 짐작하다; 투기하다
resilient [rizíljənt] ⓐ 회복력 있는; 탄력 있는	**speculation** [spèkjuléiʃn] ⓝ 추측, 투기, 의견, 사색
resistant [rizístənt] ⓐ 저항하는, 반항하는; 잘 견디는, 내성이 있는	**spur** [spəːr] ⓥ 박차를 가하다; 촉진시키다 ⓝ 박차; 자극, 격려
responsive [rispάnsiv] ⓐ 즉각 반응[대응]하는; 관심을 보이는	**stability** [stəbíləti] ⓝ 안정; 안정성; 영속성
restrict [ristríkt] ⓥ 제한하다, 통제하다, 방해하다	**stingy** [stínʤi] ⓐ 인색한, 너무 아끼는; 부족한, 근소한; 침(sting)이 있는
revamp [riːvǽmp] ⓥ 개조하다, 수리하다; 개정하다 ⓝ 수선; 개혁, 개조	**stipulate** [stípjulèit] ⓥ 규정하다, 명기하다
reveal [rivíːl] ⓥ 폭로하다, 드러내다, 밝히다	**stubborn** [stʌ́bərn] ⓐ 완강한, 고집스러운; 다루기 어려운, 말을 안 듣는
revealing [rivíːliŋ] ⓐ (보이지 않는 것을) 드러내는, 흥미로운 사실을 보여 주는	**sublime** [səbláim] ⓐ 고상한, 숭고한; 절묘한 ⓝ 숭고한 것
revolve [rivάlv] ⓥ 돌다, 회전하다	**subside** [səbsáid] ⓥ 푹 꺼지다, 가라앉다; 약화되다
rigidity [riʤídəti] ⓝ 단단함, 강직; 엄격, 엄숙함	**subsidiary** [səbsídièri] ⓐ 부수적인, 부차적인
scrupulous [skrúːpjələs] ⓐ 양심적인; 세심한, 꼼꼼한	**substance** [sʌ́bstəns] ⓝ 본질, 실체
secular [sékjələr] ⓐ 현세의, 세속의; 비종교적인	**subversive** [səbvə́ːrsiv] ⓐ 파괴하는, 타도하는, 전복시키는 ⓝ 불순분자
select [silékt] ⓥ 선택하다, 고르다	**subvert** [səbvə́ːrt] ⓥ 전복시키다, 뒤엎으려 하다
shrewd [ʃruːd] ⓐ 빈틈없는, 예민한, 약삭빠른, 영리한	**superficial** [sjùːpərfíʃəl] ⓐ 깊이 없는, 얄팍한, 피상적인, 표면적인

□□ **supplant** [səplǽnt] ⓥ 밀어내고 대신하다; (남의 자리를) 빼앗다

□□ **suppress** [səprés] ⓥ 억압하다; 가라앉히다, 진압하다

□□ **surface** [sə́:rfis] ⓥ 드러나다, 표면화되다 ⓝ 표면

□□ **surge** [sə:rdʒ] ⓝ (감정의) 동요; 급상승; 큰 파도 ⓥ 급등하다; 쇄도하다

□□ **surpass** [sərpǽs] ⓥ 능가하다, 뛰어넘다

□□ **surveillance** [sə:rvéiləns] ⓝ 감시, 감독

□□ **suspect** [səspékt] ⓥ 의심하다, 수상쩍어 하다 ⓝ 용의자

□□ **sustainability** [səstéinəbíləti] ⓝ 유지할 수 있는 능력

□□ **tap** [tæp] ⓥ 이용하다, 활용하다; 도청하다

□□ **tentative** [téntətiv] ⓐ 임시적인, 잠정적인; 머뭇거리는, 자신 없는

□□ **tentatively** [téntətivli] ⓐⓓ 시험적으로, 잠정적으로; 자신 없이, 망설이며

□□ **tenuous** [ténjuəs] ⓐ 미약한, 보잘것없는; 얇은, 빈약한, 희박한

□□ **terminate** [tə́:rmənèit] ⓥ 끝내다, 종료하다

□□ **testimony** [téstəmòuni] ⓝ 증언; 증명, 입증

□□ **thwart** [θwɔ:rt] ⓥ 방해하다, 좌절시키다

□□ **tolerant** [tálərənt] ⓐ 관대한, 아량 있는; 내성이 있는, 잘 견디는

□□ **torment** [tɔ́:rment] ⓥ 고통을 안겨 주다 ⓝ 고통

□□ **transact** [trænsǽkt] ⓥ (사무·업무 등을) 집행하다; 거래하다, 교섭하다; 관계하다

□□ **transaction** [trænzǽkʃən] ⓝ 거래, 매매; 처리

□□ **transform** [trænsfɔ́:rm] ⓥ 변형시키다, 바꾸다; 변압하다

□□ **trenchant** [tréntʃənt] ⓐ 예리한, 설득력 있는; 신랄한

□□ **ultimate** [ʎltəmit] ⓐ 최후의, 마지막의, 궁극의

□□ **ultimately** [ʎltimitli] ⓐⓓ 궁극적으로

□□ **understatement** [ʎndərstéitmənt] ⓝ 절제된 표현

□□ **unfortunately** [ʌnfɔ́:rtʃənitli] ⓐⓓ 불행하게도, 유감스럽게도

□□ **unique** [ju:ní:k] ⓐ 유일한, 독특한, 독자적인; 특별한

□□ **unnecessary** [ʌnnésəsèri] ⓐ 불필요한, 쓸데없는

□□ **unprecedented** [ʌnprésidèntid] ⓐ 전례가 없는, 미증유의, 공전(空前)의

□□ **unstable** [ʌnstéibl] ⓐ 불안정한; 변하기 쉬운

□□ **untenable** [ʌnténəbl] ⓐ 유지할 수 없는, 지지할 수 없는

□□ **useful** [jú:sfəl] ⓐ 쓸모 있는, 유용한

□□ **valuable** [vǽljuəbl] ⓐ 귀중한, 귀한, 소중한

□□ **vicious** [víʃəs] ⓐ 잔인한, 비열한; 사악한; 나쁜, 결함 있는

□□ **virtuous** [və́:rtʃuəs] ⓐ 덕이 높은, 고결한

□□ **vociferous** [vousífərəs] ⓐ 떠들썩한, 소란한, 시끄러운

□□ **voluntary** [váləntèri] ⓐ 임의적인, 자진한, 자발적인

□□ **whim** [hwim] ⓝ 변덕

□□ **wither** [wíðər] ⓥ 시들다; 약해지다

□□ **withstand** [wiðstǽnd] ⓥ 견디다, 저항하다

□□ **aberrant** [əbérənt] ⓐ 정도를 벗어난, 상도를 벗어난

□□ **abolish** [əbáliʃ] ⓥ 폐지하다, 파기하다, 무효로 하다

□□ **abominable** [əbámənəbl] ⓐ 지긋지긋한, 혐오스러운, 지독한

□□ **absence** [ǽbsəns] ⓝ 부재, 결석, 결근

□□ **abstemious** [æbstí:miəs] ⓐ 금욕적인, 절제하는, 검소한

□□ **abstinence** [ǽbstənəns] ⓝ 자제, 금욕

□□ **abstract** [æbstrǽkt] ⓐ 추상적인 ⓝ 요약, 개요 ⓥ 요약하다, 발췌하다

□□ **abundance** [əbʌ́ndəns] ⓝ 풍부, 많음; 부유

□□ **acclaim** [əkléim] ⓥ 갈채를 보내다, 칭송하다 ⓝ 갈채, 환호; 칭찬, 찬사

□□ **acclamation** [æ̀kləméiʃən] ⓝ 갈채, 환호

□□ **accommodate** [əkámədèit] ⓥ ~에 편의를 도모하다; 수용하다

□□ **accomplish** [əkámpliʃ] ⓥ 이루다, 성취하다

□□ **accordingly** [əkɔ́:rdiŋli] ⓐ 따라서, 그러므로, 그래서

□□ **accumulate** [əkjú:mjəlèit] ⓥ 모으다, 축적하다

□□ **accuse** [əkjú:z] ⓥ 고발하다, 고소하다; 비난하다

□□ **acuity** [əkjú:əti] ⓝ 예민함, 예리함

□□ **additionally** [ədíʃənəli] ⓐ 추가적으로, 덧붙여

□□ **adequate** [ǽdəkwit] ⓐ 적절한; 어울리는, 적당한, 충분한

□□ **adhere** [ædhíər] ⓥ 달라붙다, 고수하다, 집착하다

□□ **adolescent** [æ̀dəlésənt] ⓝ 청소년

□□ **adopt** [ədápt] ⓥ 채택하다; 입양하다

□□ **advantage** [ədvǽntidʒ] ⓝ 이점, 우위, 유리, 이익

□□ **aesthetics** [esθétiks] ⓝ 미학

□□ **affective** [əféktiv] ⓐ 감정적인, 정서적인

□□ **agitation** [æ̀dʒitéiʃən] ⓝ (마음의) 동요; 선동, 흥분

□□ **ailment** [éilmənt] ⓝ 질병

□□ **alienated** [éiljənèitid] ⓐ 소외된, 멀어진

□□ **allot** [əlát] ⓥ 할당하다, 배당하다

□□ **allude** [əljú:d] ⓥ 암시하다, 시사(示唆)하다, 넌지시 말하다

□□ **alter** [ɔ́:ltər] ⓥ 바꾸다, 변경하다; 개조하다

□□ **alteration** [ɔ̀:ltəréiʃən] ⓝ 변경, 개변

□□ **ameliorate** [əmí:ljərèit] ⓥ 개선하다, 개량하다; 줄이다

□□ **amenable** [əmí:nəbl] ⓐ 순종하는, 말 잘 듣는

□□ **amnesia** [æmní:ʒə] ⓝ 기억 상실(증)

□□ **anachronistic** [ənæ̀krənístik] ⓐ 시대착오의, 시대에 뒤진

□□ **analogous** [ənǽləgəs] ⓐ 유사한, 비슷한, 닮은

□□ **analogy** [ənǽlədʒi] ⓝ 비유, 유추, 유사점

□□ **anecdote** [ǽnikdòut] ⓝ 일화, 개인적 진술

□□ **annihilate** [ənáiəlèit] ⓥ 전멸시키다, 근절시키다; 무효화하다, 폐지하다

□□ **annihilation** [ənàiəléiʃən] ⓝ 전멸, 절멸, 붕괴; 폐지

□□ **announcement** [ənáunsmənt] ⓝ 발표, 소식

□□ **annual** [ǽnjuəl] ⓐ 매년의, 연간의

□□ **anonymous** [ənánəməs] ⓐ 익명의; 성명 미상의; 무명의

□□ **anthropologist** [æ̀nθrəpálədʒist] ⓝ 인류학자

01

□□ **anxiety** [æŋzáiəti] ⑩ 걱정, 근심, 불안; 염원, 열망

□□ **apologetic** [əpàlədʒétik] ⓐ 미안해하는, 사과하는

□□ **apparent** [əpǽrənt] ⓐ 명백한, 분명한; 겉치레의

□□ **appraisal** [əpréizəl] ⑩ 감정, 평가, 견적

□□ **appreciate** [əprí:ʃièit] ⓥ 진가를 알아보다, 인정하다; 고마워하다

□□ **apprehend** [æ̀prihénd] ⓥ 염려하다, 우려하다; 이해하다; 체포하다

□□ **apprehensive** [æ̀prihénsiv] ⓐ 걱정되는, 불안한

□□ **arcane** [ɑ:rkéin] ⓐ 난해한, 불명료한

□□ **arrange** [əréindʒ] ⓥ 마련하다, 주선하다; 정리하다, 배열하다

□□ **arrogant** [ǽrəgənt] ⓐ 오만한, 거만한, 건방진

□□ **artifact** [ɑ́:rtəfæ̀kt] ⑩ 인공물, 가공품

□□ **ascetic** [əsétik] ⓐ 금욕적인 ⑩ 금욕주의자

□□ **ascribe** [əskráib] ⓥ ~의 탓으로 돌리다; ~에 속하는 것으로 생각하다

□□ **assert** [əsə́:rt] ⓥ 단언하다, 역설하다

□□ **associate** [əsóuʃièit] ⓥ 연관 짓다, 관련시키다; 참가시키다

□□ **association** [əsòusiéiʃən] ⑩ 연합, 협회, 결합; 교제, 친밀

□□ **astounding** [əstáundiŋ] ⓐ 깜짝 놀라게 할 만한, 아주 대단한

□□ **asymmetry** [eisímitri] ⑩ 비대칭, 불균형

□□ **athlete** [ǽθli:t] ⑩ (운동)선수

□□ **atmosphere** [ǽtməsfiər] ⑩ 분위기; 대기

□□ **atrophy** [ǽtrəfi] ⑩ 위축, 퇴화, 쇠퇴 ⓥ 쇠약해지다, (신체의 일부가) 위축되다

□□ **attention** [əténʃʌn] ⑩ 주의, 집중; 관심, 흥미

□□ **attract** [ətrǽkt] ⓥ 끌다, 끌어들이다

□□ **atypical** [eitípikəl] ⓐ 이례적인, 틀에 박히지 않은

□□ **audacious** [ɔ:déiʃəs] ⓐ 대담한, 겁이 없는

□□ **aversion** [əvə́:rʒən] ⑩ 혐오, 반감

□□ **avid** [ǽvid] ⓐ (취미에) 열심인; 열렬히 원하는, 열망하는

□□ **baggage** [bǽgidʒ] ⑩ 수하물

□□ **baleful** [béilfəl] ⓐ 해로운; 불길한, 재앙의

□□ **barren** [bǽrən] ⓐ 불임의, 불모의, 메마른, 비생산적인

□□ **belie** [bilái] ⓥ 거짓임을 보여 주다; 착각하게 만들다

□□ **benediction** [bènidíkʃən] ⑩ 축복, 축도

□□ **benefactor** [bénəfæ̀ktər] ⑩ 후원자; 은인, 은혜를 베푸는 사람

□□ **blame** [bleim] ⓥ 나무라다, 비난하다; 책임으로 돌리다 ⑩ 책임; 탓

□□ **blandishment** [blǽndiʃmənt] ⑩ 아첨, 감언이설

□□ **blissful** [blísfəl] ⓐ 더없이 행복한, 기쁨에 찬

□□ **blithe** [blaið, blaiθ] ⓐ 태평스러운, 무신경한; 쾌활한, 행복한

□□ **boldly** [bouldli] ⓓ 대담하게, 뻔뻔스럽게; 뚜렷이

□□ **breach** [bri:tʃ] ⑩ 위반, 침해, 불이행; 불화, 중단; 갈라진 틈 ⓥ 어기다, 위반하다

□□ **broach** [broutʃ] ⑩ 송곳, 큰 끌; 첨탑

□□ **bypass** [báipæ̀s] ⓥ 우회하다; 회피하다 ⑩ 우회도로

□□ **caprice** [kəprí:s] ⑩ 변덕, 일시적 기분

□□ **capture** [kǽptʃər] ⓥ 붙잡다, 포획하다 ⑩ 포획, 포로

□□ **casuality** [kǽʒjuələti] ⑩ 인과 관계

☐☐ **caution** [kɔ́:ʃən] ⓝ 주의, 경고; 신중함	☐☐ **compatibility** [kəmpætəbíləti] ⓝ 호환성, 양립 가능성
☐☐ **censor** [sénsər] ⓝ 검열관 ⓥ 검열하다	☐☐ **competitive** [kəmpétitiv] ⓐ 경쟁적인; 경쟁력 있는
☐☐ **certain** [sə́:rtən] ⓐ 확실한, 틀림없는, 확신하는; 어떤, 무슨	☐☐ **compile** [kəmpáil] ⓥ (자료를) 엮다, 편집하다, 편찬하다
☐☐ **cheerful** [tʃíərfəl] ⓐ 기분 좋은, 기운찬	☐☐ **complacency** [kəmpléisənsi] ⓝ 자기만족; 위안이 되는 것
☐☐ **chivalrous** [ʃívəlrəs] ⓐ 정중한, 기사도의; 용기 있고 예의 바른	☐☐ **completely** [kəmplí:tli] ⓐ 완전히, 철저하게, 완벽하게
☐☐ **choice** [tʃɔis] ⓝ 선택, 선정	☐☐ **complexity** [kəmpléksəti] ⓝ 복잡성, 복잡함
☐☐ **chronic** [kránik] ⓐ 만성의, 고질의; 오래 끄는	☐☐ **compulsive** [kəmpʌ́lsiv] ⓐ 강제적인, 충동적인; 통제하지 못하는, 조절이 힘든
☐☐ **chronicle** [kránikl] ⓝ 연대기 ⓥ 연대순으로 기록하다	☐☐ **conceive** [kənsí:v] ⓥ 상상하다, 생각하다; 임신하다
☐☐ **circumspect** [sə́:rkəmspèkt] ⓐ 조심성 있는, 신중한, 치밀한	☐☐ **conception** [kənsépʃən] ⓝ (계획 등의) 구상; 관념, 신념
☐☐ **circumvent** [sə̀:rkəmvént] ⓥ 우회하다; 모면하다, 피하다	☐☐ **concession** [kənséʃən] ⓝ 양보, 용인, 양해, 인정; 영업권
☐☐ **claim** [kleim] ⓥ 요구하다, 청구하다; 주장하다; 목숨을 앗아가다	☐☐ **concise** [kənsáis] ⓐ 간결한, 간명한, 축약된
☐☐ **clumsy** [klʌ́mzi] ⓐ 솜씨 없는, 서투른, 어설픈	☐☐ **conclusive** [kənklú:siv] ⓐ 결정적인, 확실한
☐☐ **coerce** [kouə́:rs] ⓥ 강요하다, 강제로 하게 하다	☐☐ **concrete** [kánkri:t] ⓐ 구체적인, 실체가 있는
☐☐ **coherent** [kouhí(:)ərənt] ⓐ 일관성 있는, 논리 정연한; 응집성의, 밀착하는	☐☐ **conditional** [kəndíʃənəl] ⓐ 조건부의, 가정적인
☐☐ **cohesion** [kouhí:ʒən] ⓝ 응집력; 화합, 결합	☐☐ **condone** [kəndóun] ⓥ 묵과하다; 용서하다, 용납하다
☐☐ **collaboration** [kəlæ̀bəréiʃən] ⓝ 협력, 협동, 공동 작업	☐☐ **conduct** [kándʌkt/kón-] ⓝ 행동; 지휘 ⓥ (특정 활동을) 하다; 지휘하다; (열이나 전기를) 전도하다
☐☐ **collaborative** [kəlǽbərèitiv] ⓐ 공동의, 협력적인	☐☐ **conference** [kánfərəns] ⓝ 회담, 협의, 의논
☐☐ **colossal** [kəlásəl] ⓐ 거대한, 어마어마한	☐☐ **confidential** [kànfidénʃəl] ⓐ 비밀의, 은밀한; 신뢰를 받는
☐☐ **commitment** [kəmítmənt] ⓝ 범행; 약속; 헌신; 의무, 책임	☐☐ **confirmation** [kànfərméiʃən] ⓝ 확정, 확립; 확인, 인가; 비준; 확증
☐☐ **company** [kʌ́mpəni] ⓝ 동석자, 내방객; 친구, 동아리	

□□ **conjecture** [kəndʒéktʃər] ⓝ 추측, 억측 ⓥ 추측하다, 억측하다

□□ **conjure** [kándʒər] ⓥ 마술을 하다; 상기시키다, 떠오르게 하다

□□ **conscience** [kánʃəns] ⓝ 양심, 도의심, 도덕관념

□□ **consensus** [kənsénsəs] ⓝ 일치; 합의

□□ **conservation** [kànsərvéiʃən] ⓝ 보존, 보호

□□ **considerate** [kənsídərit] ⓐ 사려 깊은, 배려하는

□□ **consternation** [kànstərnéiʃən] ⓝ 섬뜩 놀람, 소스라침, 당황

□□ **constitute** [kánstitjùːt] ⓥ ～을 구성하다, ～을 이루다

□□ **construe** [kánstruː] ⓥ ～로 이해하다, 해석하다

□□ **consume** [kənsjúːm] ⓥ 다 써 버리다; 소비하다, 소모하다

□□ **consummate** [kənsámit] ⓐ 완벽한, 완전한, 능숙한 ⓥ 완벽하게[완전하게] 하다

□□ **consumption** [kənsámpʃən] ⓝ 소비, 소비량

□□ **contemporary** [kəntémpərèri] ⓝ 동시대인 ⓐ 동시대의, 현대의

□□ **contention** [kənténʃən] ⓝ 싸움, 투쟁; 경쟁; 말다툼

□□ **contradict** [kàntrədíkt] ⓥ 부정하다, 반박하다

□□ **converge** [kənvə́ːrdʒ] ⓥ 모이다, 집중하다

□□ **conversion** [kənvə́ːrʒən] ⓝ 변환, 전환; 용도 변경, 개조

□□ **convince** [kənvíns] ⓥ ～에게 납득시키다, ～에게 확신시키다

□□ **convincing** [kənvínsiŋ] ⓐ 설득력 있는; 확실한

□□ **convivial** [kənvíviəl] ⓐ 명랑한, 유쾌한

□□ **corroboration** [kəràbəréiʃən] ⓝ 확증; [법] 보강 증거

□□ **counter** [káuntər] ⓥ 반박하다; 대응하다 ⓝ 계산대, 판매대 ⓐ 반대의

□□ **cover** [kávər] ⓥ 보도하다; 포함하다; 덮다

□□ **creator** [kriéitər] ⓝ 창조자, 창작가

□□ **credulity** [kridjúːləti] ⓝ 믿기 쉬움; 너무 쉽게 믿는 경향

□□ **critic** [krítik] ⓝ 비평가, 평론가

□□ **criticism** [krítisìzəm] ⓝ 비판, 비난; 비평, 평론

□□ **critique** [kritíːk] ⓝ 비평, 평론

□□ **cruelty** [krú(ː)əlti] ⓝ 잔인함; 학대, 불공평한 일

□□ **cultivate** [káltəvèit] ⓥ 경작하다, 재배하다; ～와 관계를 구축하다, 교제하다

□□ **cure** [kjuər] ⓥ 치료하다

□□ **decay** [dikéi] ⓝ 쇠퇴; 부패, 부식 ⓥ 부패하다, 썩다

□□ **deceive** [disíːv] ⓥ 속이다, 기만하다

□□ **decent** [díːsənt] ⓐ 괜찮은, 품위 있는, 예의 바른

□□ **deceptive** [diséptiv] ⓐ 기만적인, 현혹하는

□□ **declare** [diklɛ́ər] ⓥ 선언하다; 언명하다, 분명히 말하다

□□ **decrepit** [dikrépit] ⓐ 노쇠한, 쇠약해진; 낡은, 노후한

□□ **decry** [dikrái] ⓥ 매도하다, 비난하다, 헐뜯다

□□ **defer** [difə́ːr] ⓥ 연기하다, 미루다; (타인의 판단·의견을) 따르다, 존중하다

□□ **define** [difáin] ⓥ 정의를 내리다; 규정짓다, 한정하다

□□ **definitely** [défənitli] ⓐⓓ 분명히, 틀림없이, 확실히

□□ **definition** [dèfəníʃən] ⓝ 정의, 의미

□□ **deform** [difɔ́ːrm] ⓥ 형태를 변형시키다, 기형으로 만들다

delete [dilíːt] ⓥ 삭제하다, 지우다

delight [diláit] ⓝ 기쁨, 즐거움 ⓥ 기쁘게 하다

deliver [dilívər] ⓥ 배달하다, 데리고 가다

demonstrate [démənstrèit] ⓥ 입증하다; 보여주다, 설명하다; 시위에 참여하다

denote [dinóut] ⓥ 나타내다, 의미하다, 표시하다

deprive [dipráiv] ⓥ 박탈하다; 빼앗다

derivative [dirívətiv] ⓐ 파생적인 ⓝ 파생물

derogatory [dirágətɔ̀ːri/-rɔ́gətəri] ⓐ 경멸적인, 비난하는, (명예 등을) 손상시키는

desist [dizíst] ⓥ 그만두다, 단념하다

despondent [dispándənt] ⓐ 낙담한, 실의에 빠진

detail [ditéil] ⓝ 세부 사항, 정보, 세부 양식

determined [ditə́ːrmind] ⓐ 단단히 결심한, 단호한, 완강한

deviate [díːvièit] ⓥ 빗나가다, 일탈하다, 벗어나다

devise [diváiz] ⓥ 궁리하다, 고안하다, 창안하다

dexterous [dékstərəs] ⓐ 솜씨 좋은, 교묘한; 기민한, 빈틈없는

diagnose [dáiəgnòus] ⓥ 진단하다; 원인을 밝혀내다

diffuse [difjúːz] ⓥ 확산되다, 퍼뜨리다 ⓐ 장황한, 말이 많은; 퍼진

digest [didʒést/dai-] ⓥ 소화하다, 완전히 이해하다, 터득하다

dignity [dígnəti] ⓝ 위엄, 품위

dilatory [dílətɔ̀ːri] ⓐ 꾸물거리는, 지체시키는; 늦은, 느린, 더딘

dilute [dilúːt] ⓥ 희석시키다, 묽게 하다; 가치를 떨어뜨리다, 약화시키다

dimension [diménʃən] ⓝ 치수; 규모, 범위; 차원, 관점

discharge [distʃáːrdʒ] ⓥ (배에서) 짐을 내리다; 해방하다, 제대시키다, 퇴원시키다, 출소시키다

discourage [diskə́ːridʒ] ⓥ 용기를 잃게 하다, 실망시키다

discrepancy [diskrépənsi] ⓝ 차이, 불일치; 모순, 어긋남

discrete [diskríːt] ⓐ 별개의, 분리된; 따로따로의

discretion [diskréʃən] ⓝ 행동[판단]의 자유, 결정권, (자유) 재량(권); 분별력, 신중함

discriminate [diskrímənèit] ⓥ 차별하다; 식별하다

dismantle [dismǽntl] ⓥ 분해하다, 해체하다, 철거하다

disparity [dispǽrəti] ⓝ 격차, 차이

disseminate [disémənèit] ⓥ 흩뿌리다, 살포하다; 퍼뜨리다, 유포시키다

dissuade [diswéid] ⓥ ~에게 (설득하여) 단념시키다, 말리다

distinguish [distíŋgwiʃ] ⓥ 구별하다, 구분하다; 특징짓다

distortion [distɔ́ːrʃən] ⓝ 뒤틀림; 왜곡

distracted [distrǽktid] ⓐ (정신이) 산만해진, 마음이 산란한

divert [divə́ːrt] ⓥ 방향을 바꾸다; 전용하다

dividend [dívədènd] ⓝ 배당금, 상금

divine [diváin] ⓐ 신의, 신성한; 아주 멋진, 훌륭한 ⓥ (직감으로) 알다, 예측하다

divisive [diváisiv] ⓐ 분열을 초래하는, 불화를 일으키는

divulge [diválldʒ] ⓥ 누설하다, 밝히다; 폭로하다

☐☐ **dominate** [dάmənèit] ⓥ 지배하다, 군림하다, 위압하다; (압도적으로) 우세하다

☐☐ **draft** [dræft] ⓝ 원고, 초안; 징집 ⓥ 징집하다

☐☐ **drastic** [drǽstik] ⓐ 격렬한, 맹렬한, 강렬한, 과감한, 철저한

☐☐ **dreary** [dríː(ə)ri] ⓐ 황량한, 울적한, 음울한, 따분한

☐☐ **drop** [drɑp] ⓝ 소량; 하락, 감소 ⓥ 떨어지다, 낙하하다

☐☐ **earthquake** [ə́ːrθkwèik] ⓝ 지진

☐☐ **ecological** [èkəlάdʒikəl] ⓐ 생태학적인; 생태계의

☐☐ **economical** [èkənάmikəl, ìːkənάmikəl] ⓐ 경제적인; 절약하는

☐☐ **egalitarian** [igæ̀litέ(ː)əriən] ⓐ 인류 평등주의의 ⓝ 평등주의자

☐☐ **egregious** [igríːdʒəs] ⓐ 지독한, 악명 높은

☐☐ **elevate** [éləvèit] ⓥ (들어) 올리다, 높이다; 승진시키다

☐☐ **elevation** [èləvéiʃən] ⓝ 높이, 고도; 기품, 고상함; 고양, 상승

☐☐ **eligible** [élidʒəbl] ⓐ 적격의, 적임의; 신랑감으로 좋은

☐☐ **elude** [ilúːd] ⓥ 교묘히 피하다; 이해가 되지 않다, 기억하지 못하다

☐☐ **embellish** [imbéliʃ] ⓥ 아름답게 하다, 꾸미다; 윤색하다, 과장하다

☐☐ **embrace** [imbréis] ⓥ 포옹하다, 껴안다; 받아들이다, 수용하다

☐☐ **emergence** [imə́ːrdʒəns] ⓝ 출현, 발생

☐☐ **eminent** [émənənt] ⓐ 저명한, 유명한; 뛰어난, 탁월한

☐☐ **emit** [imít] ⓥ 방출하다, (소리·열을) 내다, 내뿜다

☐☐ **emollient** [imάljənt] ⓝ 피부 연화제 ⓐ 부드럽게 하는

☐☐ **emphatic** [imfǽtik] ⓐ (진술·대답 등이) 강한; (분명히) 강조하는

☐☐ **empower** [impáuər] ⓥ ~에게 권력[힘]을 주다

☐☐ **endemic** [endémik] ⓐ 풍토성의, 특정 집단[지역] 고유의

☐☐ **enforce** [infɔ́ːrs] ⓥ 강요하다; 집행하다, 시행하다

☐☐ **enmity** [énməti] ⓝ 적의(敵意), 원한, 증오, 적대감

☐☐ **enterprise** [éntərpràiz] ⓝ 기업, 회사; 대규모 사업

☐☐ **enthusiastically** [enθùːziǽstikəli] ⓐⓓ 열심히, 열광적으로

☐☐ **entrench** [intréntʃ] ⓥ 확립하다, 자리 잡게 하다; 에워싸다

☐☐ **environmental** [invàiərənméntəl] ⓐ 환경의, 환경과 관련된

☐☐ **equanimity** [ìːkwəníməti] ⓝ 평정; 침착, 태연

☐☐ **equitable** [ékwitəbl] ⓐ 공정한, 공평한, 정당한

☐☐ **equity** [ékwəti] ⓝ 공평, 공정; 자기 자본, (자산의) 순수 가치

☐☐ **erode** [iróud] ⓥ 침식시키다; 좀먹다, 부식시키다

☐☐ **erudite** [érju(ː)dàit] ⓐ 박식한, 학식 있는

☐☐ **espouse** [ispáuz] ⓥ 채택하다, 지지하다; 아내로 삼다

☐☐ **essentialize** [əsénʃəlaiz] ⓥ 본질을 나타내다

☐☐ **establishment** [istǽbliʃmənt] ⓝ 기관, 시설; 기득권층, 지배층; 설립, 수립

☐☐ **esteem** [istíːm] ⓥ 존경하다; 간주하다 ⓝ 존경, 경의

☐☐ **evade** [ivéid] ⓥ (적·공격 등을 교묘히) 피하다, 비키다

□□ **evict** [i(:)víkt] ⓥ 쫓아내다, 퇴거시키다

□□ **evolution** [èvəlúːʃən] ⓝ 진화; 발전, 전개

□□ **exact** [igzǽkt] ⓐ 정확한, 정밀한

□□ **exalt** [igzɔ́ːlt] ⓥ 높이다, 승진시키다; 칭찬하다

□□ **examination** [igzæ̀mənéiʃən] ⓝ 시험, 조사, 검사

□□ **examine** [igzǽmin] ⓥ 시험하다; 검사하다

□□ **exasperate** [igzǽspərèit] ⓥ 몹시 화나게 하다; 악화시키다, 격화시키다

□□ **excoriate** [ikskɔ́ːrièit] ⓥ 통렬히 비난하다

□□ **exhausted** [igzɔ́ːstid] ⓐ 녹초가 된 (extremely tired)

□□ **exhaustion** [igzɔ́ːstʃən] ⓝ 탈진, 기진맥진; 소모, 고갈; 철저한 검토

□□ **exorbitant** [igzɔ́ːrbitənt] ⓐ 엄청난, 터무니없는, 과도한, 지나친

□□ **experienced** [ikspí(:)əriənst] ⓐ 경험 있는[많은], 숙련된, 노련한

□□ **explicate** [ékspləkèit] ⓥ 자세히 설명하다, 해석하다

□□ **exploit** [éksplɔit] ⓝ 공적, 위업 ⓥ 착취하다, 이용하다

□□ **expound** [ikspáund] ⓥ 자세히 설명하다

□□ **express** [iksprés] ⓥ 표현하다, 나타내다 ⓐ 명시된, 명백한; 특수한

□□ **exquisite** [ikskwízit] ⓐ 섬세한, 정교한, 뛰어난; 매우 아름다운

□□ **extend** [iksténd] ⓥ 뻗다; 연장하다; 확장하다

□□ **extensive** [iksténsiv] ⓐ 대규모의, 광범위한, 폭넓은

□□ **external** [ikstə́ːrnəl] ⓐ 외부의; 표면의, 외관의

□□ **extraneous** [ikstréiniəs] ⓐ 불필요한, 쓸데없는, 관련 없는

□□ **extricate** [ékstrəkèit] ⓥ 탈출시키다, 해방하다

□□ **extroverted** [ékstrouvə̀ːrtid] ⓐ 외향성이 강한, 외향형인

□□ **exuberant** [igzjúːbərənt] ⓐ 활기 넘치는; 무성한, 잘 자라는

□□ **fabricate** [fǽbrikèit] ⓥ 제조하다, 조립하다; 날조하다, 조작하다

□□ **factitious** [fæktíʃəs] ⓐ 꾸며 낸, 인위적인

□□ **fame** [feim] ⓝ 명성, 명예

□□ **familiarize** [fəmíljəràiz] ⓥ 익숙케 하다

□□ **feasibility** [fìːzəbíləti] ⓝ 타당성, 실행할 수 있음, 실행 가능성

□□ **ferocious** [fəróuʃəs] ⓐ 흉포한; 맹렬한, 격렬한

□□ **fester** [féstər] ⓥ 염증을 일으키다, 곪다; 심해지다, 악화되다

□□ **fictitious** [fiktíʃəs] ⓐ 가상의, 거짓의, 허구의, 가짜의

□□ **figurative** [fígjərətiv] ⓐ 비유적인; 구상의, 조형의

□□ **fire** [fáiər] ⓝ 불, 화염 ⓥ 불붙이다; 해고하다

□□ **fishy** [fíʃi] ⓐ 의심스러운, 수상한; 물고기의

□□ **fix** [fiks] ⓥ 고정시키다 ⓝ 미봉책

□□ **fleeting** [flíːtiŋ] ⓐ 순식간의, 잠깐 동안의; 덧없는

□□ **flexibility** [flèksəbíləti] ⓝ 융통성, 신축성, 구부리기 쉬움, 유연성, 나긋나긋함

□□ **foreign** [fɔ́ːrin] ⓐ 외국의; 관계없는, 이질적인

□□ **formal** [fɔ́ːrməl] ⓐ 정식의, 형식에 맞는; 모양의, 형식의

□□ **fraudulent** [frɔ́ːdʒələnt] ⓐ 사기의, 부정한, 속이는

□□ **freeze** [fri:z] ⓥ 얼다, 얼리다; (임금 등을) 동결하다 ⓝ (임금) 동결; 한파

□□ **frequent** [frí:kwənt] ⓐ 잦은, 빈번한

□□ **friendly** [fréndli] ⓐ 친한, 우호적인, 상냥한

□□ **frivolity** [friváləti] ⓝ 까부는 짓, 바보 같은 행동; 경솔, 경박, 천박

□□ **frivolous** [frívələs] ⓐ 사소한, 하찮은; 어리석은, 경솔한

□□ **frugality** [fru:gǽləti] ⓝ 검약, 절약

□□ **frustrate** [frʌ́streit] ⓥ 좌절시키다, 방해하다, 불만스럽게 하다

□□ **generosity** [dʒènərásəti] ⓝ 관대, 아량; 큼, 풍부함

□□ **genetic** [dʒənétik] ⓐ 유전의, 유전학의; 발생의, 기원의

□□ **germane** [dʒəːrméin] ⓐ 밀접한 관계가 있는; 적절한

□□ **good** [gud] ⓝ 선(善), 선함, 용도, 소용 ⓐ 좋은

□□ **gradually** [grǽdʒuəli] ⓐ 서서히, 점차로

□□ **grateful** [gréitfəl] ⓐ 고마워하는, 감사해하는

□□ **gratification** [grǽtəfikéiʃən] ⓝ 만족, 희열, 큰 기쁨

□□ **gratify** [grǽtəfài] ⓥ 기쁘게 하다; 만족시키다, 충족시키다

□□ **gratuitous** [grətjúːitəs] ⓐ 무료의; 불필요한, 쓸데없는

□□ **harmony** [háːrməni] ⓝ 조화, 일치, 화합

□□ **hegemony** [hidʒéməni] ⓝ 헤게모니, 패권

□□ **helpless** [hélplis] ⓐ 무력한, 속수무책의

□□ **heredity** [hərédəti] ⓝ 유전; 세습, 전통

□□ **heritage** [héritidʒ] ⓝ 상속 재산; 세습 재산

□□ **highlight** [háilàit] ⓥ 강조하다, 눈에 띄게 드러내다

□□ **hindrance** [híndrəns] ⓝ 방해, 장애

□□ **hoard** [hɔːrd] ⓝ 저장물, 축적 ⓥ 저장하다, 사재기하다

□□ **honest** [ánist] ⓐ 정직한, 숨김없는

□□ **honor** [ánər] ⓝ 존경, 공경 ⓥ 영광을 베풀다; 수여하다

□□ **humanity** [hju(:)mǽnəti] ⓝ 인류; 인간애, 박애

□□ **humiliating** [hju:mílièitiŋ] ⓐ 굴욕적인, 면목없는

□□ **illicit** [ilísit] ⓐ 불법의; 비밀의, 은밀한

□□ **imbibe** [imbáib] ⓥ 마시다, 흡수하다

□□ **immunity** [imjúːnəti] ⓝ 면역력; 면제

□□ **impact** [ímpækt] ⓝ 충돌; 영향(력) ⓥ 충돌하다; 영향을 주다

□□ **impeccable** [impékəbl] ⓐ 흠잡을 데 없는, 완벽한; 죄를 저지르지 않은

□□ **imperative** [impérətiv] ⓐ 필수적인, 긴급한; 강제적인 ⓝ 명령; 필요한 것

□□ **impertinent** [impə́ːrtənənt] ⓐ 건방진, 뻔뻔스러운, 버릇없는; 적절하지 않은

□□ **impetus** [ímpitəs] ⓝ 자극(제), 원동력

□□ **implacable** [implǽkəbl] ⓐ 확고한, 바꿀 수 없는; 용서 없는, 무자비한

□□ **implausible** [implɔ́ːzəbl] ⓐ 믿기 어려운, 타당해 보이지 않는

□□ **impose** [impóuz] ⓥ 도입하다; 부과하다, 강요하다

□□ **impossible** [impásəbl] ⓐ 불가능한; 대단히 곤란한, 난감한

□□ **impromptu** [imprʌ́mptju:] ⓐ 준비 없는, 즉석의, 즉흥적인

☐☐ **improvement** [imprúːvmənt] ⓝ 개량, 개선; 향상, 진보	☐☐ **infamous** [ínfəməs] ⓐ 악명 높은; 불명예스러운, 수치스러운
☐☐ **inappropriate** [ìnəpróupriət] ⓐ 부적절한, 부적합한	☐☐ **inferior** [infí(ː)əriər] ⓐ 아래쪽의, 하위의; 열등한 (↔ superior)
☐☐ **incline** [inkláin] ⓥ 기울이다, 마음이 쏠리다	☐☐ **inflate** [infléit] ⓥ 부풀리다; (통화를) 팽창시키다
☐☐ **include** [inklúːd] ⓥ 포함하다, 함유하다; 둘러싸다, 에워싸다	☐☐ **information** [ìnfərméiʃən] ⓝ 정보, 자료
☐☐ **incomprehensible** [inkàmprihénsəbl] ⓐ 이해할 수 없는; 헤아릴 수 없는	☐☐ **ingenuous** [indʒénjuəs] ⓐ 솔직한, 성실한, 정직한; 순진한, 천진난만한
☐☐ **incongruous** [inkáŋgruəs] ⓐ 일치하지 않는, 조화하지 않는	☐☐ **inhabit** [inhǽbit] ⓥ 살다, 거주하다, 서식하다
☐☐ **incorporate** [inkɔ́ːrpərèit] ⓥ (법인체를) 설립하다; 포함하다, 통합하다	☐☐ **inhospitable** [inháspitəbl] ⓐ 사람이 살기 힘든, 불친절한
☐☐ **incorrigible** [inkɔ́(ː)ridʒəbl] ⓐ 교정할 수 없는; 어쩔 도리 없는, 제멋대로의	☐☐ **initiate** [iníʃièit] ⓥ 시작하다, 개시하다
☐☐ **incredulous** [inkrédʒələs] ⓐ 쉽사리 믿지 않는, 의심스러운, 못 믿겠다는 듯한	☐☐ **innovation** [ìnəvéiʃən] ⓝ 혁신, 쇄신, 일신
☐☐ **incriminate** [inkrímənèit] ⓥ 죄를 씌우다; 연루시키다	☐☐ **insipid** [insípid] ⓐ 무미건조한, 재미없는, 지루한; 맛없는
☐☐ **independence** [indipéndəns] ⓝ 독립, 자립, 자주	☐☐ **inspire** [inspáiər] ⓥ 고무하다, 격려하다, 고취하다
☐☐ **indicate** [índikèit] ⓥ 가리키다, 지적하다; 표시하다, 나타내다	☐☐ **insufficient** [ìnsəfíʃənt] ⓐ 불충분한, 부족한
☐☐ **indicator** [índikèitər] ⓝ 지시자; 표시하는 것	☐☐ **insurgent** [insə́ːrdʒənt] ⓐ 모반하는, 폭동을 일으키는 ⓝ 폭도, 반란자
☐☐ **indirect** [ìndirékt] ⓐ 간접적인, 우회적인	☐☐ **integral** [íntəgrəl] ⓐ 완전한; 필수의, 필요 불가결한 ⓝ [수학] 적분
☐☐ **individual** [ìndəvídʒuəl] ⓐ 개개의, 개인적인; 독특한 ⓝ 개인	☐☐ **integrate** [íntəgrèit] ⓥ 통합하다; 차별을 철폐하다
☐☐ **indolent** [índələnt] ⓐ 나태한, 게으른	☐☐ **intellectual** [ìntəléktʃuəl] ⓐ 지적인, 지력의, 지능의 ⓝ 지식인
☐☐ **induce** [indjúːs] ⓥ 유도하다, 유발하다	☐☐ **intense** [inténs] ⓐ 격렬한, 강렬한
☐☐ **ineffable** [inéfəbl] ⓐ 말로 나타낼 수 없는, 이루 말할 수 없는	☐☐ **intentionally** [inténʃənəli] ⓐⓓ 고의로, 의도적으로
☐☐ **inert** [inə́ːrt] ⓐ 움직일 수 없는, 정지한; 둔한, 비활성의, 무기력한	☐☐ **intermediate** [ìntərmíːdiət] ⓝ 중급자 ⓐ 중급 수준의
	☐☐ **intervene** [ìntərvíːn] ⓥ 개입하다, 중재하다, 사이에 있다

☐☐ **intimidate** [intímidèit] ⓥ 겁을 주다, 위협하다, 협박하다

☐☐ **intractable** [intrǽktəbl] ⓐ 고집스러운, 제어하기 어려운, 다루기 힘든

☐☐ **intransigent** [intrǽnsədʒənt] ⓐ 비타협적인, 양보하지 않는

☐☐ **intrepid** [intrépid] ⓐ 대담한, 용맹스러운, 두려움을 모르는

☐☐ **intuition** [intʃuːíʃən] ⓝ 직관; 직감

☐☐ **investigation** [invèstəgéiʃən] ⓝ 조사, 연구

☐☐ **invigorate** [invígərèit] ⓥ 기운 나게 하다, 활기를 북돋우다

☐☐ **invisible** [invízəbl] ⓐ 보이지 않는; 감추어진, 공개되지 않은

☐☐ **irksome** [ə́ːrksəm] ⓐ 귀찮은, 짜증 나는; 지루한

☐☐ **ironically** [airánikəli] ⓐⓓ 비꼬아서, 반어적으로

☐☐ **irony** [áiərəni] ⓝ 반어; 비꼼, 아이러니

☐☐ **irresistible** [irizístəbl] ⓐ 저항할 수 없는; 압도적인

☐☐ **irresolute** [irézlúːt] ⓐ 결단력이 없는, 우유부단한 [ir≒in(not) + resolute]

☐☐ **irresponsible** [ìrispánsəbl] ⓐ 책임이 없는; 무책임한

☐☐ **isolation** [àisəléiʃən] ⓝ 격리, 분리, 소외, 고립

☐☐ **issue** [íʃuː] ⓝ 주제, 쟁점; 문제; (정기 간행물의) 호 ⓥ 발표하다; 발행하다

☐☐ **judicious** [dʒuːdíʃəs] ⓐ 판단력 있는, 현명한, 신중한

☐☐ **keen** [kiːn] ⓐ 열정적인; (감각이) 고도로 발달된; 날카로운

☐☐ **lackadaisical** [lækədéizikəl] ⓐ 부주의한, 태만한

☐☐ **lament** [ləmént] ⓥ 슬퍼하다, 애도하다, 한탄하다 ⓝ 애도; 애가, 비가

☐☐ **lapse** [læps] ⓝ (작은) 실수, 과실; 시간적 경과

☐☐ **larceny** [láːrsəni] ⓝ 도둑질, 절도(죄)

☐☐ **lean** [liːn] ⓝ 기울기, 경사 ⓥ 기대다

☐☐ **legend** [lédʒənd] ⓝ 전설, 설화

☐☐ **legitimate** [lidʒítəmit] ⓐ 합법의, 적법의; 옳은, 정당한

☐☐ **lethargy** [léθərdʒi] ⓝ 무기력, 무기력 상태

☐☐ **liable** [láiəbl] ⓐ 책임 있는; ~하기 쉬운

☐☐ **literacy** [lítərəsi] ⓝ 글을 읽고 쓸 줄 아는 능력

☐☐ **literary** [lítərèri] ⓐ 문학의, 문학적인

☐☐ **longevity** [landʒévəti] ⓝ 장수; 수명; 오래 지속됨

☐☐ **lure** [ljuər] ⓥ 유혹하다, 꾀다

☐☐ **luxury** [lʌ́kʃəri] ⓝ 호화로움, 사치

☐☐ **malignant** [məlígnənt] ⓐ 악의가 있는, 적의가 있는; 해로운; (병리) 악성의

☐☐ **manifest** [mǽnəfèst] ⓐ 명백한, 분명한, 일목요연한 ⓥ 나타나다, 분명해지다

☐☐ **manifestation** [mænəfestéiʃən] ⓝ 표현, 표시; 발표; 시위 행위

☐☐ **material** [mətí(ː)əriəl] ⓐ 물질적인, 물리적인 ⓝ 재료; 직물, 천

☐☐ **mawkish** [mɔ́ːkiʃ] ⓐ 아주 감상적인; 메스꺼운

☐☐ **measurement** [méʒərmənt] ⓝ 측량, 측정

☐☐ **mechanical** [məkǽnikəl] ⓐ 기계적인, 기계의

☐☐ **memorable** [mémərəbl] ⓐ 기억할 만한

☐☐ **mendacious** [mendéiʃəs] ⓐ 허위의, 거짓의, 부정직한

☐☐ **merit** [mérit] ⓝ 가치, 장점; 훌륭함

☐☐ **metaphor** [métəfɔ̀ːr] ⓝ 은유, 비유

☐☐ **migrant** [máigrənt] ⓝ (일자리를 구하기 위한) 이주자	☐☐ **obligatory** [əblígətɔ̀ːri] ⓐ 의무적인; 필수의, 정해진
☐☐ **misconception** [mìskənsépʃən] ⓝ 오해, 그릇된 생각	☐☐ **oblique** [əblíːk] ⓐ 경사진, 비탈진; 에두른, 완곡한
☐☐ **mitigation** [mìtəgéiʃən] ⓝ 완화, 경감	☐☐ **oblivious** [əblíviəs] ⓐ 의식하지 못하는, 알아차리지 못하는; 잘 잊어버리는
☐☐ **modify** [mádəfài] ⓥ 수정하다, 변경하다	☐☐ **obnoxious** [ɑbnákʃəs] ⓐ 불쾌한, 싫은, 몹시 기분 나쁜
☐☐ **mollify** [mάləfài] ⓥ 누그러뜨리다, 달래다, 진정시키다	☐☐ **obstinate** [άbstənit] ⓐ 완고한, 고집 센; (병 따위가) 고치기 힘든
☐☐ **monetary** [mάnitèri] ⓐ 화폐의, 통화의; 금전(상)의; 금융의, 재정(상)의	☐☐ **obstruct** [əbstrʌ́kt] ⓥ 막다, 방해하다
☐☐ **myopic** [maiάpik] ⓐ 근시의; 근시안적인	☐☐ **obviate** [άbvièit] ⓥ 없애다, 제거하다; 미연에 방지하다
☐☐ **myriad** [míriəd] ⓝ 무수히 많음(welter)	☐☐ **offensive** [əfénsiv] ⓐ 불쾌한, 싫은; 공격적인
☐☐ **narrative** [nǽrətiv] ⓝ 서술, 이야기	☐☐ **offspring** [ɔ́(ː)fsprìŋ] ⓝ 자식, 자손; (동식물의) 새끼
☐☐ **nature** [néitʃər] ⓝ 자연; 천성, 특성	☐☐ **opponent** [əpóunənt] ⓝ 상대, 상대방; 반대자
☐☐ **neglect** [niglékt] ⓥ 무시하다, 경시하다; 방치하다	☐☐ **optimal** [άptəməl] ⓐ 최적의, 최상의
☐☐ **nominal** [nάmənəl] ⓐ 이름만의, 명목상의	☐☐ **originality** [ərìdʒənǽləti] ⓝ 독창성, 독창력; 진품, 진짜
☐☐ **nonchalance** [nὰnʃəlάːns] ⓝ 무관심, 냉담	☐☐ **orthodox** [ɔ́ːrθədὰks] ⓐ 정통파의; 전통적인
☐☐ **nonchalant** [nὰnʃəlάːnt] ⓐ 무관심[냉담]한; 태연한, 냉정한	☐☐ **ostentatious** [ὰstəntéiʃəs] ⓐ 허세 부리는; 과시하는; 눈에 띄는, 화려한
☐☐ **norm** [nɔːrm] ⓝ 표준, 일반적인 것; 규범	☐☐ **oust** [aust] ⓥ 내쫓다, 몰아내다, 축출하다
☐☐ **nostalgic** [nɑstǽldʒik] ⓐ 향수(鄕愁)의, 향수를 불러일으키는	☐☐ **outcome** [áutkʌ̀m] ⓝ 결과; 성과
☐☐ **notify** [nóutəfài] ⓥ 통지하다, 통고하다, 발표하다	☐☐ **outweigh** [àutwéi] ⓥ ~보다 더 크다, ~보다 더 중요하다
☐☐ **nurture** [nə́ːrtʃər] ⓥ 양육하다, 육성하다 ⓝ 양육, 육성, 양성	☐☐ **overcome** [òuvərkʌ́m] ⓥ 극복하다, 정복하다, 이겨내다
☐☐ **obfuscate** [ɑbfʌ́skeit] ⓥ 어지럽게 하다, 당혹하게 하다	☐☐ **parallel** [pǽrəlèl] ⓐ 평행의, 나란한; 유사한 ⓝ 평행, 유사
☐☐ **obituary** [oubítʃuèri] ⓝ 사망 기사	☐☐ **parsimonious** [pὰːrsəmóuniəs] ⓐ 인색한; 지나치게 알뜰한, 검소한
☐☐ **obligate** [άbləgèit] ⓥ ~에게 의무를 지우다	

□□ **passionate** [pǽʃənit] ⓐ 열광적인, 열정적인	□□ **population** [pὰpjəléiʃən] ⓝ 인구, 주민

□□ **passionate** [pǽʃənit] ⓐ 열광적인, 열정적인

□□ **passive** [pǽsiv] ⓐ 수동적인, 소극적인

□□ **patriarchal** [pèitriάːrkəl] ⓐ 가부장제의, 가부장적인

□□ **patronize** [péitrənàiz] ⓥ 후원하다, 장려하다; 단골이 되다; 선심 쓰는 체하다

□□ **pattern** [pǽtərn] ⓝ 모범, 본보기, 귀감; 형(型), 양식

□□ **pedestrian** [pədéstriən] ⓝ 보행자 ⓐ 평범한, 재미없는

□□ **pedigree** [pédəgrìː] ⓝ 가계, 가문, 혈통

□□ **perilous** [pérələs] ⓐ 위험한, 모험적인

□□ **permissive** [pərmísiv] ⓐ 관대한, 자유방임적인

□□ **pernicious** [pərníʃəs] ⓐ 유독한; 파괴적인, 치명적인

□□ **persistence** [pərsístəns] ⓝ 끈덕짐, 고집, 완고

□□ **persuasion** [pərswéiʒən] ⓝ 설득

□□ **persuasive** [pərswéisiv] ⓐ 설득력 있는

□□ **petulant** [pétʃələnt] ⓐ 화를 잘 내는, 성급한, 참을성 없는

□□ **phenomenal** [finάmənəl] ⓐ 놀라운, 경이적인; 현상에 관한

□□ **physicist** [fízisist] ⓝ 물리학자

□□ **physiological** [fìziəlάdʒikəl] ⓐ 생리적인, 생리학(상)의

□□ **plaintiff** [pléintif] ⓝ 고소인, 원고 (↔ defendant 피고)

□□ **plasticity** [plæstísəti] ⓝ 적응성, 유연성

□□ **plunge** [plʌndʒ] ⓥ 감소하다, 떨어지다, 급락하다, 추락하다

□□ **political** [pəlítikəl] ⓐ 정치의, 정치에 관한

□□ **politician** [pὰlitíʃən] ⓝ 정치인

□□ **population** [pὰpjəléiʃən] ⓝ 인구, 주민

□□ **portable** [pɔ́ːrtəbl] ⓐ 휴대용의 ⓝ 휴대용 제품

□□ **position** [pəzíʃən] ⓝ 위치, 장소; 지위, 신분; 태도, 자세

□□ **posterity** [pɑstérəti] ⓝ 자손, 후대

□□ **potent** [póutənt] ⓐ 강한, 힘센; 세력 있는, 유력한

□□ **poverty** [pάvərti] ⓝ 가난, 빈곤; 결핍, 빈약

□□ **pragmatic** [prægmǽtik] ⓐ 실용적인, 실제적인, 활동적인

□□ **precipitous** [prisípitəs] ⓐ 험한, 가파른; 급작스러운, 급격히 쇠퇴하는

□□ **preclude** [priklúːd] ⓥ 배제하다, 못하게 하다, 불가능하게 하다

□□ **predicament** [pridíkəmənt] ⓝ 곤경, 궁지, 딜레마

□□ **preliminary** [prilímənèri] ⓐ 준비의, 예비의; 서두의, 서문의 ⓝ 준비, 예비 행위

□□ **premature** [prìːmətʃúər] ⓐ 조숙한; 너무 이른, 때 아닌

□□ **prepare** [pripέər] ⓥ 준비하다, 대비하다

□□ **prerogative** [prirάgətiv] ⓝ 특권, 특전

□□ **prevalence** [prévələns] ⓝ 널리 퍼짐, 유행

□□ **previous** [príːviəs] ⓐ 이전의, 앞서의

□□ **priceless** [práislis] ⓐ 대단히 귀중한, 돈으로 살 수 없는

□□ **primacy** [práiməsi] ⓝ 제일, 수위; 탁월함

□□ **primitive** [prímitiv] ⓐ 원시의, 소박한; 야만의, 야성적인

□□ **priority** [praiɔ́(ː)rəti] ⓝ 우선순위; 우선권

□□ **pristine** [prístiːn] ⓐ 원래의, 원시적인; 순수한, 오염되지 않은

☐☐ **proactively** [prouǽktivli] @ 진취적으로, 솔선하여

☐☐ **probability** [prɑ̀bəbíləti] ⓝ 있음직함, 개연성; [수확] 확률

☐☐ **procedure** [prəsíːdʒər] ⓝ 절차, 방법, 수순, 수술

☐☐ **procrastinate** [proukrǽstənèit] ⓥ 지연시키다, 꾸물거리다, 질질 끌다

☐☐ **prodigy** [prɑ́dədʒi] ⓝ 천재, 신동, 영재; 전조, 징후

☐☐ **product** [prɑ́dʌkt] ⓝ 생산품; 결과, 성과

☐☐ **professional** [prəféʃənəl] @ 직업의, 직업상의; 전문적인

☐☐ **profitable** [prɑ́fitəbl] @ 유리한; 이득이 있는, 이로운

☐☐ **profound** [prəfáund] @ 엄청난, 깊은, 심연의, 심오한; 마음속 깊은, 진심 어린

☐☐ **promise** [prɑ́mis] ⓝ 약속, 계약 ⓥ 약속하다, 기약하다

☐☐ **promulgate** [prɑ́məlgèit] ⓥ 공표하다, 반포하다, 선전하다

☐☐ **property** [prɑ́pərti] ⓝ 재산; 부동산; 속성

☐☐ **propitious** [prəpíʃəs] @ 적절한, 알맞은, 유리한; 운이 좋은, 행운의

☐☐ **proponent** [prəpóunənt] ⓝ 지지자, 옹호자

☐☐ **prosaic** [prouzéiik] @ 평범한, 재미없는; 따분한, 일상적인, 세속적인

☐☐ **prosperity** [prɑspérəti] ⓝ 번영, 번성, 번창

☐☐ **prosperous** [prɑ́spərəs] @ 번영하는, 번창하고 있는

☐☐ **protract** [proutrǽkt] ⓥ 오래 끌게 하다, 연장하다; 뻗다

☐☐ **provisional** [prəvíʒənəl] @ 일시적인; 임시의, 잠정적인

☐☐ **psychology** [saikɑ́lədʒi] ⓝ 심리학

☐☐ **qualification** [kwɑ̀ləfəkéiʃən] ⓝ 자격 요건, 자질

☐☐ **quiescent** [kwaiésənt] @ 조용한, 잠잠한; 진행이 중단된

☐☐ **rack** [ræk] ⓝ 선반 ⓥ 선반에 얹다, 고문하다

☐☐ **random** [rǽndəm] @ 닥치는 대로의, 무작위의, 임의의

☐☐ **rapprochement** [rǽproːʃmáːn] ⓝ 화해; 친선, 친교

☐☐ **rarely** [réərli] @ 드물게, 좀처럼 ~ 않는

☐☐ **rationale** [rǽʃənǽl] ⓝ 근본적 이유, 근거

☐☐ **rationality** [rǽʃənǽləti] ⓝ 합리성; 도리를 알고 있음

☐☐ **reach** [riːtʃ] ⓥ 도달하다, 이르다, 도착하다

☐☐ **rebuke** [ribjúːk] ⓥ 비난하다, 꾸짖다 ⓝ 비난, 꾸지람

☐☐ **recalcitrant** [rikǽlsitrənt] @ 다루기 힘든, 저항하는

☐☐ **recapitulate** [rìːkəpítʃəlèit] ⓥ 요점을 되풀이하다, 요약하다, 개요를 말하다

☐☐ **recede** [risíːd] ⓥ 물러나다, 후퇴하다; 약해지다, 희미해지다

☐☐ **receptive** [riséptiv] @ 수용적인, 잘 받아들이는

☐☐ **reckless** [réklis] @ 분별없는, 무모한; 앞뒤 가리지 않는, 개의치 않는

☐☐ **reclaim** [rikléim] ⓥ 교정하다, (동물 등을) 길들이다; 개간하다

☐☐ **recognition** [rèkəgníʃən] ⓝ 인지, 인식; (공로 등의) 인정

☐☐ **record** [rékərd] ⓝ 기록, 등록 @ 기록적인

☐☐ **recount** [rikáunt] ⓥ 자세히 얘기하다; 하나하나 열거하다

☐☐ **recuperate** [rikjú:pərèit] ⓥ (병 · 피로로부터) 회복하다, 되찾다

☐☐ **regulation** [règjəléiʃən] ⓝ 규정, 규제

☐☐ **rehabilitation** [rì:həbìlitéiʃən] ⓝ 사회 복귀, 갱생

☐☐ **relentless** [riléntlis] ⓐ 끊임없는, 끈질긴; 냉혹한, 잔인한, 가차 없는

☐☐ **reluctantly** [rilʌ́ktəntli] ⓐ 마지못해서, 꺼려하여

☐☐ **reminder** [rimáindər] ⓝ 상기시키는 것, 생각나게 하는 것

☐☐ **renounce** [rináuns] ⓥ (권리 등을 정식으로) 포기하다, 단념하다, 그만두다

☐☐ **repel** [ripél] ⓥ 쫓아버리다, 격퇴하다; 혐오감[불쾌감]을 주다

☐☐ **repetitive** [ripétətiv] ⓐ 되풀이하는, 반복적인

☐☐ **replete** [riplí:t] ⓐ 가득한, 충분한

☐☐ **report** [ripɔ́:rt] ⓝ 보고서; 보도, 기사 ⓥ 보고하다, 신고하다

☐☐ **reprehensible** [rèprihénsəbl] ⓐ 부끄러운, 비난할 만한, 괘씸한

☐☐ **repress** [riprés] ⓥ (감정을) 참다, 억누르다; 탄압하다, 진압하다

☐☐ **request** [rikwést] ⓥ 요청하다, 요구하다 ⓝ 요청, 신청

☐☐ **requirement** [rikwáiərmənt] ⓝ 필요(조건)

☐☐ **resentment** [rizéntmənt] ⓝ 노함, 분개; 원한

☐☐ **reserve** [rizə́:rv] ⓥ 예약하다; (권한 등을) 갖다, 보유하다 ⓝ 비축(물), 매장량, 보유고

☐☐ **resolution** [rèzəljú:ʃən] ⓝ 결의안; 해결, 결단력; 해상도

☐☐ **resurgence** [resə́:rdʒəns] ⓝ 부활, 재기

☐☐ **resuscitate** [risʌ́sitèit] ⓥ 소생시키다, 회복시키다; 부흥하다

☐☐ **retaliate** [ritǽlièit] ⓥ 보복하다, 앙갚음하다

☐☐ **retaliation** [ritæ̀liéiʃən] ⓝ 보복, 앙갚음

☐☐ **retard** [ritá:rd] ⓥ 지연시키다, 지체시키다 ⓝ 지연, 저해

☐☐ **reticent** [rétisənt] ⓐ 과묵한; 말을 삼가는

☐☐ **retraction** [ritrǽkʃən] ⓝ 취소, 철회; 수축력, 움츠림

☐☐ **retreat** [ritrí:t] ⓥ 후퇴하다, 철수하다, 퇴각하다 ⓝ 후퇴, 철수, 퇴각

☐☐ **retrospect** [rétrəspèkt] ⓝ 회상, 회고

☐☐ **revenge** [rivéndʒ] ⓥ 복수하다, 앙갚음하다 ⓝ 복수, 보복

☐☐ **revenue** [révənjùː] ⓝ 수익, 수입, 세입

☐☐ **reverberate** [rivə́:rbərèit] ⓥ (소리가) 울리다; 반향[파문]을 불러일으키다

☐☐ **revolutionary** [rèvəljú:ʃənèri] ⓐ 혁명의, 혁명적인

☐☐ **rigid** [rídʒid] ⓐ 굳은, 단단한; 엄격한; 완고한

☐☐ **ripe** [raip] ⓐ (과일, 곡물이) 익은, 여문; 원숙한, 숙달된

☐☐ **rival** [ráivəl] ⓝ 경쟁자, 경쟁 상대 ⓥ ~와 경쟁하다; ~에 필적하다

☐☐ **robustness** [roubʌ́stnis] ⓝ 강건함, 튼튼함

☐☐ **rude** [ru:d] ⓐ 무례한, 예의 없는; 예상치 못한, 불시의

☐☐ **rudimentary** [rù:dəméntəri] ⓐ 기본적인, 기초적인, 근본적인

☐☐ **sacred** [séikrid] ⓐ 성스러운, 신성한, 종교적인

☐☐ **sacrifice** [sǽkrəfàis] ⓝ 희생, 희생물 ⓥ 희생시키다

☐☐ **sadden** [sǽdən] ⓥ 슬프게 하다; 슬퍼지다

☐☐ **sanctify** [sǽŋktəfài] ⓥ 신성하게 하다, 죄를 씻다

□□	**scale** [skeil] ⓥ 오르다 ⓝ 규모; 등급; 저울; 음계; 비늘	

□□ **scale** [skeil] ⓥ 오르다 ⓝ 규모; 등급; 저울; 음계; 비늘

□□ **scarce** [skɛərs] ⓐ 부족한; 드문, 희귀한

□□ **scatter** [skǽtər] ⓥ 뿔뿔이 흩어버리다; 흩뿌리다

□□ **scrutiny** [skrúːtəni] ⓝ 면밀한 조사, 철저한 검토

□□ **search** [səːrtʃ] ⓥ 탐색하다, 수색하다, 살펴보다

□□ **sedentary** [sédəntèri] ⓐ 앉아 일하는; 정착성의, 정주하는

□□ **semblance** [sémbləns] ⓝ 외관, 겉모습

□□ **sensitive** [sénsətiv] ⓐ 민감한, 예민한

□□ **sentient** [sénʃənt] ⓐ 감각이 있는, 지각이 있는

□□ **serendipity** [sèrəndípəti] ⓝ 행운, 우연히 발견하는 능력

□□ **setback** [sétbæk] ⓝ 역행, 퇴보, 슬럼프

□□ **showy** [ʃóui] ⓐ 화려한, 현란한; 눈에 반짝 띄는

□□ **significance** [signífikəns] ⓝ 중요성; 의미, 취지

□□ **silence** [sáiləns] ⓝ 침묵, 무언; 고요함

□□ **simulate** [símjəlèit] ⓥ 가장하다, 흉내 내다, 모의실험하다

□□ **sincerity** [sinsérəti] ⓝ 성실, 진실

□□ **skepticism** [sképtisìzəm] ⓝ 회의론; 무신론

□□ **smooth** [smuːð] ⓐ 매끄러운; (일 등이) 순조로운

□□ **soar** [sɔːr] ⓥ 높이 날다; 급상승하다; 솟다

□□ **solace** [sáləs] ⓝ 위안, 위로 ⓥ 위로하다

□□ **solitude** [sálitʲùːd] ⓝ 고독, 외로움

□□ **special** [spéʃəl] ⓐ 특별한, 특수한; 독특한, 특유의

□□ **specific** [spisífik] ⓐ 특정한, 구체적인; 특유한, 독특한

□□ **specifically** [spisífikəli] ⓐⓓ 분명히, 구체적으로

□□ **specify** [spésəfài] ⓥ (구체적으로) 명시하다

□□ **specious** [spíːʃəs] ⓐ 그럴듯한, 허울 좋은

□□ **spectacle** [spéktəkl] ⓝ 장관, 구경거리

□□ **speculative** [spékjəlèitiv] ⓐ 사색적인, 명상적인; 추리의; 투기의, 위험한

□□ **spontaneity** [spàntəníːəti] ⓝ 자발(성), 자발 행동

□□ **squander** [skwándər] ⓥ 낭비하다, 허비하다, (기회를) 놓치다

□□ **stabilize** [stéibəlàiz] ⓥ 안정되다, 안정시키다

□□ **stable** [stéibl] ⓐ 안정된, 견고한; 착실한

□□ **staggering** [stǽgəriŋ] ⓐ 매우 충격적인, 믿기 어려운, 깜짝 놀라게 하는

□□ **stall** [stɔːl] ⓝ 마구간; 매점, 노점

□□ **stanch** [stɔːntʃ] ⓥ 지혈하다, (피·눈물을) 멈추게 하다

□□ **stationary** [stéiʃənèri] ⓐ 움직이지 않는, 정지된

□□ **status** [stéitəs] ⓝ 상태; 지위; 자격

□□ **stem** [stem] ⓝ 줄기 ⓥ 막다, 저지하다

□□ **sterile** [stéril] ⓐ 불모의, 불임의; 살균의, 소독한

□□ **still** [stil] ⓐ 정지(靜止)한, 움직이지 않는; 고요한

□□ **strengthen** [stréŋkθən] ⓥ 강하게 하다, 강화하다

□□ **strenuous** [strénjuəs] ⓐ 정력적인, 열심인; 노력을 요하는

□□ **stress** [stres] ⓝ 압박, 강제; 긴장, 압력

□□ **striking** [stráikiŋ] ⓐ 현저한, 두드러진; 인상적인

□□ **stringent** [stríndʒənt] ⓐ 엄중한, 엄격한

□□ **stubbornness** [stʌ́bərnnis] ⓝ 완고, 완강함

□□ **stupefy** [stʲúːpəfài] ⓥ 마비시키다; 멍하게 하다, 충격을 주다

□□ **stupidity** [stju(:)pídəti] 우둔함, 어리석음, 어리석은 짓	□□ **timid** [tímid] ⓐ 소심한, 수줍어하는, 겁 많은
□□ **sturdy** [stə́:rdi] ⓐ 튼튼한, 견고한; (신체가) 강건한	□□ **torpid** [tɔ́:rpid] ⓐ 움직이지 않는, 마비된, 둔한; 동면 중인
□□ **subdue** [səbdjú:] ⓥ 정복하다, 진압하다; 가라앉히다, 누그러뜨리다	□□ **torture** [tɔ́:rtʃər] ⓝ 고문; 심한 고통
□□ **subjugate** [sʌ́bdʒəgèit] ⓥ 정복하다, 복종시키다	□□ **traditional** [trədíʃənəl] ⓐ 전통의, 인습적인, 전통을 따르는
□□ **subscribe** [səbskráib] ⓥ 구독하다, 가입하다; 기부하다	□□ **transcendence** [trænséndəns] ⓝ 탁월함, 초월적인 것
□□ **substantiate** [səbstǽnʃièit] ⓥ 실체화하다; 입증하다, 실증하다	□□ **transcribe** [trænskráib] ⓥ 기록하다, (다른 형태로) 바꾸다
□□ **subtle** [sʌ́tl] ⓐ 미묘한, 감지하기 힘든; 민감한, 섬세한	□□ **transparency** [trænspέ(:)ərənsi] ⓝ 투명, 투명도, 선명함
□□ **sufficient** [səfíʃənt] ⓐ 충분한, 흡족한	□□ **treatment** [trí:tmənt] ⓝ 치료; 대우, 처우; 다룸, 논의
□□ **suggest** [səgdʒést] ⓥ 암시하다, 넌지시 말하다; 제안하다	□□ **trial** [tráiəl] ⓝ 재판, 공판; 시험, 실험
□□ **suitable** [sjú:təbl] ⓐ 적당한; 어울리는	□□ **trick** [trik] ⓝ 속임수, 장난, 농담; 비결, 요령
□□ **summarize** [sʌ́məràiz] ⓥ 요약하다, 간략하게 말하다	□□ **trigger** [trígər] ⓥ 촉발시키다, 유발하다 ⓝ 계기, 도화선; 방아쇠
□□ **superior** [səpíəriər] ⓐ 우수한; 상급의; 거만한 ⓝ 상관	□□ **triumph** [tráiəmf] ⓝ 승리; 대성공; 승리감, 환희
□□ **supportive** [səpɔ́:rtiv] ⓐ 도와주는, 힘을 주는	□□ **tropical** [trápikəl] ⓐ 열대의, 열대성의; 몹시 더운
□□ **surplus** [sə́:rplʌs] ⓐ 과잉의, 잉여의 ⓝ 과잉, 흑자	□□ **trust** [trʌst] ⓝ 신뢰, 신용; 위탁, 보관
□□ **symbol** [símbəl] ⓝ 상징, 표상; 기호, 부호	□□ **twist** [twist] ⓝ 반전, 뜻밖의 전개
□□ **symptom** [símptəm] ⓝ 징후, 조짐, 전조; 증상, 증세	□□ **ubiquitous** [ju:bíkwətəs] ⓐ 도처에 있는, 편재하는
□□ **tedious** [tí:diəs] ⓐ 지루한, 싫증 나는; 지겨운, 진저리 나는	□□ **unanimously** [ju:nǽnəməsli] ⓐⓓ 만장일치로, 이의 없이
□□ **tenacity** [tənǽsəti] ⓝ 고집, 끈기, 완강함, 집요함	□□ **undaunted** [ʌndɔ́:ntid] ⓐ 의연한, 흔들림 없는
□□ **termination** [tə̀:rmənéiʃən] ⓝ 종지, 종료; 폐지; 결과, 결론	□□ **unexpected** [ʌ̀nikspéktid] ⓐ 예기치 않은, 의외의, 돌연한
□□ **terse** [tə:rs] ⓐ 간결한, 간단명료한; 퉁명스런	□□ **uniformity** [jù:nəfɔ́:rməti] ⓝ 한결같음, 획일, 일치
□□ **thoughtful** [θɔ́:tfəl] ⓐ 사려 깊은, 배려심이 있는	□□ **unilateral** [jù:nəlǽtərəl] ⓐ 한쪽만의, 일방적인

□□ **unintentional** [ʌninténʃənəl] ⓐ 고의가 아닌, 무심코 한, 우연한

□□ **unmanageable** [ʌnmǽnidʒəbl] ⓐ 다루기 힘든; 제어하기 어려운

□□ **unrelenting** [ʌnriléntiŋ] ⓐ 끊임없는, 수그러들지 않는; 가차 없는

□□ **unreliable** [ʌnriláiəbl] ⓐ 신뢰할 수 없는, 믿어지지 않는

□□ **unveil** [ʌnvéil] ⓥ 베일을 벗기다; 정체를 드러내다

□□ **upbeat** [ʌ́pbìːt] ⓐ 긍정적인, 낙관적인

□□ **urgency** [ə́ːrdʒənsi] ⓝ 긴급, 급박; 위기

□□ **value** [vǽljuː] ⓝ 가치, 유용성 ⓥ 평가하다, 소중히 하다

□□ **venerate** [vénərèit] ⓥ 존경하다; 공경하다

□□ **verify** [vérəfài] ⓥ 입증하다, 보증하다

□□ **vicarious** [vaikέ(ː)əriəs] ⓐ 대리의, 간접적인

□□ **victim** [víktim] ⓝ 희생자, 피해자

□□ **vigorous** [vígərəs] ⓐ 활발한, 격렬한, 원기 왕성한

□□ **vigorously** [vígərəsli] ⓐ 활발하게, 힘차게

□□ **void** [vɔid] ⓐ 무효의, 법적 효력이 없는; 빈, 공허한; 공석인 ⓝ 빈 공간

□□ **voluble** [váljubl] ⓐ 열변을 토하는; 입담이 좋은

□□ **wild** [waild] ⓐ 야생의, 자연 그대로의; 무모한, 터무니없는

□□ **withdraw** [wiðdrɔ́ː] ⓥ (손 등을) 움츠리다; 회수하다, 인출하다; 철수하다

□□ **withdrawal** [wiðdrɔ́ːəl] ⓝ 철회, 취소; (계좌에서의) 인출

□□ **wonder** [wʌ́ndər] ⓥ 궁금해하다; 놀라다 ⓝ 경탄, 경이로운 것

□□ **worry** [wə́ːri] ⓥ 걱정하게 만들다

□□ **zealot** [zélət] ⓝ 열광하는 사람, 광신자

PART

02

플러스(+) 방향

전환 어구를 중심으로 문장 완성의 원리를 파악하는 것이 가장 보편적인 해법이다. 글이 한 방향으로 진행된다는 것은 글의 논리적인 흐름상 역전되거나 반대되는 이야기가 나오는 것이 아니라 무리 없는 순차적인 흐름의 글이 이어진다는 것이다. 앞에 추상적인 진술이 나오고, 이에 대해 구체적인 진술이 나오는 경우와 같이 글의 흐름이 무리 없이 순차적으로 진행되는 경우를 뜻하며, 시험에서도 출제 빈도가 높은 유형이다. 큰 틀로 나눈다면 아래와 같이 네 개로 묶을 수 있다.

• • • • • • •

1) 정의 · 예시 · 부연

먼저 개념은 정의와 동격을 바탕으로 글을 전개하고 이어가는 방식이며, 예시와 부연은 추상적이거나 복잡한 내용을 예를 들거나 다시 한 번 설명해서 독자의 이해를 돕는 측면이다. ① 개념: mean, define, be described as ② 예시: for example, for instance, e.g. ③ 부연: in other words, that is to say, I mean 등이 대표적이다.

예시 01

Tyranny is defined as that which is _____ for the government but illegal for the citizenry.

| 단서의 발견 |

정의를 나타내는 is defined를 사용하여 폭정(전제 정치)를 설명하고 있다. 정부에게 폭정은 legal한 것일 것이다.

| 문장의 해석 |

폭정이란 정부에게는 합법적이지만, 국민들에게는 불법적인 것으로 정의된다.

예시 02

Language faculty has little do to with general intelligence. _____, linguistic ability neither reflects nor presupposes general intellectual ability.

| 단서의 발견 |

앞의 문장과 뒤의 문장은 대등한 내용이다. 앞의 내용을 부연하여 다시 설명한 것이므로, In other words, That is to say 등이 들어가는 것을 끌어낼 수 있다.

| 문장의 해석 |

언어 능력이 전반적인 지능과는 별 관계가 없다는 의견이다. 다시 말하면, 언어 능력은 전반적인 지적 능력을 반영하는 것도 아니고 이를 추정하도록 돕지도 않는다.

_____ are specialist consultants who search for high-level, often board-level, executives and try to persuade them to leave their current job in order to go to work in another company. 항공대 2014

① Mediators
② Gladiators
③ Headhunters
④ Commentators

| 해석 | 헤드헌터는 (종종 중역 수준의) 고위 간부들을 찾아서 이들이 현재 속한 직장을 떠나서 다른 회사에서 일하도록 설득하는 일을 하는 전문 컨설턴트이다.

① 조정관
② 검투사
③ 헤드헌터
④ 해설자

| 정답 | ③

| 해설 | [정의/동격] 기업의 고위 간부와 접촉하여 다른 곳으로 이직을 물색하는 업무는 '헤드헌터'의 일이다. 따라서 정답은 ③이다.

Food safety is a top concern for Chinese shoppers, especially regarding such _____ as vegetables, meat, seafood, grain, cooking oils and dairy goods, according to a report from Ipsos. 숭실대 2013

① produce
② product
③ salads
④ valuables

| 해석 | 컨설팅 기업 입소스(Ipsos)에서 발표한 보고서에 따르면 중국 쇼핑객들에게 있어 식품 안전은 최 중요 관심사이며, 특히 야채 · 육류 · 해산물 · 곡물 · 조리용 기름 · 유제품 등의 농산품의 경우 특히 그러하다.

① 농산품
② 제품
③ 샐러드
④ 귀중품

| 정답 | ①

| 해설 | [예시/부연] 「such '빈칸' as ...」 구문을 통해, 빈칸에 해당되는 것들의 예가 as 뒤에 열거된 형태의 구문임을 알 수 있다. as 뒤에 열거된 것들은 모두 '농산품'이다. 따라서 정답은 ①이다.

• • • • • •

2) 인과 · 시간

원인과 결과는 인과 관계를 이루고 있으며, 시간적인 측면과도 관련이 된다. 여기에 이유를 넣어서 설명하기도 한다. 시간적 구성이나 과정을 나타내는 표현들 역시 인과 관계와 어느 정도의 연관성을 띠고 있다. 시간과 조건 역시 인과적 구성을 띠고 있으며, 순차적 구성이므로 한 방향의 진행으로 볼 수 있다. 목적과 수단이란 문장이 달성하고자 하는 바를 위하여 어떠한 목적을 어떠한 수단을 통하여 달성하고자 하는지를 제시하는 것이다. ① 인과 관계: because, since, in that, now that, because of, due to, owing to, thanks to ② 시간적 구성: in the wake of, before, after, follow, precede, succeed ③ 조건: if, unless ④ 목적: in order to, so as to, for the purpose of 등이며, 「by -ing」 구조는 수단을 나타낸다.

예시 03

Hope is so _____ that it stays with us till the end.

| 단서의 발견 |

인과 관계를 나타내는 「so ~ that ...」 구문을 활용하였다. 희망이 끝까지 갈 수 있으려면 tenacious, persistent 등 '끈질기다'는 의미의 단어가 와야 한다.

| 문장의 해석 |

희망은 너무도 끈질겨서, 끝까지 우리와 함께한다.

예시 04

The Swiss franc is considered by some pros _____ currency, because of the country's low unemployment rate and relatively strong economy.

| 단서의 발견 |

because of(~ 때문에)는 이유를 나타내는 표현이다. because of 이하의 원인으로 인해, 결과가 나오는 인과 관계의 구조이다. '경제가 튼튼하기' 때문에 '스위스 프랑이 세계에서 가장 안전한 통화로 간주'하는 결과로 이어진다. Swiss franc라는 언급이 있으므로 the safest (currency)가 들어가는 것을 알 수 있다.

| 문장의 해석 |

일부 전문가들은 스위스의 실업률이 낮고 경제 체질도 비교적 튼튼하기 때문에 스위스 프랑을 세계에서 가장 안전한 통화로 여기고 있다.

예시 05

Educators generally try to follow something called Standard English (SE), so as to _____ a complete lack of order in the use of English.

| 단서의 발견 |

so as to, in order to는 목적을 나타내는 지표이다. 질서가 사라지는 것은 부정적인 내용이므로, 부정적인 것을 없애거나 피한다고 해야 한다. avoid가 적당하다. 상황에 따라서 prevent, eliminate가 나올 수도 있고, reduce, minimize가 나올 수도 있다.

| 문장의 해석 |

교육자들은 영어 사용에 있어 질서가 완전히 사라지는 것을 피하기 위해, 일반적으로 표준 영어(Standard English)라는 것을 따른다.

기출 분석 03

He wondered how the cheering crowds could possibly be so _____ as to believe such obvious nonsense. 서울여대 2013

① discreet
② credulous
③ acute
④ grudging

| 해석 | 그 남자는 저 환호하는 군중들이 어찌하여 저렇게나 확실히 말도 안 되는 일을 믿을 만큼 잘 속을 수 있는지 궁금해했다.

① 신중한
② 잘 속는
③ 격심한
④ 마지못해 하는

| 정답 | ②

| 해설 | [원인/결과]「so ~ as to 동사원형」구문은 '너무나 ~해서(원인) '동사원형(결과)'하다'란 의미를 지닌다. 남자가 보기에 군중들이 저런 말도 안 되는 일을 믿는(결과) 것은 군중들이 '잘 속기(원인)' 때문이다. 따라서 정답은 ②이다.

기출 분석 04

If it looks as if there will be no clear winner, or if there is no clear winner in the final outcome, commentators talk about a _____. 항공대 2014

① stalking horse
② parallel runner
③ close call
④ dead heat

| 해석 | 만일 우승자가 분명히 가려지지 않을 것 같거나 최종 결과에서 우승자가 분명히 가려지지 않을 경우 해설자들은 동시 우승에 관해 언급하게 된다.

① 구실
② 동등한 주자
③ 위기일발
④ 동시 우승

| 정답 | ④

| 해설 | [시간/조건] 우승자가 마지막까지도 분명히 가려지지 않을 경우엔 '동시 우승'이 가능하다. 따라서 정답은 ④이다.

기출 분석 05

Perhaps the most well-known application of ultrasound is in making sonograms of the fetus at various stages in its development, to _____ that growth is proceeding normally.

중앙대 2014

① forestall
② confer
③ ascertain
④ precipitate

| 해석 | 아마도 초음파의 적용 사례 가운데 가장 잘 알려진 것은 태아가 정상적으로 성장 단계를 밟아가고 있는지를 확인

하기 위해 다양한 발달 단계마다 태아의 초음파 검사를 시행하는 것일 것이다.

① 미연에 방지하다   ② 상의하다

③ 확인하다   ④ 촉발시키다

| 정답 | ③

| 해설 | [목적/수단] 태아를 대상으로 초음파 검사를 수행하는 이유는 태아가 과연 제대로 성장하고 있는지를 "확인"하기 위함이다. 따라서 정답은 ③이다.

• • • • • •

3) 비교·유사

비교와 유사는 유사점을 바탕으로 비교하여 이해를 도모하는 경우이다. 물론 대조를 넣어서 비교는 유사함을, 대조는 차이점을 바탕으로 글을 이끌어 가지만, 여기에서는 편의상 비교는 플러스(+) 방향에서, 대조는 마이너스(−) 방향에서 다루기로 한다. 편의상 이렇게 나누지만, 일반적으로 글 속에서는 양자의 관계가 설정되기 때문에 비교와 대조가 혼재되어 나오는 경우가 많다. 비교와 유사: similarly, in the same way, just as A so B, compared with 등이 있다.

예시 06

A slowdown on the world's assembly lines is a normal part of any recession. As demand shrinks, so must _____.

| 단서의 발견 |

as A so B를 나타내는 유사구조이다. 빈칸 부분은 도치 문장이다. 앞에 나온 문장에 대한 긍정일 경우는 「So + 조동사(be동사) + 주어」 형태를 취하고, 부정일 경우는 「Neither[Nor] + 조동사(be동사) + 주어」 형태를 취해서, 앞부분의 내용과 마찬가지라는 뜻을 지닌다. 주어진 문장의 전체 의미를 보면 경기 침체(recession)로 생산 라인의 감소가 있다는 내용으로, 수요가 줄어들면 빈칸도 마찬가지로 줄어든다는 내용이므로 production이 와야 한다.

| 문장의 해석 |

전 세계의 조립 라인의 둔화는 어느 불경기에서든 흔히 있는 일반적인 부분이다. 수요가 줄어들면서, 이에 따라 생산도 반드시 줄어들 것이다.

기출 분석 06

There is something funny about comparing excellences _____.
It may not even make sense to ask, "Am I more handsome than she is a good tennis player?" Or, "Was Babe Ruth a greater baseball player than Shakespeare was a playwright?" 성균관대 2012

① among the similar people   ② between people in different ages
③ of great achievers   ④ we cannot measure
⑤ across different dimensions

| 해석 | 다른 관점에서 바라봐야 할 것들을 가지고 서로 우수성을 비교하는 것은 뭔가 웃기는 일이다. "그녀가 뛰어난 테

니스 선수인 것보다 내가 더 잘생겼나?"라고 묻거나 "셰익스피어가 극작가였던 것보다 베이브 루스가 더 위대한 야구선수였나?"라고 묻는 것은 말도 안 되는 일일 것이다.

① 비슷한 사람들끼리　　　　　　　　　② 나이가 다른 사람들끼리

③ 위대한 업적을 이룬 사람들　　　　　　④ 우리가 측정할 수 없는

⑤ 다른 관점에서 바라봐야 할 것들을 가지고

| 정답 | ⑤

| 해설 | [비교/유사] '그녀가 테니스 선수인 것과 내가 잘생긴 것' 그리고 '셰익스피어가 극작가인 것과 베이브 루스가 야구선수인 것'은 서로 비교할 기준 자체가 다른 것들을 무리하게 비교한 것이기 때문에 아예 비교 자체가 성립할 수 없는 것들이다. 즉 '관점' 자체가 다른 것이므로 비교할 수 없는 것들이고, 이를 무리하게 비교하는 것 자체가 웃기는 일인 것이다. 따라서 정답은 ⑤이다.

• • • • • • •

4) 병렬·상관

병렬과 상관관계의 표현은 양자나 혹은 이상의 사이에서의 관계 설정이다. 글은 자신이 드러내고자 하는 바가 있으며, 그 부분이 여럿이라면 병렬적 구성을, 추가 역시 병렬과 같은 측면을 지닌다. 반면에 둘을 대비하여 어느 쪽을 두드러지게 부각시키려면 상관관계의 표현을 이용할 수 있다. 결론이나 강조의 경우도 역시 글 속에서 어느 부분을 부각시키는 면이 있으며, 핵심적인 부분이 결론적으로 제시되거나 강조를 통해서 나타날 수 있다. ① 병렬과 추가: moreover, furthermore, in addition, what is more, besides ② 상관: not only A but also B = B as well as A, both A and B = A and B alike, either A or B 등이 있다.

예시 07

The little child is most intensively afraid of many _____ dangers as well as real dangers.

| 단서의 발견 |

as well as(~뿐만 아니라)를 단서로 실제 위험과 상관관계에 있는 위험을 생각해 보면 imaginary 같은 가상의 위험을 생각해 낼 수 있다.

| 문장의 해석 |

그 어린아이는 실제 위험뿐만 아니라 수많은 상상 속 위험에도 매우 맹렬한 두려움을 품었다.

예시 08

In addition to their _____ to it, they were helpless against the enemy.

| 단서의 발견 |

추가나 첨가를 나타내는 in addition to를 근거로 보면, 적을 맞서 부정적인 의미가 강화되고 있다. 적에게 노출된 이후 무기력한 모습을 보인 것을 끌어낼 수 있다. 그러므로 exposure가 적당하다.

| 문장의 해석 |

적에게 노출된 것에 더하여, 그들은 적에게 무기력해 보였다.

Korea's leading industries have not only _____ the storm of the global financial crisis since last year but also helped the local economy pull off one of the fastest recoveries in the world. 동국대 2013

① gathered   ② gained
③ weaned   ④ weathered

| 해석 | 한국의 주요 업종들은 작년부터 촉발된 세계 금융 위기로 인한 풍파를 무사히 헤쳐 나갔을 뿐만 아니라 한국 경제가 전 세계에서 가장 빠른 속도로 회복한 몇 안 되는 나라가 되게끔 기여했다.

① 모으다   ② 얻다
③ 젖을 떼다   ④ 무사히 헤쳐 나가다

| 정답 | ④

| 해설 | [병렬/상관] 본문의 핵심은 「not only A but also B」 구문이며, B에서 한국 경제가 세계 금융 위기로부터 빠른 속도로 회복되었음을 말하고 있으므로 A에서도 위기 극복이 성공적이었다는 내용이 와야 할 것이다. 따라서 정답으로 가장 적합한 것은 ④이다.

The economy grew just at a rate of 0.7 percent in 2013, a(n) _____ result after the many forecasts of robust growth from the beginning of the year. 한국외대 2014

① plausible   ② dismal
③ emphatic   ④ inevitable

| 해석 | 2013년 경제 성장률은 단지 0.7%에 불과했으며, 이는 올해 초 굳건한 성장세를 보일 것이라는 수많은 경제 전망이 발표된 후 형편없는 결과가 나온 것이다.

① 이치에 맞는   ② 형편없는
③ 단호한   ④ 불가피한

| 정답 | ②

| 해설 | [결론/강조] 경제 성장세가 굳건할 것이라는 전망에도 불구하고 성장률이 0.7%에 불과했다는 것은 전망보다 '실망스러운' 결과가 나왔다는 의미이다. 따라서 정답은 ②이다.

• • • • • •

이에 덧붙여 나열이나 체계화를 나타내는 지표들이 있다. first of all, to begin with 등으로 시작하며, lastly, finally 등으로 마무리하기도 한다. 결론을 나타내는 표현들도 있는데, therefore, as a result, consequently, so 등이 그러하다.

01~100 Complete each sentence below with the best word(s) or phrase(s).

01   I was so bored during the presentation that I found it difficult to _____ interest.

한양대 2011

① feign   ② inhibit

③ reproduce   ④ manipulate

02   The developing countries have far less access to cell phones and the internet compared to the industrialized countries. This difference in the level of access has been called _____. 숙명여대 2020

① international gap   ② internet conflict

③ digital divide   ④ computer shortage

⑤ industrial divide

03   Discover new ways to motivate and _____ your employees apart from salary raises.

① meditate   ② disguise

③ inspire   ④ fabricate

04   He was chosen as a club treasurer because he has always been _____ about repaying his debts. 상명대 2017

① scrupulous   ② munificent

③ prodigious   ④ impervious

⑤ incorrigible

05 I only have a _____ knowledge of politics, so I think I should read a lot more.

① superficial

② substantial

③ superstitious

④ superfluous

06 Violence begins to snowball, becoming finally an irresistible _____. 홍익대 2017

① earthquake

② avalanche

③ holocaust

④ flood

07 Empathy is a priceless commodity because it invariably _____ hostility. 경기대 2016

① facilitates

② defuses

③ consolidates

④ spreads

08 I'm not optimistic because the government is pushing protesters to extremes, and then afterwards using their actions to _____ them.

① stigmatize

② celebrate

③ ameliorate

④ speculate

09 The citizens packed the sandbags along the river bank to _____ the flooding of their streets. 세종대 2017

① avert

② inundate

③ emit

④ trigger

10 In order to buy stocks, you need the assistance of a _____ who is licensed to purchase securities on your behalf.

① lawyer   ② sponsor
③ stockbroker   ④ translator

11 We dined in town at a popular restaurant called Angie's and afterwards, with the evening warm and _____, went for a stroll.

① compatible   ② congenial
③ ambivalent   ④ independent

12 The evidence against the accused man proved to be so weak that the jury had no choice but to _____ him. 단국대 2009

① acquit   ② emulate
③ resuscitate   ④ incarcerate

13 In order to _____ the notorious traffic problem, the city proposed adding four more lanes to the main thoroughfare. 한국외대 2016

① improvise   ② escalate
③ mitigate   ④ negotiate

14 The book is highly recommended to those readers who are suffering from chronic mental depression, for it is _____ funny and humorous stories. 가톨릭대 2015

① devious from   ② devoid of
③ replete with   ④ tantamount to

15   Her olfactory sense was so highly developed that she was often called in to judge
_____. 광운대 2011

① colors   ② temperatures
③ textures   ④ perfumes
⑤ sound

16   Many futurists predicated the "paper-less office", i.e., that the computer would make
paper _____. 세종대 2017

① flourishing   ② intangible
③ obsolete   ④ extrinsic

17   Science and liberal arts have been separated from each other for so long in history that
now there exists a deep _____ between the two. 가천대 2020

① chasm   ② concord
③ contradiction   ④ confusion

18   The apartment building does not look the same, as it just underwent a complete
_____ which was carried out by a local architectural firm. 상명대 2016

① manifestation   ② transferral
③ opportunity   ④ transformation
⑤ transition

19   But _____ the other's desire and the subject's possession are fantasies of the
subject. 홍익대 2016

① both   ② alike
③ not   ④ not only

20 In financial planning, it is advisable to plan _____. In other words, overestimate your possible expenses and underestimate your possible income.

① fortuitously   ② conservatively

③ unconditionally   ④ impulsively

21 Penicillin can have an _____ effect on a person who is allergic to it. 숙명여대 2015

① abrupt   ② anxious

③ awkward   ④ austere

⑤ adverse

22 There is an urgent need to ensure the _____ of wildlife species amid spreading civilization that destroys their habitats because of aversion, greed, neglect or fear. 세종대 2009

① extinction   ② survival

③ denial   ④ degeneration

23 If we do not do something to _____ spending, we are going to run out of money very soon. 한국외대 2017

① dispossess   ② redirect

③ boost   ④ curb

24 Severe verbal abuse that children experience at an early age can _____ wounds that will remain for their entire life. 가톨릭대 2016

① taint   ② probe

③ soothe   ④ inflict

25 The sight of beggars on city streets and the _____ of the homeless may inspire sympathy, for the same reason. 서강대 2010

① charity   ② benefit

③ plight   ④ death

26 Illegal logging and mining activities have been blamed for the _____ problems of flooding and landslides in certain parts of the country. 가톨릭대 2011

① incisive   ② perennial

③ tangible   ④ versatile

27 _____ are prepared from harmful viruses or bacteria and administered to patients to provide immunity to specific diseases. The various types of _____ are classified according to the method by which they are derived. 건국대 2018

① toxins   ② organisms

③ antigens   ④ vaccines

⑤ cures

28 Pollution cuts life expectancy, with some studies suggesting it is five years shorter in northern China than in the south, and that 1.6 million people die _____ every year because of it. 경기대 2016

① belatedly   ② indolently

③ blithely   ④ prematurely

29 Police said he was arrested for showing "blatant _____ for the law" when he tried to convene what they described as an illegal public assembly instead of an indoor meeting.

① impunity   ② disregard

③ gratuity   ④ coercion

30 A slowdown on the world's assembly lines is a normal part of any recession. As demand shrinks, so must _____.

① production
② consumption
③ import
④ export

31 How can European countries improve _____ in the wake of the measles outbreak? Europe's national science and medical academies call for tailor-made interventions and European vaccination card and registry.

① antibiotic
② treatment
③ therapy
④ vaccination

32 Last year, the EPA _____ a panel of experts that advised the agency on fine-particle pollution, replacing it with consultants from the fossil fuel, pharmaceutical and tobacco industries.

① engulfed
② haunted
③ outweighed
④ disbanded

33 Luxury goods makers have long valued Chinese consumers not just because of their huge appetite for luxury goods but also for their willingness to pay more than their Western _____. 국민대 2015

① cooperators
② conspirators
③ co-workers
④ counterparts

34 If our knowledge of eighth-century Greece were based on the visual arts alone, we would inevitably think of it as a far simpler and more _____ society than the literary evidence suggests.

① compulsive ② merciful

③ provincial ④ innocent

35 As his _____ accelerated, he dealt his political rivalry a series of blows insidiously and then succeeded in taking the throne, trying to hold it. 중앙대 2015

① madrigal ② machination

③ tautology ④ subjection

36 Mrs. Amherst was such a sensitive and _____ librarian that she had the ability to know exactly which book would suit each one of the students. 한양대 2015

① caustic ② pedantic

③ refined ④ discerning

37 Appeals are also made to conscience and natural human feelings of sympathy. Thus it is significant that all of these appeals can influence the behavior of the non-theist as well as that of the _____.

① third party ② participants

③ nihilist ④ theist

38 In 2012, 55 people died after being hit by subway trains in New York, an increase of eight deaths compared with 2011. This year has already begun on a _____ note. 숭실대 2013

① dismal ② high

③ optimistic ④ terrific

39 John was determined to hire employees on the basis of their merits rather than on the basis of their family connections. He _____ in the engagement of new workers. 중앙대 2009

① made light of their intellect
② supported hackneyed conventions of his elders
③ refused to countenance nepotism
④ substituted favoritism for any kind of meritocracy

40 "Reading had changed forever the course of my life," writes Malcom X in one of his essays. Malcom X's words emphasize the value of _____ in our life. 국민대 2015

① literacy   ② soliloquy
③ exhortation   ④ articulation

41 Bullying is an ongoing and _____ misuse of power in relationships through repeated verbal, physical and/or social behaviour that intends to cause physical, social and/or psychological harm.

① unintended   ② accidental
③ haphazard   ④ deliberate

42 The _____ income represents the midway point — in other words, half the households earn more, and half earn less.

① abundant   ② disposable
③ median   ④ enough

43 An academic study published in the *Journal of Epidemiology and Community Health* found that every dollar increase in the minimum wage _____ a 3.4 to 5.9 percent decrease in the overall suicide rate.

① resulted from   ② was related to

③ resulted in   ④ was meant to

44 Your living is determined not so much by what life brings to you as by the _____ you bring to life; not so much by what happens to you as by the way your mind looks at what happens.

① attitude   ② chance

③ aptitude   ④ bravery

45 When the parties could not reach a consensus, a labor specialist was asked to _____ in the dispute between workers and management. 한국외대 2017

① eradicate   ② speculate

③ elaborate   ④ arbitrate

46 The judge was forced to _____ the case because the prosecution could not produce a single _____ witness. 한양대 2011

① hear – believable   ② endure – expert

③ dismiss – credible   ④ withdraw – unreliable

47 In many countries, the healthiest diet is simple, inexpensive, traditional food — precisely the diet that people abandon as they move into _____. 서울여대 2010

① affluence   ② adolescence

③ literacy   ④ recession

48 He is the type of scientist who challenges _____ and how science is conventionally done, yet appears the most mild-mannered and amiable person you're likely to meet.

① presupposition   ② benefactor

③ orthodoxy   ④ mismatch

49 Because companies and governments _____ corporate profits and reject human rights, our world is in trouble. 한국외대 2017

① venerate   ② mitigate

③ rescind   ④ sate

50 Choosing a college is a difficult decision, but by attending college fairs and asking the right questions, you are on your way to finding the _____ for you.

① silver bullet   ② perfect fit

③ turning point   ④ fair deal

51 In addition to environment variables, service providers also provide access to other data and components in a _____ way — resembling a file system drive.

① controversial   ② outrageous

③ stylish   ④ similar

52 The unemployment rate in advanced world economies will remain high at nearly 8.0 percent until the end of next year with about 48 million people _____. 경기대 2013

① homeless
② careless
③ jobless
④ flawless

53 The planning board _____ the definitive plan on January 19, 1988, stating that it did not comply with the rules and regulations of the planning board.

① coalesced
② disapproved
③ bleached
④ fabricated

54 This is true, given that we whites understand some blacks more easily than we do other blacks, just as we understand people coming from a certain country _____ we do people from another country.

① worse than
② rather than
③ better than
④ as well as

55 Wine will likely need to _____ in a similar way that the beer industry has, expanding further into new flavors, premium or craft.

① support
② innovate
③ disseminate
④ combine

56 With economic output _____ and unemployment skyrocketing as a result of the pandemic, much of the money borrowed will be spent on job-boosting infrastructure projects and social and business supports.

① plummeting   ② nullifying
③ overcoming   ④ engineering

57 The lungs are one of our _____ detoxification organs, purifying larger amounts of pollutants than any other organ to defend our body. 한국외대 2015

① cardinal   ② artificial
③ tertiary   ④ didactic

58 In connection with the nearly universal use of insecticides that are liver poisons, it is interesting to note the sharp rise in _____ that began during the 1950's and is continuing a fluctuating climb.

① arthritis   ② dermatitis
③ bronchitis   ④ hepatitis

59 Because she had a reputation for _____, we were surprised and pleased when she greeted us so _____. 덕성여대 2018

① petulance – affably   ② credulity – disdainfully
③ graciousness – satirically   ④ nonchalance – ambivalently

60 When someone sees your art for the first time and wants to know who the artist is so that they can see more or learn more, your _____ helps them find you.

① products　　　　　　　　　　② customers

③ environment　　　　　　　　④ signature

61 The traditional process of producing an oil painting requires so many steps that it seems _____ to artists who prefer to work quickly. 중앙대 2009

① interminable　　　　　　　　② efficacious

③ congenial　　　　　　　　　④ facile

62 In physics, a symmetry is broadly defined as any kind of _____ under a transformation — in other words, a property of a system that doesn't get altered when a change is applied to that system.

① unbalance　　　　　　　　　② equilibrium

③ changeability　　　　　　　④ invariance

63 We have a sense of what a leader is supposed to look like, and that _____ is so powerful that when someone fits it, we simply become blind to other considerations.

경기대 2017

① leadership　　　　　　　　　② pride

③ rational　　　　　　　　　　④ stereotype

64 The key issue the Fed is grappling with is at what point its federal funds rate functions _____ — that is to say, it neither promotes nor suppresses growth.

① seemingly   ② neutrally
③ voluntarily   ④ normally

65 The medieval fortress was so strong that it remained _____ to the enemy troops, no matter what tactics or weapons they used. 한국외대 2016

① impregnable   ② penetrated
③ enforceable   ④ jeopardized

66 Scientists have found that a combined group of vegetarians and vegans appeared to have a higher risk of haemorrhagic stroke than did meat-eaters. But owing to the small number of vegans in the study, it is hard to draw _____ conclusions.

*haemorrhagic stroke: 출혈성 뇌졸중

① unstable   ② rough
③ firm   ④ experimental

67 To determine the number of poor people, the government first _____ poverty as the lack of minimum food and shelter necessary for maintaining life, which sociologists call absolute poverty. 숭실대 2015

① decides   ② defines
③ denounces   ④ dictates

68 The central bank _____ its 2020 growth forecast to 1.1 percent from 1.3 percent — not because of the social movement, but owing to trade tensions and a weak global economy.

① maintained   ② negated

③ debunked   ④ trimmed

69 As a matter of fact, their _____ attitude towards the library resources stems from the fact that they think that these are not of much help to them in their search for materials they need.

① lucid   ② dubious

③ apathetic   ④ substantial

70 Some people say that any items over 50 years old can be called _____, while others say it must be over 100 years old. The term is usually applied to objects that are valuable because they are rare or are of high quality.

① antiques   ② ruins

③ treasures   ④ wastes

71 If you're planning a trip to a popular area, schedule your holiday for less popular times of the year. You'll find the traffic, crowds and queues markedly _____, and save a lot of money with the off-season rates. 국민대 2016

① mingled   ② reduced

③ multiplied   ④ frequented

72 She says there's a _____ in the research community to dismiss the time and effort needed to manage and share data, which means they are not inclined to regard it as a real part of science.

① violation   ② prudence

③ tension   ④ tendency

73 The growing popularity of artificial intelligence technology will likely lead to millions of lost jobs, especially among less-educated workers, and could _____ the economic divide between socioeconomic classes in our society. 가톨릭대 2017

① alleviate   ② conceal

③ exacerbate   ④ mandate

74 A professor of African-American studies at Princeton, Perry is a _____ writer whose many works, including her recent award-winning biography of the playwright Lorraine Hansberry, contributes to a fuller understanding of black history and culture.

① controversial   ② meticulous

③ infamous   ④ prolific

75 The majority of the villagers in this seemingly forgotten land are _____ vegetarian; that is, they only eat meat during a holy celebration, or whenever they can afford it, which, because of the ludicrously high prices, is practically never. 한양대 2015

① reluctant   ② strict

③ staunch   ④ clandestine

76 Good manners are important at meal times, though people worry less about table manners than they once did now that many meals are less _____. When eating at a table with other people, it is considered polite to keep your napkin below the table on your lap, to chew with your mouth closed and not talk with food in your mouth, to keep your elbows off the table, and to eat fairly slowly. 건국대 2020

① polite   ② frequent

③ formal   ④ comfortable

⑤ expensive

77 Our study demonstrated that such culturally sensitive approaches can be _____ to human rights protection. In this case, including the user's perspective, to ensure the cultural appropriateness of health goods and services was not only an essential element, but a precondition for more effective implementation.

① immaculate   ② unbiased

③ mundane   ④ indispensable

78 _____ is one of the most important words being used by researchers to describe practices and cultures that foster creative problem-solving and innovation within contexts of change, crisis, and scarcity. In social change research, we have to develop creative, practical solutions to seemingly unsolvable problems against the odds.

① validity   ② perception

③ compassion   ④ ingenuity

79 It is almost _____ that the global economy will remain healthy in the face of serious economic problems in both China and the United States, even leaving aside their conflicts over trade and technology.

① intangible   ② inexorable

③ inconceivable   ④ impeccable

80 Due to her diligence and overflowing creativity, the author was known for her _____ writing, and readers looked forward to her constant flow of books. 명지대 2016

① prolific   ② pedestrian

③ reprehensible   ④ intellectual

81 The sagacious student of literature is aware that terms used in literary criticism are _____ in that their meanings shift depending on the premises of the writer using them and the nature of the work under discussion. 한양대 2015

① typically inert   ② totally infeasible

③ notoriously plastic   ④ completely arbitrary

82 World production has increased _____. From 2.3 million tons in 1950, it grew to 162 million in 1993 and to 448 million by 2015. But the amount of plastic drifting on the ocean and washing up on beaches, alarming as it was, didn't seem to be rising as fast. 숭실대 2020

① stubbornly   ② trivially

③ sluggishly   ④ exponentially

83 The introduction of the new technology will most likely make surgery as we know it today _____. It will no longer be necessary to get into the messy business of cutting open a patient. 한국외대 2011

① obsolete   ② imminent

③ exorbitant   ④ lucrative

84 In 1962, Rachel Carson's book *Silent Spring* brought America to the tipping point, the moment when a long-accepted set of values undergoes rapid change. Thanks to her work, the modern environmental protection movement was born. Today, the movement she began has thousands of _____ all over the world. 가천대 2015

① transporters   ② discriminators

③ opponents   ④ counterparts

85 In order to maintain individuality, one needs a certain sense of psychological security, to the effect that the world around him or her is predictable or understandable and is not just totally _____. 가톨릭대 2016

① integral   ② malignant

③ abundant   ④ chaotic

86 What lies behind the voter _____ among the young? The popular explanation is that people — especially young people — are alienated from the political system, turned off by the shallowness and negativity of candidates and campaigns. 숭실대 2017

① advocacy   ② anxiousness

③ apathy   ④ asymmetry

87 A mixture is a combination of two or more substances in which the substances retain their distinct identities. Some examples are air, soft drinks, and cement. Mixtures do not have constant composition. _____, samples of air collected in different cities would probably differ in composition because of differences in altitudes, pollution, and so on. 항공대 2016

① However

② Therefore

③ Otherwise

④ Additionally

88 Owing to genetic discoveries, newer tests can help people from cancer-prone families determine whether they've _____ the culpable mutation. "My mother died of colon cancer at age 47," says Dr. Bert Vogelstein. "If we had known she was genetically at risk, we could have screened for the disease and caught it early." 가천대 2015

① transformed

② inherited

③ prohibited

④ imposed

89 Every year, the market-research firm Millward Brown conducts a survey to determine the economic worth of the world's brands — _____, to put a dollar value on the many corporate logos that dominate our lives. 성균관대 2010

① on the one hand

② in other words

③ as the case may be

④ in the long run

⑤ on the other hand

90   Methane, together with other greenhouse gases like carbon dioxide, contributes to global warming by acting like a _____ surrounding the whole planet, _____ the sun's heat within the atmosphere and causing global temperatures to rise. 이화여대 2015

① prism – evaporating   ② crank – cooling down

③ bottleneck – obstructing   ④ blanket – trapping

⑤ locomotive – vaporizing

91   The history of moral philosophy is a history of disagreement, but on one point there has been virtual unanimity. It would be absurd to suggest that we should do what _____. This principle that our moral obligations can not exceed our abilities played a central role in the work of Emmanuel Kant and has been widely accepted since. Indeed, this idea seems self-evidently true, much as "bachelor" implies "man." 서울여대 2018

① we could not possibly do

② we are predetermined to do

③ our intuition commands us to do

④ our reason does not tell us to do

92   An activity that once obliged one to go out into the public sphere can now be done at home. Direct mail catalogues, with their twenty-four-hour phone numbers for ordering, permit people to shop where and when they please. Shopping is an activity that has overcome its _____ limits. 가천대 2017

① financial   ② geographical

③ hierarchical   ④ temperamental

93 In ancient Greece, early philosophers, such as Aristotle and Plato, debated psychological issues. Was how a person thought and acted inborn — _____, did thinking and behavior result from a person's biological nature? Or were thinking and behavior acquired through education, experience, and culture — for example, did they result from how a person was nurtured? 성균관대 2020

① in other words   ② as usual

③ in conclusion   ④ on the one hand

⑤ on the other hand

94 It was recently discovered that Pluto is actually much smaller than had been previously thought. Other objects that are Pluto's size have never been called planets. _____, Pluto's strange orbit is not at all similar to that of the other eight planets. This will result in a slight change in many textbook on the subject of the solar system. 에리카 2015

① However   ② Similarly

③ Otherwise   ④ Additionally

95 Like millions of other teenagers, my 14-year-old daughter Jen is often to be found on the sofa, laptop on her knees, checking facts for the essay she's writing. The TV is on and occasionally she scrolls through Facebook. She texts, makes calls on her mobile and takes her iPod headset on and off. To me — and most other parents — this seems _____. "How can you think with all that noise?" we yell. Homework used to be something to be done in silence, with all distractions firmly removed. 성균관대 2011

① a miserable scene to overcome

② a proper time to leave

③ an appropriate chance to talk to

④ an impossible way to work

⑤ a hopeless situation to ignore

96   Can intelligence be taught? The traditional answer is no. That answer, however, is based solely on short-term studies. Long-term studies have shown that training in specific skills does seem to improve intelligence scores. _____, the Israeli psychologist Reuven Feuerstein has developed a program that involves hundreds of hours of special tutoring. The program's emphasis is on remedying errors in thinking. Feuerstein's results suggest that such training does indeed improve IQ scores. 서울여대 2006

① In consequence   ② For example
③ Of course   ④ Yet again

97   The writer uses no more words than are needed to express his thought and feeling adequately. This does not mean, of course, that the student should be stingy with details, forsaking all adjectives, illustrations, and effective repetition and cutting down his style to the barest bones. Wordiness and length are not synonymous: a one-page memo may be wordier than a detailed report of twenty. Though brevity may be the soul of wit, it may also be the product of laziness or busyness. But as a general rule, a writer should not use three words when one will serve. In sum, good writing is _____. 건국대 2015

① accurate   ② detailed
③ realistic   ④ economical
⑤ consistent

98   This book is not destined for scholars or philosophers alone. The fundamental problems of human culture have a general human interest, and they should be made accessible to the general public. I have tried, _____. to avoid all technicalities and to express my thoughts as clearly and simply as possible. My critics should, however, be warned that what I could give here is more an explanation and illustration than a demonstration of my theory. 성균관대 2017

① therefore   ② however
③ moreover   ④ nevertheless
⑤ otherwise

99 The Japanese are fanatics for fresh food. As a result, Japanese food-processing companies enjoy local monopolies. A milk producer in northern Japan cannot hope to compete in southern Japan, because transporting milk there would take an extra day or two, a fatal disadvantage in the eyes of consumers. These local monopolies are reinforced by the Japanese government, which obstructs the import of foreign processed food by imposing a 10-day quarantine, among other restrictions. Hence Japanese food-processing companies _____. 가톨릭대 2017

① are compelled to rely heavily on imported food
② strategically optimize their operation on a global level
③ are preoccupied with ways to prolong the shelf life of food
④ are not exposed to either domestic or foreign competition

100 Many linguistics researchers are excited about the possibility of humans using language to communicate with chimpanzees, our close cousins in the animal world. Some scientists believe that chimpanzees, and in particular Bonobo chimpanzees, may have the comprehension skills of two-and-a-half-year-old children. With dedicated training, the scientists claim, these chimpanzees are able to understand complicated sentences and to communicate on an advanced level with human beings. In a recent and rather astonishing episode, _____, a Bonobo chimpanzee pressed symbols on a special keyboard in order to tell her trainers about a fight between two chimpanzees in a separate facility.

에리카 2017

① for example   ② additionally
③ nevertheless   ④ on the other hand

PART

03

마이너스(−) 방향

CHAPTER 01

이론적 구성

글의 흐름이 전환되거나, 앞의 진술과 다르게 진행되는 경우이다. 글의 전환 어구를 중심으로 전개되는 내용이 앞과 뒤의 흐름이 전환되는 것을 파악할 수 있다. 크게 네 부분으로 나눠서 살펴보면, 대조나 반대와 같이 글의 흐름으로 역전되는 현상도 그러하며, 하나의 사실을 인정하면서 다른 사실을 제시하는 양보의 경우 역시 다른 방향의 진행으로 볼 수 있다. 더불어 반박이나 일축, 부정과 대체의 경우도 마이너스(−) 방향에 함께 넣어서 판단할 수 있다.

● ● ● ● ● ●

1) 반대 · 대조

우선 대조나 반대의 표현들은 글 속에서 전환 어구를 사용하여 이미 진행되어 오던 글의 흐름과 대비되거나 반대되는 흐름으로 진행하는 경우이다. 글에 적당한 전환 어구를 두어 단서를 주기 때문에, 이를 중심으로 판단하여 빈칸에 들어갈 적합한 것을 고르면 된다. 대조나 반대: however, yet, but, unlike 등이며, nevertheless, nonetheless는 양보와 더불어 대조를 나타내기도 한다.

예시 01

> The atmosphere has no definite upper limits but gradually thins until it becomes _____.

| 단서의 발견 |

반대를 뜻하는 but을 중심으로 보면, 상한선은 없다는 문장과 대기가 희박해진다는 문장을 반대 구조로 연결시키고 있다. 점차 희박해지면 결국은 감지할 수 없는 상황이 될 것이다. 그러므로 '감지할 수 없는'이라는 의미를 지닌 imperceptible이 적절하다.

| 문장의 해석 |

대기는 뚜렷한 상한선이 존재하지 않으나 감지할 수 없게 될 때까지 점차적으로 희박해 진다.

예시 02

> Unlike Continental _____ literature about monks and nuns, the saga was not directly pornographic.

| 단서의 발견 |

대조나 반대의 의미를 띄는 Unlike를 단서로 본다. '수도승과 수녀(monks and nuns)'에 관한 내용이면서도 이 작품이 'directly pornographic(직접적으로 외설적인)', 과거의 작품과는 달랐음을 말하고 있으며, 이는 즉 과거의 수도승과 수녀를 소재로 한 다른 작품들은 외설적이었다는 의미가 된다. 그러므로 빈칸에는 '수도승과 수녀'를 외설적으로 다룬 문학 작품을 수식하기에 가장 알맞은 말로 '반교권적인(anticlerical)'이 들어가면 적당하다.

| 문장의 해석 |

수도승과 수녀에 관한 대륙의 반교권적인 문학과 달리, 이 대하소설은 직접적으로 외설적이지는 않다.

기출 분석 01

The early James Bond movies are full of fantastic inventions, whereas the latest movies are more _____. 국민대 2012

① showy
② fictitious
③ antiquated
④ realistic

| 해석 | 초창기 제임스 본드(James Bond) 영화는 기상천외한 발명품들로 가득했지만 반면에 가장 최근작들은 그보다는 더욱 현실적이다.

① 현란한
② 허구의
③ 구식인
④ 현실적인

| 정답 | ④

| 해설 | [대조/차이] whereas 덕분에 초창기에 등장한 '기상천외한' 것과 대조되는 ④의 '현실적인'이 적합하다.

기출 분석 02

Past changes in Earth's temperature happened very slowly, over hundreds of thousands of years. However, the recent warming trend is happening much _____ than it ever has. Natural cycles of warming and cooling are not enough to explain the amount of warming we have experienced in such a short time — only human activities can account for it. 인하대 2012

① higher
② faster
③ more serious
④ more often

| 해석 | 과거 지구 기후의 변화는 수십만 년 동안 매우 느리게 벌어졌다. 하지만 최근의 온난화 추세는 지금까지 있었던 것에 비해 훨씬 빠르게 벌어지고 있다. 이렇게 짧은 기간 동안 우리들이 겪고 있는 대규모의 온난화 문제를 설명하기에는 온난기와 냉각기가 자연스럽게 순환된다는 것만으로는 충분치 않고, 오로지 인간의 활동만이 온난화를 설명할 수 있다.

① 높게
② 빠르게
③ 더 심각하게
④ 더 자주

| 정답 | ②

| 해설 | [대조/차이] 과거에는 기후 변화가 매우 느리게 진행되었다. 그런데 However 덕분에 최근의 온난화는 느리지 않고 '빠르게' 진행되고 있는 것으로 유추 가능하다. 때문에 '이렇게 짧은 기간 동안' 벌어지고 있다는 내용이 언급된 것이다. 따라서 정답은 ②이다.

• • • • • •

2) 양보·용인

양보의 경우는 양보, 용인 등으로 나타낼 수 있는데, 일부의 사실을 인정하면서 새로운 사실을 제시하는 경우이다. 일부의 사실을 부정하지 않는데서 '부정' 표현과는 다르고, 동등하게 양측을 인정하지는 않는다는 점에서 '병렬'과는 차이가 있다.

문장의 무게 중심이 양보의 전환 어구가 아닌 주절에 실린다는 점을 염두에 두고 있어야 한다. 양보의 표현에는 although, though, even though, even if뿐 아니라, in spite of, despite 등이 포함된다.

예시
03

Although **she is a billionaire, her tragedy is an** _____ **one.**

| 단서의 발견 |
양보를 나타내는 Although를 단서로, 억만장자라는 사실은 인정하지만, 이에 반대되는 부정적인 언급이 나와야 한다. 그러므로 그녀의 비극은 그녀가 억만장자라 할지라도 남과 다를 게 없다는 ordinary가 나와야 한다.

| 문장의 해석 |
그녀가 억만장자이지만, 그녀의 비극은 (남들처럼) 일반적이었다.

예시
04

In spite of the fact that Justin _____ his ankle early in the baseball game, he continued playing and even scored the winning run.

| 단서의 발견 |
양보를 나타내는 In spite of the fact that를 사용하여 부정적인 부분이 나오고, 뒤에 긍정적인 내용으로 이어진다. 계속 경기를 진행했다는 것은 경기를 진행하기에 어려운 사정이 있었다는 것을 끌어낼 수 있으므로, 발목에 관하여 삐었다는 의미, 그것도 과거완료에 해당하는 had sprained를 쓰면 된다.

| 문장의 해석 |
Justin이 경기 초반 발목을 삐었지만, 그는 계속해서 경기에 참여했고 심지어 결승점을 올리기도 했다.

기출 분석
03

Despite the fact that over time the originally antagonistic response to his sculpture has lessened, any individuals hardly _____ his art. 단국대 2013

① castigate   ② applaud
③ denounce   ④ ignore

| 해석 | 시간이 흐르면서 그의 조각품에 대해 본래 나타났던 적대적 반응은 줄어들었지만, 그의 예술품에 갈채를 보내는 사람은 거의 없다.
        ① 크게 책망하다   ② 갈채를 보내다
        ③ 맹렬히 비난하다   ④ 무시하다

| 정답 | ②

| 해설 | [양보/용인] 처음에 보였던 적대적 반응이 줄어들었다면 그다음에는 좋은 반응이 증가했다는 내용이 와야 하지만, Despite 때문에 빈칸에는 적대적 반응이 줄었지만 그래도 여전히 상황은 좋지 않다는 내용이 와야 한다. 빈칸 앞

hardly의 의미를 감안하면 빈칸에는 '갈채를 보내는 사람이 거의 없다'는 의미에서 ②가 적합하다.

04

_____ global warming turns out to be _____ threatening than most climate scientists fear, there will be more people and more expensive property in harm's way of coastal floods over the years to come. 경희대 2013

① Even if – less　　　　　　　　② Even more – less
③ Even though – more　　　　　④ Even after – more

| 해석 | 만약에 지구 온난화가 대부분의 기후 과학자들이 두려워했던 것보다는 덜 위협적이라는 사실이 드러나더라도 앞으로 수년 동안 해안이 침수되면서 더 많은 사람들과 더 값비싼 부동산이 피해를 입게 될 것이다.
　　　① 만약에 ~이더라도 – 덜　　　　② 훨씬 더 많은 – 덜
　　　③ ~임에도 불구하고 – 더　　　④ ~인 후에도 – 더

| 정답 | ①

| 해설 | [양보/용인] 빈칸을 제외하고 보면 주절의 내용은 부정적인 의미를 품고 있고 첫 번째 빈칸에 들어갈 표현으로 보기에 제시된 것들이 모두 even 때문에 양보의 의미를 담고 있다. 때문에 두 번째 빈칸과 threatening이 결합되어 긍정적 의미를 가져야 양보의 의미를 가진 첫 번째 빈칸과 의미가 맞게 된다. 그래서 두 번째 빈칸에 적합한 것은 less이다. 그리고 even if와 even though는 뜻이 비슷할 것 같지만 even though는 '내가 기대하지 않은 상황이 벌어졌을 때' 또는 '실제 상황'에 관해 말할 때 쓰고 even if는 '가정법'에 가깝다. 문맥상 '(사실은 아니지만) 설사 지구 온난화가 과학자들의 예상과는 달리 덜 위협적이더라도'란 가정법적 의미이므로 정답은 ①이다.

• • • • • •

3) 반박 · 일축

반박이나 반론을 제기하는 경우, 어떤 주장을 묵살하거나 일축해 버리는 경우 등도 역시 마이너스(-) 방향으로의 진행으로 볼 수 있다. 이러한 관련 지표가 나오는 경우는 상대방의 주장을 무시하면서 결국 자신의 이야기, 앞으로 진행될 이야기에 귀를 기울이라는 신호이기 때문이다. ① 반론: still, all the same, even so ② 반박: on the contrary, quite the opposite ③ 묵살: anyway, at any rate, in any case 등이 있다.

예시

05

The main advantage of this device is its affordability but, on the contrary, it is not easy to _____.

| 단서의 발견 |
반박을 나타내는 on the contrary가 단서이다. 적당한 가격으로 구입할 수 있는 것이지만, 이에 비해 부정적인 내용이 나와야 한다. 물건을 구하기는 쉬웠지만, 사용하기는 쉽지 않다는 단어로 manipulate가 적당하다.

| 문장의 해석 |
이 장비의 주요한 장점은 적당한 가격으로 구입할 수 있는 것이지만, 반면에 사용하기는 쉽지 않다.

_____ our common sense, pirates devised ingenious practices to circumvent costs that threatened to eat into their profits and increase the revenue of their plundering expeditions. 홍익대 2014

① In particular
② Contrary to
③ In addition to
④ According to

| 해석 | 우리의 상식과는 상반되게 해적들은 수익을 갉아먹을 것으로 염려되는 손실을 회피하고 약탈 원정을 통한 수입을 늘리기 위해 기발한 책략을 고안했다.
① 특히
② ~에 상반되는
③ ~에 더하여
④ ~에 따르면

| 정답 | ②

| 해설 | [반박/일축] 흔히 해적 하면 떠오르는 이미지는 무력을 사용하여 선박을 강탈하는 악당의 이미지이며, 따라서 해적이 손실을 회피하고 수입을 증대시키기 위해 머리 즉 책략을 구사한다는 것은 우리의 상식되는 '상반되는' 것이다. 따라서 정답은 ②이다.

• • • • • •

4) 부정 · 대체

마지막으로 부정 표현이나 대체 표현이 있는데, 결국 이러한 표현의 핵심은 하나를 부정하거나, 대체해서 원하는 다른 하나에 초점을 맞추게 되는 것이다. 영어에서는 양자 간의 관계 설정에 대한 표현들이 상당수 존재하는데, 그런 경우에 부정과 대체는 마이너스(–) 방향의 진행으로 볼 수 있다.

He's been working in Barcelona for a year, but his friends are all _____, not local people. 명지대 2013

① conservatives
② novices
③ expatriates
④ patriots

| 해석 | 그 남자는 바르셀로나에서 1년 동안 근무했지만, 남자의 친구들은 모두가 현지인이 아니라 국외 거주자들이었다.
① 보수주의자
② 초보자
③ 국외 거주자
④ 애국자

| 정답 | ③

| 해설 | [부정/대체] 1년 동안 바르셀로나에서 근무하면서 친구들이 모두 '현지인' 즉 바르셀로나 사람들이 아니라면 결국에는 '현지인'의 반대인 '국외 거주자'란 의미일 것이다. 따라서 정답은 ③이다.

01~80 Complete each sentence below with the best word(s) or phrase(s).

01 The decomposition is rather slow enough to be _____ but definitely not negligible.

명지대 2015

① insidious   ② rapacious
③ indigenous   ④ rapturous

02 Despite their _____ name, the potential for these weapons to in fact be lethal is widely noted.

① temporary   ② aversive
③ hapless   ④ innocuous

03 In the political world, even _____ enemies can be transformed into friends.

서울여대 2017

① docile   ② implacable
③ congenial   ④ benevolent

04 Although America developed a massive service of inland canals and river steamboats, they were not _____ to the speeding wheels of the new industrial production.

홍익대 2020

① abated   ② geared
③ apprehended   ④ held

05 Pastiche will often be an imitation not of a single text, but of the _____ possibilities of texts. 이화여대 2017

① proportionate   ② premonitory
③ indefinite   ④ insolvent
⑤ discarding

06 Her _____ personality was a welcome addition to the gloomy atmosphere at the annual meeting. 중앙대 2017

① amiable   ② plangent
③ lackadaisical   ④ cadaverous

07 Despite her _____ with health, she cannot curb her frequent smoking and drinking habits.

① prejudice   ② intrusion
③ confidence   ④ obsession

08 Although the project was _____ by serious problems, it proved successful.

한국외대 2020

① assisted   ② beset
③ encouraged   ④ revealed

09 Taiwan's vibrant democratic practices are a stark contrast to Beijing's ruthless one-party rule and _____.

① participation   ② justice
③ impartiality   ④ oppression

10   We ask for _____ from others, yet we are never merciful ourselves. 중앙대 2015

    ① culpability   ② clemency

    ③ meritocracy   ④ ambidexterity

11   The net effect on the overall trade deficit would be _____, though it might change some of the bilateral balances.

    ① imperceptible   ② laudable

    ③ mounting   ④ skeptical

12   Although business partnerships enjoy certain advantages over sole proprietorships, there are _____ as well. 숙명여대 2015

    ① rectitudes   ② merits

    ③ symptoms   ④ drawbacks

    ⑤ misunderstandings

13   Though the price might be _____ for some, it's important to note that you'll be getting plenty of quality for what you pay.

    ① prohibitive   ② outstanding

    ③ comprehensive   ④ arbitrary

14   While Puerto Ricans agonize over whether or not their English is cultivated enough, the public written use of Spanish by Whites is often _____ nonstandard and ungrammatical. 홍익대 2020

    ① grossly   ② properly

    ③ critically   ④ actively

15 In a world of info-glut, we are constantly _____ by often contradictory claims about many of the items we buy and use. 서울여대 2010

    ① confirmed   ② appreciated

    ③ assaulted   ④ embellished

16 Her concentration was _____, though at times she was often distracted from the strictly structured debate.

    ① flexible   ② lucid

    ③ prevailing   ④ shapeless

17 Their mutual _____ seemed clear, but in fact they had a long-standing _____ toward each other. 상명대 2017

    ① admiration – respect   ② attraction – animosity

    ③ dislike – hatred   ④ affection – love

    ⑤ aptitude – enchantment

18 The book doesn't distinguish itself from others in the genre — it's an epic poem rendered in workmanlike prose — but the details are _____ nonetheless.

    ① mundane   ② incessant

    ③ astonishing   ④ interdependent

19 We distinguish between what a message says, whether it's true or false, and how it is said, whether it's clear or _____. Then, we propose that the nature of the communicative situation determines the position of messages. 홍익대 2018

    ① determined   ② equivocal

    ③ artificial   ④ explicable

20 Although bound to uphold the law, a judge is free to use his discretion to _____ the cruel severity of some criminal penalties. 중앙대 2017

① enforce

② reinstate

③ mitigate

④ provoke

21 Most of the staff think that the fast-food restaurant nearby is a _____ place to have a quick meal, but they all agree that the food there is second rate. 상명대 2016

① vacant

② convenient

③ permanent

④ valuable

⑤ conspicuous

22 Even though, in previous studies, people kept identifying themselves as sensitive to MSG, researchers found that MSG didn't cause _____ reactions, the agency said.

① consistent

② awkward

③ persuasive

④ controversial

23 Instead of dealing with _____ problems, Steve Jobs would pick out four or five things that were really important for him to focus on and then just filter out — almost brutally — filter out the rest.

① adamant

② impartial

③ mundane

④ tedious

24 The notion that we can return to some mythic past for solutions to today's problems is _____ but misguided. 한국외대 2016

① tentative

② tempting

③ attracted

④ attentive

25 While economically _____, fishing remains a politically charged issue on both sides of the English Channel because it is of critical importance to many coastal communities.

① insignificant   ② essential
③ forbidden   ④ unintended

26 But no matter what happens at the bargaining table, relations between the world's two largest economies, accounting for roughly 40 percent of global output, appear certain to _____.

① anticipate   ② forfeit
③ change   ④ guarantee

27 There is _____ evidence that schizophrenia and bipolar disorder run in families, but attempts to find the genes common to all these individuals have not been conclusive.

세종대 2017

① considerable   ② minuscule
③ skeptical   ④ tentative

28 Even though it was only a small glass of juice, the nutrition drink claimed to include an amount of vitamins and minerals _____ to that found in a full day's worth of fruits and vegetables. 덕성여대 2020

① separate   ② equivalent
③ permanent   ④ impressive

29 We spend a crazily disproportionate amount of time seeking the next source of _____ gratification, rather than pursuing the more long-term goals that ultimately deliver more meaningful value.

① eternal   ② direct
③ obvious   ④ instant

30 The nations of Asia and Africa are moving with jet-like speed toward gaining political independence, but we still creep at _____ pace toward gaining a cup of coffee at a lunch counter. 홍익대 2017

① horse-and-buggy   ② continuous

③ hurried   ④ constant

31 Internet is to be partially restored in Kashmir after an unprecedented five-month blackout, but only for institutions providing _____ services, while social media sites will still be banned.

① conventional   ② essential

③ significant   ④ widespread

32 The media once portrayed the governor as anything but ineffective; they now, however, make her out to be the epitome of _____. 한양대 2015

① altruism   ② brilliance

③ dynamism   ④ fecklessness

33 The government promised great changes in the coming year, but any improvement in people's lives was _____. 경기대 2015

① erudite   ② exponential

③ infinitesimal   ④ integral

34 Many people _____ the consequences of high blood pressure, but family physicians stress that hypertension is a dangerous condition if left untreated. 덕성여대 2020

① apprehend   ② assess

③ measure   ④ underestimate

35 Although many of anti-suffrage sentiments may seem _____ to us today, they were taken seriously by those who felt threatened by the prospect of women attaining the ballot.

① awesome　　　　　　　　　② naive

③ ludicrous　　　　　　　　　④ monotonous

36 The general public seems to hold less _____ for doctors than before. According to a Gallup poll, 57 percent of the people questioned agreed that "doctors don't care about people as much as they used to." 숭실대 2015

① animosity　　　　　　　　　② curiosity

③ esteem　　　　　　　　　　④ privacy

37 In Singapore, 76 per cent reported feeling very _____ for a test even if they were well prepared, compared with the OECD average of 55 per cent.

① empathic　　　　　　　　　② guilty

③ anxious　　　　　　　　　　④ clogged

38 The federal government, as well as state and local authorities, spent huge sums on enforcement yet never _____ sufficient resources to do the job effectively.

① partook　　　　　　　　　　② appropriated

③ expected　　　　　　　　　④ allocated

39 No matter what measures are taken, medicine will sometimes _____, and it isn't reasonable to ask that it achieves perfection. 경기대 2016

① flourish　　　　　　　　　② ameliorate

③ advance　　　　　　　　　④ falter

40   There hasn't been a major new antibiotic discovered in 25 years, but researchers say a drug called teixobactin could be biggest _____ in a generation. 숭실대 2015

① breakthrough   ② collapse

③ fragmentation   ④ misfortune

41   It is ironic that businessmen are often morally _____ for their greed at seeking profit, even though profit is necessary if the wealth of a society is to grow and life is to get better.

① condemned   ② uplifted

③ justified   ④ extolled

42   Daniel toiled and labored for weeks to carry out the task given by his director. But all his _____ came to nothing when the assignment was cancelled at the last minute.

중앙대 2010

① diversions   ② travails

③ idolatry   ④ grudge

43   Without this letter, it is easy for people to get confused about what is reality. If we read his letter correctly, on the other hand, it works as a _____.

① disillusion   ② enlightenment

③ accusation   ④ suppression

44 Arguably, the Internet _____ the disparity between rich and poor counties because the economies of countries with access to it become more competitive, whereas those without access to it lag behind. 한양대 2014

① wanes   ② obviates

③ vindicate   ④ exacerbates

45 While there is no "official" _____ count for the Second World War, it was clearly the deadliest war in history, costing more than 38 million lives. 서울여대 2016

① endorsement   ② casualty

③ eyesore   ④ setback

46 Humans tend to be egocentric. We commonly consider ourselves to be _____, although we are on a rotating Earth that has a surface speed of about 1,600 km/h near the equator. 건국대 2020

① superior   ② motionless

③ selfish   ④ untouchable

⑤ independent

47 It's true that cutting down on consumption is an improvement on the current situation; _____, we should be aware that cutting down too rapidly could have a deleterious impact on the economy. 경기대 2017

① likewise   ② moreover

③ nevertheless   ④ similarly

48 Despite a strong welfare system and an infrastructure _____ to raising children, Denmark has one of the lowest birth rates in Europe at 1.7 children per family. 가톨릭대 2017

① conducive   ② prone

③ submissive   ④ vulnerable

49 Writing is not a(n) _____ condition for advanced thinking. Socrates wrote nothing, but is still regarded as the greatest of all philosophers. 한국외대 2013

① necessary   ② optional

③ meaningless   ④ contradictory

50 Though some degree of uncertainty is _____ in all medical decisions, clinicians often fail to share this with patients because it's complicated to explain and unsettling and leaves doctors vulnerable to seeming uninformed.

① inexcusable   ② inherent

③ ingenuous   ④ vehement

51 Though he wasn't particularly well-known as a humanitarian, his deep sense of responsibility for those who are suffering was real, and was belied by an outward appearance of _____. 한양대 2015

① bliss   ② mirth

③ smartness   ④ indifference

52   Judges may be trained to confine themselves to the legally relevant facts before them. But they are also human, and thus subject to _____ which can muddy their judgment.

① the law like everyone else   ② their spouses' will

③ all sorts of cognitive biases   ④ insufficient education

53   Facebook allows users to search for other users on their own campus and elsewhere. Some users allow anyone to look at their profiles, while others restrict _____ to those on their list of friends. 숭실대 2017

① access   ② benefits

③ friendship   ④ registration

54   There is no convincing evidence that rearing cattle in regenerative, pasture-based systems is _____ for the environment; on the contrary, these permanent pastures act as carbon sinks.

① beneficial   ② bad

③ safe   ④ responsible

55   He said looking at large groups of people, instead of homing in on _____ individuals, allows for other factors to affect the suicide rates — even if the study tried to control for some of them.

① intangible   ② specific

③ amorphous   ④ concrete

56 Bureau of Labor Statistics found that the consumer price index for health insurance spiked 12 percent last year _____ the same price index for medical-care services rose only 2.3 percent.

① because   ② unless

③ while   ④ since

57 Despite rising awareness and warnings that poaching has pushed some species to the brink of extinction, enforcement and penalties often remain weak, and represent an insufficient _____ to poachers and smugglers.

① foresight   ② inception

③ hostility   ④ deterrent

58 Binge drinking, defined as the heavy, episodic use of alcohol, has _____ on campuses despite both a general decrease in alcohol consumption among Americans and an increase in the number of abstainers. 경기대 2016

① persisted   ② disappeared

③ dwindled   ④ insisted

59 The notion is fairly common that there is a fundamental conflict between science and religion. Many outstanding scientists, however, are profoundly religious and take an active part in church work. They do not feel that their science and their religion are _____.

① in contradiction   ② personal matters

③ a matter of choice   ④ consistent

60 _____ a dramatic increase in the number of people riding bicycles for recreation in Parkville, a recent report by the Parkville Department of Transportation shows that the number of accidents involving bicycles has decreased for the third consecutive year.

가천대 2020

① With   ② Due to

③ Despite   ④ Given

61 Even though European companies have in recent years branched out into their own manufacturing, the _____ 'American made' luxury good is still very strong.

① hesitance of   ② hunger for

③ reluctance to   ④ satisfaction over

62 The book "Neanderthals Sing" explores their amazing propensity for singing — even above language. So even though they may have had a _____ nature — they also may had a much deeper, more beautiful and tender way of communing with each other through song.

① offensive   ② persistent

③ bellicose   ④ integrative

63 Opponents of the expansion of free trade, although in _____, continued to constitute _____ political force throughout the world. 광운대 2016

① disorder – a viable   ② jeopardy – an inefficient

③ disarray – a disciplined   ④ retreat – a powerful

⑤ crisis – an inconsequential

64   Mexicans are easily returned over the border if they are caught crossing illegally and do not claim asylum, _____ other nationalities which undergo a longer more extensive legal process to be returned.

① analogous to   ② unlike

③ tantamount to   ④ apart from

65   Births in Japan — which are expected to drop below 900,000 this year — are at their lowest figure since 1874. The total number of deaths, on the other hand, is _____. This year, the figure is expected to reach almost 1.4 million, the highest level since the end of World War II.

① decreasing   ② sustaining

③ increasing   ④ disturbing

66   In spite of the objectively proven inaccuracy of a referee's decision, the decision will not be overturned; it is set in stone. In other words, football contains the possibility of _____, and this possibility sometimes becomes real in the most dramatic fashion. 숭실대 2016

① irreversible injustice   ② human dignity

③ divine revenge   ④ democratic principle

67   "Sigmund Freud has been out of the scientific mainstream for so long and it's easy to forget that in the early-20th century he was regarded as a _____ man of science — not, as he is remembered today, as the founder of the marginalized form of therapy known as psychoanalysis." 서강대 2008

① towering   ② new

③ minor   ④ pseudo-scientific

68　Unlike the unequivocal accounts by the detectives, the evidence provided by the boys at the scene was more _____, leading to the development of several different theories to explain the cause of the murder. 가톨릭대 2010

① ambiguous　　　　　　　　② theoretical
③ indispensible　　　　　　② infallible

69　Some people have a constant swirl of papers on their desks and assume that somehow the most important matters will float to the top. In most cases, however, _____ hinders concentration and can create tension and frustration — a feeling of being snowed under.

① tidiness　　　　　　　　② clutter
③ precision　　　　　　　　④ rearrangement

70　Despite the fact that our body doesn't deliver omega 3's they are fundamental to our wellbeing. A great many people are _____ in omega 3's and regularly encounter manifestations like poor memory, state of mind swings, dry skin, sorrow and heart issues due to the lack of omega 3's.

① superfluous　　　　　　　② perceptible
③ parsimonious　　　　　　④ insufficient

71　a. The change was gradual and, by no means, _____.
　　b. He is suffering from serious _____ illness that requires long-term care.
　　c. She still smokes despite the _____ warnings that her doctor gave everytime she visited him. 광운대 2015

① continuous – chronic – continual
② continuous – continual – chronic
③ continual – chronic – continuous
④ continual – continuous – chronic
⑤ chronic – continuous – continual

72 While junk food is often blamed for the rise in diabetes, researchers say gourmet food is another _____. Diabetes specialist Dr. Cohen says many people are unaware that meals at restaurants are often as high in fat, salt and sugar as fast food. 숙명여대 2015

① culprit   ② dynamo
③ misogynist   ④ pundit
⑤ decoy

73 In contrast to the idea that scientific advancement is a gradual process, some scientists argue that it goes through _____. According to them, science has developed less through a series of peaceful adjustment than through ruptures and leaps of transformation in the collective scientific mind.

① a moderate transformation   ② a radical change
③ revolutionary regression   ④ irreversible stagnation

74 Although most e-mail users have come to understand that messages remain on their computers even if deleted, text messages are often regarded as more _____. But messages can remain on the sender's and receiver's phones, and even if they are deleted, communication companies store them for anywhere from days to weeks.

① ephemeral   ② confounding
③ obsolete   ④ enduring

75 For most employees, the largest contributing factor to their overall sense of contentment at the office is directly tied to small, yet _____ values the company offers and upholds. From offering unlimited vacation days to providing incentives to recognize the contributions of co-workers, these are the six top perks that inspire workers to feel happy to come to work every day.

① pedestrian   ② uninterrupted
③ significant   ④ tempting

76 Members of cultures that are affectively neutral do not telegraph their feelings but instead keep them _____. In contrast, in cultures high in affectivity people show their feelings plainly by laughing, smiling, grimacing, scowling, and gesturing; they attempt to find immediate outlets for their feelings. 항공대 2016

① amplified and registered   ② controlled and subdued

③ repressed and exhibited   ④ discharged and assembled

77 Not long ago, I had a chance to watch a surgeon perform a delicate brain operation. A slight slip of his hand would have meant paralysis or death for the patient. What impressed me about the doctor was not his skill but _____. I knew that only a few moments before the operation he had been nervous. But once he stood at the operating table, he worked with a machinelike surety that dumbfounded me. 건국대 2020

① his unstable personality

② his amazing calmness

③ his words of comfort

④ his humanistic attitude to patients

⑤ his dexterous use of the robot doctor

78 Commerce, empires and universal religions eventually brought virtually every Sapiens on every continent into the global world we live in today. Not that this process of expansion and unification was linear or without interruptions. Looking at the bigger picture, _____, the transition from many small cultures to a few large cultures and finally to a single global society was probably an _____ result of the dynamics of human history.

① however – indifferent   ② though – inevitable

③ therefore – tangible   ④ likewise – obscure

79 It can be hard to pay complete attention for an entire class period even with the most exciting teachers. For this reason, many of our teachers try to include active participation during class. The rise of laptop computers and smartphones in the classroom over the last decade had increased the difficulty for teachers to hold students' attention. Ideally, such technology allows students to take notes, access online materials, or participate in classroom exercises. _____, students can also tune out during class by checking Facebook or email. 성균관대 2020

① Luckily   ② Accidentally

③ Otherwise   ④ Unfortunately

⑤ Moreover

80 A myth about sign languages is that they are the same language as spoken by their broader community, just done on the hands and face. This is not true. Actual sign languages have grammars that differ markedly from spoken languages in contact with them. (A) _____, countries which use essentially the same spoken language do not necessarily have mutually intelligible sign languages. The sign languages used in the United States, England, and Ireland, for example, are quite different from each other. Sign languages do not develop according to the grammatical rules of the spoken languages of their communities. (B) _____, they have their own complex morphology, phonology, syntax, and semantic rules. 에리카 2017

	(A)	(B)
①	Instead	Nevertheless
②	Instead	In fact
③	In fact	Nevertheless
④	In fact	Instead

PART

04

방향성 이외의
단서

앞서 언급한 글의 방향성으로 문장 완성을 해결하는 방식 이외의 문제가 많이 출제된다. 그 이유는 편입 시험의 문장 완성 문제들이 단지 논리력만을 묻는 것이 아니라 독해력도 또한 묻기 때문이다. 그러므로 방향성 이외의 단서를 파악해 보는 연습이 필요하다. 여기에서는 크게 문법적인 부분, 어휘(표현 포함)적인 부분, 그리고 문맥을 활용하여 푸는 방식으로 구별하였다.

· · · · · ·

1) 문법 관련

먼저 문법 지식을 필요로 하는 부분은 문장 부호(구두점)와 문법을 활용한 문제들이다. 일반적으로 구두점은 그 하나하나가 자신의 독특한 기능을 수행하므로 이를 충분히 숙지한다면, 구두점을 단서로 부연이나 인과적인 흐름을 판단하여 단서로 사용할 수 있다. 문법의 경우에도 관계대명사를 이용한 부연, 분사구문을 이용한 인과 관계, 비교를 이용하여 문제를 해결해 갈 수 있다.

예시 01

> The accident was a _____ lesson; I'll never drink and drive again.

| 단서의 발견 |
세미콜론(;)은 문장 중간에 표시하여 문장의 경계를 표시한다. 앞 문장 내용과 세부 내용, 동등한 추가적인 상황, 상태를 덧붙일 때 사용한다. 바로 이 ;이 단서가 된다. 음주 운전을 하다 사고가 났는데 경미한 사고로 그친 것 같다. 따라서 그 사고는 좋은 교훈을 주는 사고였다고 생각할 수 있다. 적절한 답은 유익하다는 뜻의 salutary가 된다.

| 문장의 해석 |
그 사고는 유익한 교훈과도 같았다. 나는 앞으로 다시는 음주 운전을 하지 않을 것이다.

기출 분석 01

> Christopher Reeve was cast in the title role in the 1978 hit movie *Superman*; three successful sequels _____ his status. 경기대 2014
>
> ① cemented ② disgraced
> ③ risked ④ tarnished

| 해석 | 크리스토퍼 리브(Christopher Reeve)는 1978년 흥행작인 '슈퍼맨(Superman)'에 주연으로 캐스팅되었다. 이후 이어진 세 편의 성공적인 속편이 그의 배우로서의 지위를 확고히 해 주었다.
① 확고히 하다 ② 망신을 주다
③ 위태롭게 하다 ④ 더럽히다

| 정답 | ①

| 해설 | [문장 부호] 배우 크리스토퍼 리브가 캐스팅 된 영화 '슈퍼맨'은 흥행작이었고 이후 속편도 계속 성공을 거두었다. 따라서 배우로서의 그의 지위는 '확고해졌을' 것이다. 그러므로 정답은 ①이다.

●●●●●●

2) 어휘 관련

두 번째로 어휘와 관련되는 부분을 들 수 있다. 시험에서는 단순한 단어, 숙어, 관용어의 의미를 묻는 지식적 측면과 이러한 것들을 글을 활용하여 유추해 낼 수 있는지를 묻는 유추 문제로 크게 나눌 수 있다. 지식적인 측면은 암기가 동반되지 않으면 풀 수 없도록 짧은 문장으로 구성되어 있으면서 별도의 단서가 없거나 아주 약하다. 반면에 유추 능력을 묻는 문제들은 문장 뒤에 뒷받침하는 문장이 존재하거나, 물어보고자 하는 어휘나 표현의 paraphrase된 형태가 제시되기도 한다. 그러므로 지식적인 측면을 위해서 어휘 등도 열심히 외우고, 유추 능력을 위해서 글을 이해하고 논리적인 사고력도 충분히 갖춰 나가야 한다.

예시 02

It never _____ to anyone anywhere that the teenager was a captive in a hostile world of adults.

| 단서의 발견 |
어휘와 표현을 묻는 문제로, 보기에 제시된 단어를 보면 빈칸에 적합한 것은 '생각이 떠오르다'란 표현임을 유추할 수 있다. 「It occurs to + 사람」 또는 「It strikes + 사람」 둘 다 가능한데, 빈칸 뒤 to가 있으므로 빈칸에는 occurred가 들어가면 적당하다.

| 문장의 해석 |
그 10대 청소년이 어른들만의 적대적인 세계에 포로로 잡혀 있다는 생각은 그 누구도 어디에서도 하지 못했다.

기출 분석 02

Loving her parents one moment and hating them the next, Judy was confused by her _____ feelings toward them. 국민대 2014

① inane   ② flippant
③ irrevocable   ④ ambivalent

| 해석 | 주디(Judy)는 어느 순간에는 부모님을 사랑하다가도 다음 순간에는 미워하면서 부모님을 향해 이처럼 애증이 엇갈리는 감정을 지녔던 것에 혼란을 느꼈다.
① 어리석은   ② 경솔한
③ 변경할 수 없는   ④ 애증이 엇갈리는

| 정답 | ④

| 해설 | [어휘] 부모님에 대해 드러나는 사랑하다가도 미워하는 감정은 '애증이 엇갈리는' 감정이다. 따라서 정답은 ④이다.

기출 분석 03

Young people have got to understand from an early age that the world _____ on results, not on effort. 서강대 2014

① pays off   ② takes up
③ sets off   ④ puts up

| **해석** | 젊은이들은 어렸을 때부터 세상은 노력이 아니라 결과에 대가를 지불한다는 사실을 이해해야 한다.

① 대가를 지불하다 　　　　　　② 차지하다

③ 출발하다 　　　　　　　　　④ 내놓다

| **정답** | ①

| **해설** | [표현] 문맥상 본문은 '노력이 아니라 결과에 따라 대가를 지불한다'는 의미이므로 '대가를 지불하다'는 의미의 ①이 정답으로 적절하다.

• • • • • •

3) 문맥 파악

마지막으로 문맥을 이용해서 푸는 경우이다. 요즘은 논리 문제의 지문도 길어지고, 여러 문장으로 구성되는 문제들이 많아지면서 더욱 중요성이 커지는 부분이다. 글의 흐름에 따라 유추하면서 나올 내용에 대해 예측하면서 찾아가야 한다. 글의 앞뒤 흐름에 유의하면서 논리적인 판단을 해나가야 하지만, 상황에 따라서 단서가 약한 경우는 보기 중 오답의 확률이 높은 것부터 소거해 나가야 한다. 즉 글의 일부를 발췌해서 출제하는 경우 그 단락만의 완결성이 떨어지는 경우가 있기 때문에, 문맥을 파악하면서 풀어가는 경우는 상황에 따라 답이 확정적이라기보다 소거에 의해 고르는 경우가 존재할 수 있다.

예시 03

With age, veins and arteries lose their _____ and ability to quickly transport blood throughout the body.

| **단서의 발견** |
동맥과 정맥이 나이가 들면서 잃게 되고 그 결과 '빠르게 몸 전체로 피를 보낼 수 있는 능력(ability to quickly transport blood throughout the body)'을 잃게 되는 것은 문맥상 '탄력성'임을 유추할 수 있다. 그러므로 elasticity가 가능하다.

| **문장의 해석** |
나이가 들면서 동맥과 정맥은 탄력성을 잃어서 빠르게 몸 전체로 피를 보낼 수 있는 능력을 잃는다.

기출 분석 04

The way a child discovers the world constantly replicates the way science began. You start to notice what's around you, and you get very curious about how things work. How things interrelate? It's as simple as seeing a bug _____. You want to know where it goes at night; who its friends are; what it eats. 항공대 2013

① which disrupts you 　　　　　② which irritates you

③ that intimidates you 　　　　　④ that intrigues you

| **해석** | 아이가 세상을 발견하는 방식은 과학이 시작되는 방식을 끊임없이 모사한다. 당신은 주변의 것들을 인식하기 시작하고, 사물의 원리에 관해 깊은 호기심을 품게 된다. 사물은 서로 어떻게 밀접한 연관을 맺는가? 이는 여러분에게 강한 호기심을 불러일으키는 벌레를 바라보는 것만큼 간단하다. 여러분은 벌레가 밤에 어디로 가는지, 벌레에게는 어떤 친구가 있는지, 벌레가 무엇을 먹는지 알고 싶어 한다.

① 여러분을 방해하는　　　　　　　　　② 여러분을 짜증나게 하는

③ 여러분에게 겁을 주는　　　　　　　④ 여러분에게 강한 호기심을 불러일으키는

| 정답 | ④

| 해설 | [문맥] 빈칸 위 문장을 보면 사물의 원리에 대한 '호기심'이 세상을 인식하는 근원이 된다. 따라서 '강한 호기심을 불러일으키는' 벌레를 보면서, 벌레가 어디로 가고 무엇을 먹는지 같은 것들에 대해 궁금해하고 그 원리를 파악하면서 세상을 깨닫게 된다. 이러한 맥락에서 정답으로 가장 적합한 것은 ④이다.

(01~70) **Complete each sentence below with the best word(s) or phrase(s).**

01 The scope of the journal is quite restricted; they publish only articles _____ to education policies. 한국외대 2020

① dominant   ② compared

③ pertinent   ④ permitted

02 Laurie has an _____ command of the Italian language. 성균관대 2011

① extreme   ② outstanding

③ abundant   ④ intensive

⑤ utter

03 She is always _____ a fuss about nothing. Everybody is unhappy with her.

성균관대 2009

① starting   ② complaining

③ doing   ④ having

⑤ making

04 He has an _____ taste in music, from rock to classical. 세종대 2017

① energetic   ② eclectic

③ authentic   ④ erratic

05 Ending the regular season with a bitter 0-12 (0 wins and 12 losses) record, the head coach was _____ back to an assistant. 세종대 2020

① demoted   ② acclaimed
③ unsewed   ④ obstructed

06 The area known as the Sahara Desert is one of the most _____ places in the world.
세종대 2017

① fervent   ② ample
③ arid   ④ foreign

07 The first lecture in the series will _____ on the religious beliefs of the country's general population. 덕성여대 2012

① speak   ② focus
③ describe   ④ examine

08 Unfortunately, television programming is _____ with violence; there seems to be fighting, shooting, or bloodshed on the majority of channels. 중앙대 2013

① trepid   ② saturated
③ depleted   ④ querulous

09 By studying other stars, _____ can forecast what the rest of the Sun's life will be like. 세종대 2017

① geologists   ② astrologists
③ physicians   ④ astronomers

10   GPS has become _____ in civilian and military life, with hundreds of thousands of receivers in cars and weapons system.

    ① productive   ② useless

    ③ ubiquitous   ④ extinct

11   Borrelia is the most contagious strain of any bacteria; infections are _____, yet diagnostics are lacking. 한국외대 2015

    ① rampant   ② elusive

    ③ flawed   ④ restrained

12   Most of those polled stated that they would vote to reelect their legislator; this response showed the public was _____ a change in leadership. 중앙대 2015

    ① partial to   ② wary of

    ③ inured to   ④ receptive to

13   John could not _____ his ambitious plan because of the unexpected accident that happened to him. 세종대 2018

    ① implement   ② compliment

    ③ torment   ④ ferment

14   In the past, most marriages were affairs of the pocketbook rather than affairs of the heart. Men wed women who had _____. 홍익대 2016

    ① affection   ② dowries

    ③ parents   ④ future

15 He seems to be a(n) _____ type par excellence; he seldom rises, except after great provocation. 한국외대 2016

① thoughtful   ② vigorous
③ sedentary   ④ arduous

16 Annual investments in genetic engineering firms _____ down slightly this year due to the world's economic recession.

① went   ② reduced
③ declined   ④ jumped

17 The editor's _____ reply suggested a lack of interest in the new book. 한국외대 2018

① loquacious   ② elegant
③ authentic   ④ terse

18 When two people get married, it is with the assumption that their feelings for each other are _____ and will never alter. 세종대 2018

① immutable   ② impossible
③ incomparable   ④ improbable

19 He had nothing to do with the robbery. The cops are really _____ the wrong tree this time. 가톨릭대 2013

① conjuring up   ② perking up
③ barking up   ④ roughing up

20 In my family there was a _____ agreement on the subject of curfews; my parents agreed that I should be home by midnight, and I did not. 이화여대 2009

① unilateral   ② multiple

③ uniform   ④ unanimous

21 The illness can be spread by coughs and sneezes, or contaminated surfaces, and people with chronic diseases seem especially _____.

① vulnerable   ② imperative

③ rebellious   ④ assertive

22 Water bottle companies find it easier and more _____ to let you throw away the water containers and buy a new one each time.

① mercantile   ② monetary

③ salutary   ④ lucrative

23 The memo clearly stated that sexual harassment will no longer be _____ at the firm. 경기대 2019

① conscripted   ② tolerated

③ laminated   ④ encapsulated

24 Negotiations between the two parties have reached a _____; neither side is willing to shrink from previously stated positions. 가톨릭대 2015

① prolongation   ② destination

③ conformity   ④ stalemate

25 Some research suggests that people with an _____ lifestyle tend to live longer than people who indulge their appetites. 중앙대 2009

① erudite
② adamant
③ abstemious
④ itinerant

26 The large number of babies born from the mid-1940s to the mid-1960s produced the "baby boom," a _____ in the population. 서울여대 2016

① plight
② thrust
③ bulge
④ stopgap

27 Teachers play a(n) _____ role in the lives of children and they are given inherent trust to produce intelligent, successful individuals. 가톨릭대 2013

① invaluable
② spiteful
③ dubious
④ disparate

28 The participants of the meeting couldn't _____ the conclusion, and so the discussion would resume after the break. 가톨릭대 2010

① define
② make
③ draw
④ settle

29 When confronted by two women disputing the motherhood of a baby, King Solomon famously proposed that the baby be split in two, so each _____ could have half.

국민대 2016

① proponent
② defendant
③ claimant
④ descendant

30 Until recently in historical terms, a readiness to fight and the ability to kill was a way to
_____ control over resources for survival. 서울여대 2009

① deter   ② exhort
③ consolidate   ④ circumvent

31 Many health experts say that Africa's poverty and politics are to _____ for diseases
that in most developed countries are easily preventable.

① blame   ② call
③ criticize   ④ destroy

32 Mrs. Parker _____ offered the little boy a cookie when he came over to confess that
he had broken her window while attempting to shoot her cat with his pellet gun. 단국대 2011

① magnanimously   ② lucidly
③ horrendously   ④ relentlessly

33 The organization dedicated to wildlife and conservation has earned the highest honor that
can be _____ upon a university with a wildlife program. 중앙대 2011

① depended   ② bestowed
③ seized   ④ prevailed

34 Harry's sketch of his uncle was not perfect, but it was instantly _____ to anyone
who knew him. 성균관대 2010

① recognizable   ② remarkable
③ viable   ④ inevitable
⑤ capable

35 Our school should be attentive to how shy the introverted students are and make sure they are not _____. 경기대 2010

① pardoned
② referred to
③ bullied
④ gasped

36 The common zebra is easily preyed upon by its faster predators, but on account of its stripes, the predators are often _____ and unable to focus. 세종대 2011

① distributed
② discharged
③ disoriented
④ disguised

37 He is one of the most _____ persons I have ever met, never accepting no for answer, and is extremely good at building customer relationships. 한국외대 2015

① indifferent
② sarcastic
③ tenacious
④ tenuous

38 The _____ singer would often start a concert in a sad mood, leave halfway through in a rage, and then come back at the end as happy as can be. 서강대 2017

① judicious
② mercurial
③ shrewd
④ sturdy

39 Some researchers argue that pain can be _____; the pain sensations of others can be felt by some people, just by witnessing their agony. 가톨릭대 2017

① chronic
② contagious
③ empowering
④ manipulated

40 British society still has quite a strong class system which is based on birth and social position. The upper class consists mainly of members of the _____. The most senior are the royal family and members of the peerage.

① aristocracy   ② bureaucracy

③ conspiracy   ④ meritocracy

41 Maintaining a courageous hope even while in prison, Nelson Mandela spent years trying to convince others that the fight against apartheid was not _____. 서강대 2009

① futile   ② worthwhile

③ foreseeable   ④ premeditated

42 He said mudslides that covered much of the area, blackouts and lack of telecommunications were _____ the search efforts.

① excoriating   ② decentralizing

③ hampering   ④ abandoning

43 Misunderstandings of dialect diversity have led to common claims that some dialects are _____, revealing carelessness or even stupidity. 서울여대 2016

① deficient   ② discriminatory

③ elastic   ④ eloquent

44 Mary valued people who behaved as if they respected themselves; nothings irritated her more than a _____ waiter or a fawning salesclerk.

① flattering   ② confident

③ qualified   ④ solemn

45   The Native American, _____ to this continent, may have come here across the Bering Strait at some time in their history. 경기대 2010

① incorrigible   ② inherited

③ ingenious   ④ indigenous

46   No life on earth is _____; survival depends on interactions with other species. Should the reliance on another species reach a level so great that the organisms are interdependent, scientists considered them to be symbiotic. 가천대 2016

① deteriorating   ② isolated

③ perishable   ④ divergent

47   The first thing for a boy to learn, after obedience and morality, is a habit of — a habit of using his eyes. People say knowledge is power, so it is not only the knowledge which you get by _____. 광운대 2009

① instinct   ② sensibility

③ observation   ④ imagination

⑤ intuition

48   The government must reinforce its non-discrimination policy. It could give tax incentives to firms _____ underpaid and discriminated workers into regular status. 광운대 2012

① inverting   ② reverting

③ averting   ④ reversing

⑤ converting

49 Americans are consuming more alcohol per capita now than in the time leading up to Prohibition, when alcohol opponents successfully made the case that _____ drinking was ruining family life.

① instrumental   ② irreplaceable
③ excessive   ④ unethical

50 In a rapidly industrializing nation, in which there were many perils of poverty and violence, as well as opportunity, schools needed to _____ thrift, civility, and self control in the young. 가톨릭 2015

① inculcate   ② terminate
③ amplify   ④ dissipate

51 We were all impressed by how _____ the movie star turned out to be; she was frank in talking and did not have any feeling of superiority, self-assertiveness, or showiness.

한국외대 2015

① up-and-coming   ② out-of-fashion
③ down-to-earth   ④ up-to-date

52 For sometime now, _____ has been presumed not to exist; the cynical conviction that everybody has an angle is considered wisdom. 중앙대 2015

① sedentariness   ② disinterestedness
③ encomium   ④ constellation

53 The most important question that we can ask, is whether there is any permanent _____ by which we can compare one civilization with another, and by which we can make some guess at the improvement or decline of our own. 광운대 2009

① organism   ② resource

③ symptom   ④ standard

⑤ knowledge

54 Our dean always seemed to go along with the group and changed his opinion to complement those around him; his _____ nature often irritated his friends. 중앙대 2015

① malleable   ② insipid

③ vociferous   ④ plucky

55 I'm still mulling over a meeting I attended last month in Boston, the spiritual retreat center, on exceptional experiences that challenge _____ science.

① pecuniary   ② voluntary

③ roundabout   ④ conventional

56 An insurance company might send investigators to determine the cause of a mysterious fire. If the investigators sent back a report that the fire was caused by the presence of oxygen in the atmosphere, they would not _____ their jobs very long. 숙명여대 2014

① make   ② keep

③ do   ④ lose

⑤ search

57 These days so many marriages end in divorce that our most sacred vows no longer ring with truth. "Happily ever after" and "Till death do us part" are expressions that seem on the way to becoming _____. 국민대 2015

① pertinent   ② obsolete

③ recurrent   ④ scrupulous

58 Lovers consumed with passion have more of a stimulating protein called nerve growth factor in their blood. The more intense the feelings of _____, the more nerve growth factor there is.

① infatuation   ② frustration

③ tranquility   ④ antipathy

59 In 2000, 50 percent of pregnancies in the United States were unexpected, the majority of them _____; about 60 percent of those unintended pregnancies were terminated by abortion.

① subsequent   ② unwanted

③ savvy   ④ biased

60 Anxiety is a presentiment of danger when nothing in the immediate surroundings can be pinpointed as dangerous. The need for decisive action is checked by the _____ of any specific, circumventable threat.

① analysis   ② affluence

③ lack   ④ production

61 Administration officials privately accuse their European counterparts of being out-of-touch _____ who would meddle in American sovereignty and impede the President's ability to keep his promises to his voters on trade.

① dictators   ② colonialists
③ aristocrats   ④ bureaucrats

62 The dual roles of soldier and documentarian, participant and observer, must be difficult to reconcile for any combat photographer. For someone _____ about the mission, such reconciliation must be next to impossible.

① complaining   ② caring
③ ambivalent   ④ serious

63 Many women are able to do their work, but they are prevented from gainful employment by a _____ on the part of employers which leads them to believe that men alone can give them adequate service. 광운대 2016

① disinterest   ② conviction
③ tradition   ④ prescription
⑤ short-sightedness

64 Netiquette is a collection of informal rules that apply to people who "talk" to each other through personal computers. You're more likely to be accepted in a community when you know the unspoken rules and remember _____.

① how people like to be treated
② what you can do to make people frustrated
③ when there is no verbal communication
④ that some people use the Internet to waste time

65 Some critics argue that everything a writer "says" in a work of fiction should be interpreted in the context of the author's life; however, others contend that a text is more fruitfully regarded as _____, existing independently of its creator, similar to a creation of God or nature. 한양대 2015

① salient   ② flamboyant
③ insinuating   ④ autonomous

66 A child born into a home where people use a lot of words develops a sophisticated ability to use language, without even having to sit down and consciously develop this skill. A child born into a home where actions have predictable consequences learns to _____ impulses and practice self-control.

① restrain   ② stimulate
③ preserve   ④ transmit

67 The families of a kibbutz and of an Amish community share several characteristics in common. The most obvious _____ that these two groups share is their underlying religious heritage. Each community is quite homogeneous in its religious views and has succeeded in preserving and handling these views down to the following generation.

건국대 2015

① similarity   ② diversity
③ development   ④ background
⑤ nonsense

68 Lexicographers may be hustling to put a word in the next editions of their dictionaries: subprime. In lending, prime — from the Latin primus "first" — is the least risky, giving the lender a low interest rate; the sub- prefix takes the meaning in the other direction: _____ but high risk.

① low credit   ② safe investment

③ high return   ④ high debt

69 One common characteristic of the middle children is that they are good negotiators. They come naturally into this role because they are often right in the middle, between big brother and little sister. And because they can't have Mom or Dad all to themselves, they learn the fine art of _____. 숙명여대 2020

① condemnation   ② gratitude

③ compromise   ④ resolution

⑤ encouragement

70 The American economy now exhibits a wider gap between rich and poor than it has at any other time since World War II. The most basic reason is that America itself is ceasing to exist as an economic system separated from the rest of the world. One can no more meaningfully speak of an "American economy" than of a "California economy." America is becoming _____. 에리카 2016

① a center of an isolated economy

② a center of a peripheral economy

③ only a region of a local economy

④ only a region of a global economy

PART

05

최신 경향의 대비

● ● ● ● ● ●

1) 복수형 빈칸

신경향의 문제들을 살펴보면 먼저 빈칸이 두 개씩 나오는 경우가 많아졌다. 일반적으로 빈칸이 두 개인 경우는 난이도가 높다고 생각하는 문제로 논리력을 요구하는 경우가 많다. 미국의 대학원 입학시험인 GRE에서도 빈칸이 두 개인 경우가 많고, 대부분 논리적인 분석력과 추론 능력을 요구한다. 하지만 우리의 시험에서는 그 정도의 복잡한 논리를 요구하지 않고, 문맥의 흐름을 보고 파악하는 문제들이 많다. 그러므로 시험 준비에 GRE 서적 등을 참조하는 정도는 몰라도 이를 주 교재로 학습하는 것은 문제가 있다. 우리의 문장 완성은 지문 속에 빈칸을 두 개 만들어 준 것이며, 체계적인 논리력보다는 글의 흐름을 이해하고 문맥 속에서 유추할 수 있는지를 묻기 때문이다.

예시 01

It is evident that the supremacy of British English as the educational norm in the EU is now being _____. with the _____ of Americanization throughout Europe.

| 단서의 발견 |

무게 중심이 영국에서 미국으로 넘어가는 상황에 언어의 측면도 역시 이에 따라 변한다. 유럽의 미국화가 'acceleration(가속화)'되면 자연히 영국 영어 대신에 미국 영어가 점차 우위를 누리게 될 것이며, 때문에 영국 영어의 우위에 관해 'questioned(이의가 제기될)' 것이다.

| 문장의 해석 |

유럽 전역의 미국화가 가속화되면서, 유럽 연합 내에서 교육 표준으로서 영국식 영어가 누리던 우위에 이의가 제기된 것은 분명하다.

기출 분석 01

Given the current supply-demand situation and a thin _____ ratio, another nationwide power outage could be a reality during mid-January if a nuclear plant or two stop operations. That will throw the nation into social and economic _____, far more damaging than in the fall. 광운대 2012

① reserve – turbulence   ② stock – tolerance

③ supply – turbulence   ④ storage – tolerance

⑤ inventory – tolerance

| 해석 | 현재의 수요 공급 상태와 빈약한 전력 예비율을 감안하면 원자력 발전소가 하나나 두 개 정도 가동을 중단할 경우 1월 중순경에 또 다시 전국적으로 정전 사태가 벌어질 수 있다. 그렇게 될 경우 우리나라는 가을에 있었던 것보다 훨씬 더 큰 피해를 야기할 사회적이고 경제적인 격변에 휘말릴 것이다.

① 예비 – 격변   ② 재고 – 관용

③ 공급 – 격변   ④ 저장 – 관용

⑤ 재고 – 관용

| 해설 | [복수형 빈칸] 원자력 발전소가 하나나 두 개 정도 가동을 중단했는데 전국적으로 정전 사태가 벌어졌다는 것은 비축해 놓은 '전력 예비율'이 빈약한 상태라 하나라도 문제가 생기면 대신 끌어다 쓸 전력이 모자라서 문제가 생긴다는 것이다. 그리고 이렇게 전국적으로 정전이 벌어지면 사회적으로 그리고 경제적으로 '격변'이 벌어질 수밖에 없다. 이러한 점들을 감안하면 답으로 가장 적합한 것은 ①이다.

• • • • • •

2) 중·장문 형태 문장 완성

두 번째로 중·장문 형태 문장 완성 문제의 약진을 들 수 있다. TEPS와 수능 시험, 공무원 시험 모두 이런 형태의 문제가 많이 출제된다. 그 이유는 문맥을 보고 빈칸을 메울 수 있는 유추 능력이 있는지 확인하면서, 동시에 어느 정도의 독해력도 측정할 수 있기 때문이다. 최근에는 이런 성향이 두드러져서 중앙대나 한양대의 경우에는 독해에 근접할 만한 지문에서 문장 완성 문제 하나를 묻는 경우도 늘어나고 있다. 중·장문 형태의 문장 완성 문제가 어려운 것은 내용도 그렇겠지만, 결국 독해력이 부족한 학생들에게 시간이 너무 오래 걸릴 수 있다는 것이다. 그러므로 독해와 논리는 하나로 보고 글을 읽으면서 문맥을 파악하고 요지를 찾아내고 요약하는 훈련을 게을리하지 않는 것이 가장 바람직한 학습법이다.

예시
02

It is said that a first novel is usually autobiographical, in the sense that the writer puts what he knows of life and people into it. But even a twentieth novel is also to some extent a personal document, for the novelist is still writing from his personal experience. The novelist will assert that his characters are purely imaginary, but this only means that they have come out of his own imagination, his own way of thinking about people or his own understanding of them. _____

| 단서의 발견 |

소설에 'autobiographical(자서전적)' 성격이 있음을 언급한 이후, 지속적으로 'his own(자신만의)'이라는 표현을 통해 소설이 저자 개인의 사고, 이해, 체험 등을 통해 써 짐을 말하고 있다. 따라서 빈칸에 가장 적합한 것은 본문에서처럼 소설의 "자서전"적 성격을 강조하는 The novelist makes his characters out of his autobiography.로 마무리되면 좋다.

| 문장의 해석 |

최초의 소설은 저자가 삶과 사람에 관해 자신이 아는 것을 소설에 쏟아부었다는 점에서 전반적으로 자서전적 성격을 지녔을 것으로 말해진다. 하지만 20세기의 소설도 어느 정도는 개인적 기록의 성격을 지니며, 그 이유는 소설가는 여전히 자신의 개인적 체험을 기반으로 글을 쓰기 때문이다. 소설가는 자신의 등장인물들이 전적으로 상상에 기반하다고 주장할 것이지만, 이는 등장인물들이 소설가 자신의 상상을 통해, 소설가 자신만의 사람에 관해 생각하는 방식을 통해, 소설가 자신의 사람에 대한 이해를 통해 나왔음을 의미할 뿐이다. 소설가는 자신의 자서전에서 등장인물을 창조한다.

_____, it seems, is something we all need to do to better appreciate what we have. Take newlyweds, for example. A growing number of parents seem to opt for giving as little support as possible to children about to get married. They think that couples solidify their love and affection for one another in the course of overcoming their financial challenges together. But if they are given everything they will ever need from the start, they will have no such opportunity. They might never appreciate what they have and grow apart. 광운대 2014

① Getting married   ② Parenting children
③ Overcoming challenges   ④ Giving as little as possible
⑤ Getting support from parents

| 해석 | 어려움의 극복은 우리가 지금 지니고 있는 것을 감사해하기 위해서 필요한 것으로 보인다. 예를 들어 신혼부부의 경우를 보자. 자녀에게 결혼과 관련하여 지원을 가능한 한 적게 하겠다는 선택을 한 부모의 수가 점차 늘고 있는 것으로 보인다. 부모들은 금전적 어려움을 함께 극복하는 과정에서 부부는 서로의 사랑과 애정을 굳힌다고 생각한다. 하지만 처음부터 필요한 모든 것들을 부부에게 제공한다면 그렇게 관계를 돈독히 할 기회는 없게 된다. 그 결과 부부는 자신이 지금 지니고 있는 것에 감사하지 못하고 사이가 멀어질지도 모른다.

① 결혼은   ② 자녀 양육은
③ 어려움의 극복은   ④ 가능한 한 적게 제공하는 것은
⑤ 부모로부터 지원을 받는 것은

| 정답 | ③

| 해설 | [중·장문] 본문에 따르면 부부는 금전적 어려움을 함께 극복해 나가다 보면 서로의 사이를 돈독히 할 수 있지만, 처음부터 많은 지원을 받은 상태로 시작하게 되면 관계를 돈독히 할 기회를 얻지 못한다. 필요한 것들을 지원받았다는 것은 감사해야 할 일이지만, 서로의 관계를 돈독하게 쌓지 못한 결과 오히려 사이가 멀어질 수 있다. 이는 즉 부부는 지금 지니고 있는 것에 감사해하기 위해서는 어려움을 극복하는 경험을 서로 공유해야 한다는 의미이다. 따라서 답으로 가장 적합한 것은 ③이다.

• • • • • •

마지막으로 이화여대에서 출제하고 있는 새로운 형태의 문제로 다수 보기 제시 형태를 들 수 있다. 기존의 시험과는 다르게 20개의 보기를 제시한 후 10개의 문장 속의 빈칸을 채우는 형식인데, 처음에 방향을 잘못 잡으면 여러 개의 문장에 동일한 보기가 들어갈 수 있어 오류를 유발할 수 있다. 이런 문제들은 먼저 품사를 정확히 파악하면 일단 보기가 압축된다. 문장의 빈칸에 들어갈 품사 자리를 확인한 후, 오류가 없는 확실한 보기부터 채워 나가면 오류를 줄일 수 있다.

01~30 **Complete each sentence below with the best word(s) or phrase(s).**

01 When all food seems scary, a kind of _____ sets in. We fail to distinguish real frights from _____ ones. 이화여대 2009

① dismay – superficial   ② expectation – genuine

③ apathy – bogus   ④ disappointment – impossible

02 In order to _____ ratings, the incumbent directed party loyalists to flood the media with _____ about recent developments in job creation. 한양대 2015

① bolster – accolades   ② improve – rumors

③ nullify – falsehoods   ④ mollify – announcements

03 As _____ head of the institution, she attended social functions and civic meetings but had no _____ in the formulation of this year's schedule. 이화여대 2010

① actual – superior   ② complete – vote

③ real – competition   ④ titular – voice

04 After carefully evaluating the genuineness of the painting, the art critics unanimously agreed that the work had been done by a _____ and should be _____.

중앙대 2010

① progeny – renewed   ② charlatan – rejected

③ neophyte – banned   ④ fanatic – purchased

05 The consensus appears to be that the most evident _____ of the indifference of our society to female workers is the great _____ in nursery facilities for kids. 숙명여대 2016

① paradox – intensity

② expectation – shortage

③ symptom – intolerance

④ implication – interest

⑤ indication – deficiency

06 The fact that even the most traditional European languages have _____ such words as "e-mail" seems to indicate that no language is _____ to foreign influences.

중앙대 2009

① incorporated – impervious

② prohibited – irrelevant

③ borrowed – sensitive

④ validated – susceptible

07 Populist advertising is effective in the face of _____ competition. When Americans feel threatened from the _____, they tend to circle the wagon and forget their class differences. 이화여대 2009

① harsh – government

② foreign – outside

③ public – private

④ international – market

08 Given that he came to the mediation with such an _____ attitude, it is no wonder there was little movement toward any harmonious agreement; I mean, he was absolutely _____. 한양대 2015

① exemplary – disciplined

② ingratiating – fixated

③ immovable – outspoken

④ obdurate – incorrigible

09 Employers who retire people who are willing and able to continue working should realize that _____ age is not an effective _____ in determining whether an individual is capable of working. 상명대 2012

① physical – complexion   ② intellectual – criterion

③ titular – voice   ④ complete – complexion

⑤ chronological – criterion

10 Nowadays there are few relics of antiquity in North America. Besides, most of the earliest colonial buildings that are still standing have been so modified and enlarged that the _____ design is no longer _____. 광운대 2016

① initial – discernible   ② original – applicable

③ embellished – remained   ④ intended – unnecessary

⑤ pertinent – relevant

11 What creates tension in a piece of fiction is partly the way the concrete words are linked together to make up the visible action of the story. But it's also the things that are _____, that are implied, the landscape just _____ the smooth surface of things. 이화여대 2017

① illuminated – on   ② curtailed – across

③ marked down – at   ④ left out – under

⑤ included – beside

12 The tragic hero must be essentially admirable. The fall of a scoundrel or villain evokes _____ rather than pity. We feel compassion for someone we admire when that character is in a difficult situation. The nobler and more admirable the person is, the greater our anxiety at his or her _____. 이화여대 2015

① applause – downfall   ② terror – prescience

③ enchantment – foresight   ④ dread – prosperity

⑤ praise – conquest

13 There may be no better example of what is meant by _____ medicine than the strategy of vaccination. A healthy person is given a tiny taste of a virus — flu or polio, say — that is too weak to cause illness but just enough to introduce the body to the pathogen. If the virus later shows up for real, the immune system is _____ and waiting for it.

① preventive – primed   ② conservative – numbed

③ alternative – sabotaged   ④ innovative – stupefied

14 Until 1964 most forms of gambling were illegal in the United States. Since then, however, more and more states have legalized gambling in order to raise revenue. The U.S. gambling industry has gone from an attitude of "_____" to one of "_____," as all but two states now have legalized gambling as a solution to their depressed economies. 건국대 2015

① prohibition – promotion   ② lavishness – frugality

③ prosperity – hardship   ④ obsession – addiction

⑤ destruction – construction

15 Experts warn that although the U.S. and Japan share the same goals of keeping an increasingly assertive China in check and _____ an unpredictable North Korea, Tokyo's failure to face up to its history could _____ the efforts toward those goals.

가톨릭대 2014

① deterring – impede   ② governing – facilitate

③ monitoring – reprieve   ④ scrutinizing – mobilize

16   In general, one's memories of any period must necessarily weaken as one moves away from it. One is constantly learning new facts, and old ones have to drop out to make way for them. At twenty I could have written the history of my schooldays with an accuracy which would be quite impossible now. But it can also happen that one's memories grow sharper after a long lapse of time, _____ one is looking at the past with fresh eyes and can isolate and, as it were, notice facts which previously existed undistinguished among a mass of others. 건국대 2015

① whereas   ② although
③ yet   ④ because
⑤ whether

05

17   The homing pigeon is a breed of pigeon that will return to its home when it is released at a distant place. Some people think these pigeons must have a remarkable visual memory, but they have found their way back over terrain they have not seen before. They can find their way in cloudy weather, so they do not depend upon the sun. It has been suggested, but not proved, that homing pigeons orient their bodies with the earth's magnetic field. The homing "instinct" is not understood, but _____. 광운대 2016

① many theories have been proposed

② it is uninteresting anyway

③ the height of flight is remarkable

④ homing pigeons are difficult to catch

⑤ its essence has been found

18 The scope and diversity of human thought and experience place great demands on language. Because communication is not restricted to a fixed set of topics, language must do something more than provide a package of ready-made messages. It must enable us to produce and understand new words, phrases, and sentences as the need arises. In short, human language must be _____ — allowing novelty and innovation in response to new thoughts, experiences, and situations. 숙명여대 2016

① creative   ② natural

③ indispensible   ④ illuminating

⑤ innate

19 As children enter the educational system, traditional expectations for boys and girls continue. In the past, much research focused on how teachers were shortchanging girls in the classroom. Teachers would focus on boys, calling on them more and challenging them. Because boys were believed to be more _____, teachers assumed they would excel in math and science. Teachers encouraged them to go into careers, such as computer science or engineering. 건국대 2016

① modest   ② arrogant

③ analytical   ④ effeminate

⑤ conscientious

20 How does a T-shirt originally sold in a U.S. shopping mall to promote an American sports team end up being worn by an African teen? Globalization, consumerism, and recycling all converge to connect these scenes. Globalization has made it possible to produce clothing at increasingly lower prices, prices so low that many consumers consider this clothing to be _____. Some call it "fast fashion," the clothing equivalent of fast food. 중앙대 2019

① disposable   ② expandable

③ invaluable   ④ unchangeable

21 Innovation is the implementation of a new or significantly improved product, service or process that creates value for business, government or society. Some people say creativity has nothing to do with innovation — that innovation is a discipline, implying that creativity is not. Well, _____. Creativity is also a discipline, and a crucial part of the innovation equation. There is no innovation without creativity. The key metric in both creativity and innovation is value creation. 인하대 2016

① I got it   ② I disagree
③ it is totally true   ④ it is well supported
⑤ I'm sure it's quite plausible

22 Roughly 170 people who have visited Yosemite national park in recent weeks have suffered upset stomachs and diarrhea, symptoms that park officials say are consistent with norovirus. *The San Francisco Chronicle* reported last week that a dozen recent park visitors reported illnesses, triggering widespread inspections of the park's food service and hotel facilities from federal health officials. Norovirus is a _____ stomach illness that's spread by contact with those infected or contaminated surfaces, according to the US Centers for Disease Control and Prevention.

① mental   ② common
③ contagious   ④ serious

23 The fountain pen has been mass-produced since the first half of the 19th century. Throughout the 20th century, the design underwent a number of innovations, including the use of replaceable and refillable ink cartridges, while materials used range from plastic, metal and wood. Today, fountain pens have undergone a _____ as people rediscover their classic beauty — with sales increasing, particularly in the prestige category. 국민대 2019

① rectitude   ② retaliation
③ revelation   ④ resurgence

24 It's heartbreaking when a child so young develops depression, but he is not alone. Though most of us think of mental health disorders as an adult problem, 70 percent of them begin in childhood and adolescence. While only about two percent of kids experience depression before their teen years, that number jumps after _____. And kids are experiencing depression earlier and in greater numbers than before. In the US, the number of 12- to 17-year-olds who dealt with a major depressive episode increased from 8.7 percent in 2005 to 11.3 percent in 2014.

① senility   ② puberty

③ marriage   ④ decrepitude

25 Modern animal psychiatrists argue that there is no evidence of an animal knowingly attempting suicide in the wild. Researchers now know that the mass deaths of lemmings are an unfortunate consequence of a dense population of creatures emigrating together at the same time. In cases where a pet dies following its master's death, this can be explained by the disruption of a social tie. The animal does not _____ to die; instead, the animal was so used to its master that it no longer accepts food from another individual. "To think it died from suicide like a person after the death of a spouse is just a projection of a style of romantic human interpretation." 성균관대 2017

① follow a bad arrangement

② make a conscious decision

③ have a clear preference

④ agree easily

⑤ reveal a hidden desire

26 British medieval monarch Edward III had been dancing with the Countess of Salisbury at a ball when her garter suddenly slipped from her leg. As the courtiers gasped, the king gracefully picked up the undergarment and tied the garter around his own knee, saying "Shame upon him who thinks evil upon it." This _____ gesture led to the creation of the Order of the Garter in 1348, the pinnacle of the knighthood honors system in the United Kingdom. 가천대 2020

① ominous   ② superstitious
③ hilarious   ④ chivalrous

27 The recession has caused many businesses to cut back on expenses in many areas, including raises. While your employees may deserve raises, you may not have the money there to provide them with monetary recognition. Despite spending decreases, it's important to recognize your employees' hard work through other means of _____. "Employees are concerned and consumed with the prospect of reduced salaries, temporary layoffs or job losses," says M.J. Helms, director of operations for The Ashton Group. "Now is the time to retain your super stars. You can attract and retain employees by offering rewards in exchange for time and effort."

① communication   ② knowledge
③ transportation   ④ compensation

28 Basically, sanctions are a sort of economic version of bombs and bullets, designed to turn up the pressure on another country and its regime's leaders by hitting them in the wallet. "Sanctions are any penalty or disruption in the normal economic relations between two countries. Usually, sanctions are supposed to target a particular bad behavior or send a signal to an unfriendly country," one expert says. Sanctions often _____ freezing any of the target's assets — such as real estate or funds in bank accounts — that happen to be inside the U.S. and threatening to punish any financial institution inside or outside the U.S. that does transactions for the adversary or helps in some other way.

① involve   ② reject
③ exclude   ④ retain

29　As Facebook prepares for a much-anticipated public offering, the company is eager to show off its momentum by building on its huge membership: more than 800 million active users around the world. But the company is running into a roadblock in this country. Some people, even on the younger end of the age spectrum, just refuse to participate, including people who have given it a try. One of Facebook's main selling points is that it builds closer ties among friends and colleagues. But some who steer clear of the site say _____. "I wasn't calling my friends anymore," said Ashleigh Elser, 24, who is in graduate school. "I was just seeing their pictures and updates and felt like that was really connecting to them." 서울여대 2012

① people announce all kinds of major life milestones on the Web
② people who use it tend to have a general sense of trust in others
③ it can have the opposite effect of making them feel more, not less, alienated
④ it offers people a meaningful fun and free way to connect with their friends

30　A solar eclipse occurs when the Moon moves in front of the Sun and hides at least some part of the Sun from the earth. In a partial eclipse, the Moon covers part of the Sun; in an annular eclipse, the Moon covers the center of the Sun, leaving a bright ring of light around the Moon; in a total eclipse the Sun is completely covered by the Moon. It seems rather _____ that a celestial body the size of the Moon could completely block out the tremendously immense Sun, as happens during a total eclipse, but this is exactly what happens. Although the Moon is considerably smaller in size than the Sun, the Moon is able to cover the Sun because of their relative distances from Earth. 건국대 2013

① improbable　　　　　　　　② inconsistent
③ irrelevant　　　　　　　　④ impeccable
⑤ incompatible

Select the most appropriate word from the box below. A word can be used only once.

① placate	② danger	③ separate	④ fertile
⑤ inspect	⑥ painstaking	⑦ impressive	⑧ alteration
⑨ assort	⑩ overstate	⑪ provocation	⑫ camouflage
⑬ apex	⑭ innovative	⑮ assessment	⑯ result
⑰ preserve	⑱ doctrine	⑲ overcome	⑳ potential

31 When given a test or paper, a teacher is making a(n) _____ of a student's performance.

32 Jews had to _____ many difficulties in concentration camps under Nazi-Germany.

33 Arthur Miller's *Death of a Salesman* was considered a(n) _____ masterpiece of his time.

34 Britain and France tried to _____ Hitler by allowing him to take over Czechoslovakia.

35 The dictator _____(e)d his claims that the insurrections in the countryside are dying down.

36   Animals _____ themselves by using their fur in order to hunt prey or hide from predators.

37   Some scientists speculate that monkeys will one day have the _____ to speak.

38   The physician _____(e)d the patient's feet and found them to be frost-bitten.

39   The South African government during apartheid _____(e)d different ethnic groups into different sectors or regions.

40   At the _____ of a tepee is an opening which allows for ventilation.

(41~50) **Select the most appropriate word from the box below. A word can be used only once.**

① chic	② ductile	③ incongruous	④ nebulous
⑤ stupendous	⑥ haughty	⑦ fester	⑧ tentative
⑨ metaphysics	⑩ morbid	⑪ docile	⑫ circumspect
⑬ condone	⑭ infiltrate	⑮ genesis	⑯ inauspicious
⑰ bias	⑱ invidious	⑲ paucity	⑳ nihilism

41   Both sides agreed not to release contract details until the _____ agreement is ratified by both parties.

42   Now, the range of viewing options is _____: scores of channels even without satellite or cable, high-definition to make wildlife docs look amazing, 3D for that cinema feeling, and hundreds of programmes you can watch whenever you want.

43   Some metals are about 50 times stronger than usual, and some amorphous materials become _____ rather than brittle.

44   Widows are traditionally considered _____, kept away from such occasions as wedding celebrations, and prescribed a quiet life, dressed in plain, often white, clothes.

45   Since I've noticed a _____ of homemade and yummy agar-agar recipes online, I decided to help fill that void.

46   The public health system is under pressure to approve more procedures as a means of combatting _____ obesity.

47   He interestingly commented on his view of the closeness between Marxism and _____, given that the former philosophy would have the proletariat abolish its own self in the process of overcoming capitalism.

48   Christ comes to be born not in a _____ palace decked with jewels and precious stones but a humble manger.

49   The Department of Agriculture doesn't _____ selling animals at the state fair, the spokeswoman said.

50   Climate change is a result we've come to associate with carbon emissions, but why? We should explore the _____ of these assumptions and lay their factual foundations before automatically link carbon emissions and climate change.

MEMO

MEMO

여러분의 작은 소리
에듀윌은 크게 듣겠습니다.

본 교재에 대한 여러분의 목소리를 들려주세요.
공부하시면서 어려웠던 점, 궁금한 점,
칭찬하고 싶은 점, 개선할 점, 어떤 것이라도 좋습니다.

에듀윌은 여러분께서 나누어 주신 의견을
통해 끊임없이 발전하고 있습니다.

에듀윌 도서몰 book.eduwill.net
- 부가학습자료 및 정오표: 에듀윌 도서몰 → 도서자료실
- 교재 문의: 에듀윌 도서몰 → 문의하기 → 교재(내용, 출간) / 주문 및 배송

에듀윌 편입영어 기본이론 완성 논리

발 행 일	2022년 8월 16일 초판
편 저 자	홍준기
펴 낸 이	권대호
펴 낸 곳	(주)에듀윌
등록번호	제25100-2002-000052호
주 소	08378 서울특별시 구로구 디지털로34길 55
	코오롱싸이언스밸리 2차 3층

* 이 책의 무단 인용 · 전재 · 복제를 금합니다.　　　　　ISBN 979-11-360-1700-0

www.eduwill.net

대표전화 1600-6700

에듀윌 편입영어

논리

확실한 풀이로 실력완성

정답과 해설

에듀윌
편입영어

기본이론 완성

논리

정답과 해설

01	①	02	③	03	③	04	①	05	①	06	②	07	②	08	①	09	①	10	③
11	②	12	①	13	③	14	③	15	④	16	③	17	①	18	④	19	①	20	②
21	⑤	22	②	23	④	24	④	25	③	26	②	27	④	28	④	29	②	30	①
31	④	32	④	33	④	34	③	35	②	36	④	37	④	38	①	39	③	40	①
41	④	42	③	43	③	44	①	45	④	46	③	47	①	48	③	49	④	50	②
51	④	52	③	53	②	54	③	55	②	56	①	57	③	58	④	59	①	60	①
61	①	62	③	63	④	64	②	65	①	66	③	67	③	68	④	69	①	70	①
71	②	72	④	73	③	74	④	75	①	76	③	77	④	78	④	79	③	80	①
81	④	82	③	83	①	84	④	85	②	86	③	87	②	88	②	89	②	90	④
91	①	92	②	93	①	94	④	95	④	96	②	97	④	98	①	99	④	100	①

(01~100) Complete each sentence below with the best word(s) or phrase(s).

---

01 I was so bored during the presentation that I found it difficult to _____ interest. 한양대 2011

① feign

② inhibit

③ reproduce

④ manipulate

| 정답 | ①

| 해석 | 나는 프레젠테이션 동안 너무 지루해서 관심 있는 척 가장하기가 힘들다는 것을 깨달았다.

　① ~인 척 가장하다　② 억제하다　③ 번식하다　④ 조종하다

| 해설 | 본문은 「so ... that ~」 용법의 문장이며, '너무 지루하여 관심을 ~하기가 힘들었다'는 의미를 갖는다. 보기의 단어를 빈칸에 대입해 보면 가장 문맥상 매끄러운 것은 '너무 지루하여 관심 있는 척 하기가 힘들었다'는 의미에서 '~인 척 가장하다'는 의미의 feign이다. 따라서 정답은 ①이다.

| 어휘 | **presentation** ⓝ 발표, 설명, 프레젠테이션　　**interest** ⓝ 관심, 흥미, 호기심

　feign ⓥ ~인 척 가장하다　　**inhibit** ⓥ 억제하다

　reproduce ⓥ 번식하다, 재현하다　　**manipulate** ⓥ 조종하다, 조작하다

02 The developing countries have far less access to cell phones and the internet compared to the industrialized countries. This difference in the level of access has been called _____. 숙명여대 2020

① international gap
② internet conflict
③ digital divide
④ computer shortage
⑤ industrial divide

| 정답 | ③

| 해석 | 개발 도상국은 선진국에 비해 휴대 전화와 인터넷 접속률이 훨씬 뒤처진다. 이러한 접근 수준의 차이를 정보 격차라고 부른다.
① 국제 격차　② 인터넷 충돌　③ 정보 격차　④ 컴퓨터 부족　⑤ 산업 분기

| 해설 | 정보의 접근성으로 사람들 사이에 격차가 발생하는 것을 '정보 격차(digital divide)'라고 한다. 따라서 정답은 ③이 된다.

| 어휘 | **conflict** ⓝ 갈등, 충돌　　　　　　**digital divide** – 정보 격차

---

03 Discover new ways to motivate and _____ your employees apart from salary raises.

① meditate
② disguise
③ inspire
④ fabricate

| 정답 | ③

| 해석 | 급여 인상 말고도 당신의 직원들에게 동기를 부여하고 격려할 방법을 찾아라.
① 명상하다　② 속이다　③ 격려하다　④ 조작하다

| 해설 | 정답의 단서는 and와 motivate이다. 빈칸에는 동기를 부여하는 것과 비슷한 의미를 지닌 단어가 들어가야 적합하다. 따라서 정답은 ③이다.

| 어휘 | **motivate** ⓥ 동기를 부여하다　　　　**apart from** – ~를 제외하고; ~뿐만 아니라
meditate ⓥ 명상하다　　　　　　　**disguise** ⓥ 속이다
inspire ⓥ 고무[격려]하다　　　　　　**fabricate** ⓥ 만들다; 조작하다

---

04 He was chosen as a club treasurer because he has always been _____ about repaying his debts. 상명대 2017

① scrupulous
② munificent
③ prodigious
④ impervious
⑤ incorrigible

| 정답 | ①

| 해석 | 그는 채무를 상환하는 문제에 항상 꼼꼼했기 때문에 모임의 회계로 선정되었다.
　　　 ① 세심한, 꼼꼼한　　② 대단히 후한　　③ 엄청난, 굉장한
　　　 ④ 영향을 받지 않는　　⑤ 고질적인, 구제 불능의

| 해설 | 클럽이나 모임의 회계 담당자(treasurer)는 조직의 돈 관리를 해야 하는 사람이므로, 돈과 관련된 일을 취급할 때 세심하고 꼼꼼한 성격이어야 한다. 따라서 '세심한, 꼼꼼한; 양심적인'의 의미를 지닌 ① scrupulous가 정답이 된다.

| 어휘 | **treasurer** ⓝ (클럽·조직의) 회계 담당자　　　　**debt** ⓝ 빚, 부채
　　　 scrupulous ⓐ 세심한, 꼼꼼한; 양심적인　　**munificent** ⓐ 아낌없이 주는, 대단히 후한
　　　 prodigious ⓐ 엄청난, 굉장한
　　　 impervious ⓐ 스며들게 하지 않는, 무감동한, (비평 등에) 영향받지 않는
　　　 incorrigible ⓐ (나쁜 습관이) 고질적인, 구제 불능의

05　I only have a _____ knowledge of politics, so I think I should read a lot more.

① superficial　　　　　　　　　　② substantial

③ superstitious　　　　　　　　　 ④ superfluous

| 정답 | ①

| 해석 | 나는 정치에 대해선 피상적인 지식밖에 없으므로 독서를 더 많이 해야 할 것 같다.
　　　 ① 피상적인　　② 상당한　　③ 미신적인　　④ 불필요한

| 해설 | 독서를 많이 해야 한다는 것은 지식을 더 많이 쌓아야 한다는 것과 같다. 따라서 빈칸에 들어갈 말은 지식이 부족하다는 의미의 형용사가 와야 한다. 그러므로 정답은 ①이다.

| 어휘 | **superficial** ⓐ 피상적인　　　　　　**substantial** ⓐ 상당한
　　　 superstitious ⓐ 미신적인　　　　 **superfluous** ⓐ 불필요한

06　Violence begins to snowball, becoming finally an irresistible _____. 홍익대 2017

① earthquake　　　　　　　　　　② avalanche

③ holocaust　　　　　　　　　　　④ flood

| 정답 | ②

| 해석 | 폭력 사태가 눈덩이처럼 커지기 시작하더니, 마침내는 저항할 수 없는 눈사태로 변하고 말았다.
　　　 ① 지진　　② 눈사태　　③ 대학살　　④ 홍수

| 해설 | 'snowball(눈덩이)'이 커지면 'avalanche(눈사태)'가 되므로 정답은 ②가 된다.

| 어휘 | **snowball** ⓝ 눈덩이 ⓥ (문제 등이) 눈덩이처럼 커지다　　**irresistible** ⓐ 저항할 수 없는

earthquake ⓝ 지진
holocaust ⓝ 대학살, 대파괴

avalanche ⓝ 눈사태
flood ⓝ 홍수

07 Empathy is a priceless commodity because it invariably _____ hostility. 경기대 2016

① facilitates
② defuses
③ consolidates
④ spreads

| 정답 | ②

| 해석 | 공감은 값을 매길 수 없을 만큼 귀중하며 왜냐하면 공감은 변함없이 적의를 완화시키기 때문이다.
　　　① 가능하게 하다　② 완화시키다　③ 튼튼하게 하다　④ 확산시키다

| 해설 | 공감이 귀중한 이유는 적의를 '빈칸'하기 때문이다. 문맥상 빈칸에는 적의를 완화하거나 낮춘다는 내용이 와야 공감의 귀중함을 설명할 수 있다. 따라서 정답은 ② defuses이다.

| 어휘 | **empathy** ⓝ 감정 이입, 공감
　　　commodity ⓝ (유용한) 것
　　　defuse ⓥ 진정[완화]시키다
　　　facilitate ⓥ 가능하게[용이하게] 하다

　　　priceless ⓐ 값을 매길 수 없는, 대단히 귀중한
　　　invariably ⓐⓓ 변함[예외]없이, 언제나
　　　hostility ⓝ 적의, 적대감
　　　consolidate ⓥ 통합하다[되다], 굳게[튼튼하게] 하다

08 I'm not optimistic because the government is pushing protesters to extremes, and then afterwards using their actions to _____ them.

① stigmatize
② celebrate
③ ameliorate
④ speculate

| 정답 | ①

| 해석 | 내가 낙관적이지 않은 이유는 정부가 시위자들을 극단으로 몰아붙이고 있기 때문이며, 그 이후에 그들을 낙인찍기 위해 그들의 행위를 이용하고 있기 때문이다.
　　　① 낙인을 찍다　② 축하해 주다　③ 개량하다　④ 추측하다

| 해설 | 정답의 단서는 and와 pushing protesters to extremes이다. 시위자들을 극단으로 몰아넣고 있으며, 또한 그들을 '빈칸'하고 있기 때문에 낙관적으로 보지 않는다고 하고 있다. 따라서 빈칸의 행위는 극단으로 몰아넣고 있는 행위와 유사한 행위임을 알 수 있다. 정답은 ①이다.

| 어휘 | **optimistic** ⓐ 낙관적인
　　　ameliorate ⓥ 개선[개량]하다

　　　stigmatize ⓥ 낙인을 찍다
　　　speculate ⓥ 추측하다

09 The citizens packed the sandbags along the river bank to _____ the flooding of their streets. 세종대 2017

① avert

② inundate

③ emit

④ trigger

| 정답 | ①

| 해석 | 시민들은 거리가 물에 잠기는 것을 피하고자 강둑을 따라 모래주머니를 채워 넣었다.

① 피하다　② 침수시키다　③ 내뿜다　④ 촉발시키다

| 해설 | 강둑을 따라 모래주머니를 채워 넣는 이유는 강둑이 범람하는 것을 막아서 거리가 물에 잠기는 것을 '피하기' 위해서이다. 따라서 정답은 ①이다.

| 어휘 | **pack** ⓥ 채워 넣다　　　　　　　　**river bank** – 강둑

avert ⓥ 방지하다, 피하다　　　　　**inundate** ⓥ 침수시키다

emit ⓥ (빛 · 열 · 가스 · 소리 등을) 내다[내뿜다]　　**trigger** ⓥ 촉발시키다, 작동시키다

10 In order to buy stocks, you need the assistance of a _____ who is licensed to purchase securities on your behalf.

① lawyer

② sponsor

③ stockbroker

④ translator

| 정답 | ③

| 해석 | 주식을 매수하기 위하여 당신은 당신을 위해 주식을 구매할 자격을 갖춘 주식 중개인의 도움이 필요하다.

① 변호사　② 후원자　③ 주식 중개인　④ 번역가

| 해설 | 주식을 사기 위하여 주식 중개인의 도움이 필요하다. stock과 stockbroker의 연결성을 간파하면 쉽게 고를 수 있다.

| 어휘 | **on your behalf** 당신을 위하여　　　　**sponsor** ⓝ 후원자

11 We dined in town at a popular restaurant called Angie's and afterwards, with the evening warm and _____, went for a stroll.

① compatible

② congenial

③ ambivalent

④ independent

| 정답 | ②

| 해석 | 우리는 마을의 유명한 식당인 Angie's라고 불리는 곳에서 식사를 하고, 그 이후에는 따뜻하고 쾌적한 저녁에 산책

을 하러 나갔다.

① 양립 가능한   ② 쾌적한   ③ 양면적인   ④ 독립적인

| 해설 | 정답의 단서는 and와 warm이다. and를 기점으로 앞에 나온 warm이라는 단어가 힌트가 된다. 따뜻하고 '빈칸'인 저녁이라고 했으므로, 빈칸에 들어갈 단어는 따뜻함과 가장 연관성 있는 단어임을 유추할 수 있다. 정답은 ②이다.

| 어휘 | **dine** ⓥ 식사를 하다   **stroll** ⓝ 거닐기, 산책
compatible ⓐ 양립 가능한   **congenial** ⓐ 알맞은, 적절한; 쾌적한
ambivalent ⓐ 양면적인

---

12 The evidence against the accused man proved to be so weak that the jury had no choice but to
_____ him. 단국대 2009

① acquit   ② emulate

③ resuscitate   ④ incarcerate

| 정답 | ①

| 해석 | 피고에 대해 제시된 증거는 너무 취약한 것으로 증명된 나머지 배심원단은 그 피고에게 무죄를 선고할 수밖에 없었다.
① 무죄를 선고하다   ② 모방하다   ③ 소생시키다   ④ 감금하다

| 해설 | 피고에 대해 제시된 증거가 취약하다면, 피고를 유죄로 여길 근거가 부족할 것이며, 당연히 배심원단은 피고에게 '무죄를 선고할' 수밖에 없을 것이다. 따라서 정답은 ①이다.

| 어휘 | **accused** ⓐ 고소당한, 피고의   **acquit** ⓥ 무죄를 선고하다
emulate ⓥ 모방하다   **resuscitate** ⓥ 소생시키다
incarcerate ⓥ 감금하다

---

13 In order to _____ the notorious traffic problem, the city proposed adding four more lanes to the
main thoroughfare. 한국외대 2016

① improvise   ② escalate

③ mitigate   ④ negotiate

| 정답 | ③

| 해석 | 악명 높은 교통 문제를 완화하기 위해 시에서는 주요 간선 도로에 네 차선을 추가하자는 제안을 했다.
① 즉흥적으로 하다   ② 확대시키다   ③ 완화하다   ④ 협상하다

| 해설 | 주요 간선 도로에 차선을 더 추가하는 것은 교통 문제를 '완화하기' 위한 방법이다. 따라서 정답은 ③이다.

| 어휘 | **thoroughfare** ⓝ 간선 도로   **improvise** ⓥ 즉흥적으로 하다
escalate ⓥ 확대[증가/악화]되다[시키다]   **mitigate** ⓥ 완화하다, 경감시키다

14 The book is highly recommended to those readers who are suffering from chronic mental depression, for it is _____ funny and humorous stories. 가톨릭대 2015

① devious from ② devoid of

③ replete with ④ tantamount to

| 정답 | ③

| 해석 | 이 책은 만성적인 우울증에 시달리는 사람들에게 강력히 추천되며 왜냐하면 이 책은 재미있고 웃기는 이야기로 가득하기 때문이다.

① ~에서 벗어난 ② ~이 없는 ③ ~로 가득한 ④ ~에 버금가는

| 해설 | 만성적인 우울증에 시달리는 사람들에게는 재미있고 웃기는 이야기로 '가득한' 책이 필요할 것이다. 따라서 정답은 ③이다.

| 어휘 | **recommend** ⓥ 추천하다, 권하다 **reader** ⓝ 독자, 읽는 사람

chronic @ 만성적인 **mental depression** – 우울증

devious @ 우회하는, 벗어난, 사악한 **devoid of** – ~이 없는

replete with – ~로 가득한, ~로 충만한 **tantamount to** – ~에 버금가는

---

15 Her olfactory sense was so highly developed that she was often called in to judge _____.

광운대 2011

① colors ② temperatures

③ textures ④ perfumes

⑤ sound

| 정답 | ④

| 해석 | 그녀의 후각은 매우 발달되어 있어서 종종 그녀를 불러서 향을 판단하도록 하고 있다.

① 색상 ② 온도 ③ 결, 감촉 ④ 향, 향수 ⑤ 소리

| 해설 | 「so ~ that ...」 구문을 중심으로 인과 관계를 완성한다. '후각 발달(이유) → 향 판단(결과)' 나머지 보기들은 후각의 대상과 무관하므로 선택하지 않도록 주의한다.

| 어휘 | **olfactory** @ 후각의 **judge** ⓥ 판단하다, 평가하다

so ~ that ... – 너무 ~해서 ...하다 **call in sb** – ~를 불러들이다

texture ⓝ 결, 감촉

16 Many futurists predicated the "paper-less office", i.e., that the computer would make paper _____. 세종대 2017

① flourishing   ② intangible

③ obsolete   ④ extrinsic

| 정답 | ③

| 해석 | 많은 미래학자들은 '종이 없는 사무실'이 등장할 것이라고 즉, 컴퓨터로 인해 종이가 시대에 뒤떨어진 물건이 될 것이라고 단언했다.
    ① 번성하는   ② 실체가 없는   ③ 시대에 뒤떨어진   ④ 외적인

| 해설 | 종이 없는 사무실은 종이가 더 이상 쓰이지 않게 된 즉, 종이가 '시대에 뒤떨어진' 물건이 되는 사무실이다. 따라서 정답은 ③이다.

| 어휘 | **futurist** ⓝ 미래학자   **flourishing** ⓐ 무성한, 번성하는
intangible ⓐ 실체가 없는, 무형의   **obsolete** ⓐ 한물간, 시대에 뒤떨어진
extrinsic ⓐ 외적인, 외부의

---

17 Science and liberal arts have been separated from each other for so long in history that now there exists a deep _____ between the two. 가천대 2020

① chasm   ② concord

③ contradiction   ④ confusion

| 정답 | ①

| 해석 | 과학과 인문학은 역사적으로 오랜 시간 서로 분리되었기 때문에 이제는 양자 간에 거대한 골이 존재한다.
    ① 큰 골   ② 화합   ③ 모순   ④ 혼란

| 해설 | 본문은 「so 형용사[부사] that절」 구문의 형태를 지니고 있으며, 의미는 '형용사[부사]로 인해 절의 결과를 낳다'이다. 역사적으로 오랜 시간 서로 분리되었으니 그 결과는 양자 간에 '큰 골'이 생겼을 것으로 유추 가능하다. 따라서 정답은 ①이다.

| 어휘 | **liberal arts** – 인문학   **separated (from)** ⓐ 갈라진, 헤어진
exist ⓥ 존재하다, 현존하다   **chasm** ⓝ 큰 차이[골]
concord ⓝ 화합, 일치   **contradiction** ⓝ 모순, 반박
confusion ⓝ 혼란

18 The apartment building does not look the same, as it just underwent a complete _____ which was carried out by a local architectural firm. 상명대 2016

① manifestation   ② transferral

③ opportunity   ④ transformation

⑤ transition

| 정답 | ④

| 해석 | 그 아파트 건물은 지역 건축 회사에 의해 전면적인 변화를 겪었기 때문에 이전과 똑같아 보이지 않았다.
① 표현   ② 이동   ③ 기회   ④ 변화   ⑤ 이행

| 해설 | 아파트의 모습이 바뀐 것은 건축 회사에 의해 새롭게 외형이 탈바꿈했기 때문이다. 이렇게 바뀐 것이므로 ④ '변화'가 적합하다.

| 어휘 | **undergo** ⓥ 당하다, 경험하다, 겪다   **architectural** ⓐ 건축의
manifestation ⓝ 표현, 표시, 명시   **transferral** ⓝ 이동(하기), 반전
transition ⓝ 이행, 변이, 과도기

---

19 But _____ the other's desire and the subject's possession are fantasies of the subject. 홍익대 2016

① both   ② alike

③ not   ④ not only

| 정답 | ①

| 해석 | 하지만 타자가 욕망하는 것과 대상이 소유한 것 모두가 대상의 상상의 산물이다.
① 둘 다   ② 같은   ③ 아닌   ④ 뿐 아닌

| 해설 | But 뒤의 '빈칸'부터 possession까지가 주어인데 동사가 are라는 점에서 주어가 복수임을 알 수 있고 중간에 and가 있으므로 복수를 나타내기 위해 「both A and B」가 와야 한다. 따라서 정답은 ①이다.

| 어휘 | **subject** ⓝ 대상; 주어   **possession** ⓝ 소유, 소지
fantasy ⓝ 공상[상상]의 산물

---

20 In financial planning, it is advisable to plan _____. In other words, overestimate your possible expenses and underestimate your possible income.

① fortuitously   ② conservatively

③ unconditionally   ④ impulsively

| 정답 | ②

| 해석 | 재정 계획을 세울 경우에는, 보수적으로 계획을 세우는 것이 바람직하다. 다시 말하면, 예상 지출에 대해서는 과대평가하고, 예상 수입에 대해서는 과소평가해야 한다는 말이다.
① 우연히　　② 보수적으로　　③ 무조건적으로　　④ 충동적으로

| 해설 | 들어올 돈(income)은 가능한 최소로 잡고 나갈 돈(expense)은 가능한 최대로 잡는 방식으로 재정 계획(financial planning)을 세우라는 말은 보수적인(conservatively) 관점에서 지출 계획을 세우라는 뜻이 된다. 운에 맡기거나, 특정한 조건 없이 혹은 충동적으로 계획하는 것은 모두 부정적인 의미를 내포한다.

| 어휘 | **overestimate** ⓥ 과대평가하다 　　　　**expense** ⓝ 지출
underestimate ⓥ 과소평가하다 　　　**income** ⓝ 수입
fortuitously ⓐⓓ 우연히, 예기치 않게 　　**conservatively** ⓐⓓ 보수적으로; 줄잡아
unconditionally ⓐⓓ 무조건으로, 절대적으로 　**impulsively** ⓐⓓ 충동적으로

---

21 Penicillin can have an _____ effect on a person who is allergic to it. 숙명여대 2015

① abrupt　　　　　　　　　　　　② anxious

③ awkward　　　　　　　　　　　④ austere

⑤ adverse

| 정답 | ⑤

| 해석 | 페니실린에 알레르기 반응을 보이는 사람에게는 페니실린이 부작용을 낼 수 있다.
① 갑작스러운　　② 불안해하는　　③ 어색한　　④ 꾸밈없는　　⑤ 부정적인

| 해설 | 페니실린에 알레르기 반응을 보이는 사람에게 페니실린을 투여했다가는 당연히 '부작용'이 날 수밖에 없다. 따라서 정답은 ⑤이다.

| 어휘 | **adverse effect** – 역효과, 부작용 　　**abrupt** ⓐ 돌연한, 갑작스러운
anxious ⓐ 불안해하는, 염려하는 　　**awkward** ⓐ 어색한, 곤란한
austere ⓐ 꾸밈없는, 소박한 　　　　**adverse** ⓐ 부정적인, 불리한

---

22 There is an urgent need to ensure the _____ of wildlife species amid spreading civilization that destroys their habitats because of aversion, greed, neglect or fear. 세종대 2009

① extinction　　　　　　　　　　② survival

③ denial　　　　　　　　　　　　④ degeneration

| 정답 | ②

| 해석 | 혐오, 탐욕, 방치, 공포 등의 이유로 야생종의 서식지를 파괴 중인 확대일로의 문명 속에서 야생종의 생존을 보장해야 하는 긴급한 필요성이 존재한다.

① 멸종　② 생존　③ 거부　④ 타락

| 해설 | 야생종의 서식지가 파괴되고 있는 상황에서 보장해야 할 것은 '생존'이다. 따라서 정답은 ②이다.

| 어휘 | **aversion** ⓝ 혐오　　　　　　　　　　　　**greed** ⓝ 탐욕

neglect ⓝ 방치, 소홀　　　　　　　　　　**extinction** ⓝ 멸종

denial ⓝ 부인, 거부　　　　　　　　　　**degeneration** ⓝ 타락, 퇴보

23　If we do not do something to _____ spending, we are going to run out of money very soon. 한국외대 2017

① dispossess　　　　　　　　　　　　　　② redirect

③ boost　　　　　　　　　　　　　　　　④ curb

| 정답 | ④

| 해석 | 지출을 억제하는 특정 조치를 취하지 않는다면, 우리는 조만간 돈이 바닥날 것이다.

① 빼앗다, 몰수하다　　② 전용하다, 다시 보내다　　③ 강화하다　　④ 억제하다, 억누르다

| 해설 | 소비(spending)를 계속하면, 돈은 바닥나게 되어 있다. 그런데 if절에 not이 포함되어 있으므로, 빈칸에는 반대로 소비를 '줄이거나 멈추는' 일이 되어야 한다. 따라서 '억제하다, 억누르다'의 의미를 지니는 ④ curb가 정답이 된다.

| 어휘 | **run out of** – ~을 다 써버리다, ~이 없어지다　　　**dispossess** ⓥ (재산을) 빼앗다, 몰수하다

redirect ⓥ (돈 같은 것을 다른 방식·용도로) 전용하다; (다른 주소·방향으로) 다시 보내다

boost ⓥ 강화하다, 북돋다　　　　　　　　　　**curb** ⓥ 억제하다, 억누르다

24　Severe verbal abuse that children experience at an early age can _____ wounds that will remain for their entire life. 가톨릭대 2016

① taint　　　　　　　　　　　　　　　　② probe

③ soothe　　　　　　　　　　　　　　　④ inflict

| 정답 | ④

| 해석 | 어렸을 때 아이들이 경험하는 심각한 폭언은 아이들에게 평생 남을 상처를 안길 수 있다.

① 오염시키다　　② 캐묻다　　③ 달래다　　④ 안기다

| 해설 | 어렸을 때 경험한 폭언은 사람에게 평생 가는 상처를 '남기게' 또는 '안기게' 된다. 따라서 정답은 ④이다.

| 어휘 | **verbal abuse** – 폭언, 악담　　　　　　　　**taint** ⓥ 더럽히다, 오염시키다

probe ⓥ 캐묻다, 조사하다　　　　　　　　　**soothe** ⓥ 달래다, 진정시키다

inflict ⓥ 가하다, 안기다

25 The sight of beggars on city streets and the _____ of the homeless may inspire sympathy, for the same reason. 서강대 2010

① charity

② benefit

③ plight

④ death

| 정답 | ③

| 해석 | 도시 거리의 거지들의 모습과 노숙자들의 참상은 같은 이유로 동정을 불러일으킬 수 있다.

① 자애, 자선   ② 혜택, 이익   ③ 곤경   ④ 죽음

| 해설 | 동정을 불러일으키는 것은 도시 거리의 거지들의 모습(sight)과 이와 비슷한 노숙자들의 어려운 처지라고 할 수 있으므로 정답은 ③ plight가 된다. ①과 ②는 부정적인 어감이 아니어서 답이 될 수 없고, ④ death는 앞의 sight에 비해 강도가 훨씬 크기 때문에 적절하지 않다.

| 어휘 | **inspire** ⓥ 고무하다, 영감을 주다   **plight** ⓝ 곤경

26 Illegal logging and mining activities have been blamed for the _____ problems of flooding and landslides in certain parts of the country. 가톨릭대 2011

① incisive

② perennial

③ tangible

④ versatile

| 정답 | ②

| 해석 | 불법 벌목 및 채광 행위가 해마다 반복되는 그 나라 일부 지역의 홍수 및 산사태의 주요 원인으로 비난받고 있다.

① 예리한, 날카로운   ② 영원한, 계속 반복되는   ③ 유형의   ④ 다목적으로 쓰이는

| 해설 | 'Illegal logging and mining(불법 벌목과 채굴)'이 원인, 'problems of flooding and landslides(홍수와 산사태 문제)'가 결과이다. problems와 어울리는 형용사를 찾는 것이 출제 의도이다. incisive(날카로운, 예리한)나 versatile(다용도의, 다재다능한)은 problem과 호응 관계를 이루지 못한다. ③ tangible은 '유형의 문제'라는 뜻으로 올 수 있지만 문맥상 '해마다 계속해서 발생하는 문제'를 뜻하는 perennial이 더 적절하므로 정답은 ②가 된다.

| 어휘 | **logging** ⓝ 벌목   **mining** ⓝ 채광

A is blamed for B - A가 B의 원인으로 비난받다   **incisive** ⓐ 예리한, 날카로운

perennial ⓐ (아주 오랫동안) 지속되는, 영원한; 계속 반복되는

tangible ⓐ 유형의, 만질 수 있는   **versatile** ⓐ 다재다능한, 다목적으로 쓰이는

27 _____ are prepared from harmful viruses or bacteria and administered to patients to provide immunity to specific diseases. The various types of _____ are classified according to the method by which they are derived. 건국대 2018

① toxins
② organisms
③ antigens
④ vaccines
⑤ cures

| 정답 | ④

| 해석 | 백신은 특정한 질병에 대한 면역성을 제공하기 위해 유해한 바이러스나 박테리아를 추출해 조제한 후 환자에게 투여하는 것이다. 다양한 형태의 백신들이 추출되는 방법에 따라 분류된다.
① 독소　② 유기체　③ 항원　④ 백신　⑤ 완치

| 해설 | 면역성을 기르기 위해 우리 몸에 주입되는 것은 '백신'이며, 백신을 통해 병원균이 들어오면 우리 몸에서 병원균에 대항하기 위해 생성하는 것이 항원(antigen)이므로, 정답은 ④가 된다.

| 어휘 | **administer** ⓥ 투약하다; 관리하다, 집행하다; (타격을) 가하다
immunity ⓝ 면역(성), 면제　　　　　　**classify** ⓥ 분류하다
derive ⓥ 끌어내다, ~을 얻다　　　　　**toxin** ⓝ 독소
organism ⓝ 유기체
antigen ⓝ 항원(체내에 들어가 항체(**antibodies**) 형성을 촉진하는 물질)

---

28 Pollution cuts life expectancy, with some studies suggesting it is five years shorter in northern China than in the south, and that 1.6 million people die _____ every year because of it. 경기대 2016

① belatedly
② indolently
③ blithely
④ prematurely

| 정답 | ④

| 해석 | 오염은 기대 수명을 감소시키는데, 일부 연구에 따르면 중국 북부의 기대 수명은 남부에 비해 5년이 짧고 160만 명의 사람들이 대기 오염으로 인해 매년 때 이른 사망을 한다.
① 뒤늦게　② 게으르게　③ 즐거운 듯이　④ 때 이르게

| 해설 | 빈칸 앞을 보면 오염으로 인해 기대 수명이 감소하고 있음을 알 수 있다. 이는 다시 말하면 사람들이 '때 이른' 죽음을 맞이한다는 의미이다. 따라서 정답은 ④이다.

| 어휘 | **life expectancy** – 기대 수명　　　　**prematurely** ⓐⓓ 시기상조로, 때 이르게
belatedly ⓐⓓ 늦게, 뒤늦게　　　　　**indolently** ⓐⓓ 게으르게, 빈둥거려
blithely ⓐⓓ 즐거운 듯이, 쾌활하게

29 Police said he was arrested for showing "blatant _____ for the law" when he tried to convene what they described as an illegal public assembly instead of an indoor meeting.

① impunity
② disregard
③ gratuity
④ coercion

| 정답 | ②

| 해석 | 경찰의 말에 따르면 그는 노골적으로 법을 어기는 모습을 보여 주었기 때문에 체포되었다고 한다. 그는 경찰의 말에 따르면 실내 회의가 아닌 불법 대중 집회를 소집하려고 했다.
① 면책　② 무시　③ 봉사료　④ 강제

| 해설 | 정답의 단서는 an illegal public assembly이다. 불법 대중 집회를 소집하려고 했다는 것은 법을 무시하는 행위이다. 따라서 정답은 ②이다.

| 어휘 | **blatant** ⓐ 노골적인　　　　　　　**convene** ⓥ 소집하다
public assembly – 일반 집회　　　**impunity** ⓝ 면책, 처벌을 받지 않음
disregard ⓝ 무시　　　　　　　　**gratuity** ⓝ 팁, 봉사료
coercion ⓝ 강제

---

30 A slowdown on the world's assembly lines is a normal part of any recession. As demand shrinks, so must _____.

① production
② consumption
③ import
④ export

| 정답 | ①

| 해석 | 전 세계의 조립 라인의 둔화는 어느 불경기에서든 흔히 있는 일반적인 부분이다. 수요가 줄어들면서, 이에 따라 생산도 반드시 줄어들어야 한다.
① 생산　② 소비　③ 수입　④ 수출

| 해설 | 빈칸 부분은 도치 문장이다. 앞에 나온 문장에 대한 긍정일 경우는 「So+조동사[be동사]+주어」 형태를 취하고, 부정일 경우는 「Neither[Nor]+조동사[be동사]+주어」 형태를 취해서, 앞부분의 내용과 마찬가지라는 뜻을 지닌다. 주어진 문장의 전체 의미를 보면 경기침체(recession)로 생산 라인의 감소가 있다는 내용으로, 수요가 줄어들면 빈칸도 마찬가지로 줄어든다는 내용을 골라야 하므로 ① production이 적당하다.

| 어휘 | **slowdown** ⓝ 둔화　　　　　　　**recession** ⓝ 불경기, 경기 침체
demand ⓝ 수요　　　　　　　　　**shrink** ⓥ 오그라들다, 줄어들다

31 How can European countries improve _____ in the wake of the measles outbreak? Europe's national science and medical academies call for tailor-made interventions and European vaccination card and registry.

① antibiotic   ② treatment

③ therapy   ④ vaccination

| 정답 | ④

| 해석 | 유럽 국가들은 홍역이 발생한 이후에 어떻게 백신을 향상시킬 것인가? 유럽의 국립 과학 및 의학원은 맞춤형 개입과 유럽 사람들의 백신 카드 및 등록을 촉구하고 있다.
　　　① 항생제　　② 치료　　③ 치료　　④ 백신

| 해설 | 정답의 단서는 vaccination card and registry이다. 백신 카드와 등록에 대해서 언급한 것으로 보아 어떻게 백신을 향상시킬 것인지에 대한 글임을 알 수 있다. 따라서 정답은 ④이다.

| 어휘 | **in the wake of** – ~에 뒤이어   **measles** ⓝ 홍역
　　　outbreak ⓝ 발생, 발발   **call for** – 요구[요청]하다
　　　tailor-made ⓐ 맞춤[식]의   **intervention** ⓝ 중재, 개입, 간섭
　　　registry ⓝ 등록

---

32 Last year, the EPA _____ a panel of experts that advised the agency on fine-particle pollution, replacing it with consultants from the fossil fuel, pharmaceutical and tobacco industries.

① engulfed   ② haunted

③ outweighed   ④ disbanded

| 정답 | ④

| 해석 | 작년에 미 환경 보호국은 기관에 미세 먼지 오염에 대해 조언을 한 전문가 집단을 해산하고, 석탄 연료, 제약, 그리고 담배 산업의 자문 위원들로 대체했다.
　　　① 둘러싸다　　② 사로잡다　　③ 더 대단하다　　④ 해산하다

| 해설 | 정답의 단서는 replacing it with consultants이다. 전문가 집단을 자문 위원들로 대체했다는 것은 그 집단을 해체했다는 의미와 일맥상통한다. 따라서 정답은 ④이다.

| 어휘 | **the EPA** – 미 환경 보호국   **fine-particle** ⓝ 미세 먼지
　　　consultant ⓝ 자문 위원   **fossil fuel** – 화석 연료
　　　pharmaceutical ⓐ 제약의   **tobacco** ⓝ 담배
　　　engulf ⓥ 완전히 에워싸다, 사로잡다   **haunt** ⓥ (생각 등이) 자꾸 떠오르다
　　　outweigh ⓥ ~보다 더 크다[대단하다]   **disband** ⓥ 해체[해산]하다

33 Luxury goods makers have long valued Chinese consumers not just because of their huge appetite for luxury goods but also for their willingness to pay more than their Western _____. 국민대 2015

① cooperators
② conspirators
③ co-workers
④ counterparts

| 정답 | ④

| 해석 | 사치품 제조업체는 오랫동안 중국 소비자들을 귀중하게 여겨왔으며, 그 이유는 중국 소비자들 이 사치품에 대해 엄청난 욕구를 보일 뿐만 아니라 서구 소비자들에 비해 돈을 기꺼이 더 지불하려 하기 때문이다.
① 협력자 　② 공모자 　③ 동료 　④ 대응 관계에 있는 사람

| 해설 | 중국 소비자와 서구 소비자를 비교하는 글이므로 빈칸에는 '중국 소비자와 동등한 자격 또는 대응 관계에 있는 사람'을 의미하는 단어가 와야 한다. 이러한 조건에 부합되는 것은 ④이다.

| 어휘 | **luxury goods** – 사치품 　　　　　　　　**appetite** ⑪ 욕구
cooperator ⑪ 협력자, 협동조합원 　　　　**conspirator** ⑪ 공모자, 음모 가담자
counterpart ⑪ 상대, 대응 관계에 있는 사람

---

34 If our knowledge of eighth-century Greece were based on the visual arts alone, we would inevitably think of it as a far simpler and more _____ society than the literary evidence suggests.

① compulsive
② merciful
③ provincial
④ innocent

| 정답 | ③

| 해석 | 만약 우리의 18세기 그리스에 대한 지식이 시각 예술만을 기반으로 한다면, 우리는 틀림없이 그것을 문학적 증거가 보여 주는 것보다 훨씬 더 단순하고 좁은 시야를 지닌 사회로 여기는 것일 것이다.
① 강박적인 　② 자비로운 　③ 시야가 좁은 　④ 순진한

| 해설 | and를 순접으로 잡고 simpler와 가장 연관성 있는 의미를 지닌 단어를 고른다.

| 어휘 | **inevitably** ⓐ 필연적으로 　　　　　　　**literary** ⓐ 문학적인
compulsive ⓐ 강박적인 　　　　　　　**merciful** ⓐ 자비로운, 다행스러운
provincial ⓐ 주의, 지방의; 시골풍의; 편협한, 시야가 좁은
innocent ⓐ 순진한

35 As his _____ accelerated, he dealt his political rivalry a series of blows insidiously and then succeeded in taking the throne, trying to hold it. 중앙대 2015

① madrigal

② machination

③ tautology

④ subjection

| 정답 | ②

| 해석 | 그는 권모술수를 더해 가면서 정적들에게 은밀하게 연속적인 타격을 가했고 결국 왕권을 획득하는데 성공하였으며 이를 유지하기 위해 노력하고 있다.

① 마드리갈 곡   ② 권모술수   ③ 유의어 반복   ④ 종속

| 해설 | 보기 중에서 정적들에게 은밀하고 연속적인 타격을 가할 수 있는 능력을 가리키는 표현은 '권모술수'이다. 따라서 정답은 ②이다.

| 어휘 | **accelerate** ⓥ 가속화하다, 촉진시키다   **rivalry** ⓝ 경쟁자

insidiously ⓐ 교활하게, 은밀하게   **the throne** – 왕위, 왕권

madrigal ⓝ 마드리갈 곡   **machination** ⓝ 권모술수, 교묘한 책략

tautology ⓝ 유의어 반복   **subjection** ⓝ 정복, 복종, 종속

---

36 Mrs. Amherst was such a sensitive and _____ librarian that she had the ability to know exactly which book would suit each one of the students. 한양대 2015

① caustic

② pedantic

③ refined

④ discerning

| 정답 | ④

| 해석 | 애머스트 부인은 아주 세심하면서 안목이 뛰어난 사서였기 때문에 정확히 어떤 책이 학생 각각의 필요에 적합한지를 알 수 있는 능력이 있었다.

① 신랄한   ② 현학적인   ③ 세련된   ④ 안목이 있는

| 해설 | 애머스트 부인은 학생들이 원하는 책이 무엇인지 정확하게 파악할 수 있는 능력이 있었으므로 '안목이 뛰어난' 사람이라 할 수 있다. 따라서 정답은 ④이다.

| 어휘 | **sensitive** ⓐ 세심한, 민감한; 감성 있는   **librarian** ⓝ (도서관의) 사서

caustic ⓐ 신랄한   **pedantic** ⓐ 현학적인, 지나치게 규칙을 찾는

refined ⓐ 정제된, 세련된   **discerning** ⓐ 안목이 있는

37 Appeals are also made to conscience and natural human feelings of sympathy. Thus it is significant that all of these appeals can influence the behavior of the non-theist as well as that of the _____.

① third party   ② participants

③ nihilist   ④ theist

| 정답 | ④

| 해석 | 호소는 양심과 동정심이라는 인간의 타고난 감정에 대한 것이다. 그래서 중요한 사실은 이 모든 호소들은 유신론자 뿐 아니라 무신론자의 행동에도 영향을 미칠 수 있는 것이다. as well as를 써서 양자의 병렬 관계를 맞췄다.

　　　① 제3자　　② 참가자　　③ 허무주의자　　④ 유신론자

| 해설 | 호소는 양심과 동정심이라는 인간의 타고난 감정에 대한 것이므로, 유신론자건 무신론자건 간에 모두에게 영향을 미치는 것이다.

| 어휘 | **conscience** ⓝ 양심　　　　　　　**non-theist** ⓝ 무신론자

　　　nihilist ⓝ 허무주의자　　　　　**theist** ⓝ 유신론자

---

38 In 2012, 55 people died after being hit by subway trains in New York, an increase of eight deaths compared with 2011. This year has already begun on a _____ note. 숭실대 2013

① dismal   ② high

③ optimistic   ④ terrific

| 정답 | ①

| 해석 | 2012년 뉴욕에서 지하철에 치어 사망한 사람은 55명이었고 이는 2011년에 비해 8명이 증가한 수치이다. 올해는 이미 씁쓸한 기록과 함께 시작되었다.

　　　① 씁쓸한　　② 높은　　③ 긍정적인　　④ 아주 멋진

| 해설 | 지하철에 치어 사망한 사람이 작년에 비해 증가한 것은 '씁쓸한' 일이다. 따라서 정답은 ①이다.

| 어휘 | **compared with** – ～과 비교하여　　**dismal** ⓐ 음울한, 씁쓸한

　　　high note – 높은 소리, 고음　　　**optimistic** ⓐ 긍정적인

　　　terrific ⓐ 아주 멋진, 훌륭한

39 John was determined to hire employees on the basis of their merits rather than on the basis of their family connections. He _____ in the engagement of new workers.

중앙대 2009

① made light of their intellect
② supported hackneyed conventions of his elders
③ refused to countenance nepotism
④ substituted favoritism for any kind of meritocracy

| 정답 | ③

| 해석 | 존은 직원을 가족과의 연줄을 근거로 고용하기보다 능력을 근거로 고용하기로 결심했다. 그는 새로운 직원을 고용하는데 있어 족벌주의에 지지를 표하는 것을 거부했다.
① 직원들의 지능을 가볍게 여기다
② 자신보다 연장자들이 따르는 진부한 관습을 지지하다
③ 족벌주의에 지지를 표하는 것을 거부하다
④ 편애로 모든 유형의 능력주의를 대체하다

| 해설 | 고용 시 가족과의 연줄을 근거로 삼는 것을 '족벌주의'라 한다. 존은 새로운 직원을 고용할 때 '족벌주의'를 거부했다. 따라서 정답은 ③이다.

| 어휘 | **engagement** ⓝ 고용   **make light of** – ~을 가볍게 여기다
hackneyed ⓐ 진부한   **convention** ⓝ 관습, 관례
countenance ⓥ 지지하다, 동의하다   **nepotism** ⓝ 족벌주의, 친족 등용
substitute A for B – A로 B를 대체하다   **favoritism** ⓝ 편애, 정실
meritocracy ⓝ 실력주의, 능력주의

---

40 "Reading had changed forever the course of my life," writes Malcom X in one of his essays. Malcom X's words emphasize the value of _____ in our life. 국민대 2015

① literacy   ② soliloquy
③ exhortation   ④ articulation

| 정답 | ①

| 해석 | 말콤 엑스는 자신의 수필에서 '독서는 내 삶의 과정을 영원히 바꿔 놓았다.'라고 저술했다. 말콤 엑스의 이 말은 우리의 인생에서 글을 읽고 쓸 줄 아는 능력의 가치를 강조한다.
① 글을 읽고 쓸 줄 아는 능력   ② 독백   ③ 간곡한 권고   ④ 표현

| 해설 | 독서가 자신의 삶을 완전히 바꿨다는 말콤 엑스의 말은 독서의 중요성을 강조한다. 문맥상 빈칸에는 이런 독서와 연관 있는 단어가 와야 한다. 보기 중에서 이러한 요건에 부합하는 것은 ①이다.

41　Bullying is an ongoing and _____ misuse of power in relationships through repeated verbal, physical and/or social behaviour that intends to cause physical, social and/or psychological harm.

① unintended　　　　　　　　　② accidental

③ haphazard　　　　　　　　　④ deliberate

| 정답 | ④

| 해석 | 따돌리기는 지속적이며 의도적인 관계 내의 힘의 악용이며, 신체적, 사회적 그리고/또는 심리적 해를 가할 의도를 지닌 말, 신체적 그리고/또는 사회적 행동을 통해 이루어진다.
　　　① 의도치 않은　　② 우연한　　③ 제멋대로인　　④ 의도적인

| 해설 | 정답의 근거는 that intends to cause이다. 무언가를 야기할 의도가 있다는 것은 어떠한 힘을 의도적으로 남용하고 악용했다는 것으로 볼 수 있다. 따라서 정답은 ④이다.

| 어휘 | **bullying** ⓝ 따돌리기, 약자 괴롭히기　　　**ongoing** ⓐ 계속되는
　　　　　misuse ⓝ 남용, 오용　　　　　　　　　**verbal** ⓐ 말의, 구두의
　　　　　psychological ⓐ 심리학적인　　　　　**accidental** ⓐ 우연한, 돌발적인
　　　　　haphazard ⓐ 무계획적인, 되는 대로의　　**deliberate** ⓐ 고의의, 의도적인

42　The _____ income represents the midway point — in other words, half the households earn more, and half earn less.

① abundant　　　　　　　　　② disposable

③ median　　　　　　　　　　④ enough

| 정답 | ③

| 해석 | 중간 소득은 중간 지점을 나타내는데, 다시 말하자면 절반 정도의 가계는 더 벌고, 절반은 덜 버는 지점을 나타낸다.
　　　① 풍부한　　② 처분 가능한　　③ 중간의　　④ 충분한

| 해설 | 정답의 단서는 the midway point이다. 중간 지점을 나타낸다고 했으므로, '중간' 소득임을 알 수 있다. 따라서 정답은 ③이다.

| 어휘 | **midway** ⓐ 중간의, 도중의　　　　　**household** ⓝ 가정, 가계
　　　　　abundant ⓐ 풍부한　　　　　　　**disposable** ⓐ 처분 가능한
　　　　　median ⓐ 중간의

43 An academic study published in the *Journal of Epidemiology and Community Health* found that every dollar increase in the minimum wage _____ a 3.4 to 5.9 percent decrease in the overall suicide rate.

① resulted from

② was related to

③ resulted in

④ was meant to

| 정답 | ③

| 해석 | '역학 및 공동체 보건 학술지'에 게재된 한 학회 연구가 밝혀낸 바에 따르면 최저 임금이 1달러씩 오를 때마다 전반적인 자살률은 3.4%에서 5.9%까지 감소한다고 한다.
① ~이 원인이다　② ~와 연관되어 있다　③ ~을 야기하다[낳다]　④ ~하기로 되어 있다

| 해설 | 정답의 단서는 decrease in the overall suicide rate이다. 최저 임금의 상승은 돈을 더 많이 벌게 된다는 의미이며, 그렇다면 자살률이 줄어들 것을 추론해 볼 수 있다. 따라서 최저 임금의 상승은 자살률 감소의 결과를 낳을 것이므로 정답은 ③이다.

| 어휘 | **epidemiology** ⓝ 역학, 전염병학　　　　　**suicide** ⓝ 자살

---

44 Your living is determined not so much by what life brings to you as by the _____ you bring to life; not so much by what happens to you as by the way your mind looks at what happens.

① attitude

② chance

③ aptitude

④ bravery

| 정답 | ①

| 해석 | 당신의 삶은 삶이 당신에게 무엇을 가져다주느냐가 아니라 당신이 삶을 바라보는 태도에 의해 결정된다. 즉, 당신에게 어떤 일이 일어나는지에 의해서가 아니라 당신이 삶에서 일어나는 일들을 어떻게 바라보느냐에 의해 결정된다는 것이다.
① 태도　② 기회　③ 적성　④ 용기

| 해설 | 정답의 단서는 by the way your mind looks at what happens이다. 세미콜론(;) 뒤에서 같은 구조로 앞 내용을 뒷받침하고 있다. 빈칸과 상응하는 부분은 by the way your mind looks at what happens로 당신의 마음이 일어나는 일을 어떻게 바라보는지에 의한 것이라는 말은 즉, 당신이 세상을 바라보는 태도에 의한 것이라는 말과 일맥상통한다. 따라서 정답은 ①이다.

| 어휘 | **determine** ⓥ 결정하다　　　　　**not so much A as B** – A가 아니라 B
aptitude ⓝ 적성, 소질　　　　　**bravery** ⓝ 용기

45 When the parties could not reach a consensus, a labor specialist was asked to _____ in the dispute between workers and management. 한국외대 2017

① eradicate   ② speculate

③ elaborate   ④ arbitrate

| 정답 | ④

| 해석 | 양측이 합의에 이르지 못하자, 노동 전문가에게 노사 분쟁을 중재해 주도록 요청했다.
        ① 근절하다   ② 추측하다   ③ 자세히 설명하다   ④ 중재하다

| 해설 | 분쟁(dispute)을 해결해 합의(consensus)에 이르기 위해서는 중간에 중재자가 필요하므로 정답은 ④가 된다.

| 어휘 | **consensus** ⓝ 의견 일치   **eradicate** ⓥ 근절하다
        speculate ⓥ 추측하다   **elaborate** ⓥ 자세히 설명하다
        arbitrate ⓥ 중재하다

---

46 The judge was forced to _____ the case because the prosecution could not produce a single _____ witness. 한양대 2011

① hear – believable   ② endure – expert

③ dismiss – credible   ④ withdraw – unreliable

| 정답 | ③

| 해석 | 판사는 검찰 측이 단 한 명의 믿을 만한 증인도 제시하지 못했으므로 소송을 기각할 수밖에 없었다.
        ① 듣다 – 믿을 만한   ② 참다 – 전문가의   ③ 기각하다 – 믿을 만한   ④ 철회하다 – 신뢰할 수 없는

| 해설 | because를 중심으로 인과 관계를 완성하는 것이 출제 의도이다.

| 어휘 | **force** ⓥ ~하도록 강요하다, 어쩔 수 없이 ~하게 만들다
        the prosecution – 검찰 측, 검사 측   **dismiss** ⓥ 기각하다
        credible ⓐ 믿을 만한   **withdraw** ⓥ 철회하다
        unreliable ⓐ 신뢰할 수 없는

---

47 In many countries, the healthiest diet is simple, inexpensive, traditional food — precisely the diet that people abandon as they move into _____. 서울여대 2010

① affluence   ② adolescence

③ literacy   ④ recession

| 정답 | ①

| 해석 | 많은 나라에서 가장 몸에 좋은 식단은 간단하고, 비싸지 않은 전통 음식이다. 사람들이 풍족해지면서 버린 바로 그 식단이다.
① 풍족함 ② 청소년기 ③ 글을 읽고 쓸 줄 앎 ④ 불황

| 해설 | 본문에 등장하는 기호인 ―는 '엠 대시(em dash)'로 불리며 설명을 위한 주석을 달기 위해 사용된다. 따라서 대시 기호 뒤의 'the diet that people abandon as they move into ~(사람들이 ~면서 버린 바로 그 식단)'는 'simple, inexpensive, traditional food(간단하고, 비싸지 않은 전통 음식)'를 보충 설명한 것이다. 사람들이 '~하게 되면서 간단하고 비싸지 않은 전통 음식을 버렸다'는 것은 빈칸에 들어갈 단어가 '간단하고 비싸지 않은 것'과는 상반되는 개념의 단어임을 유추할 수 있으며, 보기 중에서 이에 가장 적합한 뜻을 가진 단어는 '풍족함'이라는 뜻을 가진 ① affluence이다.

| 어휘 | **diet** ⓝ 식단, 식사
abandon ⓥ 버리다, 포기하다
adolescence ⓝ 청소년기
recession ⓝ 불황, 경기 후퇴
precisely ⓐⓓ 바로, 꼭
affluence ⓝ 풍족, 부유
literacy ⓝ 글을 읽고 쓸 줄 앎

---

48 He is the type of scientist who challenges _____ and how science is conventionally done, yet appears the most mild-mannered and amiable person you're likely to meet.

① presupposition
② benefactor
③ orthodoxy
④ mismatch

| 정답 | ③

| 해석 | 그는 정설에 도전하며 어떻게 과학이 전통적으로 행해져 왔는지에 도전하는 그러한 류의 과학자이지만, 당신이 아마 만나고 싶어 할지도 모르는 가장 온화하며 정감 가는 사람이기도 하다.
① 추정 ② 후원자 ③ 정설 ④ 부조화

| 해설 | and를 기준으로 병렬을 이루고 있기 때문에 how science is conventionally done과 가장 연관성 있는 보기를 찾으면 된다. 정답은 ③이다.

| 어휘 | **mild-mannered** ⓐ 온화한, 온순한
presupposition ⓝ 예상, 추정
orthodoxy ⓝ 정설, 통설
amiable ⓐ 쾌활한, 정감 있는
benefactor ⓝ 후원자

---

49 Because companies and governments _____ corporate profits and reject human rights, our world is in trouble. 한국외대 2017

① venerate
② mitigate
③ rescind
④ sate

| 정답 | ④

| 해석 | 기업과 정부가 기업의 이윤은 한껏 충족시키고 인권은 외면했기 때문에 우리가 사는 세상이 위기에 빠진 것이다.
　　　① 존경하다　　② 완화하다　　③ 폐지하다　　④ (욕구를) 채우다, 충족시키다

| 해설 | 현재 세상이 위기라고 했기 때문에 앞의 근거에 해당하는 내용은 부정적인 내용이 와야 한다. 인권은 외면(reject)하고, 회사나 그룹 공동의 이익만 '추구'했기 때문이라는 내용이 적합하다. 따라서 '추구하다'의 의미에 해당하는 '욕구를 채우다, 충족시키다'의 의미를 지니는 ④ sate가 정답이 된다.

| 어휘 | **corporate** ⓐ 기업[회사]의; (그룹 구성원을 다 포함하는) 공동의
　　　venerate ⓥ 존경하다, 공경하다
　　　mitigate ⓥ 누그러뜨리다, 완화하다
　　　rescind ⓥ 무효로 하다, 폐지하다, 취소하다, 철회하다
　　　sate ⓥ (욕구를) 채우다, 충족시키다; 물리게 하다, 배부르게 하다

---

50 Choosing a college is a difficult decision, but by attending college fairs and asking the right questions, you are on your way to finding the _____ for you.

① silver bullet
② perfect fit
③ turning point
④ fair deal

| 정답 | ②

| 해석 | 대학교를 선택하는 것은 어려운 결정이지만 대학 박람회에 참여해서 제대로 된 질문을 하는 것으로 당신은 당신에게 딱 맞는 대학을 찾을 수 있을 것이다.
　　　① 묘책　　② 완전히 딱 들어맞는 것　　③ 전환점　　④ 공정 거래

| 해설 | 정답의 단서는 by attending college fairs and asking the right questions이다. 박람회에 참여해서 제대로 된 질문을 한다면 어떤 대학이 자신에게 가장 적합한지를 알 수 있을 것이다. 따라서 정답은 ②이다.

| 어휘 | **fair** ⓝ 박람회, 설명회　　　　　**silver bullet** – 묘책, 특효약
　　　turning point – 전환점

---

51 In addition to environment variables, service providers also provide access to other data and components in a _____ way — resembling a file system drive.

① controversial
② outrageous
③ stylish
④ similar

| 정답 | ④

| 해석 | 환경적 변수들에 더해서, 서비스 제공자들은 또한 다른 데이터와 부품들을 file system drive와 닮은 비슷한 방식으로 제공한다.

① 논란의 여지가 있는   ② 터무니없는   ③ 우아한   ④ 비슷한

| 해설 | 정답의 단서는 resembling a file system drive이다. file system drive와 닮았다는 것은 그와 비슷한 방식으로 제공한다는 것을 유추해 볼 수 있다. 따라서 정답은 ④이다.

| 어휘 | **variable** ⑩ 변수   **component** ⑩ 요소, 부품
　　　 outrageous ⓐ 너무나 충격적인; 터무니없는

52　The unemployment rate in advanced world economies will remain high at nearly 8.0 percent until the end of next year with about 48 million people _____. 경기대 2013

　① homeless   ② careless
　③ jobless   ④ flawless

| 정답 | ③

| 해석 | 세계 선진국들의 전체 실업률은 내년 말까지는 근 8%라는 높은 수준을 유지할 것이며 이로 인해 대략 4800만 명이 실직 상태로 지낼 것이다.
　　　 ① 노숙의   ② 부주의한   ③ 실직 상태의   ④ 나무랄 데 없는

| 해설 | unemployment rate와 관련된 단어가 with 이하의 구문에 나와야 한다. with 이하에서 실업률 8%를 구체적 수치로 부연 설명하고 있다. 따라서 정답은 ③이다.

| 어휘 | **careless** ⓐ 부주의한   **flawless** ⓐ 나무랄 데 없는

53　The planning board _____ the definitive plan on January 19, 1988, stating that it did not comply with the rules and regulations of the planning board.

　① coalesced   ② disapproved
　③ bleached   ④ fabricated

| 정답 | ②

| 해석 | 기획원은 1988년 1월 19일에 그 최종안에 반대 결정을 내리며, 그것이 기획원의 규칙과 규정에 부합하지 않는다고 말했다.
　　　 ① 합치다   ② 반대하다   ③ 표백하다   ④ 제작하다

| 해설 | 정답의 단서는 did not comply with the rules and regulations of the planning board이다. 기획원의 규정과 규제에 부합하지 않았으므로, 해당 기획안을 거절하고 반대했을 것임을 추론할 수 있다. 따라서 정답은 ②이다.

| 어휘 | **board** ⑩ 이사회, 위원회   **definitive** ⓐ 최종적인, 확정적인
　　　 state ⓥ 말하다, 진술하다   **comply with** - 지키다, 준수하다
　　　 regulation ⑩ 규정, 규제   **coalesce** ⓥ 합치다

disapprove ⓥ 부인하다, 거절하다, 반대하다; 탐탁지 않게 여기다

bleach ⓥ 새파랗게 질리게 하다; 표백하다   **fabricate** ⓥ 제작하다; 날조[조작]하다

---

54 This is true, given that we whites understand some blacks more easily than we do other blacks, just as we understand people coming from a certain country _____ we do people from another country.

① worse than   ② rather than

③ better than   ④ as well as

| 정답 | ③

| 해석 | 우리가 특정 국가 출신 사람들을 다른 국가 출신 사람들보다 더 잘 이해하는 것처럼 다른 흑인들보다 몇몇 흑인들을 우리 백인들이 더 쉽게 이해한다는 것을 고려해 보면 이는 사실이다.
    ① ~보다 더 나쁜   ② ~라기 보다는   ③ ~보다 더 좋은   ④ ~뿐만 아니라

| 해설 | 정답의 단서는 just as와 more easily이다. 우리가 특정 국가 출신 사람들을 더 빈칸하게 이해하는 것처럼 몇몇 흑인들을 더 쉽게 이해한다는 것은 그만큼 더 잘 이해한다는 것으로 볼 수 있다. 따라서 정답은 ③이다.

| 어휘 | **rather than** – ~라기보다는   **as well as** – ~뿐만 아니라

---

55 Wine will likely need to _____ in a similar way that the beer industry has, expanding further into new flavors, premium or craft.

① support   ② innovate

③ disseminate   ④ combine

| 정답 | ②

| 해석 | 와인 업계는 맥주 업계가 새로운 맛이나, 고급 또는 수제 맥주 쪽으로 더 확장한 것처럼, 그와 비슷한 방식으로 쇄신할 필요가 있을 것이다.
    ① 지지하다   ② 혁신하다   ③ 퍼뜨리다   ④ 결합하다

| 해설 | 정답의 단서는 in a similar way와 expanding further into new flavors, premium or craft이다. 맥주 업계가 새로운 맛을 내고, 고급 맥주 또는 수제 맥주를 더 개발하려고 한 것처럼 와인 업계도 그렇게 해야 할 것이라고 말하고 있으므로, 혁신적으로 무언가를 할 필요가 있을 것이라고 추측해 볼 수 있다. 따라서 정답은 ②이다.

| 어휘 | **premium** ⓝ 고급품   **craft** ⓝ 수제 맥주

56 With economic output _____ and unemployment skyrocketing as a result of the pandemic, much of the money borrowed will be spent on job-boosting infrastructure projects and social and business supports.

① plummeting

② nullifying

③ overcoming

④ engineering

| 정답 | ①

| 해석 | 전 세계적 유행병으로 인한 생산량의 폭락과 실업률의 폭등으로 인해, 대출되는 대부분의 자금은 일자리를 증진시키는 사회 기반 시설 프로젝트와 사회적, 사업적 지원에 사용될 것이다.
① 급락하는　② 무효화시키는　③ 극복하는　④ 수작을 부리는

| 해설 | with 이하가 분사구문으로 사용되면서, 인과 관계의 구성을 띠고 있다. 문맥상으로 보더라도 빈칸에 들어갈 어휘로 가장 적절한 보기는 ① plummeting뿐이다.

| 어휘 | **skyrocket** ⓥ 급등하다　　　　　　**pandemic** ⓝ 전 세계적 유행병
plummet ⓥ 급락하다　　　　　　　**nullify** ⓥ 무효화하다
engineer ⓥ 수작을 부리다, 일을 꾀하다

---

57 The lungs are one of our _____ detoxification organs, purifying larger amounts of pollutants than any other organ to defend our body. 한국외대 2015

① cardinal

② artificial

③ tertiary

④ didactic

| 정답 | ①

| 해석 | 폐는 우리 신체에서 가장 중요한 해독 장기 중 하나로 신체를 보호하기 위해 그 어떤 장기보다도 더 많이 오염 물질을 정화한다.
① 가장 중요한　② 인공적인　③ 제3의　④ 교훈적인

| 해설 | 신체를 보호하기 위해 가장 많이 오염 물질을 정화하는 장기는 '가장 중요한' 해독 장기이다. 따라서 정답은 ①이다.

| 어휘 | **detoxification** ⓝ 해독　　　　　　**pollutant** ⓝ 오염 물질, 오염원
cardinal ⓐ 가장 중요한[기본적인]　　**tertiary** ⓐ 제3의, 셋째의
didactic ⓐ 교훈적인, 설교하려 드는

58　In connection with the nearly universal use of insecticides that are liver poisons, it is interesting to note the sharp rise in _____ that began during the 1950's and is continuing a fluctuating climb.

① arthritis　　　　　　　　　　　　　② dermatitis

③ bronchitis　　　　　　　　　　　　④ hepatitis

| 정답 | ④

| 해석 | 최근에 간에 좋지 않은 살충제의 보편적인 사용과 관련하여 흥미롭게 주목해 볼 만한 것은 1950년대에 나타나기 시작한 간염의 급격한 증가이며, 이는 계속해서 요동치며 증가하고 있다.
　　　　① 관절염　　② 피부염　　③ 기관지염　　④ 간염

| 해설 | 간에 좋지 않은 살충제이므로 간염의 증가에 기여했을 것이다. 정답은 ④이다.

| 어휘 | **insecticide** ⑪ 살충제　　　　　　　　　　**liver** ⑪ 간
　　　 fluctuating ⓐ 요동치는　　　　　　　 **arthritis** ⑪ 관절염
　　　 dermatitis ⑪ 피부염　　　　　　　　 **bronchitis** ⑪ 기관지염
　　　 hepatitis ⑪ 간염

59　Because she had a reputation for _____, we were surprised and pleased when she greeted us so _____. 덕성여대 2018

① petulance – affably　　　　　　　　② credulity – disdainfully

③ graciousness – satirically　　　　　 ④ nonchalance – ambivalently

| 정답 | ①

| 해석 | 그 여성은 무례한 태도로 유명했기 때문에, 우리는 그 여성이 우리를 너무나 싹싹하게 맞이한 것에 놀라면서도 기뻤다.
　　　　① 무례한 태도 – 싹싹하게　　② 쉽게 믿음 – 경멸하여
　　　　③ 친절함 – 풍자적으로　　　　④ 냉담 – 상반되는 감정으로

| 해설 | 우리가 놀라면서도 기쁜 이유는 그 여성이 '첫 번째 빈칸'으로 유명한 사람인데 우리를 '두 번째 빈칸'인 태도로 맞이했기 때문이다. 여기서 '첫 번째 빈칸'과 '두 번째 빈칸'의 의미가 서로 상반된 것이리라 유추 가능하다. 그리고 그 여성이 우리를 맞이할 때 '두 번째 빈칸'의 태도를 보여서 우리가 놀라면서도 기뻐했다는 것에서 '두 번째 빈칸'이 긍정적 의미를 지닌 단어일 것으로 유추된다. 이를 감안하고 보기의 단어를 빈칸에 대입했을 때 가장 적합한 것은 '무례한 태도로 유명한 사람이 우리를 싹싹하게 맞이해서 우리는 놀라면서도 기뻤다'는 의미의 ①이다.

| 어휘 | **have a reputation for** – ～로 유명하다　　 **petulance** ⑪ 심술 사나움; 무례한 태도
　　　 affably ⓐⓓ 붙임성 있게, 싹싹하게　　　　 **credulity** ⑪ 쉽게[잘] 믿음
　　　 disdainfully ⓐⓓ 경멸하여　　　　　　　 **graciousness** ⑪ 친절함, 상냥함
　　　 satirically ⓐⓓ 풍자적으로, 비꼬아　　　　 **nonchalance** ⑪ 냉담, 태연
　　　 ambivalently ⓐⓓ 상반되는 감정으로

60 When someone sees your art for the first time and wants to know who the artist is so that they can see more or learn more, your ＿＿＿＿＿＿ helps them find you.

① products
② customers
③ environment
④ signature

| 정답 | ④

| 해석 | 누군가 당신의 작품을 처음 보고 이 예술가가 누군지 알고 싶을 때 그들이 더 많이 보고 더 많이 알 수 있도록 하기 위해서는, 당신의 서명이 있다면 그들이 당신을 찾는 데 도움을 줄 것이다.
① 제품들 ② 고객들 ③ 환경 ④ 서명

| 해설 | 신원을 확인할 수 있는 것이어야 된다. signature는 서명이고 날인이므로 예술가의 동질성을 확인할 수 있는 장치가 된다.

| 어휘 | **signature** ⓝ 서명, 날인

---

61 The traditional process of producing an oil painting requires so many steps that it seems ＿＿＿＿＿＿ to artists who prefer to work quickly. 중앙대 2009

① interminable
② efficacious
③ congenial
④ facile

| 정답 | ①

| 해석 | 유화 제작을 위한 전통적 과정은 너무 많은 단계를 밟을 것을 요구하는 관계로 빠른 작업을 선호하는 작가들 입장에서는 유화 작업은 지겹고 짜증날 정도로 끝없이 이어지는 것 같다.
① 끝없이 지속되는 ② 효과적인 ③ 마음이 맞는 ④ 안이한

| 해설 | 유화를 그리기 위해 밟아야 할 단계가 너무 많다면, 작업을 빨리 진행하고 싶은 작가들은 당연히 유화 작업을 지겹고 '끝없이 지속되는' 것으로 여길 것이다. 따라서 정답은 ①이다.

| 어휘 | **interminable** ⓐ (지겹고 짜증날 정도로) 끝없이 계속되는
efficacious ⓐ 효과적인　　　　　　　　**congenial** ⓐ 사람이 마음이 맞는[통하는]
facile ⓐ 술술 하는, 안이한

---

62 In physics, a symmetry is broadly defined as any kind of ＿＿＿＿＿＿ under a transformation — in other words, a property of a system that doesn't get altered when a change is applied to that system.

① unbalance
② equilibrium
③ changeability
④ invariance

| 정답 | ④

| 해석 | 물리학에서 균형은 개략적 정의에 따르면 변화의 과정에서도 변하지 않는 그 어느 것을 말한다. 다시 말하자면, 해당 시스템에 변화가 적용되었을 때 그 시스템의 속성이 변하지 않는다는 것이다.
① 불균형　② 평형　③ 가변성　④ 불변

| 해설 | 정답의 근거는 in other words와 that doesn't get altered이다. 변화가 적용되었을 때에도 바뀌지 않는 속성이라는 것은 바뀌지 않고 그 속성이 그대로 유지된다는 것을 의미한다. 즉, 변하지 않는다는 것이므로 정답은 '불변'을 뜻하는 ④이다.

| 어휘 | **physics** ⓝ 물리학　　　　　　　　　**symmetry** ⓝ 대칭, 균형
transformation ⓝ 변화, 변신　　　　**property** ⓝ 속성, 특성
alter ⓥ 변하다, 바꾸다　　　　　　　**equilibrium** ⓝ 평형
changeability ⓝ 가변성　　　　　　　**invariance** ⓝ 불변

---

63 We have a sense of what a leader is supposed to look like, and that _____ is so powerful that when someone fits it, we simply become blind to other considerations. 경기대 2017

① leadership
② pride
③ rational
④ stereotype

| 정답 | ④

| 해석 | 우리는 리더가 어떻게 생긴 사람이어야 하는지에 대한 관념을 가지고 있으며, 그 고정 관념이 너무도 강력해 어떤 사람이 그런 기준에 부합하면 우리는 다른 고려 사항을 보지 못하게 된다.
① 리더십　② 자부심　③ 이성적인, 합리적인　④ 고정 관념, 정형화된 생각

| 해설 | 빈칸은 앞의 'a sense of what a leader is supposed to look like'를 지칭한다. 리더라면 '이런 모습이어야 한다는 생각'에 해당하므로, 리더의 외모에 대한 '고정 관념'을 의미한다. 따라서 정답은 ④가 적합하다.

| 어휘 | **be supposed to** – ～하기로 되어 있다; ～할 의무가 있다
be blind to – ～을 깨닫지 못하다, 못 보다　　　**consideration** ⓝ 고려 사항; 사려, 숙고; 배려
rational ⓐ 이성적인, 합리적인　　　　　　　　**stereotype** ⓝ 고정 관념, 정형화된 생각, 틀에 박힌 문구

---

64 The key issue the Fed is grappling with is at what point its federal funds rate functions _____ — that is to say, it neither promotes nor suppresses growth.

① seemingly
② neutrally
③ voluntarily
④ normally

| 정답 | ②

| 해석 | 연방 준비은행이 해결하려고 씨름하고 있는 주요 문제는 언제쯤 연방 자금 금리가 중립적으로 기능할 것인지이다.

말하자면, 그것이 성장을 촉진시키지도 않고 억제하지도 않는 상태이다.

① 겉으로 보기에　　② 중립적으로　　③ 자발적으로　　④ 보통

| 해설 | 정답의 단서는 that is to say와 neither promotes nor suppresses이다. 촉진시키지도 억제하지도 않는다는 것은 '중립적으로' 기능하는 것임을 알 수 있다. 따라서 정답은 ②이다.

| 어휘 | **the Fed** – 연방 준비은행　　　　　　　　**grapple with** – ~을 해결하려고 노력하다, 붙잡고 싸우다
funds rate – 자금 금리　　　　　　　　　**suppress** ⓥ 억누르다, 억제하다
seemingly ⓐⓓ 겉보기에　　　　　　　　　**voluntarily** ⓐⓓ 자발적으로

---

65 The medieval fortress was so strong that it remained _____ to the enemy troops, no matter what tactics or weapons they used. 한국외대 2016

① impregnable　　　　　　　　　　② penetrated
③ enforceable　　　　　　　　　　④ jeopardized

| 정답 | ①

| 해석 | 그 중세 요새는 너무나 튼튼했기 때문에 적국이 어떤 전략이나 무기를 활용했어도 난공불락의 상태로 남아 있었다.
① 난공불락의　　② 관통당한　　③ 시행할 수 있는　　④ 위태롭게 된

| 해설 | 주어진 문장이 '너무나 …하여 ~하다'란 의미를 지닌 「so … that ~」 구문이며, 따라서 '…'에 해당되는 strong과 '~'에 해당되는 빈칸의 단어는 서로 의미상 통해야 한다. 이를 감안하고 보기의 단어를 빈칸에 대입해 보면, 중세 요새가 너무나 '튼튼한' 나머지 어떤 전략이나 무기를 활용해도 '난공불락'이었다는 의미의 ①이 정답으로 적합하다.

| 어휘 | **medieval** ⓐ 중세의　　　　　　　　　**fortress** ⓝ 요새
impregnable ⓐ 난공불락의　　　　　**penetrate** ⓥ 관통하다, 뚫고 들어가다
enforceable ⓐ 시행할 수 있는　　　　**jeopardize** ⓥ 위태롭게 하다

---

66 Scientists have found that a combined group of vegetarians and vegans appeared to have a higher risk of haemorrhagic stroke than did meat-eaters. But owing to the small number of vegans in the study, it is hard to draw _____ conclusions.

*haemorrhagic stroke: 출혈성 뇌졸중

① unstable　　　　　　　　　　② rough
③ firm　　　　　　　　　　　　④ experimental

| 정답 | ③

| 해석 | 과학자들이 밝혀낸 바에 따르면 채식주의자 집단은 고기를 섭취하는 사람들보다 출혈성 뇌졸중에 걸릴 위험성이 더 높은 것처럼 보인다. 그러나 연구에 완전 채식주의자들의 수가 적은 관계로 확정적인 결론을 짓기는 어렵다.
① 불안정한　　② 개략적인　　③ 확실한　　④ 실험적인

| 어휘 | **vegetarian** ⓝ 채식주의자 **vegan** ⓝ 완전 채식주의자
owing to – ~ 때문에, ~이므로 **unstable** ⓐ 불안정한

---

67 To determine the number of poor people, the government first _____ poverty as the lack of minimum food and shelter necessary for maintaining life, which sociologists call absolute poverty.

숭실대 2015

① decides ② defines
③ denounces ④ dictates

| 정답 | ②

| 해석 | 가난한 사람들의 수를 알아내고자 정부는 처음에 가난을 생명을 유지하기 위해 필요한 최소한의 식량과 주거지가 존재하지 않는 상태로 정의했고, 이를 사회학자들은 절대적 빈곤이라 부른다.
① 결정하다 ② 정의하다 ③ 맹렬히 비난하다 ④ 지시하다

| 해설 | 빈칸 뒤 as부터 life까지의 내용은 정부가 판단하는 가난의 '정의'를 가리키며, 이를 사회학자들은 절대적 빈곤으로 '정의'하고 있다. 따라서 빈칸에 가장 적합한 것은 ②이다.

| 어휘 | **determine** ⓥ 알아내다, 밝히다 **shelter** ⓝ 주거지
sociologist ⓝ 사회학자 **denounce** ⓥ 맹렬히 비난하다
dictate ⓥ 받아쓰게 하다; 지시하다

---

68 The central bank _____ its 2020 growth forecast to 1.1 percent from 1.3 percent — not because of the social movement, but owing to trade tensions and a weak global economy.

① maintained ② negated
③ debunked ④ trimmed

| 정답 | ④

| 해석 | 중앙은행은 2020년 성장률을 1.3%에서 1.1%로 줄였는데, 그 이유는 사회 운동 때문이 아닌 무역 분쟁과 약화된 세계 경제 때문이다.
① 유지하다 ② 부인하다 ③ 틀렸음을 드러내다 ④ 줄이다

| 해설 | 정답의 근거는 to 1.1 percent from 1.3 percent이다. 1.3%에서 1.1%로 내려갔으므로, 성장 예측치를 줄인 것임을 알 수 있다. 따라서 정답은 ④이다.

| 어휘 | **forecast** ⓝ 예측, 전망 **negate** ⓥ 무효화하다; 부인하다
debunk ⓥ 틀렸음을 드러내다 **trim** ⓥ 삭감하다, 깎다

69 As a matter of fact, their _____ attitude towards the library resources stems from the fact that they think that these are not of much help to them in their search for materials they need.

① lucid
② dubious
③ apathetic
④ substantial

| 정답 | ③

| 해석 | 사실 그들의 도서관 자료에 대한 무관심한 태도는 그것들이 그들이 필요한 자료를 찾는 데에 큰 도움이 되지 않을 것이라는 그들의 생각에서 기인한다.
① 명료한　② 의심스러운　③ 무관심한　④ 상당한

| 해설 | 정답의 단서는 these are not of much help to them이다. 자신들에게 큰 도움이 되지 않을 것으로 생각했기에 도서관 자료들에 대한 그들의 태도는 무관심했을 것이다. 따라서 정답은 ③이다.

| 어휘 | **as a matter of fact** − 사실상　　　　**stem from** − ~로부터 유래하다
lucid ⓐ 명쾌한, 명료한　　　　　　　　**dubious** ⓐ 의심스러운
apathetic ⓐ 무관심한, 심드렁한　　　　**substantial** ⓐ 상당한

---

70 Some people say that any items over 50 years old can be called _____, while others say it must be over 100 years old. The term is usually applied to objects that are valuable because they are rare or are of high quality.

① antiques
② ruins
③ treasures
④ wastes

| 정답 | ①

| 해석 | 몇몇 사람들은 50년이 넘은 물건들을 골동품으로 부를 수 있다고 하지만, 반면에 다른 사람들은 100년은 넘어야 한다고 말한다. 골동품이라는 용어는 일반적으로는 희귀하거나 고품질이기 때문에 귀중하게 여겨지는 물체에 해당되는 용어이다.
① 골동품　② 폐허　③ 보물　④ 폐기물

| 해설 | 이미 언급된 사물 앞에 붙는 정관사 the가 term이라는 명사 앞에 붙었으므로 빈칸에 들어갈 말 = the term임을 유추할 수 있다. 그리고 the term의 정의를 '일반적으로는 희귀하거나 고품질이기 때문에 귀중한 물체(valuable because they are rare or are of high quality)'라고 내리고 있는데, 이는 골동품의 정의와 동일하다. 따라서 빈칸에 들어갈 것은 ①이 된다.

| 어휘 | **apply** ⓥ 적용되다, 해당되다　　　　**antique** ⓝ 골동품
ruins ⓝ 폐허　　　　　　　　　　　　**waste** ⓝ 폐기물

71 If you're planning a trip to a popular area, schedule your holiday for less popular times of the year. You'll find the traffic, crowds and queues markedly _____, and save a lot of money with the off-season rates. 국민대 2016

① mingled

② reduced

③ multiplied

④ frequented

| 정답 | ②

| 해석 | 인기가 많은 지역으로 여행을 계획하고 있다면, 일 년 중 인기가 적은 시간대의 휴일로 여행 날짜를 맞추는 것이 좋다. 그럴 경우 교통 체증, 구경하는 사람들, 길게 늘어선 줄 모두 눈에 띄게 줄어드는 것을 확인할 수 있으며, 비수기 요금으로 많은 돈을 절약할 수도 있을 것이다.

① 섞이는   ② 줄어드는   ③ 증가하는   ④ 자주 드나드는

| 해설 | 인기 있는 곳을 여행하려면, 가급적 연중 비수기인 시즌을 선택해서 여행하는 것이 좋다고 조언하고 있다. 따라서 비수기에 여행하게 되면, 교통 체증도 줄고, 구경하는 사람들의 수도 줄고, 길게 늘어선 줄도 줄어들 것으로 예상할 수 있다.

| 어휘 | **queue** ⓝ (무엇을 기다리는 사람·자동차 등의) 줄 **markedly** ⓐ 현저하게, 두드러지게, 뚜렷하게

off-season ⓝ 비수기 **rate** ⓝ 요금, 비율, 속도

mingle ⓥ 섞이다, 어우러지다; 섞다, 어우르다 **multiply** ⓥ 곱하다, 증가시키다

frequent ⓥ (특정 장소에) 자주 다니다

---

72 She says there's a _____ in the research community to dismiss the time and effort needed to manage and share data, which means they are not inclined to regard it as a real part of science.

① violation

② prudence

③ tension

④ tendency

| 정답 | ④

| 해석 | 그녀가 말하기를 연구 단체에는 데이터를 관리하고 공유하는 데 필요한 시간과 노력을 무시하는 경향이 있다고 한다. 이는 그들이 그러한 시간과 노력을 과학의 진정한 부분으로 여기지 않는 경향이 있다는 것이다.

① 위반   ② 신중함   ③ 긴장   ④ 성향

| 해설 | 정답의 단서는 are not inclined to regard이다. 그렇게 여기지 않는 경향이 있는 것으로 미루어 보아 연구 단체에는 시간과 노력을 무시하는 '성향'이 있을 것이다. 따라서 정답은 ④이다.

| 어휘 | **dismiss** ⓥ 일축하다, 무시하다 **be inclined to** - ~하는 경향이 있다

prudence ⓝ 신중, 사리 분별 **tendency** ⓝ 성향

73 The growing popularity of artificial intelligence technology will likely lead to millions of lost jobs, especially among less-educated workers, and could _____ the economic divide between socioeconomic classes in our society. 가톨릭대 2017

① alleviate   ② conceal

③ exacerbate   ④ mandate

| 정답 | ③

| 해석 | 인공 지능 기술의 인기가 높아짐에 따라 특히 교육 수준이 낮은 근로자 중 수백만 명이 직장을 잃을 수 있으며, 우리 사회의 사회·경제적 계층 간의 부의 양극화 문제를 악화시킬 수 있다.

① 완화하다   ② 감추다   ③ 악화시키다   ④ 명령하다

| 해설 | 인공 지능이 발달하면서 대규모 실직과 같은 '부정적' 문제가 발생할 것이라고 설명하고 있다. 뒤이어 순접(and)으로 연결되어 있으므로 빈칸의 내용도 부정적 상황을 의미해야 하므로, 부의 양극화(economic divide)가 '완화'되지 않고 '악화'되어야 한다. 따라서 정답은 ③ exacerbate가 된다.

| 어휘 | **artificial intelligence** – 인공 지능   **lead to** – ∼로 이어지다, 일으키다

economic divide – 경제적 격차, 부의 양극화   **socioeconomic** ⓐ 사회 경제적인

alleviate ⓥ 완화하다, 경감하다   **conceal** ⓥ 감추다, 숨기다

exacerbate ⓥ 악화시키다; 격분시키다   **mandate** ⓥ 명령[지시]하다; 권한을 주다

---

74 A professor of African-American studies at Princeton, Perry is a _____ writer whose many works, including her recent award-winning biography of the playwright Lorraine Hansberry, contributes to a fuller understanding of black history and culture.

① controversial   ② meticulous

③ infamous   ④ prolific

| 정답 | ④

| 해석 | 프린스턴 대학의 아프리카계 미국인 연구학 교수인 Perry 교수는 다작가인데, 최근 상을 받은 극작가 Lorraine Hansberry에 대한 전기를 포함한 그녀의 많은 작품들은 흑인의 역사와 문화를 조금 더 완전하게 이해하는 데에 크게 이바지했다.

① 논란의 여지가 있는   ② 세심한   ③ 악명 높은   ④ 다작하는

| 해설 | 정답의 단서는 many works이다. 많은 작품이 흑인 역사와 문화의 이해에 이바지했다는 것은 그만큼 Perry 교수가 글을 많이 쓴 작가라는 것을 알 수 있다. 따라서 정답은 ④이다.

| 어휘 | **biography** ⓝ 전기   **playwright** ⓝ 극작가, 각본가

controversial ⓐ 논란의 여지가 있는   **meticulous** ⓐ 꼼꼼한, 세심한

infamous ⓐ 악명 높은   **prolific** ⓐ 다작하는

75 The majority of the villagers in this seemingly forgotten land are _____ vegetarian; that is, they only eat meat during a holy celebration, or whenever they can afford it, which, because of the ludicrously high prices, is practically never. 한양대 2015

① reluctant
② strict
③ staunch
④ clandestine

| 정답 | ①

| 해석 | 여기 외견상으로 잊혀진 땅에 사는 마을 사람들 중 다수는 마지못해 채식주의자로서의 삶을 살고 있다. 즉, 이들은 성스러운 축일이나 고기를 살 돈이 있을 때만 고기를 먹는데, 문제는 고기 값이 터무니없이 비싸기 때문에 사실상 사서 먹는 경우는 거의 없다.
① 마지못한   ② 엄격한   ③ 견고한   ④ 비밀리에 하는

| 해설 | 마을 사람들이 고기를 먹는 경우가 상당히 제한적이었으므로, 이들은 고기를 먹고 싶어도 먹을 수가 없어 '마지못해' 채식주의자가 된 것임을 추측할 수 있다. 따라서 정답은 ①이다.

| 어휘 | **seemingly** ⓐ 외견상으로, 겉보기에는   **ludicrously** ⓐ 터무니없게
reluctant ⓐ 마지못한, 주저하는   **staunch** ⓐ 견고한, 튼튼한
clandestine ⓐ 비밀리에 하는, 은밀한

76 Good manners are important at meal times, though people worry less about table manners than they once did now that many meals are less _____. When eating at a table with other people, it is considered polite to keep your napkin below the table on your lap, to chew with your mouth closed and not talk with food in your mouth, to keep your elbows off the table, and to eat fairly slowly. 건국대 2020

① polite
② frequent
③ formal
④ comfortable
⑤ expensive

| 정답 | ③

| 해석 | 훌륭한 예의범절은 식사 시간에 중요하다. 비록 많은 식사 자리가 덜 형식적인 일이 되어서 사람들이 과거에 그랬던 것보다 식사 예절에 대해서 덜 걱정하긴 하지만 말이다. 다른 사람들과 식탁에서 식사를 할 때, 당신의 냅킨을 식탁 아래 무릎 위에 올려 두는 것, 입을 닫은 채 씹고, 입에 무언가 있을 때는 말을 하지 않는 것, 팔꿈치를 식탁 아래로 두는 것, 꽤 천천히 먹는 것은 예의 바른 것으로 여겨진다.
① 예의 바른   ② 빈번한   ③ 형식적인   ④ 편안한   ⑤ 비싼

| 해설 | 사람들이 과거보다 식사 예절에 대해서 덜 걱정하게 된 이유는 식사 자리가 덜 형식적이게 됐기 때문일 것이다. 즉 형식을 덜 따지게 되니 예의범절에 대해서도 별로 신경을 쓰지 않아도 된다는 것이다. 따라서 정답은 ③이다. 참고로 now that은 '~이므로, ~ 때문에'라는 뜻을 가지고 있다.

| 어휘 | **manners** ⓝ 예의, 예절   **lap** ⓝ 무릎

         fairly ⓐⓓ 꽤

77 Our study demonstrated that such culturally sensitive approaches can be _____ to human rights protection. In this case, including the user's perspective, to ensure the cultural appropriateness of health goods and services was not only an essential element, but a precondition for more effective implementation.

① immaculate   ② unbiased

③ mundane   ④ indispensable

| 정답 | ④

| 해석 | 우리의 연구가 증명해 낸 바로는 그러한 문화적으로 세심한 접근법들은 인권 보호에 없어서는 안 되는 필수적인 것이다. 이 경우에 있어서, 사용자들의 관점을 포함하며, 건강 관련 식품 및 서비스에 대한 문화적 적절성을 확실하게 하는 것은 필수적인 요소일 뿐만 아니라 더 효과적인 시행을 위한 전제 조건이기도 하다.

① 깨끗한   ② 편파적이지 않은   ③ 재미없는   ④ 필수적인

| 해설 | 정답의 단서는 not only an essential element, but a precondition이다. 필수적인 요소일 뿐만 아니라 전제 조건이라는 것은 그러한 접근법이 반드시 없어서는 안 되는 필수적인 것임을 유추해 볼 수 있다. 정답은 ④이다.

| 어휘 | **demonstrate** ⓥ 증명하다   **human rights** – 인권

        perspective ⓝ 관점   **appropriateness** ⓝ 적절성

        precondition ⓝ 전제 조건   **implementation** ⓝ 이행, 실행

        immaculate ⓐ 깔끔한; 오류가 전혀 없는   **mundane** ⓐ 재미없는, 일상적인

        indispensable ⓐ 없어서는 안 되는, 필수적인

78 _____ is one of the most important words being used by researchers to describe practices and cultures that foster creative problem-solving and innovation within contexts of change, crisis, and scarcity. In social change research, we have to develop creative, practical solutions to seemingly unsolvable problems against the odds.

① validity   ② perception

③ compassion   ④ ingenuity

| 정답 | ④

| 해석 | 독창성은 가장 중요한 단어 중 하나로 연구자들이 변화, 위기 그리고 결핍의 상황 속에서 창의적인 문제 해결과 혁신을 조성하는 관행 그리고 문화를 설명하는 데 사용한다. 사회 변화에 관한 연구에서, 우리는 겉으로는 해결 불가능한 것처럼 보이는 문제들에 대한 창의적이며 실용적인 해결책을 모든 역경을 무릅쓰고서라도 만들어 내야만 한다.

① 타당성　　② 관점　　③ 동정심　　④ 독창성

| 해설 | 정답의 단서는 foster creative problem-solving and innovation과 we have to develop creative, practical solutions이다. 창의적인 문제 해결과 가장 연관성 있는 단어는 '독창성, 기발한 재주'라는 뜻의 ④이다.

| 어휘 | **foster** ⓥ 조성하다 　　　　　　　　　　**context** ⓝ 맥락, 상황
crisis ⓝ 위기 　　　　　　　　　　　　**scarcity** ⓝ 부족, 결핍
against the odds – 역경을 무릅쓰고 　　　**validity** ⓝ 타당성
perception ⓝ 인지, 지각 　　　　　　　**compassion** ⓝ 연민, 동정심

---

79 It is almost _____ that the global economy will remain healthy in the face of serious economic problems in both China and the United States, even leaving aside their conflicts over trade and technology.

① intangible

② inexorable

③ inconceivable

④ impeccable

| 정답 | ③

| 해석 | 심지어 무역과 기술에 대한 중국과 미국 간의 갈등은 차치하고서라도 두 국가 내부의 심각한 경제 문제에 직면한 상황에서 세계 경제가 잘 돌아가리라는 것은 상상도 할 수 없다.
① 무형의　　② 거침없는　　③ 상상할 수 없는　　④ 완벽한

| 해설 | 정답의 단서는 in the face of serious economic problems이다. 심각한 경제 문제에 직면해 있는 상태라면 세계 경제가 결코 잘 돌아가지 않을 것이므로, 세계 경제가 제대로 돌아갈 것이라는 것은 생각도 할 수 없는 것일 것이다. 따라서 정답은 ③이다.

| 어휘 | **in the face of** – ~에 직면하여 　　　　**intangible** ⓐ 무형의
inexorable ⓐ 멈출 수 없는, 변경할 수 없는; 거침없는　**inconceivable** ⓐ 상상[생각]도 할 수 없는
impeccable ⓐ 흠잡을 데 없는

---

80 Due to her diligence and overflowing creativity, the author was known for her _____ writing, and readers looked forward to her constant flow of books. 명지대 2016

① prolific

② pedestrian

③ reprehensible

④ intellectual

| 정답 | ①

| 해석 | 그 저자는 근면성과 넘쳐흐르는 창의력 덕분에 글을 다작한 것으로 유명했고 독자들은 작가가 계속 내놓은 책들을 기대했다.
① 다작하는　　② 보행자의　　③ 부끄러운　　④ 지적인

| 해설 | 저자가 근면성과 창의력이 넘쳐 나는 사람이었다는 점 그리고 독자들이 저자가 계속 내놓은 책들을 기대했다는 점 등에서 저자가 책을 많이 쓴 사람 즉 '다작하는' 사람이었음을 유추할 수 있다. 따라서 정답은 ①이다.

| 어휘 | **diligence** ⓝ 근면, 성실   **overflowing** ⓐ 넘쳐흐르는

prolific ⓐ 다작하는, 다산하는   **pedestrian** ⓐ 보행자의

reprehensible ⓐ 부끄러운, 비난받을 만한   **intellectual** ⓐ 지적인

---

81 The sagacious student of literature is aware that terms used in literary criticism are _____ in that their meanings shift depending on the premises of the writer using them and the nature of the work under discussion. 한양대 2015

① typically inert   ② totally infeasible

③ notoriously plastic   ④ completely arbitrary

| 정답 | ④

| 해석 | 현명한 문학 학습자들은 문학 비평에서 사용되는 용어가 이를 사용하는 작가의 전제와 토의 대상이 되는 작품의 성격에 따라 의미가 변한다는 점에서 완전히 자의적이라는 것을 알고 있다.
     ① 보통 기력이 없는   ② 완전히 실행 불가능한   ③ 악명 높게 인공적인   ④ 전적으로 자의적인

| 해설 | 작가에 따라 그리고 대상에 따라 용어의 의미가 변한다는 말은 의미가 '자의적'이라는 말과 같다. 따라서 정답은 ④ 이다.

| 어휘 | **sagacious** ⓐ 현명한   **premise** ⓝ 전제

inert ⓐ 기력이 없는, 불활성의   **infeasible** ⓐ 실행 불가능한

plastic ⓐ 가짜인, 인공적인   **arbitrary** ⓐ 임의적인, 자의적인

---

82 World production has increased _____. From 2.3 million tons in 1950, it grew to 162 million in 1993 and to 448 million by 2015. But the amount of plastic drifting on the ocean and washing up on beaches, alarming as it was, didn't seem to be rising as fast. 숭실대 2020

① stubbornly   ② trivially

③ sluggishly   ④ exponentially

| 정답 | ④

| 해석 | 세계 생산은 기하급수적으로 증가했다. 1950년에 230만 톤에서 1993년에 1억 6200만 톤으로, 2015년에는 4억 4800만 톤으로 성장했다. 그러나 바다 위를 표류하고 해변으로 밀려오는 플라스틱의 양은, 심각한 수준이긴 했지만, 플라스틱의 생산만큼 빠르게 증가한 것처럼 보이지 않았다.
     ① 완고하게   ② 사소하게   ③ 느리게   ④ 기하급수적으로

| 해설 | 사실 관계를 나타내는 진술에 구체적인 내용이 뒤따른다. 생산되는 양이 급격히 증가하고 있는 것을 수치로 확인할

수 있다. 따라서 '급격히, 기하급수적으로'에 해당하는 ④ exponentially가 정답이 된다.

| 어휘 | **drift** ⓥ 표류하다　　　　　　　　　　　　　**wash up** – (육지로 ∼을) 쓸고 오다, 싣고 오다
　　　　stubbornly 졧 고집스럽게, 완강히　　　　　　**trivially** 졧 사소하게, 하찮게, 평범하게
　　　　sluggishly 졧 느리게, 나태하게　　　　　　　**exponentially** 졧 기하급수적으로

83　The introduction of the new technology will most likely make surgery as we know it today
　　_____. It will no longer be necessary to get into the messy business of cutting open a
　　patient. 한국외대 2011

　　① obsolete　　　　　　　　　　　　　　② imminent

　　③ exorbitant　　　　　　　　　　　　　④ lucrative

| 정답 | ①

| 해석 | 신기술의 도입은 우리가 오늘날 알고 있는 수술을 한물간 것으로 만들 공산이 크다. 더 이상 환자를 째는 골치 아픈
　　　 일을 할 필요는 없을 것이다.
　　　 ① 한물간　　② 임박한　　③ 과도한　　④ 수익성이 좋은

| 해설 | '우리가 아는 기존의 수술(surgery as we know it today)'을 '환자를 째는 골치 아픈 일(the messy business of
　　　 cutting open a patient)'로 부르면서 '더 이상 필요 없는(no longer be necessary)' 것으로 묘사하고 있으므로,
　　　 기존의 수술 방식을 '구식의, 한물간' 것으로 묘사하고 있음을 알 수 있다. 따라서 정답은 ①이 된다.

| 어휘 | **introduction** ⓝ 도입　　　　　　　　　**get into** – ∼을 시작하다
　　　 messy ⓐ 엉망인, 지저분한, 골치 아픈　　　**obsolete** ⓐ 구식의, 한물간
　　　 imminent ⓐ 임박한, 목전의　　　　　　**exorbitant** ⓐ 과도한, 지나친
　　　 lucrative ⓐ 수익성이 좋은

84　In 1962, Rachel Carson's book *Silent Spring* brought America to the tipping point, the moment when a
　　long-accepted set of values undergoes rapid change. Thanks to her work, the modern environmental
　　protection movement was born. Today, the movement she began has thousands of _____ all
　　over the world. 가천대 2015

　　① transporters　　　　　　　　　　　　② discriminators

　　③ opponents　　　　　　　　　　　　　④ counterparts

| 정답 | ④

| 해석 | 1962년 레이첼 카슨(Rachel Carson)의 저서 "침묵의 봄(Silent Spring)"은 미국을 '티핑 포인트' 즉 오랫동안 수
　　　 용되어온 일련의 가치가 갑작스러운 변화를 겪는 시점으로 유도했다. 카슨의 노력 덕분에 현대식 환경 보호 운동이
　　　 창출되었다. 오늘날 전 세계에서 카슨이 시작한 환경 보호 운동과 대응되는 운동은 수천 개에 달한다.

① 운반체　　② 판별 장치　　③ 반대자　　④ 대응되는 것

| 해설 | 문맥상 빈칸에는 미국 이외 전 세계에서 진행되는 수천의 '환경 보호 운동'을 가리키는 단어가 와야 하며, 보기 중에서 이러한 조건에 부합하는 것은 '대응 관계에 있는 사람[것]'을 의미하는 ④이다.

| 어휘 | **tipping point** – 티핑 포인트; 어떠한 현상이 서서히 진행되다가 작은 요인으로 한순간 폭발하는 시점
undergo ⓥ 겪다　　　　　　　　　　　　**transporter** ⓝ 운반체
discriminator ⓝ 판별 장치　　　　　　**opponent** ⓝ 반대자
counterpart ⓝ 상대, 대응 관계에 있는 사람[것]

85　In order to maintain individuality, one needs a certain sense of psychological security, to the effect that the world around him or her is predictable or understandable and is not just totally _____.

가톨릭대 2016

① integral　　　　　　　　　　　　　　② malignant
③ abundant　　　　　　　　　　　　　　④ chaotic

| 정답 | ④

| 해석 | 인간은 개성을 유지하기 위해 확실한 심리적 안도감을 지녀야 하며, 이는 주변 세상이 예측이 가능하거나 이해가 가능하며 전적으로 혼란스럽지는 않다는 취지에서의 안도감이다.
① 필수적인　　② 악성의　　③ 풍성한　　④ 혼란스러운

| 해설 | 인간은 개성을 유지하기 위해 심리적 안도감을 지녀야 하고, 그러한 안도감은 '~라는 취지에서의(to the effect that)' 안도감이다. '~라는' 부문에 해당되는 것은 '예측이 가능한(predictable)', '이해가 가능한(understandable)' 그리고 not '빈칸'이다. 즉 predictable과 understandable과 not '빈칸'이 문맥상 의미가 통해야 한다. 이를 감안하고 보기를 보면 빈칸에 가장 적합한 것은 '혼란스럽지 않다'는 의미에서 ④ chaotic이다.

| 어휘 | **individuality** ⓝ 개성　　　　　　　　**certain** ⓐ 확실한, 틀림없는
psychological ⓐ 정신의, 심리적인　　**security** ⓝ 안도감, 안심
sense of security – 안전감, 안도감　　**to the effect that** – ~라는 취지의[로]
predictable ⓐ 예측[예견]할 수 있는　　**integral** ⓐ 필수적인, 필요 불가결한
malignant ⓐ 악성의, 악의에 찬

86　What lies behind the voter _____ among the young? The popular explanation is that people — especially young people — are alienated from the political system, turned off by the shallowness and negativity of candidates and campaigns. 숭실대 2017

① advocacy　　　　　　　　　　　　　　② anxiousness
③ apathy　　　　　　　　　　　　　　　④ asymmetry

| 정답 | ③

| 해석 | 투표에 대해 젊은 유권자들이 무관심한 숨은 이유는 무엇일까? 유권자들 중에서도 젊은 유권자들이 정치 시스템으로부터 소외되어 있고 후보나 선거 운동의 천박함과 네거티브 경향이 그들의 등을 돌리게 한다는 것이 일반적인 설명이다.

① 지지　　② 걱정스러움, 몹시 갈망함　　③ 무관심　　④ 불균형, 비대칭

| 해설 | 정치적 소외와 선거의 천박함과 네거티브가 빈칸의 이유에 해당하며, 이는 젊은 유권자들을 정치적 무관심(political apathy)으로 이끄는 요인에 해당하므로 정답은 ③이 적합하다.

| 어휘 | **lie behind** – (진짜 이유가) ~ 뒤에 숨어 있다　　**explanation** ⓝ 설명
alienate ⓥ 소원하게[멀어지게] 만들다　　**shallowness** ⓝ 얕음; 천박함
negativity ⓝ 부정적[비관적] 성향; 소극성　　**candidate** ⓝ 후보(자)
advocacy ⓝ 지지; 옹호　　**anxiousness** ⓝ 걱정스러움; 몹시 갈망함
apathy ⓝ 냉담, 무관심　　**asymmetry** ⓝ 비대칭, 어울리지 않음, 불균형

87　A mixture is a combination of two or more substances in which the substances retain their distinct identities. Some examples are air, soft drinks, and cement. Mixtures do not have constant composition. _____, samples of air collected in different cities would probably differ in composition because of differences in altitudes, pollution, and so on. 항공대 2016

① However　　　　　　　② Therefore

③ Otherwise　　　　　　④ Additionally

| 정답 | ②

| 해석 | 혼합물이란 둘 이상의 물질이 각기 뚜렷이 구분되는 독자적 특징을 그대로 유지한 채 결합된 것을 가리킨다. 공기, 청량음료, 시멘트 등을 몇 가지 예로 들 수 있다. 혼합물은 일정한 성분비라는 것이 존재하지 않는다. 따라서 서로 다른 도시에서 수집된 공기의 표본은 구성 측면에서 서로 다를 것이며 왜냐하면 고도와 오염도 등에 차이가 존재하기 때문이다.

① 하지만　　② 따라서　　③ 그렇지 않으면　　④ 더군다나

| 해설 | 빈칸 앞에서는 혼합물의 예로 공기가 제시되어 있고, 혼합물의 성분비는 일정하지 않다고 나와 있다. 그리고 빈칸 뒤에서는 혼합물 중 하나인 공기는 성분비가 일정하지 않기 때문에 지역에 따라 구성이 서로 다를 수 있음을 말하고 있다. 즉 빈칸에 들어갈 접속사는 빈칸 앞과 뒤가 인과 관계임을 설명하는 것이 와야 한다. 따라서 정답은 ②이다.

| 어휘 | **mixture** ⓝ 혼합물, 혼합체　　**substance** ⓝ 물질
retain ⓥ 유지하다, 함유하다　　**distinct** ⓐ 별개의, 뚜렷이 구분되는
identity ⓝ 독자성, 본질　　**constant composition** – 일정 성분비, 일정 성분
composition ⓝ 구성 요소, 구성

88 Owing to genetic discoveries, newer tests can help people from cancer-prone families determine whether they've _____ the culpable mutation. "My mother died of colon cancer at age 47," says Dr. Bert Vogelstein. "If we had known she was genetically at risk, we could have screened for the disease and caught it early." 가천대 2015

① transformed   ② inherited

③ prohibited   ④ imposed

| 정답 | ②

| 해석 | 유전학적 발견 덕분에 새로운 검진은 암에 걸리기 쉬운 가족력을 지닌 사람들이 이 괘씸한 유전적 변이를 물려받은 것은 아닌지 알아내는 데 도움을 줄 수 있다. 닥터 버트 보걸스틴(Bert Vogelstein)은 다음과 같이 말했다. "제 어머님께선 대장암으로 47세의 나이에 돌아가셨습니다. 만일 어머님이 유전적으로 암에 걸릴 위험이 있음을 알았었더라면 암을 검진하여 조기에 발견할 수 있었을 것입니다."
① 변형시키다   ② 물려받다   ③ 금지하다   ④ 부과하다

| 해설 | the culpable mutation은 암을 의미하고 암의 가족력이 있는 사람들은 암을 '물려받을' 가능성이 있다. 따라서 정답은 ②이다.

| 어휘 | **prone** ⓐ ~하기[당하기] 쉬운   **determine** ⓥ 알아내다, 밝히다
culpable ⓐ 과실이 있는, 비난할 만한, 괘씸한   **mutation** ⓝ (돌연)변이, 변화
colon cancer – 대장암   **screen** ⓥ 검진하다
inherit ⓥ 물려받다   **impose** ⓥ 부과하다

89 Every year, the market-research firm Millward Brown conducts a survey to determine the economic worth of the world's brands — _____, to put a dollar value on the many corporate logos that dominate our lives. 성균관대 2010

① on the one hand   ② in other words

③ as the case may be   ④ in the long run

⑤ on the other hand

| 정답 | ②

| 해석 | 매년 시장 조사업체인 Millward Brown 사는 전 세계 브랜드의 경제적 가치를 측정하기 위해 – 다시 말해, 우리 삶을 지배하는 많은 기업의 로고당 달러 가치를 매기기 위해 – 여론 조사를 수행한다.
① 한편   ② 다시 말해   ③ 경우에 따라   ④ 장기적으로 봐서   ⑤ 반면

| 해설 | 빈칸에 알맞은 표현을 고르는 문제이다. 본문에서 'determine the economic worth of the world's brands(브랜드의 경제적 가치를 측정)'하는 것과 'put a dollar value on the many corporate logos(기업의 로고당 달러 가치를 매기기)'는 본질적으로 같은 의미를 갖고 있기 때문에 빈칸에 들어갈 표현은 결국 앞의 문장을 달리 표현하기 위해 덧붙이는 표현임을 알 수 있다. 그러므로 보기 중에서 이에 가장 알맞은 것은 ②의 'in other words(다시 말

해)'임을 알 수 있다.

| 어휘 | **market research** – 시장 조사   **conduct** ⓥ ∼을 수행하다

survey ⓝ 여론 조사   **dominate** ⓥ ∼을 지배하다

put a dollar value on – ∼에 달러당 가치를 놓다[매기다]

as the case may be – 경우에 따라

---

90 Methane, together with other greenhouse gases like carbon dioxide, contributes to global warming by acting like a _____ surrounding the whole planet, _____ the sun's heat within the atmosphere and causing global temperatures to rise. 이화여대 2015

① prism – evaporating   ② crank – cooling down

③ bottleneck– obstructing   ④ blanket – trapping

⑤ locomotive – vaporizing

| 정답 | ④

| 해석 | 이산화탄소 같은 다른 온실가스와 함께 메탄은 지구 전체를 둘러싸고 있는 담요와 마찬가지 방식으로 작동하며, 대기 중 태양열이 밖으로 빠져나가지 못하게 가두고, 이를 통해 지구의 온도를 올리는 방식으로 지구 온난화에 기여한다.

    ① 프리즘 – 증발시키다   ② 크랭크 – 온도를 낮추다   ③ 병목 – 막다

    ④ 담요 – 가두다   ⑤ 기관차 – 증발시키다

| 해설 | 메탄은 온실 효과를 유발하는 가스이며, 온실 효과가 무엇인지 생각해 보면, 지구 전체를 감싸는 메탄은 마치 '담요' 와 같은 역할을 할 것이다. 그리고 지구의 온도가 올라가려면 온실처럼 태양열이 밖으로 빠져나가지 못하고 '가둬져야' 한다. 따라서 정답은 ④이다.

| 어휘 | **evaporate** ⓥ 증발시키다   **obstruct** ⓥ 막다, 방해하다

locomotive ⓝ 기관차   **vaporize** ⓥ 증발[기화]시키다

trap ⓥ 가두다

---

91 The history of moral philosophy is a history of disagreement, but on one point there has been virtual unanimity. It would be absurd to suggest that we should do what _____. This principle that our moral obligations can not exceed our abilities played a central role in the work of Emmanuel Kant and has been widely accepted since. Indeed, this idea seems self-evidently true, much as "bachelor" implies "man." 서울여대 2018

① we could not possibly do

② we are predetermined to do

③ our intuition commands us to do

④ our reason does not tell us to do

| 정답 | ①

| 해석 | 윤리학의 역사는 의견 불일치의 역사이다. 하지만 한 지점에서 사실상 모든 철학자가 의견 일치를 보이는 것이 있었다. 그것은 우리가 사실상 할 수 없는 것을 제안하는 것은 터무니없는 것일 수 있다는 점이다. 우리의 도덕적 의무는 우리의 능력을 뛰어넘지 않는다는 원칙이 임마누엘 칸트의 작업에 핵심적인 역할을 했으며, 그 이후 폭넓게 받아들여져 왔다. 사실, 이런 사상은 '미혼 남성'이 '남자'를 뜻하는 것과 같이 자명한 참으로 보인다.
① 우리가 사실상 할 수 없는
② 우리가 하도록 미리 결정되어 있는
③ 우리의 직관이 우리에게 하도록 명령하는
④ 우리의 이성이 우리에게 하지 않도록 명령하는

| 해설 | 빈칸 뒤에서 '우리의 도덕적 의무는 우리의 능력을 뛰어넘지 않는다'는 원칙이 앞에서 말한 윤리 철학자들이 의견 일치를 보이는 점에 해당한다. 따라서 빈칸의 내용도 이와 동일한 내용이 되어야 하므로, '우리는 사실상 할 수 없는 것은 할 수 없다'는 ①이 정답이 된다.

| 어휘 | **moral philosophy** – 도덕학, 윤리학 **virtual** ⓐ 실제상의, 실제적인
unanimity ⓝ 만장일치, 동의 **absurd** ⓐ 불합리한, 터무니없는
obligation ⓝ 의무, 책무 **exceed** ⓥ 넘다, 초과하다
self-evidently ⓐⓓ 자명하게 **bachelor** ⓝ 미혼 남자
imply ⓥ 암시하다 **predetermine** ⓥ 미리 결정하다
intuition ⓝ 직관(력) **reason** ⓝ 이성

---

92 An activity that once obliged one to go out into the public sphere can now be done at home. Direct mail catalogues, with their twenty-four-hour phone numbers for ordering, permit people to shop where and when they please. Shopping is an activity that has overcome its _____ limits. 가천대 2017

① financial ② geographical
③ hierarchical ④ temperamental

| 정답 | ②

| 해석 | 한때는 집 밖에 나가 해야 했던 일이 이제는 집에서도 할 수 있게 되었다. 24시간 전화 주문이 가능한 쇼핑 카탈로그를 이용해 사람들은 자신이 원하는 장소에서, 원하는 시간에 쇼핑을 할 수 있다. 쇼핑이 지리적 한계를 극복한 활동이 된 것이다.
① 금융의 ② 지리적인 ③ 계층의 ④ 기질적인

| 해설 | 예전에는 쇼핑을 하려면 무조건 집 밖으로 외출을 해야 했다. 하지만 지금은 집에서도 쇼핑을 하루 종일 할 수 있다. 쇼핑에 '시간적, 장소적' 제약이 사라진 것이므로 이를 지칭할 수 있는 것은 ②가 가장 적합하다.

| 어휘 | **oblige** ⓥ 의무적으로[부득이] ~하게 하다 **overcome** ⓥ 극복하다
geographical ⓐ 지리학(상)의, 지리(학)적인 **hierarchical** ⓐ 계급[계층]에 따른
temperamental ⓐ 기질적인

93 In ancient Greece, early philosophers, such as Aristotle and Plato, debated psychological issues. Was how a person thought and acted inborn — _____, did thinking and behavior result from a person's biological nature? Or were thinking and behavior acquired through education, experience, and culture — for example, did they result from how a person was nurtured? 성균관대 2020

① in other words
② as usual
③ in conclusion
④ on the one hand
⑤ on the other hand

| 정답 | ①

| 해석 | 고대 그리스에서 아리스토텔레스(Aristotle)와 플라톤(Plato) 같은 초기 철학자들은 정신적 문제를 두고 논쟁을 했다. 인간의 사고 및 행동 방식은 선천적인 것인가? 달리 말하자면, 사고와 행동은 한 개인의 생물학적 본성에 기인한 것인가? 아니면 사고와 행동은 교육과 문화 및 문화를 통해 획득된 것인가? 예를 들면, 한 개인이 양육된 방식에서 기인한 것인가?

① 달리 말하자면   ② 늘 그럴듯이   ③ 결론적으로   ④ 한편으로는   ⑤ 반면에

| 해설 | 빈칸 앞에서는 '인간의 사고 및 행동 방식이 선천적인 것인지'를 묻고 있으며, 빈칸 뒤에서는 '사고와 행동은 한 개인의 생물학적 본성에 기인한 것인지'를 묻고 있다. 빈칸 앞의 선천적이란 것과 빈칸 뒤 내용은 사실상 동일하고, 따라서 빈칸 앞의 질문이 빈칸 뒤에서 부연 설명된 것으로 볼 수 있다. 이 경우 사용 가능한 접속사는 ①이다.

| 어휘 | **psychological** ⓐ 정신[심리]의, 정신[심리]적인; 심리학적인
inborn ⓐ 타고난, 선천적인   **biological** ⓐ 생물학의, 생물체의
nurture ⓥ 양육하다, 보살피다

---

94 It was recently discovered that Pluto is actually much smaller than had been previously thought. Other objects that are Pluto's size have never been called planets. _____, Pluto's strange orbit is not at all similar to that of the other eight planets. This will result in a slight change in many textbook on the subject of the solar system. 에리카 2015

① However
② Similarly
③ Otherwise
④ Additionally

| 정답 | ④

| 해석 | 명왕성의 크기는 과거 생각했던 것에 비해 실제로는 훨씬 작다는 사실이 최근에 발견되었다. 명왕성 크기의 다른 천체는 결코 행성이라 불리지 않는다. 게다가 명왕성의 특이한 궤도는 다른 여덟 개의 태양계 행성의 궤도와 전혀 유사하지 않다. 이로 인해 태양계에 관하여 많은 교과서에 약간의 변화가 가해지게 되었다.

① 하지만   ② 마찬가지로   ③ 그렇지 않으면   ④ 게다가

| 해설 | 빈칸 앞에서는 명왕성이 태양계의 다른 행성에 비해 특이한 점(크기에 관해)을 설명하고 있으며 빈칸 뒤에서도 마찬

가지로 명왕성의 특이한 점(궤도에 관해)을 말하고 있다. 따라서 빈칸에는 뭔가를 추가적으로 덧붙인다는 의미에서 ④가 적합하다.

95 Like millions of other teenagers, my 14-year-old daughter Jen is often to be found on the sofa, laptop on her knees, checking facts for the essay she's writing. The TV is on and occasionally she scrolls through Facebook. She texts, makes calls on her mobile and takes her iPod headset on and off. To me — and most other parents — this seems ＿＿＿＿＿＿＿. "How can you think with all that noise?" we yell. Homework used to be something to be done in silence, with all distractions firmly removed. 성균관대 2011

① a miserable scene to overcome

② a proper time to leave

③ an appropriate chance to talk to

④ an impossible way to work

⑤ a hopeless situation to ignore

| 정답 | ④

| 해석 | 다른 수많은 십대 아이들처럼 내 14살짜리 딸인 Jen은 소파 위에서 무릎에 노트북을 놓고 작성 중인 에세이에 필요한 사실들을 점검하는 모습이 종종 발견된다. TV는 켜진 상태에서 때로는 Facebook이 뜬 화면을 넘겨보곤 한다. 내 딸은 휴대 전화로 문자를 보내거나 전화를 하고 iPod의 헤드셋을 썼다 벗었다 한다. 나에게나 다른 부모들 거의가 보기에는 (내 딸처럼) 이렇게 일하기는 거의 불가능해 보인다. 우리는 "어떻게 그런 소음 속에서 생각이 가능하니?"라고 외친다. 옛날에 숙제는 집중을 방해하는 것은 단호히 제거된 상태에서 정숙한 분위기에서 하는 것이었다.
① 극복해야 할 비참한 광경
② 떠나기 적절한 시간
③ 말하기에 적절한 기회
④ 일하기 불가능한 방법
⑤ 무시하려는 절망적 상황

| 해설 | 빈칸의 내용은 다음 문장에 부연 설명 되어 있다. '숙제는 집중을 방해하는 것이 없게, 정숙한 분위기에서 하는 것'이라는 부연과 같은 내용은 '아이들의 산만한 방식은 공부[일]하기 불가능한 방식'이라는 보기이다.

96 Can intelligence be taught? The traditional answer is no. That answer, however, is based solely on short-term studies. Long-term studies have shown that training in specific skills does seem to improve intelligence scores. _____, the Israeli psychologist Reuven Feuerstein has developed a program that involves hundreds of hours of special tutoring. The program's emphasis is on remedying errors in thinking. Feuerstein's results suggest that such training does indeed improve IQ scores. 서울여대 2006

① In consequence   ② For example

③ Of course   ④ Yet again

| 정답 | ②

| 해석 | 지능은 학습으로 가능할까? 전통적으로는 그럴 수 없다고 한다. 그렇지만 기존의 대답은 오로지 단기적 연구만을 기반으로 한 것이다. 장기적인 연구에 의하면 특정한 기술을 훈련시키면 정말 지능 지수가 향상되는 것 같다. 예를 들어 이스라엘의 심리학자 Reuven Feuerstein은 수백 시간에 걸친 특별 개인 교습을 포함하는 프로그램을 개발한 바 있다. 이 프로그램은 생각의 오류를 시정하라고 강조한다. Reuven Feuerstein의 연구 결과는 그런 훈련이 정말로 IQ 지수를 향상시킨다는 것을 시사하고 있다.
　　① 결론적으로　　② 예를 들어　　③ 물론　　④ 그렇지만 다시

| 해설 | 장기적인 연구에 의하면 특정한 기술을 훈련시키면 정말 지능 지수가 향상되는 것 같다는 진술에 대해서, 구체적으로 이스라엘의 심리학자 Reuven Feuerstein의 사례 연구를 들어서 이를 입증하고 있다.

| 어휘 | **intelligence** ⓝ 지능   **involve** ⓥ 포함하다
　　　tutoring ⓝ 개인 교습   **remedy** ⓥ 고치다
　　　in consequence – 결과적으로

---

97 The writer uses no more words than are needed to express his thought and feeling adequately. This does not mean, of course, that the student should be stingy with details, forsaking all adjectives, illustrations, and effective repetition and cutting down his style to the barest bones. Wordiness and length are not synonymous: a one-page memo may be wordier than a detailed report of twenty. Though brevity may be the soul of wit, it may also be the product of laziness or busyness. But as a general rule, a writer should not use three words when one will serve. In sum, good writing is _____.

건국대 2015

① accurate   ② detailed

③ realistic   ④ economical

⑤ consistent

| 정답 | ④

| 해석 | 저자는 자신의 생각과 감정을 적절히 표현하기 위해 필요한 것보다 더 많은 단어를 사용하지 않는다. 물론 이 말은

학생이 모든 형용사와 설명 그리고 효과적인 반복을 모두 저버리면서 그리고 자신의 문체를 오로지 기본 뼈대만 남기는 식으로 줄이면서 세부적인 요소에 인색해져야 한다는 의미는 아니다. 장황함과 글의 길이는 동의어가 아니다. 스무 페이지로 된 상세한 보고서보다 한 장짜리 메모가 더 장황할 수 있다. 간결함은 기지의 정수라 할 수 있지만, 동시에 게으름이나 분주함의 산물일 수도 있다. 하지만 일반적으로 작가는 한 단어만으로도 적합할 때 세 단어를 써서는 안 된다. 요컨대 간결한 글이 좋은 글이다.

① 정확한　　② 상세한　　③ 현실적인　　④ 간결한　　⑤ 일관성 있는

| 해설 | 본문 전체적으로 글의 간결함의 중요성에 관해 논하고 있다. 특히 이를 잘 강조한 부분이 '일반적으로 작가는 한 단어만으로도 적합할 때 세 단어를 써서는 안 된다(as a general rule, a writer should not use three words when one will serve)'이다. 따라서 빈칸에 가장 적합한 것은 ④이다.

| 어휘 |
adequately ⓐ 충분히, 적절히
forsake ⓥ 버리다, 그만두다
illustration ⓝ 실례, 예증, 설명
bare bones – 요점, 골자, 기본 뼈대
synonymous ⓐ 같은[비슷한] 뜻을 갖는, 동의어[유의어]의
brevity ⓝ 간결함, 간결성
as a rule – 일반적으로, 대체로
detailed ⓐ 상세한
consistent ⓐ 한결같은, 일관성 있는

stingy ⓐ 인색한, 아끼는
adjective ⓝ 형용사
cut down to – ~로 줄이다
wordiness ⓝ 장황함, 수다스러움
soul of wit – 재치[기지]의 본질[정수]
serve ⓥ 적합하다, 도움이 되다
economical ⓐ 경제적인, 간결한

---

98 This book is not destined for scholars or philosophers alone. The fundamental problems of human culture have a general human interest, and they should be made accessible to the general public. I have tried, _____. to avoid all technicalities and to express my thoughts as clearly and simply as possible. My critics should, however, be warned that what I could give here is more an explanation and illustration than a demonstration of my theory. 성균관대 2017

① therefore
② however
③ moreover
④ nevertheless
⑤ otherwise

| 정답 | ①

| 해석 | 이 책은 학자나 철학자만을 염두에 두고 쓴 책이 아니다. 인간 문화의 가장 근본적인 문제들은 일반적인 인간의 관심사를 포함한다. 그리고 그 문제들을 일반 대중들도 쉽게 이해할 수 있어야 한다. 그래서 나는 모든 전문적인 내용을 삼가려고 했으며, 가능한 분명하고 간단하게 나의 생각을 표현하려고 노력했다. 하지만 비평가들은 내가 이 책에서 제시하고자 한 것이 내 이론의 증명이 아닌 내 이론의 설명과 예증이라는 것을 주지해 주기 바란다.

① 그래서　　② 그러나　　③ 게다가　　④ 그럼에도 불구하고　　⑤ 그렇지 않으면

| 해설 | 책을 쓴 목적을 설명하면서, '전문가'만을 위한 책이 아니고 '일반 대중'을 위한 책이라고 설명한다. 빈칸 뒤에서는 일반 대중의 이해를 돕기 위해 최대한 전문적인 지식을 배제하고, 분명하고 단순하게 책을 썼다고 설명하고 있다. 빈칸 앞뒤 내용이 인과 관계로 묶여 있다는 것을 알 수 있으므로, 정답은 ① therefore가 된다.

99 The Japanese are fanatics for fresh food. As a result, Japanese food-processing companies enjoy local monopolies. A milk producer in northern Japan cannot hope to compete in southern Japan, because transporting milk there would take an extra day or two, a fatal disadvantage in the eyes of consumers. These local monopolies are reinforced by the Japanese government, which obstructs the import of foreign processed food by imposing a 10-day quarantine, among other restrictions. Hence Japanese food-processing companies ＿＿＿＿＿＿＿＿＿＿＿＿＿＿＿＿＿＿＿＿, 가톨릭대 2017

① are compelled to rely heavily on imported food

② strategically optimize their operation on a global level

③ are preoccupied with ways to prolong the shelf life of food

④ are not exposed to either domestic or foreign competition

| 정답 | ④

| 해석 | 일본인은 신선한 음식을 광적으로 좋아한다. 결과적으로 일본의 식품 가공 회사는 지역 독점의 이득을 본다. 우유를 수송하는 데 하루나 이틀이 더 걸리게 되면 소비자의 눈에 치명적인 단점으로 비치기 때문에, 일본 북부의 우유 생산자는 일본 남부에서 그 지역의 생산자와 경쟁할 수 없다. 이런 식의 지역 독점은 일본 정부에 의해 강화된다. 일본 정부는 검역 격리 기간 열흘을 포함한 여러 제한을 둠으로써, 외국산 가공 식품 수입을 방해한다. 이런 이유로 일본의 식품 가공 회사들은 자국 혹은 해외 업체들 간의 경쟁에 노출되지 않는다.

① 수입 식품에 지나치게 의존할 수밖에 없다

② 전략적으로 전 세계적 수준에서의 운영을 최대한 활용하고 있다

③ 식품의 유통 기한을 연장시키는 방법에 사로잡혀 있다

④ 자국 혹은 해외 업체들 간의 경쟁에 노출되지 않는다

| 해설 | 빈칸 앞의 'Hence'를 이용한 '원인과 결과'의 구조를 이루고 있다. 일본 식품 가공 회사는 지역 독점을 누리고 있다고 했고, 그런 지역 독점이 일본 정부에 의해 강화된다고 서술하고 있다. 따라서 이런 지역 독점의 결과로 다른 이들과의 경쟁에 노출되지 않는다는 ④가 가장 적합한 결과에 해당한다.

| 어휘 | **fanatic** ⓝ 광신자, 열광자 ⓐ 열광적인　　　**food-processing** – 식품 가공

monopoly ⓝ 독점, 전매　　　　　　　　　　**transport** ⓥ 수송하다; 추방하다; 도취케 하다

fatal ⓐ 죽음을 초래하는, 치명적인　　　　　**disadvantage** ⓝ 불리한 점, 약점

consumer ⓝ 소비자　　　　　　　　　　　**reinforce** ⓥ 강화하다, 보강하다

obstruct ⓥ 막다, 방해하다　　　　　　　　**impose** ⓥ (세금 등을) 부과하다, 강요하다

quarantine ⓥ 검역하다, 격리하다 ⓝ 검역, 격리　　**restriction** ⓝ 제한, 한정

hence ⓐⓓ 이런 이유로　　　　　　　　　　**strategically** ⓐⓓ 전략상, 전략적으로

optimize ⓥ 최대한 활용하다　　　　　　　　**be preoccupied with** – ~에 몰두하다

100 Many linguistics researchers are excited about the possibility of humans using language to communicate with chimpanzees, our close cousins in the animal world. Some scientists believe that chimpanzees, and in particular Bonobo chimpanzees, may have the comprehension skills of two-and-a-half-year-old children. With dedicated training, the scientists claim, these chimpanzees are able to understand complicated sentences and to communicate on an advanced level with human beings. In a recent and rather astonishing episode, _____, a Bonobo chimpanzee pressed symbols on a special keyboard in order to tell her trainers about a fight between two chimpanzees in a separate facility. 에리카 2017

① for example

② additionally

③ nevertheless

④ on the other hand

| 정답 | ①

| 해석 | 많은 언어학 연구자들은 인간이 언어를 사용해 동물 세계에서 가까운 친척인 침팬지와 의사소통을 할 수 있는 가능성에 대해 흥분하고 있다. 일부 과학자들은 침팬지, 특히 보노보 침팬지가 2.5세 아이의 이해력을 가지고 있을 수 있다고 믿는다. 과학자들은 헌신적인 훈련을 통해 이들 침팬지가 복잡한 문장을 이해하고 인간과 높은 수준의 의사소통을 할 수 있다고 주장한다. 예를 들어, 최근 있었던 다소 놀라운 사례를 보면, 보노보 침팬지가 분리된 시설물에 위치한 두 침팬지가 싸우는 것을 트레이너에게 알리기 위해 특수 키보드 위의 기호를 눌렀다.

① 예를 들어　② 게다가　③ 그럼에도 불구하고　④ 반면에

| 해설 | 빈칸 뒤에 나오는 것은 인간과 의사소통을 하는 침팬지의 예시에 해당하므로 정답은 ①이 된다.

| 어휘 | **linguistics** ⓝ 언어학

comprehension ⓝ 이해력

complicated ⓐ 복잡한, 정교한

in particular – 특히, 특별히

dedicated ⓐ 헌신적인

01	①	02	④	03	②	04	②	05	③	06	①	07	④	08	②	09	④	10	②
11	①	12	④	13	①	14	①	15	③	16	②	17	②	18	③	19	②	20	③
21	②	22	①	23	③	24	②	25	①	26	③	27	①	28	②	29	④	30	①
31	②	32	②	33	①	34	④	35	②	36	③	37	②	38	④	39	④	40	①
41	①	42	②	43	②	44	④	45	②	46	②	47	③	48	①	49	①	50	②
51	④	52	②	53	②	54	②	55	②	56	③	57	④	58	①	59	①	60	③
61	②	62	③	63	②	64	②	65	②	66	②	67	①	68	①	69	②	70	④
71	①	72	①	73	②	74	①	75	③	76	②	77	②	78	②	79	④	80	④

(01~80) Complete each sentence below with the best word(s) or phrase(s).

01 The decomposition is rather slow enough to be _____ but definitely not negligible. 명지대 2015

① insidious
② rapacious
③ indigenous
④ rapturous

| 정답 | ①

| 해석 | 부패는 모르는 사이에 진행될 만큼 다소 천천히 벌어지지만 절대로 무시해도 될 정도는 아니다.
　　　① 모르는 사이에 진행되는　　② 탐욕스러운　　③ 토착의　　④ 황홀해하는

| 해설 | 보기 중에서 부패가 서서히 진행된다는 것과 서로 호응이 가능한 것은 '모르는 사이에 진행된다'는 의미의 ①이다. 즉 본문은 부패가 비록 무시해도 될 정도는 아니지만 모르는 사이에 진행 중이라 할 정도로 느리게 진행된다는 의미 이다.

| 어휘 | **decomposition** ⓝ 부패, 변질　　　　　　**definitely** ⓐⓓ 결코, 절대로
　　　negligible ⓐ (중요성 · 규모가 작아) 무시해도 될 정도의
　　　insidious ⓐ 서서히[은밀히] 퍼지는, 모르는 사이에 진행되는
　　　rapacious ⓐ 탐욕스러운　　　　　　　**indigenous** ⓐ 원산의, 토착의
　　　rapturous ⓐ 황홀해하는, 열광적인

---

02 Despite their _____ name, the potential for these weapons to in fact be lethal is widely noted.

① temporary
② aversive
③ hapless
④ innocuous

| 정답 | ④

| 해석 | 위험해 보이지 않는 이름에도 불구하고, 이 무기들이 사실상 치명적일 수도 있다는 것이 널리 알려져 있다.
　① 일시적인　② 혐오스러운　③ 불운한　④ 무해한

| 해설 | 단서는 Despite, lethal이다. '빈칸'과 같은 이름에도 불구하고 치명적일 수 있다는 것은, 이름은 치명적인 것처럼 들리지 않는다는 이야기다. 따라서 '치명적이지 않다'라는 것과 가장 가까운 단어는 innocuous이다. 정답은 ④이다.

| 어휘 | **lethal** ⓐ 치명적인　　　　　　　　**note** ⓥ 주목하다
temporary ⓐ 일시적인, 임시적인　　**aversive** ⓐ 혐오의; 회피적인
hapless ⓐ 불운한, 불행한　　　　　**innocuous** ⓐ 무해한, 위험하지 않은

03　In the political world, even _____ enemies can be transformed into friends. 서울여대 2017
　① docile　　　　　　　　　　　② implacable
　③ congenial　　　　　　　　　　④ benevolent

| 정답 | ②

| 해석 | 정치 세계에서는 심지어 화해할 수 없는 적과도 친구가 될 수 있다.
　① 유순한　② 화해할 수 없는, 달래기 어려운　③ 마음이 맞는　④ 친절한, 자비심 많은

| 해설 | 빈칸 앞의 even을 사용해 역접의 내용을 서술하고 있다. 적과도 친구가 되는 것이 정치라는 말이며, '심지어(even)'를 붙여 적을 친구와 더 대조시키고 있다. 따라서 '화해할 수 없는, 달래기 어려운'의 뜻인 ②의 implacable이 정답이 된다. 참고로 placate는 '달래다'의 뜻을 지닌다.

| 어휘 | **transform** ⓥ 바꾸다, 변형시키다　　**docile** ⓐ 유순한, 다루기 쉬운
implacable ⓐ 화해할 수 없는, 달래기 어려운　**congenial** ⓐ 기분 좋은, 쾌적한, 마음이 맞는
benevolent ⓐ 자비심 많은, 친절한

04　Although America developed a massive service of inland canals and river steamboats, they were not _____ to the speeding wheels of the new industrial production. 홍익대 2020
　① abated　　　　　　　　　　　② geared
　③ apprehended　　　　　　　　　④ held

| 정답 | ②

| 해석 | 미국은 내륙의 운하와 강의 증기선 운용을 대량으로 개발했지만, 그것은 신산업 생산물의 빠른 이송을 위해 적합한 것은 아니었다.
　① 감소되다　② 적합하다　③ 이해되다　④ 개최되다

| 해설 | 미국에서 생산된 물품들을 이송하기에는 운하의 이용과 증기선 운용이 적합하지 않았다는 내용으로, 'be geared to'가 '~에 적합하다, ~에 맞춰지다, ~에 중점을 두다'는 의미를 지니므로, 정답은 ②가 된다.

| 어휘 | **canal** ⓝ 운하, 인공 수로   **steamboat** ⓝ 증기선

abate ⓥ 누그러지다, 감소하다   **gear** ⓥ 적합하게 하다, 적응시키다, 맞게 조정하다

apprehend ⓥ 이해하다, 체포하다

---

05 Pastiche will often be an imitation not of a single text, but of the _____ possibilities of
texts. 이화여대 2017

① proportionate   ② premonitory

③ indefinite   ④ insolvent

⑤ discarding

| 정답 | ③

| 해석 | 모방 작품은 종종 하나의 텍스트가 아닌 여러 텍스트의 무기한의 가능성을 모방하는 것이다.

① 비례하는   ② 전조의   ③ 무기한의   ④ 파산한   ⑤ 폐기하는

| 해설 | 해당 지문은 'A가 아니라 B이다'는 「not A but B」의 구조로 A와 B는 대조가 된다. 따라서 single과 반대되는 '무한
대의' 의미를 지닌 ③ indefinite가 정답이 된다.

| 어휘 | **pastiche** ⓝ 모방 작품(글·그림 등)   **imitation** ⓝ 모방, 모조, 모조품

proportionate ⓐ 비례하는, 균형 잡힌   **premonitory** ⓐ 예고의; 전조의

indefinite ⓐ 무기한의, 기한 없는; 불명확한, 애매한   **insolvent** ⓐ 파산한, 지급 불능의

discarding ⓐ 버리는, 폐기하는

---

06 Her _____ personality was a welcome addition to the gloomy atmosphere at the annual
meeting. 중앙대 2017

① amiable   ② plangent

③ lackadaisical   ④ cadaverous

| 정답 | ①

| 해석 | 그녀의 상냥한 성격은 연례 회의의 우울한 분위기에 환영을 받을 만한 요소였다.

① 상냥한   ② 구슬프게 울리는   ③ 열의 없는   ④ 창백한, 수척한

| 해설 | '우울한(gloomy)' 연례 회의에 환영을 받을 만한 요소가 되려면, '우울한'과 반대되는 성격의 단어가 와야 한다. 따라
서 '상냥한, 친절한'을 의미하는 ① amiable이 적합하다.

| 어휘 | **addition** ⓝ 추가된 것, 부가물; 덧셈   **gloomy** ⓐ 어두운, 우울한, 비관적인

amiable ⓐ 상냥한, 친절한   **plangent** ⓐ (종소리 등이) 구슬프게 울리는

lackadaisical ⓐ 기력이 없는, 열의 없는; 게으른, 나태한

cadaverous ⓐ 창백한, 여윈, 수척한, 시체와 같은

07 Despite her _____ with health, she cannot curb her frequent smoking and drinking habits.

① prejudice

② intrusion

③ confidence

④ obsession

| 정답 | ④

| 해석 | 그녀는 건강에 집착하는 모습을 보이면서도, 습관성 흡연과 음주를 끊어낼 수 없었다.

① 편견　② 침입　③ 자신감　④ 집착

| 해설 | 단서는 Despite, cannot curb her frequent smoking and drinking habits이다. 주절에서 건강에 안 좋은 행위를 한다는 내용이 나오고 있으므로, 앞에는 건강을 챙긴다는 내용이 나오는 것이 적절하다. 따라서 정답은 ④이다.

| 어휘 | **curb** ⓥ (특히 좋지 못한 것을) 억제[제한]하다　　**prejudice** ⓝ 편견

intrusion ⓝ 침범, 침입, 침해

---

08 Although the project was _____ by serious problems, it proved successful. 한국외대 2020

① assisted

② beset

③ encouraged

④ revealed

| 정답 | ②

| 해석 | 비록 그 프로젝트는 심각한 문제로 인해 곤란을 겪었지만, 성공적인 프로젝트임이 증명되었다.

① 도움이 되다　② 곤란을 겪다　③ 격려받다　④ 드러나다

| 해설 | 주절을 보면 프로젝트가 성공했음을 알 수 있고, 부사절에는 Although가 있으므로 주절의 내용과 부사절의 내용이 서로 상반된 것임을 알 수 있다. 그래서 빈칸에는 프로젝트가 성공적이지 않았다 내지는 순탄치 않았다는 의미의 단어가 와야 한다. 따라서 정답은 ②이다.

| 어휘 | **beset** ⓥ 포위하다, 둘러싸다; (곤란 · 유혹 따위가) 붙어 다니다, 괴롭히다

assist ⓥ 돕다, 도움이 되다

---

09 Taiwan's vibrant democratic practices are a stark contrast to Beijing's ruthless one-party rule and _____.

① participation

② justice

③ impartiality

④ oppression

| 정답 | ④

| 해석 | 대만의 활기 넘치는 민주적 행위들은 중국 정부의 무자비한 일당 독재와 압제와는 극명한 대조의 모습을 이루었다.

① 참가　　② 정의　　③ 공명정대　　④ 압제

| 해설 | 단서는 a stark contrast, vibrant democratic practices이다. 극명한 대조를 이루었다는 것은 상반되는 모습을 보여 주었다는 것이다. 대만에서는 민주주의적인 모습을 보여 주었으므로, 중국에서는 그와 반대되는 모습을 보여 준다는 것을 추론할 수 있다. 따라서 정답은 ④이다.

| 어휘 | **vibrant** ⓐ 활기 넘치는, 강렬한　　**democratic** ⓐ 민주주의의
stark ⓐ 극명한, 완전한　　**ruthless** ⓐ 무자비한, 가차 없는
one-party rule – 일당 독재　　**impartiality** ⓝ 공명정대
oppression ⓝ 압제, 억압, 탄압

---

10 We ask for _____ from others, yet we are never merciful ourselves. 중앙대 2015

① culpability　　　　　　　　② clemency

③ meritocracy　　　　　　　　④ ambidexterity

| 정답 | ②

| 해석 | 우리는 다른 이들에게서 관용을 요구하지만 우리 스스로는 결코 자비롭지 않다.
① 과실이 있음　　② 관용　　③ 실력주의 사회　　④ 양손잡이

| 해설 | 접속사 yet은 역접의 의미를 지니며 따라서 접속사를 기점으로 앞뒤 두 문장은 상반된 의미를 가져야 한다. yet 뒤를 보면 우리 스스로는 결코 자비로운 사람이 아님을 말하고 있다. 따라서 yet 앞에서는 이와 상반된 차원에서 우리는 자비로운 사람이 아님에도 불구하고 남에게는 자비 또는 '관용'을 요구하는 것으로 유추할 수 있다. 따라서 정답은 ②이다.

| 어휘 | **merciful** ⓐ 자비로운, 동정심이 많은　　**culpability** ⓝ 과실이 있음, 비난받을 만함
clemency ⓝ 관용, 관대한 처분　　**meritocracy** ⓝ 실력[능력]주의 (사회·국가)
ambidexterity ⓝ 양손잡이; 비범한 손재주

---

11 The net effect on the overall trade deficit would be _____, though it might change some of the bilateral balances.

① imperceptible　　　　　　② laudable

③ mounting　　　　　　　　④ skeptical

| 정답 | ①

| 해석 | 전반적인 무역 적자에 대한 순효과는 감지할 수 없는 것이지만, 그것은 몇몇 쌍방의 균형에 있어서 변화를 야기할지도 모른다.
① 감지할 수 없는　　② 칭찬할 만한　　③ 증가하는　　④ 회의적인

| 해설 | though를 통해 양보라는 키워드를 잡고, 뒤 내용인 변화를 일으킬 것이라는 내용과 대조되는 내용을 만들 수 있는

보기가 필요하다. 무역 적자에 따른 순효과는 인지할 만한 수준이 아니지만, 그럼에도 불구하고 변화를 일으킬 수 있다는 것이 적절하다.

| 어휘 | **net** ⓐ 순~
imperceptible ⓐ 인지할 만한 것이 아닌
mounting ⓐ 증가하는

bilateral ⓐ 쌍방의
laudable ⓐ 칭찬할 만한

---

12 Although business partnerships enjoy certain advantages over sole proprietorships, there are _____ as well. 숙명여대 2015

① rectitudes
② merits
③ symptoms
④ drawbacks
⑤ misunderstandings

| 정답 | ④

| 해석 | 비록 동업은 개인 기업에 비해 어느 정도 장점도 있지만 단점도 존재한다.
① 정직　② 장점　③ 증상　④ 단점　⑤ 오해

| 해설 | 접속사 Although가 이끄는 절에서 장점에 관해 말하고 있으므로, 주절에서는 장점과 반대되는 '단점'에 관해 나와야 할 것이다. 따라서 정답은 ④이다.

| 어휘 | **business partnership** – 사업 제휴, 동업
advantage ⓝ 장점, 이점
rectitude ⓝ 정직, 청렴
symptom ⓝ 증상
misunderstanding ⓝ 오해

certain ⓐ 어느 정도의, 약간의
sole proprietorship – 개인 기업
merit ⓝ 장점
drawback ⓝ 결점, 단점

---

13 Though the price might be _____ for some, it's important to note that you'll be getting plenty of quality for what you pay.

① prohibitive
② outstanding
③ comprehensive
④ arbitrary

| 정답 | ①

| 해석 | 가격이 몇몇 사람들에게는 엄두도 못 낼 정도로 비싸긴 하지만, 당신이 지급한 값에 맞는 충분한 품질의 제품을 갖게 될 것에 주목하는 것이 중요하다.
① 엄청나게 비싼　② 두드러지는　③ 포괄적인　④ 임의적인

| 해설 | 단서는 Though, you'll be getting plenty of quality for what you pay이다. 역접의 접속사 though를 중심으로 주절에서는 당신이 지불한 값에 상응하는 충분히 품질이 좋은 제품을 얻게 될 것이라고 했으므로, '비싸더라도'

그 값에 맞는 품질을 얻을 수 있다고 이야기하는 것이 가장 적절하다. 정답은 ①이다.

| 어휘 | **prohibitive** ⓐ (가격이 엄두도 못 낼 정도로) 비싼   **outstanding** ⓐ 뛰어난, 두드러진
comprehensive ⓐ 포괄적인, 종합적인   **arbitrary** ⓐ 임의적인, 제멋대로인

---

14 While Puerto Ricans agonize over whether or not their English is cultivated enough, the public written use of Spanish by Whites is often _____ nonstandard and ungrammatical. 홍익대 2020

① grossly   ② properly

③ critically   ④ actively

| 정답 | ①

| 해석 | 푸에르토리코인들은 자신들이 사용하는 영어가 충분히 세련된 것인지에 대해 고심하고 있는 반면, 백인들이 사용하는 스페인어의 문어체 사용은 극도로 비표준적이고 문법에 맞지 않은 경우가 빈번하다.
　① 극도로　② 알맞게　③ 비판적으로　④ 적극적으로

| 해설 | 빈칸은 뒤에 이어지는 'nonstandard and ungrammatical'이라는 형용사를 수식하는 부사가 위치해야 하며, 의미상 '매우'가 적합하므로, '지독히, 극도로'를 뜻하는 ① grossly가 정답이 된다.

| 어휘 | **agonize over** ‒ ~에 대하여 고심하다, 번민하다   **cultivated** ⓐ 세련된, 교양 있는
grossly ⓐd 지독히, 극도로   **properly** ⓐd 적당하게, 알맞게
critically ⓐd 비판적으로

---

15 In a world of info-glut, we are constantly _____ by often contradictory claims about many of the items we buy and use. 서울여대 2010

① confirmed   ② appreciated

③ assaulted   ④ embellished

| 정답 | ③

| 해석 | 정보가 넘쳐 나는 세상에서, 우리는 지속적으로 우리가 사서 쓰는 상당수의 물건에 관한 서로 상반되는 주장으로 인해 괴롭힘을 당한다.
　① 확정 받다　② 인정받다　③ 괴롭힘을 당하다　④ 장식되다

| 해설 | 'info-glut(정보가 넘쳐 나는)' 세상이기 때문에, 'items we buy and use(우리가 사서 쓰는 물건)'이 어떤 사람은 좋다고 하고, 어떤 사람은 그렇지 않다는 'contradictory(서로 상반되는)' 주장이 나올 수밖에 없다. 같은 물건을 놓고도 서로 상반된 주장이 나오는 것이기 때문에 소비자 입장에서는 혼란스럽고 편한 상황은 아니다. 보기 중에서 이러한 상황에 가장 잘 어울릴 만한 것이 무엇일지 대입해 보면 정답은 ③이 된다. 즉, 동일한 제품을 대상으로 한 상반된 정보가 우리에게 '괴롭힘을 준다'는 것이 본문의 내용이 된다.

| 어휘 | **-glut** ⓐ ~이 넘치는   **contradictory** ⓐ 상반되는, 모순되는

confirm ⓥ 사실임을 확인해 주다, 확정하다

appreciate ⓥ (제대로) 인식하다, 진가를 인정하다

assault ⓥ 공격하다, 폭행하다, 괴롭히다

embellish ⓥ 장식하다, 꾸미다

---

16 Her concentration was _____, though at times she was often distracted from the strictly structured debate.

① flexible

② lucid

③ prevailing

④ shapeless

| 정답 | ②

| 해석 | 가끔 짜임새 있게 구성된 토론에서 집중을 잃기는 했지만, 그녀의 집중력은 명료했다.

　　　① 유연한　　② 명료한　　③ 지배적인　　④ 짜임새 없는

| 해설 | 단서는 though, distracted이다. 가끔씩 집중력을 잃기는 했지만, 대체로는 그 집중력을 유지했다는 것이 내용이므로 빈칸에는 집중력을 유지했다는 것과 연관된 단어가 들어가야 한다. 따라서 정답은 ②가 가장 적절하다.

| 어휘 | **distracted** ⓐ 정신을 빼앗긴

lucid ⓐ 명료한, 명쾌한

prevailing ⓐ 우세한, 지배적인

---

17 Their mutual _____ seemed clear, but in fact they had a long-standing _____ toward each other. 상명대 2017

① admiration – respect

② attraction – animosity

③ dislike – hatred

④ affection – love

⑤ aptitude – enchantment

| 정답 | ②

| 해석 | 그들은 서로에 대해 매력을 느끼는 것이 분명해 보였지만, 사실은 서로를 향해 오래된 악의를 가지고 있었다.

　　　① 감탄 – 존경　　② 매력 – 악의　　③ 반감 – 증오　　④ 애정 – 사랑　　⑤ 적성 – 황홀감

| 해설 | seem과 in fact를 이용해 '겉'으로 보이는 모습과 '실제' 관계는 큰 차이가 있다는 것을 알 수 있다. 따라서 빈칸에는 의미상 '대조'를 이루는 보기가 와야 한다. 보기 중 ①, ③, ④는 서로 동의어에 해당하며, 반의어는 ②가 된다. ⑤는 의미상 서로 무관한 단어가 짝을 이루고 있다.

| 어휘 | **mutual** ⓐ 상호 간의, 서로의

long-standing ⓐ 오래된

admiration ⓝ 감탄, 존경

attraction ⓝ 매력, 끌림; (사람을 끄는) 명소, 명물

animosity ⓝ 악의

hatred ⓝ 증오, 혐오

affection ⓝ 애정

aptitude ⓝ 소질, 적성

enchantment ⓝ 황홀감

18 The book doesn't distinguish itself from others in the genre — it's an epic poem rendered in workmanlike prose — but the details are ＿＿＿＿＿＿ nonetheless.

① mundane 　　　　　　　　　　② incessant

③ astonishing 　　　　　　　　　④ interdependent

| 정답 | ③

| 해석 | 이 책은 같은 장르의 다른 책과 구분되지는 않는다. 이 책은 장인의 솜씨로 만든 것 같은 산문으로 표현되는 서사시다. 그러나 그런데도 세부 묘사는 굉장히 놀랍다.
　① 일상적인　　② 끊임없는　　③ 놀라운　　④ 상호 의존적인

| 해설 | 단서는 but, nonetheless, doesn't distinguish itself from others이다. 이 책은 다른 것들과 구분되지는 않지만, 세부 묘사에서는 '빈칸'이라고 이야기한 것은, 세부 묘사에 있어서만큼은 뭔가 구분되는 특징이 있다는 것이다. 따라서 ③이 가장 정답에 근접하다.

| 어휘 | **epic poem** – 서사시　　　　　　　**render** ⓥ 표현하다
　　　workmanlike ⓐ 장인의 솜씨로 만든 것 같은　　**prose** ⓝ 산문
　　　mundane ⓐ 재미없는, 일상적인　　　**incessant** ⓐ 끊임없는
　　　astonishing ⓐ 놀라운　　　　　　**interdependent** ⓐ 상호 의존적인

---

19 We distinguish between what a message says, whether it's true or false, and how it is said, whether it's clear or ＿＿＿＿＿＿. Then, we propose that the nature of the communicative situation determines the position of messages. 홍익대 2018

① determined 　　　　　　　　　② equivocal

③ artificial 　　　　　　　　　　④ explicable

| 정답 | ②

| 해석 | 우리는 메시지가 말하고자 하는 것, 그것이 진실인지 거짓인지의 여부와 메시지가 전달되는 방식, 그것이 분명한지 모호한지의 여부 사이의 차이를 구별한다. 그런 후 우리는 의사소통을 하고 있는 상황의 성격이 메시지의 입장을 결정한다고 제안한다.
　① 굳게 결심한, 단호한　　② 모호한, 애매한　　③ 인공의, 인조의　　④ 설명되는

| 해설 | 「whether A or B」는 'A인지 B인지의 여부'를 뜻하며, A와 B가 대조를 이루는 방식이므로, 빈칸에는 '분명한'의 clear와 대조를 이루는 '모호한, 애매한'을 뜻하는 ② equivocal이 정답이 된다.

| 어휘 | **determined** ⓐ 굳게 결심한, 단호한　　**equivocal** ⓐ 모호한, 애매한
　　　artificial ⓐ 인공의, 인조의　　　　**explicable** ⓐ 설명[해명]되는

20 Although bound to uphold the law, a judge is free to use his discretion to _____ the cruel severity of some criminal penalties. 중앙대 2017

① enforce

② reinstate

③ mitigate

④ provoke

| 정답 | ③

| 해석 | 판사는 법을 준수해야 할 의무가 있지만, 자신의 재량권을 이용해 처벌의 잔혹한 정도를 완화할 수 있다.
① 시행하다　② 복귀시키다　③ 완화하다　④ 도발하다

| 해설 | 문장이 양보의 접속사 Although로 연결되어 있으므로, 앞뒤 내용이 대조를 이루어야 한다. 앞의 '법을 수호하다'는 uphold the law와 반대의 의미를 지니려면 처벌의 정도를 재량껏 '줄여 주다'는 내용이 적절하다. 따라서 '완화하다'의 의미를 지니는 ③ mitigate가 정답으로 적합하다.

| 어휘 | **be bound to** – 반드시 ~하다 　　　**uphold** ⓥ 지지하다, (판결을) 확정하다
discretion ⓝ 신중, 사려; 재량, 판단의 자유, 결정권　　**severity** ⓝ 엄격, 가혹; 신랄함; 간소, 수수함
enforce ⓥ 시행하다, 강제하다　　　**reinstate** ⓥ 복귀시키다, 회복시키다
mitigate ⓥ 누그러뜨리다, 완화하다　　**provoke** ⓥ 도발하다, 유발시키다, 성나게 하다

---

21 Most of the staff think that the fast-food restaurant nearby is a _____ place to have a quick meal, but they all agree that the food there is second rate. 상명대 2016

① vacant

② convenient

③ permanent

④ valuable

⑤ conspicuous

| 정답 | ②

| 해석 | 대부분의 직원들은 인근의 패스트푸드 식당은 빠른 식사를 해결할 수 있는 편리한 곳이라고 생각하지만, 그곳에서 판매하는 음식은 좋지 않다는 사실은 모두 동의한다.
① 비어 있는　② 편리한　③ 영구적인　④ 가치 있는　⑤ 눈에 잘 띄는

| 해설 | 패스트푸드 식당에서는 빠른 식사를 해결할 수 있다고 했으므로 '편리한(convenient)' 곳이 적합하다.

| 어휘 | **second rate** – 이류의　　　**vacant** ⓐ 비어 있는, 사람이 없는
permanent ⓐ 영구적인　　　**conspicuous** ⓐ 눈에 잘 띄는, 튀는; 뚜렷한

22 Even though, in previous studies, people kept identifying themselves as sensitive to MSG, researchers found that MSG didn't cause _____ reactions, the agency said.

① consistent

② awkward

③ persuasive

④ controversial

| 정답 | ①

| 해석 | 비록 이전의 연구들에서는 사람들이 자기 자신이 MSG에 민감하다고 이야기했지만, 연구자들이 밝혀낸 바에 따르면 MSG는 지속해서 같은 반응을 일으키지 않는다고 기관은 말했다.
① 일관된　② 어색한　③ 설득력 있는　④ 논란의 여지가 있는

| 해설 | 단서는 Even though, kept identifying themselves as sensitive, didn't cause이다. 이전의 연구에서 사람들은 자기 자신들이 계속해서 MSG에 민감한 반응을 보인다고 했으나, 연구자들의 연구 결과에 따르면 MSG가 '빈칸'과 같은 반응을 일으키지 않는다고 했으므로, 계속해서 같은 반응을 일으키지 않는다는 것을 알 수 있다. 따라서 정답은 ①이다.

| 어휘 | **sensitive** ⓐ 민감한, 예민한　　　　**consistent** ⓐ 지속적인, 일관된
awkward ⓐ 어색한　　　　　　　　**persuasive** ⓐ 설득력 있는
controversial ⓐ 논란의 여지가 있는

---

23 Instead of dealing with _____ problems, Steve Jobs would pick out four or five things that were really important for him to focus on and then just filter out — almost brutally — filter out the rest.

① adamant

② impartial

③ mundane

④ tedious

| 정답 | ③

| 해석 | 일상적인 문제들을 처리하려고 하기보다는 Steve Jobs는 그가 집중하기에 중요한 4~5개의 일을 선택하고, 잔인하리만큼 나머지들은 걸러 냈다.
① 단호한　② 공명정대한　③ 일상적인　④ 지루한

| 해설 | Instead of는 역접의 연결사이다. Steve Jobs가 'important(중요한)' 일들을 골랐다고 했으므로, 'important'와 역접으로 연결될 수 있는 단어가 필요하다. 가장 적절한 것은 ③이다.

| 어휘 | **filter out** – 거르다　　　　　　**adamant** ⓐ 단호한
impartial ⓐ 공정한　　　　　　　**mundane** ⓐ 재미없는, 일상적인
tedious ⓐ 지루한, 싫증 나는

24 The notion that we can return to some mythic past for solutions to today's problems is _____ but misguided. 한국외대 2016

① tentative   ② tempting

③ attracted   ④ attentive

| 정답 | ②

| 해석 | 우리가 오늘날의 문제를 해결하기 위해 신화 속에나 등장할 법한 과거로 돌아갈 수 있다는 생각은 구미는 당길지 모르지만 잘못된 판단의 산물이다.
① 잠정적인   ② 구미가 당기는   ③ 매료된   ④ 주의를 기울이는

| 해설 | 빈칸 뒤에 but이 등장하므로 빈칸에 들어갈 단어는 misguided와 의미가 반대되는 것이 와야 할 것이다. 보기 중에서 이에 해당될 만한 것은 '구미는 당길지 모르지만 잘못된 판단'이란 의미에서 ②이다.

| 어휘 | **mythic** ⓐ 신화 속에 나오는, 가공의   **misguided** ⓐ 잘못 이해한[판단한]
tentative ⓐ 잠정적인, 머뭇거리는   **tempting** ⓐ 솔깃한, 구미가 당기는
attracted ⓐ ~에 매료된   **attentive** ⓐ 주의를 기울이는, 배려하는

---

25 While economically _____, fishing remains a politically charged issue on both sides of the English Channel because it is of critical importance to many coastal communities.

① insignificant   ② essential

③ forbidden   ④ unintended

| 정답 | ①

| 해석 | 경제적으로는 그렇게 큰 중요성을 지니지 않는 어업은 영국 해협에서 여전히 정치적으로 격론을 불러일으키는 문제인데, 그 이유는 어업이 많은 해안가 지역에게는 엄청난 중요성을 지니기 때문이다.
① 중요하지 않은   ② 본질적인   ③ 금지된   ④ 의도하지 않은

| 해설 | While은 빈칸 추론에서 주로 역접을 나타내는 방향성의 접속사로 사용된다. 경제적으로 '빈칸'이긴 하지만, 정치적 논쟁의 대상이 되는 이유는 해안가 지역에서는 '중요'하기 때문이라는 것이다. '중요하다'는 말과 반대되는 단어가 빈칸에 들어가면 된다. 따라서 정답은 ①이다.

| 어휘 | **charged** ⓐ 격론을 불러일으키는   **the English Channel** – 영국 해협
insignificant ⓐ 하찮은, 중요하지 않은

26 But no matter what happens at the bargaining table, relations between the world's two largest economies, accounting for roughly 40 percent of global output, appear certain to _____.

① anticipate

② forfeit

③ change

④ guarantee

| 정답 | ③

| 해석 | 협상 테이블에서 무슨 일이 일어나든지 관계없이, 대략 40%의 전 세계 생산량을 차지하는 두 경제 대국 사이의 관계에는 변화가 일어날 것이 확실하다.
① 예상하다　② 몰수당하다　③ 변화하다　④ 보장하다

| 해설 | 단서는 no matter what이다. 협상 자리에서 어떤 일이 일어나더라도, 두 경제 대국 사이의 관계는 '빈칸'이 일어날 것이 확실하다는 내용이다. 힌트가 약간 미약할 수 있으나, 제시된 보기 속 단어 중에 빈칸 및 전체 문맥과 어울릴 수 있는 보기는 ③뿐이다.

| 어휘 | **bargaining** ⓝ 협상　　　　　　　　　**account for** – ～을 차지하다
output ⓝ 생산량　　　　　　　　　　**anticipate** ⓥ 예상하다
forfeit ⓥ 몰수[박탈]당하다

---

27 There is _____ evidence that schizophrenia and bipolar disorder run in families, but attempts to find the genes common to all these individuals have not been conclusive. 세종대 2017

① considerable

② minuscule

③ skeptical

④ tentative

| 정답 | ①

| 해석 | 조현병과 양극성 장애가 유전된다는 증거는 상당히 많이 존재하지만, 이들 질환을 앓는 사람들에게 공통적으로 존재하는 유전자를 발견하려는 시도는 지금까지 확실한 결과를 낳지 못하고 있다.
① 상당한　② 극소의　③ 회의적인　④ 잠정적인

| 해설 | but 앞의 문장은 조현병과 양극성 장애가 유전된다는 증거가 '빈칸'이게 존재한다는 의미이다. but 뒤에서 all these individuals는 조현병과 양극성 장애를 앓는 사람들을 의미하고 이런 사람들에게서 공통적으로 발견되는 유전자를 찾는다는 것은 조현병과 양극성 장애의 원인이 유전적인 것임을 밝히는 행위이다. 그런데 시도에도 불구하고 결과는 신통치 못하다. 여기서 두 문장을 결합하면, 유전된다는 증거는 '상당히 많이' 존재한다 하지만(but) 공통된 유전자를 찾으려는 시도는 실패하고 있다 는 의미로 유추할 수 있다. 따라서 정답은 ①이다.

| 어휘 | **schizophrenia** ⓝ 조현병　　　　　　　**bipolar disorder** – 양극성 장애
run in families – 집안 내력이다, 유전되다　　**conclusive** ⓐ 결정적인, 확실한
considerable ⓐ 상당한, 많은　　　　　　**minuscule** ⓐ 극소의
skeptical ⓐ 회의적인　　　　　　　　　**tentative** ⓐ 잠정적인

28 Even though it was only a small glass of juice, the nutrition drink claimed to include an amount of vitamins and minerals _____ to that found in a full day's worth of fruits and vegetables.

덕성여대 2020

① separate

② equivalent

③ permanent

④ impressive

| 정답 | ②

| 해석 | 그 영양 음료는 작은 유리잔 하나에 담긴 주스만큼의 분량이었지만 일일 과일 및 채소 섭취량에서 발견할 수 있는 것과 동등한 양의 비타민과 미네랄이 함유되어 있다고 주장했다.
① 별개의 ② 동등한 ③ 영구적인 ④ 인상적인

| 해설 | 빈칸 앞의 비타민과 미네랄의 양(amount)과 빈칸 뒤의 하루치 과일과 채소에서 찾을 수 있는 것(that)을 서로 비교하면, 이 that이 amount를 가리키는 것을 알 수 있고, 여기서 음료 안의 비타민과 미네랄의 양은 하루치 과일과 채소에 있는 것과 '동일하다'는 의미임을 유추할 수 있다. 따라서 정답은 ②이다.

| 어휘 | **equivalent (to)** ⓐ (가치·의미·중요도 등이) 동등한[맞먹는]
permanent ⓐ 영구적인, 영속적인

29 We spend a crazily disproportionate amount of time seeking the next source of _____ gratification, rather than pursuing the more long-term goals that ultimately deliver more meaningful value.

① eternal

② direct

③ obvious

④ instant

| 정답 | ④

| 해석 | 우리는 과도할 정도로 불균형적인 시간을 투자해 즉각적인 만족을 가져다줄 다음 원천을 찾으려 하고 있으며, 궁극적으로는 훨씬 더 의미 있는 가치를 가져다줄 더 장기적인 목표를 추구하고 있지는 않다.
① 영원한 ② 직접적인 ③ 명백한 ④ 즉각적인

| 해설 | 단서는 rather than, the more long-term goals이다. 더 유의미한 가치를 가져다줄 장기적인 목표를 취하는 것이 아니라 '빈칸'과 같은 만족을 가져다줄 수 있는 것에 미친 듯이 몰두해 있다는 것은 장기적인 것이 아닌 그와 반대되는 만족을 추구하고 있음을 유추할 수 있다. 따라서 정답은 ④이다.

| 어휘 | **disproportionate** ⓐ 불균형적인　　**gratification** ⓝ 만족, 희열
long-term ⓐ 장기적인　　**eternal** ⓐ 영원한
instant ⓐ 즉각적인

30 The nations of Asia and Africa are moving with jet-like speed toward gaining political independence, but we still creep at _____ pace toward gaining a cup of coffee at a lunch counter. 홍익대 2017

① horse-and-buggy

② continuous

③ hurried

④ constant

| 정답 | ①

| 해석 | 아시아와 아프리카의 나라들은 제트기와 같은 속도로 정치적인 독립을 얻고 있지만, 우리는 점심시간에 식당에서 한 잔의 커피를 마실 수 있는 것(권리)을 얻는 문제에 있어서도 마치 경장마차와 같은 느린 속도로 기어가고 있을 뿐이다.

① 경장마차의   ② 지속적인   ③ 서둘러 하는   ④ 일정한

| 해설 | 역접의 but을 중심으로 대조를 보이고 있다. 따라서 빈칸이 있는 부분은 앞의 'jet-like speed'와 반대의 의미인 '매우 느린'이 와야 한다. 정답은 ① horse-and-buggy로, 매우 빠르다는 것을 강조하기 위해 제트기를 사용했고, 매우 느린 것을 강조하기 위해 나들이용으로 사용하는 가벼운 마차인 '경장 마차(horse and buggy)'를 사용해 대조해야 한다.

| 어휘 | **independence** ⓝ 독립   **creep** ⓥ 살금살금 움직이다, 기다; 아주 천천히 전개되다

pace ⓝ (일, 생활 등의) 속도, 페이스

horse-and-buggy ⓐ 구식의, 낡은; (자동차 이전의) 경장 마차의

continuous ⓐ 계속되는, 지속적인   **hurried** ⓐ 서둘러 하는

constant ⓐ 변함없는, 일정한

---

31 Internet is to be partially restored in Kashmir after an unprecedented five-month blackout, but only for institutions providing _____ services, while social media sites will still be banned.

① conventional

② essential

③ significant

④ widespread

| 정답 | ②

| 해석 | 유례없는 5개월 동안의 보도 관제 이후에 Kashmir에서는 인터넷이 부분적으로 복구될 예정인데, 이는 핵심적인 서비스를 제공하는 기관에 한정되어 있으며, SNS는 여전히 금지된 상태일 것이다.

① 전통적인   ② 필수적인   ③ 상당한   ④ 널리 퍼진

| 해설 | 단서는 while, still be banned, but only for이다. 여전히 SNS는 금지되어 있을 것인데, 몇몇 기관만 허용해 준다는 것은, 그 해당 기관이 핵심적이고 중요한 서비스를 제공하기 때문일 것이다. 따라서 정답은 ②이다.

| 어휘 | **restore** ⓥ 회복시키다   **unprecedented** ⓐ 전례 없는

blackout ⓝ 보도 관제 (뉴스 발표 금지)   **institution** ⓝ 기관

ban ⓥ 금지하다   **conventional** ⓐ 전통적인

32 The media once portrayed the governor as anything but ineffective; they now, however, make her out to be the epitome of _____. 한양대 2015

① altruism

③ dynamism

② brilliance

④ fecklessness

| 정답 | ④

| 해석 | 언론은 과거에 주지사가 무능하다고는 묘사한 적 없지만, 이제는 주지사를 무책임의 전형으로 보고 있다.

① 이타주의　　② 탁월　　③ 활력　　④ 무책임

| 해설 | 과거에는 언론이 주지사보고 무능하다고 한 적은 없었지만, 이제는 그렇지 않다는 말은 즉 언론이 주지사를 무능한 존재 또는 그와 비슷한 존재로 보고 있음을 의미한다. 따라서 정답은 ④이다.

| 어휘 | **portray** ⓥ 묘사하다 　　　　　　　　　　**ineffective** ⓐ 무능한, 무력한

epitome ⓝ 완벽한 보기, 전형 　　　　　**altruism** ⓝ 이타주의

brilliance ⓝ 탁월, 걸출 　　　　　　　　**dynamism** ⓝ 활력, 패기

fecklessness ⓝ 무책임, 쓸모없음

---

33 The government promised great changes in the coming year, but any improvement in people's lives was _____. 경기대 2015

① erudite

③ infinitesimal

② exponential

④ integral

| 정답 | ③

| 해석 | 정부는 다음 해에 큰 변화를 이룰 것이라고 약속했었지만 국민들의 삶은 거의 개선된 바가 없었다.

① 학식 있는　　② 기하급수적인　　③ 극소의　　④ 필수적인

| 해설 | '큰 변화를 이룰 것이라고 약속했다'는 문장 다음에 but이 왔으므로 '실제 변화가 없었다'는 내용이 와야 한다. 따라서 보기 중에서 정답으로 가장 적합한 것은 ③이다.

| 어휘 | **the coming year** – 내년, 다음 해 　　　**erudite** ⓐ 학식 있는, 박식한

exponential ⓐ 기하급수적인 　　　　　　**infinitesimal** ⓐ 극미한, 극소의

integral ⓐ 필수적인, 필요 불가결한

34 Many people _____ the consequences of high blood pressure, but family physicians stress that hypertension is a dangerous condition if left untreated. 덕성여대 2020

① apprehend

② assess

③ measure

④ underestimate

| 정답 | ④

| 해석 | 많은 사람들은 고혈압으로 인한 결과를 과소평가하지만, 가정의들은 고혈압은 치료받지 않은 상태로 놔둘 경우 위험한 질환이라고 강조한다.
① 파악하다　② 평가하다　③ 측정하다　④ 과소평가하다

| 해설 | 고혈압은 치료하지 않고 놔두면 위험한 질환인데, 치료하지 않고 놔두는 사람이 있다는 것은 즉 고혈압에 대해 '과소평가'하기 때문이다. 따라서 정답은 ④이다.

| 어휘 | **consequence** ⓝ 결과　　　　　　**family physician** – 가정의, 일반 개업의
hypertension ⓝ 고혈압　　　　　**condition** ⓝ (건강) 상태; 질환
untreated ⓐ 치료받지 않은　　　**underestimate** ⓥ 과소평가하다

---

35 Although many of anti-suffrage sentiments may seem _____ to us today, they were taken seriously by those who felt threatened by the prospect of women attaining the ballot.

① insipid

② naive

③ ludicrous

④ monotonous

| 정답 | ③

| 해석 | 비록 투표권을 주지 말자는 많은 의견들은 오늘날 터무니없는 것으로 보일지 모르지만, 그러한 의견들은 여성들이 투표권을 얻을 것이라는 전망에 위협을 느끼는 사람들에게는 과거에 진지하게 받아들여졌었다.
① 무미건조한　② 순진한　③ 터무니없는　④ 단조로운

| 해설 | Although를 통해 역접임을 알 수 있다. 과거에는 '진지하게 여겨졌다(taken seriously)'는 내용과 대조를 이룰 수 있는 내용이 나와야 한다. 따라서 정답은 ③이다.

| 어휘 | **suffrage** ⓝ 투표권, 참정권, 선거권　　**prospect** ⓝ 예상, 가망
ballot ⓝ 투표(용지)　　　　　　　　　**insipid** ⓐ 무미건조한, 활기 없는
naive ⓐ 순진한　　　　　　　　　　　**ludicrous** ⓐ 터무니없는, 익살맞은, 어리석은
monotonous ⓐ 단조로운

36 The general public seems to hold less _____ for doctors than before. According to a Gallup poll, 57 percent of the people questioned agreed that "doctors don't care about people as much as they used to." 숭실대 2015

① animosity   ② curiosity

③ esteem   ④ privacy

| 정답 | ③

| 해석 | 일반 대중은 과거에 비해 의사를 덜 존경하는 것으로 보인다. 갤럽의 여론 조사에 따르면 설문 조사 대상자 가운데 57%는 '의사는 과거에 비해 환자들에게 신경을 덜 쓴다'는 데 동의했다.
　① 반감　② 호기심　③ 존경　④ 사생활

| 해설 | 여론 조사 응답자들 가운데 과반수가 넘는 사람들이 '의사는 예전보다 환자에게 신경을 덜 쓴다'고 대답했다는 것은 사람들의 의사에 대한 인식이 과거에 비해 안 좋아졌다는 의미를 갖는다. 이러한 취지에서 빈칸에 가장 적합한 것은 ③이다.

| 어휘 | **animosity** ⓝ 반감, 적대감　　　　　　**esteem** ⓝ 존경
　　　privacy ⓝ 사생활, 혼자 있는 상태

---

37 In Singapore, 76 per cent reported feeling very _____ for a test even if they were well prepared, compared with the OECD average of 55 per cent.

① empathic   ② guilty

③ anxious   ④ clogged

| 정답 | ③

| 해석 | 싱가포르에서는 76%의 학생이 아주 잘 준비했음에도 불구하고 시험을 보는 것이 굉장히 불안하게 한다고 이야기했는데, 이는 OECD 평균인 55%와 비교가 된다.
　① 공감하는　② 죄책감이 드는　③ 불안해하는　④ 꽉 막힌

| 해설 | 단서는 even if, well prepared이다. 준비를 아주 잘했음에도 불구하고 시험에 대해 '빈칸'과 같은 감정을 느낀다고 했으므로, 준비를 잘했는데도 긴장이 되고, 염려스럽다고 이야기하는 것이 가장 적절하다. 정답은 ③이다.

| 어휘 | **empathic** ⓐ 공감하는　　　　　　**guilty** ⓐ 죄책감이 드는
　　　anxious ⓐ 불안한, 걱정스러운　　　**clogged** ⓐ 막힌, 메인

38 The federal government, as well as state and local authorities, spent huge sums on enforcement yet never _____ sufficient resources to do the job effectively.

① partook

② appropriated

③ expected

④ allocated

| 정답 | ④

| 해석 | 지역 당국과 주 당국을 비롯한 연방 정부는 많은 돈을 들여 시행하려고 하고 있지만, 그 일을 효과적으로 수행하기 위한 충분한 자원을 할당하고 있지는 않다.

① 참가하다　② 도용하다　③ 기대하다　④ 할당하다

| 해설 | 단서는 yet, spent huge sums on enforcement이다. 시행과 집행을 하기 위해서는 수많은 돈을 들이고 있지만, 그 일을 효과적으로 수행하기 위한 자원은 할당하고 있지 않다. 즉 돈을 들이는 것과 연관된 단어가 들어가는 것이 가장 적절하다. 정답은 ④이다.

| 어휘 | **federal government** – 연방 정부

enforcement ⓝ 시행, 집행

partake ⓥ 참가하다

allocate ⓥ 할당하다

authority ⓝ 당국

sufficient ⓐ 충분한

appropriate ⓥ 도용[전용]하다

---

39 No matter what measures are taken, medicine will sometimes _____, and it isn't reasonable to ask that it achieves perfection. 경기대 2016

① flourish

② ameliorate

③ advance

④ falter

| 정답 | ④

| 해석 | 어떤 조치가 취해지더라도 약은 때로는 약효가 제대로 들지 않을 때도 있다. 그리고 약이 완벽한 효능을 발휘해야 한다고 요구하는 것은 합리적이지 않다.

① 번성하다　② 개선하다　③ 전진하다　④ 제 기능을 못하다

| 해설 | 접속사 and 뒤를 보면 '약이 완벽한 효능을 발휘해야 한다고 요구하는 것은 합리적이지 않다'고 나와 있다. 이 말은 다시 말하면 약의 약효는 들 때도 있고 안 들 때도 있다는 의미이다. 따라서 빈칸에 가장 적합한 것은 약효가 '제 기능을 못하다' 내지는 '제대로 듣지 않다'는 의미의 ④ falter이다.

| 어휘 | **reasonable** ⓐ 타당한, 합리적인

flourish ⓥ 번성하다

advance ⓥ 전진하다, 진군하다

perfection ⓝ 완벽, 완성

ameliorate ⓥ 개선하다

falter ⓥ 움츠리다, 멈칫하다; 제 기능을 못하다

40 There hasn't been a major new antibiotic discovered in 25 years, but researchers say a drug called teixobactin could be biggest _____ in a generation. 숭실대 2015

① breakthrough   ② collapse

③ fragmentation   ④ misfortune

| 정답 | ①

| 해석 | 지난 25년 동안 중요한 새 항생 물질은 아직 발견되지 못했다. 하지만 연구진은 테익소박틴(teixobactin)이란 약이 지난 한 세대 동안 이루어진 가장 중요한 전기가 될 수 있다고 말한다.
① 전기   ② 붕괴   ③ 분열   ④ 불운

| 해설 | 25년 동안 중요한 항생 물질이 발견되지 않았는데, 접속사 but과 함께 새로운 약이 발견되었다는 내용이 들어갔으므로 문맥상 이 새로운 약이 중요한 항생 물질이라는 의미를 살릴 수 있는 것이 빈칸에 들어가야 한다. 따라서 정답은 ①이다.

| 어휘 | **antibiotic** ⑪ 항생제, 항생 물질   **breakthrough** ⑪ 돌파구, 전기
fragmentation ⑪ 분열

---

41 It is ironic that businessmen are often morally _____ for their greed at seeking profit, even though profit is necessary if the wealth of a society is to grow and life is to get better.

① condemned   ② uplifted

③ justified   ④ extolled

| 정답 | ①

| 해석 | 한 사회의 부가 증대되고 삶이 나아지기 위해서는 이윤이 필요함에도 불구하고, 사업가들이 그들의 이윤에 대한 탐욕 때문에 종종 비난받는 것은 아이러니한 일이다.
① 비난받는   ② 희망에 찬   ③ 정당화하는   ④ 칭찬받는

| 해설 | 본문에서는 이윤은 필요한 것으로 보지만 그 '이윤에 대한 탐욕(their greed at seeking profit)' 때문에 아이러니한 상황이 발생한다고 나와 있으며, 빈칸에 들어갈 단어가 바로 그 아이러니한 상황에 해당된다. 보기 중에서 그 아이러니함에 적합한 것을 빈칸에 대입해 보면 '이윤은 필요하지만 그 이윤에 대한 탐욕 때문에 비난받는다'는 의미에서 ①이 가장 적합함을 알 수 있다.

| 어휘 | **condemn** ⓥ 비난하다   **uplift** ⓥ 행복감을 주다
extol ⓥ 크게 칭찬하다, 격찬하다

42 Daniel toiled and labored for weeks to carry out the task given by his director. But all his _____ came to nothing when the assignment was cancelled at the last minute. 중앙대 2010

① diversions

② travails

③ idolatry

④ grudge

| 정답 | ②

| 해석 | Daniel은 상사에 의해 맡겨진 일을 처리하느라 수 주 동안 고생하고 애썼다. 하지만 그의 모든 노고는 부여된 임무가 마지막에 가서 취소되면서 허사가 되었다.

① 기분 전환　② 노고　③ 우상 숭배　④ 원한

| 해설 | Daniel은 열심히 노력했지만 그의 '노력'은 물거품(come to nothing)이 되었다는 뜻이므로, 수고나 노고를 의미하는 ② travails가 정답이 된다.

| 어휘 | **toil** ⓥ 힘써 일하다

carry out – 수행하다

at the last minute – 막판에

travail ⓝ 노고, 고생, 고역

grudge ⓝ 원한, 유감

labor ⓥ 노동하다, 일하다, 애쓰다

come to nothing – 수포로 돌아가다

diversion ⓝ (방향) 바꾸기, 기분 전환

idolatry ⓝ 우상 숭배

43 Without this letter, it is easy for people to get confused about what is reality. If we read this letter correctly, on the other hand, it works as a _____.

① disillusion

② enlightenment

③ accusation

④ suppression

| 정답 | ②

| 해석 | 이 편지가 없이는 사람들은 쉽게 현실이 무엇인지에 대해 혼동한다. 반면에, 만약 우리가 이 편지를 제대로 읽는다면, 그것은 깨닫게 해 주는 역할을 할 것이다.

① 환멸　② 깨달음　③ 비난　④ 억제

| 해설 | 단서는 on the other hand, Without this letter, get confused, read this letter correctly이다. 이 편지가 없다면 현실이 무엇인지에 대해서 혼동한다고 이야기한 것은 즉, 이 편지를 읽는다면 혼동하지 않고 현실이 무엇인지 제대로 알 수 있다는 말이 된다. 따라서 현실이 무엇인지 제대로 깨닫고 알 수 있게 해 준다는 의미로 ②가 가장 적절하다.

| 어휘 | **disillusion** ⓝ 환멸

accusation ⓝ 혐의; 비난

enlightenment ⓝ 깨우침, 깨달음

suppression ⓝ 진압, 억제

44 Arguably, the Internet _____ the disparity between rich and poor counties because the economies of countries with access to it become more competitive, whereas those without access to it lag behind. 한양대 2014

① wanes

② obviates

③ vindicate

④ exacerbates

| 정답 | ④

| 해석 | 거의 틀림없다고 주장할 수 있는 점은, 인터넷은 부국과 빈국 간의 격차를 악화시킨다는 사실이며, 그 이유는 인터넷에 접속할 수 있는 국가의 경제는 더욱 경쟁력이 강화되지만 반면에 그렇지 못한 국가의 경제는 뒤처지기 때문이다.

① 약해지다　② 제거하다　③ 정당성을 입증하다　④ 악화시키다

| 해설 | 인터넷에 접속한 국가는 경쟁력이 강화되고 접속하지 못한 국가는 경제력이 뒤처진다. 즉 인터넷은 '부국과 빈국 간의 격차(the disparity between rich and poor counties)'를 '악화시키는(exacerbate)' 것이다. 따라서 정답은 ④이다.

| 어휘 | **arguably** @ 주장하건대, 거의 틀림없이　　　　**disparity** ⑪ 차이, 격차
lag behind – 뒤떨어지다, 뒤처지다　　　　**wane** ⓥ 약해지다, 줄어들다
obviate ⓥ 제거하다, 배제하다　　　　　　**vindicate** ⓥ ~의 정당성을 입증하다
exacerbate ⓥ 악화시키다

---

45 While there is no "official" _____ count for the Second World War, it was clearly the deadliest war in history, costing more than 38 million lives. 서울여대 2016

① endorsement

② casualty

③ eyesore

④ setback

| 정답 | ②

| 해석 | 2차 세계 대전의 '공식' 사상자 집계는 존재하지 않지만, 2차 세계 대전은 3800만 명 이상의 목숨을 앗아간 역사상 가장 유혈이 낭자한 전쟁이었음이 분명하다.

① 지지　② 사상자　③ 흉물스러운 것　④ 차질

| 해설 | While이 위치한 주절 말고 종속절에서 2차 세계 대전으로 인한 사망자가 언급되어 있으므로 종속절 또한 사망자와 관련된 언급이 등장해야 한다. 이 점에서 빈칸에 가장 적합한 것은 ②이다.

| 어휘 | **cost** ⓥ (~을) 희생시키다[잃게 하다]　　　　**endorsement** ⑪ (공개적인) 지지
casualty ⑪ 사상자, 피해자　　　　　　　　**eyesore** ⑪ 흉물스러운[보기 흉한] 것
setback ⑪ 차질

46 Humans tend to be egocentric. We commonly consider ourselves to be _____, although we are on a rotating Earth that has a surface speed of about 1,600 km/h near the equator. 건국대 2020

① superior
② motionless
③ selfish
④ untouchable
⑤ independent

| 정답 | ②

| 해석 | 인간은 자기중심적인 경향이 있다. 우리는 적도 부근의 표면 속도가 시속 1,600km인 자전하는 지구 위에 있음에도 불구하고 스스로가 움직이지 않는다고 생각한다.
① 우월한 ② 움직이지 않는 ③ 이기적인 ④ 건드릴 수 없는 ⑤ 독립적인

| 해설 | 빠른 속도로 자전하는 지구 위에 있지만, 인간은 가만히 서 있다. 자기중심적인 인간이므로 빠르게 회전하는 지구 위에 있음에도 움직이지 않는다고 생각할 것이다. 따라서 정답은 ②이다.

| 어휘 | **egocentric** ⓐ 자기중심적인, 이기적인　　　　**rotating** ⓐ 자전하는

---

47 It's true that cutting down on consumption is an improvement on the current situation; _____, we should be aware that cutting down too rapidly could have a deleterious impact on the economy.

경기대 2017

① likewise
② moreover
③ nevertheless
④ similarly

| 정답 | ③

| 해석 | 소비를 줄이는 것이 현재 상황을 향상시킬 수 있다는 것은 맞는 말이다. 그럼에도 불구하고 너무도 빨리 소비를 줄이는 것은 경제에 해로운 영향을 미칠 수 있다는 것도 알아야 한다.
① 마찬가지로 ② 게다가 ③ 그럼에도 불구하고 ④ 비슷하게

| 해설 | 소비를 줄이는 것이 좋지만, 너무 빨리 소비를 줄이면 경제에 악영향을 줄 수 있다는 말이므로, 빈칸에는 역접의 접속부사인 ③이 적합하다.

| 어휘 | **cut down on** – ~을 줄이다　　　　**consumption** ⓝ 소비, 소모
improvement ⓝ 향상　　　　**rapidly** ⓐ 신속히, 재빠르게
deleterious ⓐ 해로운, 유해한, 피해를 주는　　**have an impact on** – ~에 영향을 주다
likewise ⓐ 마찬가지로, 똑같이; 비슷하게　　**moreover** ⓐ 게다가, 더욱이
nevertheless ⓐ 그럼에도 불구하고　　**similarly** ⓐ 비슷하게, 유사하게

48 Despite a strong welfare system and an infrastructure _____ to raising children, Denmark has one of the lowest birth rates in Europe at 1.7 children per family. 가톨릭대 2017

① conducive   ② prone

③ submissive   ④ vulnerable

| 정답 | ①

| 해석 | 강력한 복지 제도와 아이들을 양육하는 데 도움이 되는 기반 시설을 갖추고 있음에도 불구하고 덴마크는 유럽에서 가장 출산율이 낮은 국가 중 하나로, 가구당 1.7명의 아이들을 낳는다.
① 도움이 되는   ② ~하는 경향이 있는   ③ 복종하는   ④ 취약한, 공격받기 쉬운

| 해설 | 양보(Despite)의 의미로 연결되어 있으므로, 기반 시설은 양육에 '좋지만' 출산율은 높지 않다가 되어야 하므로, 정답은 ①이 된다. 참고로 「A is conducive to B」는 'A가 B하는 데 도움이 되다'는 뜻을 지니며, ④의 「A is vulnerable to B」와 반대의 의미를 지닌다.

| 어휘 | **welfare system** – 복지 제도   **infrastructure** ⓝ 기반 시설
birth rate – 출생률, 출산율   **conducive** ⓐ 도움이 되는
prone ⓐ ~의 경향이 있는, ~하기 쉬운; 엎드려 있는   **submissive** ⓐ 복종하는, 순종하는, 유순한
vulnerable ⓐ 취약한, 연약한; 상처를 입기 쉬운, 공격받기 쉬운

---

49 Writing is not a(n) _____ condition for advanced thinking. Socrates wrote nothing, but is still regarded as the greatest of all philosophers. 한국외대 2013

① necessary   ② optional

③ meaningless   ④ contradictory

| 정답 | ①

| 해석 | 글쓰기는 앞선 사고를 하기 위한 필요한 조건은 아니다. 소크라테스는 아무것도 글로 남기지 않았지만 그럼에도 여전히 모든 철학자 가운데 가장 위대한 존재로 여겨진다.
① 필요한   ② 선택적인   ③ 의미 없는   ④ 모순되는

| 해설 | 소크라테스는 모든 철학자 중에서도 가장 위대한 존재가 될 만큼 앞선 사고를 했지만, 대신 글로는 아무것도 남기지 않았다. 때문에 글이 앞선 사고의 '필요' 조건은 아니라 볼 수 있다. 따라서 정답은 ①이다.

| 어휘 | **advanced** ⓐ 고등한, 수준 높은   **optional** ⓐ 선택적인
contradictory ⓐ 모순되는

50 Though some degree of uncertainty is _____ in all medical decisions, clinicians often fail to share this with patients because it's complicated to explain and unsettling and leaves doctors vulnerable to seeming uninformed.

① inexcusable　　　　　　　　　　　　　② inherent

③ ingenuous　　　　　　　　　　　　　　④ vehement

| 정답 | ②

| 해석 | 어느 정도의 불확실성은 모든 의학적 결정에 존재하지만, 임상의들은 종종 이러한 부분을 환자들과 공유하는 것에 실패하는데 그 이유는 설명하기에 복잡하기도 하고, 환자들을 불안하게 만들기도 하며, 의사들이 정보가 없는 것처럼 보이게 할 수 있기 때문이다.
① 용서할 수 없는　　② 내재적인　　③ 순진한　　④ 격렬한

| 해설 | 의학적 결정은 불확실성을 '내재적'으로 가지고 있을 수밖에 없다. 근데 그것을 환자들에게 설명하기에는 여러 애로 사항들이 있다는 것이다. 정답은 ②이다.

| 어휘 | **clinician** ⓝ 임상의　　　　　　　　　　**unsettling** ⓐ 불안하게 하는
vulnerable ⓐ 취약한　　　　　　　　　 **inexcusable** ⓐ 용서할 수 없는
inherent ⓐ 내재적인　　　　　　　　　　**ingenuous** ⓐ 순진한
vehement ⓐ 격렬한

---

51 Though he wasn't particularly well-known as a humanitarian, his deep sense of responsibility for those who are suffering was real, and was belied by an outward appearance of _____. 한양대 2015

① bliss　　　　　　　　　　　　　　　　② mirth

③ smartness　　　　　　　　　　　　　　④ indifference

| 정답 | ④

| 해석 | 비록 그는 인도주의자로 특별히 잘 알려지지는 않았지만, 그는 고통받는 사람들을 향해 실제로 깊은 책임감을 지녔고, 단지 겉으로 무심한 모습을 보이는 바람에 사람들이 착각했을 뿐이었다.
① 더없는 행복　　② 즐거움　　③ 세련됨　　④ 무심함

| 해설 | 인도주의자로서 깊은 책임감을 느끼는 사람임에도 다른 사람들이 그를 착각한 이유는 그가 평소에 '무심한' 모습을 보였기 때문일 것으로 유추 가능하다. 따라서 정답은 ④이다.

| 어휘 | **humanitarian** ⓝ 인도주의자, 박애주의자　　**belie** ⓥ 착각하게 만들다, 거짓임을 보여 주다
outward ⓐ 표면상의, 겉보기의　　　　　　 **bliss** ⓝ 더없는 행복, 지복
mirth ⓝ 웃음소리, 즐거움　　　　　　　　　**smartness** ⓝ 세련됨, 멋
indifference ⓝ 무심함, 무관심함

52 Judges may be trained to confine themselves to the legally relevant facts before them. But they are also human, and thus subject to _____ which can muddy their judgment.

① the law like everyone else
② their spouses' will
③ all sorts of cognitive biases
④ insufficient education

| 정답 | ③

| 해석 | 판사는 자신의 앞에 놓인 법적으로 관련 있는 사실로만 자신의 한계를 정하도록 훈련받기도 한다. 하지만 판사도 인간이며 따라서 판단을 흐리게 하는 온갖 종류의 인지적 편향에 빠질 수 있다.
① 다른 사람들과 같은 법   ② 배우자의 의지   ③ 온갖 종류의 인지적 편향   ④ 불충분한 교육

| 해설 | 판사는 어디까지나 판단의 근거를 '법적으로 관련 있는 사실'에만 제한을 두도록 훈련받는다. 그런데 '판사도 인간'이라는 말은 판사 또한 '판단을 흐리게 하는' 것들에 영향을 받을 수 있다는 의미이다. 보기 중에서 '판단을 흐리게 하는' 것에 해당되는 것은 ③이다.

| 어휘 | **confine** ⓥ ~에 제한하다   **relevant** ⓐ 관련 있는, 적절한
         cognitive bias – 인지적 편향   **muddy** ⓥ 흐리게 하다

---

53 Facebook allows users to search for other users on their own campus and elsewhere. Some users allow anyone to look at their profiles, while others restrict _____ to those on their list of friends.

숭실대 2017

① access
② benefits
③ friendship
④ registration

| 정답 | ①

| 해석 | 페이스북은 유저들이 같은 캠퍼스나 다른 곳의 유저들을 찾을 수 있도록 해 준다. 일부 유저들은 누구든지 자신의 프로필을 볼 수 있도록 허용하는 반면, 다른 유저들은 자신의 친구 목록에 있는 사람들의 접근을 제한한다.
① 접근   ② 혜택   ③ 우정   ④ 등록

| 해설 | while 및 「some ~, others ....」를 이용해 대조를 나타내고 있다. 누구에게든 자신의 프로필을 공개하는 것의 반대는 다른 사람들이 '접근(access)'하는 것을 제한하는 것이므로 정답은 ①이 된다.

| 어휘 | **profile** ⓝ 개요(프로필); 옆모습, 측면   **restrict** ⓥ 제한하다, 구속하다, 한정하다
         access ⓝ 접근, 출입 ⓥ 입수하다, 접근하다   **registration** ⓝ 등록, 신고

54 There is no convincing evidence that rearing cattle in regenerative, pasture-based systems is
_____ for the environment; on the contrary, these permanent pastures act as carbon sinks.

① beneficial   ② bad

③ safe   ④ responsible

| 정답 | ②

| 해석 | 재생력 있는 목초지를 기반으로 한 시스템에서 소 떼를 기르는 것이 환경에 유해하다는 설득력 있는 근거는 없는 반면에, 이와 대조적으로 이러한 목초지들이 카본 싱크로서의 역할을 한다고 한다.
① 유익한   ② 나쁜   ③ 안전한   ④ 책임 있는

| 해설 | 단서는 on the contrary, carbon sink이다. 카본 싱크라는 것은 이산화탄소를 빨아들여서 지구 온난화를 줄이는 삼림 지대를 뜻한다. 즉, 환경에 긍정적인 영향을 끼치는 곳이다. 그렇기 때문에 on the contrary를 중심으로 빈칸에는 환경에 부정적인 영향을 끼치는 내용이 나오는 것이 바람직하다. 정답은 ②이다.

| 어휘 | **convincing** ⓐ 설득력 있는   **rear** ⓥ 기르다
cattle ⓝ 소 떼   **regenerative** ⓐ 재생시키는, 재생력 있는
pasture ⓝ 초원, 목초지   **permanent** ⓐ 영구적인, 영속적인
carbon sink – 카본 싱크(지구 온난화를 줄이는 데 도움이 되는 넓은 삼림 지대)

---

55 He said looking at large groups of people, instead of homing in on _____ individuals, allows
for other factors to affect the suicide rates — even if the study tried to control for some of them.

① intangible   ② specific

③ amorphous   ④ concrete

| 정답 | ②

| 해석 | 그는 특정한 개개인에 전념하는 것이 아니라 많은 사람들에 집중하는 것이, 연구가 몇몇 요인들을 통제하려고 한다 해도, 다른 요인들이 자살률에 영향을 미치게 한다고 말했다.
① 무형의   ② 특정한   ③ 무정형의   ④ 구체적인

| 해설 | 단서는 instead of, large groups of people, individuals이다. instead of를 중심으로 개개인이라기보다는 많은 사람들에게 집중하는 것이 영향을 끼치게 한다고 이야기하고 있으므로, 빈칸에는 그 개개인과 가장 연관성 있는 단어가 들어가야 한다. 따라서 정답은 ②이다.

| 어휘 | **home in on** – ～를 향해 곧장 나아가다; ～에 전념하다
suicide ⓝ 자살   **intangible** ⓐ 무형의
amorphous ⓐ 무정형의   **concrete** ⓐ 구체적인

56 Bureau of Labor Statistics found that the consumer price index for health insurance spiked 12 percent last year _____ the same price index for medical-care services rose only 2.3 percent.

① because
② unless
③ while
④ since

| 정답 | ③

| 해석 | 노동 통계국의 발표에 따르면 건강 보험에 대한 소비자 물가 지수는 작년에 12% 정도 치솟은 반면 의료 보호 사업에 대한 소비자 물가 지수는 오직 2.3% 정도만 상승했다고 한다.
① ~ 때문에   ② ~않는다면   ③ 반면에   ④ ~때문에

| 해설 | 단서는 spiked 12 percent, rose only 2.3 percent이다. 건강 보험 관련 소비자 물가 지수는 12%나 올랐는데, 의료 보호 사업 관련 지수는 2.3%밖에 오르지 않았다는 것을 통해, 두 상승 수치가 대조가 되고 있음을 알 수 있다. 따라서 '반면에'라는 뜻을 지닌 ③이 가장 적합하다.

| 어휘 | **Bureau of Labor Statistics** – 노동 통계국   **consumer price index** – 소비자 물가 지수
health insurance – 건강 보험   **spike** ⓥ 급등하다, 치솟다
medical care service – 의료 보호 사업

---

57 Despite rising awareness and warnings that poaching has pushed some species to the brink of extinction, enforcement and penalties often remain weak, and represent an insufficient _____ to poachers and smugglers.

① foresight
② inception
③ hostility
④ deterrent

| 정답 | ④

| 해석 | 밀렵이 일부 종을 멸종 위기에 처하게 한다는 인식이 높아지고 이에 대한 경고가 제기됨에도 불구하고, 법 집행과 처벌이 미약한 경우가 종종 있고, 밀렵꾼과 밀수범에게 불충분한 억지력이라 할 수 있다.
① 예지력   ② 시작   ③ 적의   ④ 억지력

| 해설 | 보기에 제시된 단어를 빈칸에 대입해 봤을 때 정답으로 보기에 가장 적절한 것은 '밀렵꾼과 밀수범에 대한 법 집행과 처벌이 미약하여 이들을 막기에 억지력이 불충분하다'라는 의미에서 ④이다.

| 어휘 | **poaching** ⓝ 불법 침입, 밀렵
push A to the brink of extinction – A를 멸종 위기에 처하게 하다
enforcement ⓝ (법률 등의) 집행   **penalty** ⓝ 처벌, 형벌
poacher ⓝ 밀렵꾼   **smuggler** ⓝ 밀수범
foresight ⓝ 예지력, 선견지명   **inception** ⓝ 시작, 개시
hostility ⓝ 적의, 적대감   **deterrent** ⓝ 억지력, 제지하는 것

58 Binge drinking, defined as the heavy, episodic use of alcohol, has _____ on campuses despite both a general decrease in alcohol consumption among Americans and an increase in the number of abstainers. 경기대 2016

① persisted

② disappeared

③ dwindled

④ insisted

| 정답 | ①

| 해석 | 이따금 이루어지는 과도한 알코올 음용으로 정의되는 '폭음'은 미국인들 사이에서 전반적으로 알코올 섭취량이 감소하고 있으며 술을 마시지 않는 사람이 증가하고 있음에도 불구하고 대학 캠퍼스에서 여전히 지속되고 있다.
① 지속되다   ② 사라지다   ③ 감소하다   ④ 주장하다

| 해설 | despite 뒤에서는 알코올 섭취가 전반적으로 줄고 있음을 말하고 있으므로 despite 앞에서는 이와 반대되는 내용이 와야 한다. despite 앞 절의 주어가 '폭음'이므로 빈칸에는 폭음이 감소가 아닌 '증가하고 있다' 또는 '지속되고 있다'는 내용이 와야 한다. 따라서 정답은 ①이다.

| 어휘 | **binge** ⓝ 폭음[폭식]하기   **binge drinking** - 폭음
episodic ⓐ 가끔 식의, 이따금의   **abstainer** ⓝ 술을 안 마시는 사람, 금주가
persist ⓥ (없어지지 않고) 계속되다[지속되다]   **dwindle** ⓥ 줄어들다, 감소하다

---

59 The notion is fairly common that there is a fundamental conflict between science and religion. Many outstanding scientists, however, are profoundly religious and take an active part in church work. They do not feel that their science and their religion are _____.

① in contradiction

② personal matters

③ a matter of choice

④ consistent

| 정답 | ①

| 해석 | 과학과 종교 사이에 근본적인 갈등이 존재한다는 것은 흔한 생각이다. 하지만 다수의 뛰어난 과학자들은 매우 독실하고 교회 일에도 적극적으로 참여하기도 한다. 이들 과학자들은 종교와 과학이 모순이라고는 생각하지 않는다.
① 모순되는, 상반되는   ② 개인적인 문제들   ③ 선택의 문제   ④ 지속적인

| 해설 | 과학과 종교가 갈등 관계에 있다고 생각하지 않기에 독실한 신앙을 가질 수 있다. 그러므로 뒷문장의 부연 설명에는 과학과 종교 사이에 갈등이 없다는 진술, 즉 모순이 아니라는 진술이 오면 된다.

| 어휘 | **conflict** ⓝ 갈등, 모순, 투쟁, 싸움   **contradiction** ⓝ 모순
consistent ⓐ 일관된

60   _____ a dramatic increase in the number of people riding bicycles for recreation in Parkville, a recent report by the Parkville Department of Transportation shows that the number of accidents involving bicycles has decreased for the third consecutive year. *가천대 2020*

① With
② Due to
③ Despite
④ Given

| 정답 | ③

| 해석 | 파크빌에서 오락 목적으로 자전거를 타는 사람의 수는 극적으로 늘었음에도, 최근 파크빌 교통부(Parkville Department of Transportation)의 보고서에 따르면, 자전거가 연루된 사고 건수는 3년 연속 감소했다.
① ~와 (함께)   ② ~ 때문에   ③ ~에도 불구하고   ④ ~을 고려했을 때

| 해설 | 자전거를 타는 사람의 수가 늘면 자연히 사고 건수도 늘기 마련이지만, 본문을 보면 자전거 사고 건수가 오히려 줄었음을 알 수 있다. 보기 중 서로 대조되는 의미를 연결하는 전치사는 ③ Despite이다.

| 어휘 | **dramatic** ⓐ 극적인   **recreation** ⓝ 오락, 레크리에이션
consecutive ⓐ 연이은, 연속적인   **given** (prep) ~을 고려했을 때

---

61   Even though European companies have in recent years branched out into their own manufacturing, the _____ 'American made' luxury good is still very strong.

① hesitance of
② hunger for
③ reluctance to
④ satisfaction over

| 정답 | ②

| 해석 | 유럽 회사들이 최근에 제조업 분야에서 확장을 해왔음에도 불구하고, '미국산' 사치품에 대한 열망은 여전히 강하다.
① ~에 대한 주저   ② ~에 대한 갈망   ③ ~에 대한 꺼림   ④ ~에 대한 만족

| 해설 | 단서는 Even though, still very strong이다. 유럽 회사들이 자신들의 제조업 분야를 새롭게 확장시켰음에도 미국에서 만든 사치품에 대한 '빈칸'이 여전히 강력하다는 것은, 유럽 회사들의 새로운 확장에도 불구하고 여전히 미국 제품을 원하고 선호한다는 뜻이다. 따라서 ②가 정답이다.

| 어휘 | **branch out into** – 확장하다, 새로운 사업을 시작하다, 새로운 분야로 진출하다
luxury good – 사치품   **hesitance** ⓝ 망설임, 주저함
hunger ⓝ 갈망, 열망   **reluctance** ⓝ 꺼림
satisfaction ⓝ 만족

62 The book "Neanderthals Sing" explores their amazing propensity for singing — even above language. So even though they may have had a _____ nature — they also may had a much deeper, more beautiful and tender way of communing with each other through song.

① offensive

② persistent

③ bellicose

④ integrative

| 정답 | ③

| 해석 | '네안데르탈인의 노래'라는 책은 그들의 놀라운, 심지어 언어를 뛰어넘는, 노래에 대한 성향을 그린다. 그래서 그들은 호전적인 성향을 가지고 있을지는 몰라도, 그들은 또한 굉장히 심층적이고, 더 아름다우면서도 상냥한 방식으로 서로 서로가 노래를 통해 이야기하며 친하게 지낸다.
① 공격적인   ② 끈질긴   ③ 호전적인   ④ 통합적인

| 해설 | 단서는 even though, tender이다. '빈칸'과 같은 성향을 가지고 있을지도 모르지만, 서로 서로가 노래를 통해서 상냥하고 다정 어린 방식으로 이야기를 나눈다고 했으므로, '상냥한, 다정한'과는 정반대의 의미를 지닌 단어가 들어가야 한다. 따라서 정답은 ③이다.

| 어휘 | **propensity** ⑪ 경향, 성향   **tender** ⓐ 상냥한, 다정한
commune ⓥ 친하게 지내다[이야기하다]   **offensive** ⓐ 공격적인
persistent ⓐ 집요한, 끈질긴   **bellicose** ⓐ 싸우기 좋아하는, 호전적인
integrative ⓐ 통합하는, 통합적인

---

63 Opponents of the expansion of free trade, although in _____, continued to constitute _____ political force throughout the world. 광운대 2016

① disorder – a viable

② jeopardy – an inefficient

③ disarray – a disciplined

④ retreat – a powerful

⑤ crisis – an inconsequential

| 정답 | ④

| 해석 | 자유 무역의 확대를 반대하는 세력은 비록 그 기세가 후퇴하고 있지만 여전히 전 세계적으로 강력한 정치 세력을 이루고 있다.
① 무질서 – 실행 가능한   ② 위기 – 비효율적인   ③ 혼란 – 훈련받은
④ 후퇴 – 강력한   ⑤ 위기 – 하찮은

| 해설 | 첫 번째 빈칸의 단어는 자유 무역의 확대를 반대하는 세력을 수식하는 표현으로 반대 세력의 현재의 모습을 나타낸다. 두 번째 빈칸의 단어는 반대 세력이 전 세계에서 정치적으로 얼마만큼의 힘을 가지고 있는지를 설명하는 표현이다. 그런데 첫 번째 빈칸 앞에 위치한 접속사 although 덕분에 첫 번째 빈칸과 두 번째 빈칸은 의미상 서로 대조를 이루어야 한다. 이를 감안하고 보기의 단어를 대입해 보면 정답으로 가장 적절한 것은 자유 무역의 확대를 반대하는 세력은 현재는 '후퇴' 중에 있지만 그럼에도 불구하고 전 세계적으로 '강력한' 세력을 이루고 있다는 의미에서 ④이다.

어휘	**opponent** ⓝ 반대자		**expansion** ⓝ 확대
	be in retreat – 후퇴 중인, 물러나고 있는		
	constitute ⓥ (어떤 단체를) 설립[설치]하다, ~을 구성하다[이루다]		**viable** ⓐ 실행 가능한, 성공할 수 있는
	disorder ⓝ 무질서		**inefficient** ⓐ 비효율적인
	jeopardy ⓝ 위험, 위기		**disciplined** ⓐ 훈련받은, 잘 통솔된
	disarray ⓝ 혼란		
	inconsequential ⓐ 중요하지 않은, 하찮은		

64 Mexicans are easily returned over the border if they are caught crossing illegally and do not claim asylum, _____ other nationalities which undergo a longer more extensive legal process to be returned.

① analogous to

② unlike

③ tantamount to

④ apart from

| 정답 | ②

| 해석 | 멕시코인들은 망명을 신청하지 않은 채로 국경을 불법으로 건너다 발각되면 너무나도 쉽게 돌려보내지는데, 훨씬 더 길고 광범위한 법적 절차를 걸쳐서 돌려보내지는 다른 국적의 사람들과는 대조가 된다.
① ~와 유사한   ② ~와 다른   ③ ~와 동등한   ④ ~를 제외하고

| 해설 | 단서는 easily returned, undergo a longer more extensive legal process이다. 멕시코인들이 돌려보내지는 과정과 다른 국적을 가진 사람들이 돌려보내지는 과정이 서로 대조를 이루고 있으므로, 역접을 나타내는 표현인 ② 가 가장 적절하다.

어휘	**border** ⓝ 국경		**claim asylum** – 망명을 신청하다
	nationality ⓝ 국적		**undergo** ⓥ 겪다
	extensive ⓐ 광범위한, 폭넓은		**analogous** ⓐ 유사한
	tantamount ⓐ 동등한		

65 Births in Japan — which are expected to drop below 900,000 this year — are at their lowest figure since 1874. The total number of deaths, on the other hand, is _____. This year, the figure is expected to reach almost 1.4 million, the highest level since the end of World War II.

① decreasing

② sustaining

③ increasing

④ disturbing

| 정답 | ③

| 해석 | 일본의 신생아 수는 올해 900,000만 명 아래로 떨어질 것으로 예상되고 있으며, 1874년 이후로 최저치를 기록하고 있다. 반면에 전체 사망자 수는 증가하고 있다. 올해 수치는 대략 140만 명에 이를 것으로 예상되는데, 이는 2차

세계 대전 이후 최고 수치이다.
① 감소하는 ② 유지하는 ③ 증가하는 ④ 충격적인

| 해설 | 단서는 on the other hand, drop, lowest, highest이다. 빈칸을 기점으로 앞에서는 신생아 수가 줄어들고 있다는 내용을 언급하고 있으며, 뒤에서는 사망자 수가 최고 수치를 기록하고 있다는 것으로 보아 늘어나고 있음을 알 수 있다. 따라서 정답은 ③이다.

| 어휘 | **figure** ⓝ 수치 **sustain** ⓥ 유지하다, 계속하다
disturbing ⓐ 교란시키는, 충격적인

66 In spite of the objectively proven inaccuracy of a referee's decision, the decision will not be overturned; it is set in stone. In other words, football contains the possibility of ____________, and this possibility sometimes becomes real in the most dramatic fashion. 숭실대 2016

① irreversible injustice ② human dignity
③ divine revenge ④ democratic principle

| 정답 | ①

| 해석 | 심판의 결정이 부정확했음이 객관적으로 입증되더라도 결정은 번복되지 않을 것이다. 즉 확고한 결정이다. 달리 표현하자면, 축구는 돌이킬 수 없는 부당함이 존재할 가능성을 지니고 있으며, 이러한 가능성은 때로는 가장 극적인 형태로 현실이 되기도 한다.
① 돌이킬 수 없는 부당함 ② 인간의 존엄 ③ 신성한 복수 ④ 민주적 원칙

| 해설 | in other words는 앞서 언급된 내용을 부연 설명하기 전에 주의를 환기시키는 역할을 한다. In other words 앞에는 심판이 부당한 결정을 내릴 수 있지만 일단 판단이 내려지면 뒤집히지 않음을 말하고 있다. 이는 부당한 일이지만 '돌이킬 수 없는 부당함'이다. 따라서 In other words 뒤의 빈칸에는 '돌이킬 수 없는 부당함'이 들어가야 하며, 그래서 정답은 ①이다.

| 어휘 | **objectively** ⓐⓓ 객관적으로 **proven** ⓐ 입증된, 증명된
overturn ⓥ 뒤집다, 번복하다 **set in stone** – 영구적인, 확고한
irreversible ⓐ 되돌릴[철회할/돌이킬] 수 없는, 비가역적인
divine ⓐ 신의, 신성한

67 "Sigmund Freud has been out of the scientific mainstream for so long and it's easy to forget that in the early-20th century he was regarded as a ____________ man of science — not, as he is remembered today, as the founder of the marginalized form of therapy known as psychoanalysis." 서강대 2008

① towering ② new
③ minor ④ pseudo-scientific

| 정답 | ①

| 해석 | "지그문트 프로이트는 오랫동안 과학적 주류에서 벗어나 있었고, 20세기 초에는 그가 대단히 뛰어난 과학적 존재로 여겨졌다는 사실을 잊기 쉽다. 그런데 당시에 프로이트는 지금 기억되는 모습과는 달리, 정신 분석으로 알려진 (현재) 무시당하는 정신 치료법의 창시자로 여겨지지는 않았다."
① 대단히 뛰어난   ② 새로운   ③ 별로 중요하지 않은   ④ 유사 과학의

| 해설 | 현재 지그문트 프로이트는 과학적 주류에서 오랫동안 벗어난 존재이다. 그런데 지금 시점에서 20세기 초의 프로이트의 위상을 잊기 쉽다는 말은, 역으로 봤을 때 20세기 초의 위상과 지금의 위상은 차이가 있다는 의미이며, 여기서 한 단계 더 나아가면 지금과는 달리 20세기 초의 프로이트의 위상은 '뛰어났음'을 의미한다. 따라서 정답은 ①이다.

| 어휘 | **mainstream** ⓝ 주류, 대세   **marginalized** ⓐ 무시당하는, 소외되는
psychoanalysis ⓝ 정신 분석   **towering** ⓐ 대단히 뛰어난, 우뚝 솟은
pseudo-scientific ⓐ 유사 과학의

---

68 Unlike the unequivocal accounts by the detectives, the evidence provided by the boys at the scene was more _____, leading to the development of several different theories to explain the cause of the murder. 가톨릭대 2010

① ambiguous   ② theoretical
③ indispensible   ④ infallible

| 정답 | ①

| 해석 | 형사들의 명확한 증언과는 다르게, 사건 현장에 있던 소년들의 증언은 좀 더 모호했으며, 이 때문에 살인의 원인에 대한 여러 가지 다른 가설들이 전개되었다.
① 분명치 않은   ② 이론상의   ③ 필수 불가결한   ④ 절대 오류가 없는

| 해설 | 이 문장에서 힌트가 되는 구절은 'the unequivocal accounts by the detectives(형사들의 명확한 증언)'가 된다. '이들의 명확한 증언과는 달리'라고 문장이 시작했으므로 사건 현장에 있던 소년들의 증언은 unequivocal(명백한) 하지 않았을 것이다. 따라서 '명백한'의 반의어인 ① ambiguous가 정답이 된다. 참고로 equivocal은 '동일한 (equal)+소리의(vocal)'라는 어원에서 나온 단어로, 서로 상이한 이야기를 동일한 정도로 '이렇게도 말했다가 저렇게도 말했다가'하는 식으로 말을 해서 애매하다는 뜻이 된다.

| 어휘 | **unequivocal** ⓐ 모호하지 않은, 명백한   **account** ⓝ 설명
detective ⓝ 형사   **A lead to B** – A가 B로 이어지다
development ⓝ 전개   **ambiguous** ⓐ 분명치 않은
theoretical ⓐ 이론상의   **indispensible** ⓐ 필수 불가결한
infallible ⓐ 절대 오류가 없는

69 Some people have a constant swirl of papers on their desks and assume that somehow the most important matters will float to the top. In most cases, however, _____ hinders concentration and can create tension and frustration — a feeling of being snowed under.

① tidiness

② clutter

③ precision

④ rearrangement

| 정답 | ②

| 해석 | 어떤 사람들의 책상 위에는 서류들이 혼란스럽게 끊임없이 쌓여 있는데, 어떤 식으로든 가장 중요한 문제들은 위로 떠오를 것이라고 그들은 생각한다. 하지만 대부분의 경우 이런 어수선함은 집중을 방해하고, 긴장과 좌절감을 유발시킨다. 마치 눈 속에 파묻혀 있는 느낌을 불러일으킨다.
① 단정함   ② 잡동사니, 어수선함   ③ 정확, 정밀   ④ 재정리, 재배열

| 해설 | 책상 위의 'a constant swirl of papers'를 한 단어로 표현하면, clutter(잡동사니, 어수선함)가 가장 적합하다. 그리고 그런 상태는 좋지 않다는 것이 주된 내용이 된다.

| 어휘 | **swirl** ⓝ 소용돌이, 혼란 　　　　　　　　　 **float** ⓥ (물 위나 공중에서) 떠[흘러]가다[떠돌다]
hinder ⓥ 방해하다 　　　　　　　　　　　　 **tension** ⓝ 긴장 (상태)
frustration ⓝ 좌절, 실패, 답답함 　　　　　 **be snowed under** – 눈에 파묻히다
tidiness ⓝ 말쑥함, 단정함 　　　　　　　　 **clutter** ⓝ 잡동사니; 어수선함
rearrangement ⓝ 재정리, 재배열

---

70 Despite the fact that our body doesn't deliver omega 3's, they are fundamental to our wellbeing. A great many people are _____ in omega 3's and regularly encounter manifestations like poor memory, state of mind swings, dry skin, sorrow and heart issues due to the lack of omega 3's.

① superfluous

② perceptible

③ parsimonious

④ insufficient

| 정답 | ④

| 해석 | 신체가 오메가3를 만들어 내지 못한다는 사실에도 불구하고, 그것들은 인간이 잘 살아갈 수 있는 것에 필수적이다. 많은 사람들이 오메가3를 충분히 섭취하지 못하고 있으며, 주기적으로 기억력 감퇴, 정신의 변덕, 건조한 피부, 우울 그리고 심장 관련 문제들을 오메가3의 부족으로 인해 맞닥뜨린다.
① 불필요한   ② 감지할 수 있는   ③ 인색한   ④ 불충분한

| 해설 | 단서는 due to the lack of omega 3's이다. 빈칸 뒤에 언급되고 있는 내용들은 오메가3가 부족했을 때 나타나는 징후들임을 알 수 있다. 빈칸이 포함되어 있는 문장 맨 마지막 부분에서 '오메가3가 부족하기 때문에'라고도 언급했으므로, 정답은 ④가 가장 적절하다.

| 어휘 | **manifestation** ⓝ 징후, 나타남 　　　　　 **sorrow** ⓝ 슬픔
superfluous ⓐ 불필요한 　　　　　　　　 **perceptible** ⓐ 감지할 수 있는

parsimonious ⓐ 인색한, 쩨쩨한   insufficient ⓐ 불충분한

71 a. The change was gradual and, by no means, _____.

b. He is suffering from serious _____ illness that requires long-term care.

c. She still smokes despite the _____ warnings that her doctor gave everytime she visited him. 광운대 2015

① continuous – chronic – continual

② continuous – continual – chronic

③ continual – chronic – continuous

④ continual – continuous – chronic

⑤ chronic – continuous – continual

| 정답 | ①

| 해석 | a. 변화는 점진적이었고 결코 끊임없이 이어지지 않았다.

b. 그는 오랫동안의 보살핌을 필요로 하는 심각한 만성 질환에 시달리고 있다.

c. 그 여성은 의사를 찾을 때마다 의사가 반복적으로 경고를 했음에도 불구하고 여전히 담배를 피우고 있다.

① 끊임없이 – 만성적인 – 반복적인   ② 끊임없이 – 반복적인 – 만성적인

③ 반복적인 – 만성적인 – 끊임없이   ④ 반복적인 – 끊임없이 – 만성적인

⑤ 만성적인 – 끊임없이 – 반복적인

| 해설 | 보기의 continuous, chronic, continual 이 세 단어의 의미는 각각 '지속되는, 계속 끊임없이 이어지는', '만성적인', '반복되는, 거듭되는'이다. 이 중 continuous는 '끊임없이 지속된다'는 의미에서 사용되고 continual은 '계속 반복된다'는 의미에서 사용된다. 이를 감안하고 각 빈칸에 보기의 단어를 대입해 보면, a에는 변화가 '끊임없이 이어지지 않다'는 의미에서 continuous가 적합하고, b에는 '만성 질환'이란 의미에서 chronic이 적합하고, c에는 '의사의 반복적 경고'라는 의미에서 continual이 적합하다. 따라서 정답은 ①이다.

| 어휘 | gradual ⓐ 점진적인, 서서히 일어나는   by no means – 결코 ~이 아닌

continuous ⓐ 지속되는, 계속 끊임없이 이어지는   chronic ⓐ 만성적인

continual ⓐ 반복되는, 거듭되는

72 While junk food is often blamed for the rise in diabetes, researchers say gourmet food is another _____. Diabetes specialist Dr. Cohen says many people are unaware that meals at restaurants are often as high in fat, salt and sugar as fast food. 숙명여대 2015

① culprit   ② dynamo

③ misogynist   ④ pundit

⑤ decoy

| 정답 | ①

| 해석 | 정크 푸드는 당뇨병의 증가 요인으로 종종 비난을 받지만 연구진에 따르면 고급 요리 또한 주된 원인이다. 당뇨병 전문가인 닥터 코헨(Cohen)은 식당에서 제공되는 음식의 지방·염분·당분 함량이 패스트푸드만큼 높은 경우가 종종 있음을 사람들이 모른다고 밝혔다.
① 원인　② 발전기　③ 여자를 혐오하는 남자　④ 전문가　⑤ 미끼

| 해설 | 빈칸 뒤에서 식당에서 제공되는 요리의 지방·염분·당분 함량이 패스트푸드의 지방·염분·당분 함량만큼 높다고 나와 있으며, 이는 즉 패스트푸드로 인해 뭔가 문제가 생긴다면 이는 식당에서 제공되는 요리도 마찬가지 문제를 야기한다는 의미이다. 이를 감안하면 정크 푸드가 당뇨병의 증가에 기여한다고 비난을 받는다면, 식당에서 제공되는 고급요리 또한 마찬가지로 당뇨병의 증가에 기여한다는 비난을 받아야 한다. 즉 고급요리 또한 당뇨병의 '주된 원인' 이다. 따라서 정답은 ①이다.

| 어휘 | diabetes ⑩ 당뇨병　　　　　　　　　　　gourmet food – 고급 요리
culprit ⑩ 범인, 원인　　　　　　　　　　dynamo ⑩ 발전기; 정력[패기]이 넘치는 사람
misogynist ⑩ 여자를 혐오하는 남자　　　pundit ⑩ 전문가, 권위자
decoy ⑩ 미끼, 유인체

73　In contrast to the idea that scientific advancement is a gradual process, some scientists argue that it goes through _____. According to them, science has developed less through a series of peaceful adjustment than through ruptures and leaps of transformation in the collective scientific mind.

① a moderate transformation　　　　② a radical change
③ revolutionary regression　　　　　④ irreversible stagnation

| 정답 | ②

| 해석 | 과학 발전이 점진적이라는 생각과는 대조적으로 일부 과학자들은 과학 발전이 급격한 변화를 겪는다고 주장한다. 이들에 따르면 과학은 집단적인 과학적 정신에 있어 일련의 평화로운 적응 과정을 거쳐 발전하기보다는 파열되고 도약하는 변화를 거쳐 발전해 왔다.
① 온건한 변화　② 급격한 변화　③ 혁명적인 퇴행　④ 되돌릴 수 없는 정체

| 해설 | in contrast to 덕분에 첫 번째 문장에서 '점진적 과학 발전'을 주장하는 사람들과 '빈칸'에 해당되는 생각을 가진 과학자 간의 생각이 서로 대조됨을 알 수 있다. 빈칸 뒤의 them은 바로 이 대조적인 생각을 가진 사람들이며, 이들은 과학이 '평화로운 적응 과정'이 아니라 '파열되고 도약하는 변화'를 거쳐 발전한다고 주장한다. 즉 빈칸에 해당되는 말이 바로 '점진적 과학 발전'에 반대되는 '파열되고 도약하는 변화'이다. 보기 중에서 이에 해당되는 것은 ②이다.

| 어휘 | in contrast to – ~와 대조적으로　　　advancement ⑩ 발전, 진보
gradual ⓐ 점진적인　　　　　　　　　adjustment ⑩ 적응, 수정
rupture ⑩ 파열, 불화　　　　　　　　leap ⑩ 도약, 급등
transformation ⑩ 변화, 탈바꿈　　　collective ⓐ 집단의, 공동의
moderate ⓐ 중도의, 온건한　　　　　regression ⑩ 퇴행, 퇴보
irreversible ⓐ 되돌릴 수 없는　　　　stagnation ⑩ 정체, 부진

74 Although most e-mail users have come to understand that messages remain on their computers even if deleted, text messages are often regarded as more _____. But messages can remain on the sender's and receiver's phones, and even if they are deleted, communication companies store them for anywhere from days to weeks.

① ephemeral ② confounding

③ obsolete ④ enduring

| 정답 | ①

| 해석 | 비록 대부분의 이메일 사용자들이 이메일 메시지가 지워져도 그들의 컴퓨터에 남는다는 사실을 알게 되었으면서도, 휴대 전화 문자 메시지는 종종 일시적인 것으로 여겨진다. 그러나 문자 메시지는 전화를 건 사람과 받은 사람 모두의 전화에 남아 있을 수 있고, 비록 삭제된다 하더라도 통신 회사들은 메시지들을 며칠 내지 몇 주 동안 저장해 놓는다.
① 일시적인 ② 당황케 하는 ③ 진부한 ④ 영구적인

| 해설 | 문자 메시지는 'even if they are deleted(비록 삭제되어도)', 통신 회사들이 'store them for anywhere(어딘가에 저장하기)' 때문에 결국 사라지지 않고 남게 된다. 따라서 문자 메시지도 이메일처럼 계속 남는 것이다. 그러나 빈칸이 들어간 문장을 보면 'although(비록)'이라는 표현이 사용되어 쉼표로 나뉜 두 문장 간에 역접 관계가 형성된다. 따라서 '비록 사람들은 이메일은 지워도 완전히 지워지지는 않는다는 것을 이해하지만, 때로는 문자 메시지는 지우면 끝이라고 이해하고 있기도 하다'는 의미로 해석이 가능하다. 따라서 문맥상 빈칸에 들어갈 말은 영구적이라기보다 비영구적인 뜻의 단어가 와야 한다. 결국 보기 중에서 그와 가장 흡사한 것은 ①이다.

| 어휘 | **text message** – 문자 메시지 **ephemeral** ⓐ 순식간의, 덧없는

confound ⓥ 당황케 하다, 혼란에 빠뜨리다 **obsolete** ⓐ 진부한, 시대에 뒤진

enduring ⓐ 참을성 있는, 영속하는, 영구적인

---

75 For most employees, the largest contributing factor to their overall sense of contentment at the office is directly tied to small, yet _____ values the company offers and upholds. From offering unlimited vacation days to providing incentives to recognize the contributions of co-workers, these are the six top perks that inspire workers to feel happy to come to work every day.

① pedestrian ② uninterrupted

③ significant ④ tempting

| 정답 | ③

| 해석 | 대부분의 직원들에게 그들의 전반적인 사무실에서의 만족감에 가장 크게 기여하는 요인은 회사가 제공하고 인정해 주는 작지만 유의미한 가치들에 직접적으로 연관되어 있다. 무제한 휴가에서부터 동료들의 기여를 인정해 주는 인센티브를 제공하는 것에 이르기까지, 이러한 것들은 직원들이 매일매일 일터에 기뻐하며 올 수 있게 해 주는 6가지 특권들이다.
① 재미없는 ② 방해받지 않는 ③ 유의미한 ④ 매혹적인

단서는 yet, small이다. small과 반대의 의미를 지닌 단어가 필요하다. significant에는 '상당한, 유의미한'이라는 뜻이 있으며, 해당 단어는 문장 속 문맥과도 적절하게 어울릴 수 있다. 따라서 정답은 ③이다.

| 어휘 | **employee** ⓝ 직원

overall ⓐ 전반적인

uphold ⓥ 유지하다; 인정하다

pedestrian ⓐ 평범한, 지루한

tempting ⓐ 유혹적인, 매혹적인

contributing ⓐ 기여하는

contentment ⓝ 만족

perk ⓝ (급료 이외의) 특전

significant ⓐ 상당한; 유의미한

---

76 Members of cultures that are affectively neutral do not telegraph their feelings but instead keep them _____. In contrast, in cultures high in affectivity people show their feelings plainly by laughing, smiling, grimacing, scowling, and gesturing; they attempt to find immediate outlets for their feelings. 항공대 2016

① amplified and registered

② controlled and subdued

③ repressed and exhibited

④ discharged and assembled

| 정답 | ②

| 해석 | 감정을 자제하는 문화권에 속한 사람들은 자신의 감정을 드러내지 않고 대신에 감정을 지속적으로 제어하고 억누른다. 이와는 대조적으로 감정을 크게 드러내는 문화권에서는 사람들이 자신의 감정을 웃음, 미소, 찡그림, 노려봄, 손짓 등으로 숨김없이 드러낸다. 이들은 자신의 감정을 즉각적으로 분출할 수 있는 수단을 찾으려 한다.
① 증폭되고 표현된　② 제어하고 억누른　③ 억누르고 드러내는　④ 방출되고 집합된

| 해설 | 빈칸 뒤를 보면 감정을 크게 드러내는 문화권에 속한 사람들은 여러 가지 행동을 통해 자신의 감정을 드러냄을 알 수 있는데, 이 문장이 대조를 의미하는 in contrast와 함께 시작되기 때문에, 빈칸이 들어간 문장과 그다음 문장은 서로 대조를 이룰 것임을 유추할 수 있다. 때문에 감정을 자제하는 문화권에 속하는 사람들은 드러내는 문화권에 속한 사람들과는 달리 감정을 '제어하고 억누를' 것으로 유추 가능하다. 따라서 정답은 ②이다.

| 어휘 | **affectively** ⓐ 감정적으로, 감동적으로

telegraph ⓥ (흔히 무심코) 의향을 드러내다

plainly ⓐ 분명히, 숨김없이

scowl ⓥ 노려보다, 쏘아보다

outlet ⓝ 분출구, 발산[배출] 수단

register ⓥ (감정을) 나타내다[표하다]

repress ⓥ 억누르다, 억압하다

discharge ⓥ 흘리다, 방출하다

neutral ⓐ 감정을 자제하는[드러내지 않는]

affectivity ⓝ 정서, 감정 상태

grimace ⓥ 얼굴을 찡그리다

gesture ⓥ 손짓[몸짓]을 하다

amplify ⓥ 증폭시키다, 과장하다

subdue ⓥ (감정을) 가라앉히다[억누르다]

exhibit ⓥ (감정·특질 등을) 보이다[드러내다]

assemble ⓥ 모이다, 모으다, 집합시키다

77 Not long ago, I had a chance to watch a surgeon perform a delicate brain operation. A slight slip of his hand would have meant paralysis or death for the patient. What impressed me about the doctor was not his skill but _____. I knew that only a few moments before the operation he had been nervous. But once he stood at the operating table, he worked with a machinelike surety that dumbfounded me. 건국대 2020

① his unstable personality

② his amazing calmness

③ his words of comfort

④ his humanistic attitude to patients

⑤ his dexterous use of the robot doctor

| 정답 | ②

| 해석 | 얼마 전, 나는 한 외과 의사가 정교한 뇌 수술을 하는 것을 볼 기회가 있었다. 그의 손이 살짝만 미끄러져도 그것은 환자에게 마비나 죽음을 의미했을 것이다. 그 의사에게 감동을 받은 것은 그의 기술이 아니라 그의 놀라운 침착함이었다. 나는 그가 수술을 하기 바로 전만 하더라도 그가 긴장하고 있었다는 것을 알고 있었다. 그러나 일단 수술대에 서자 그는 말문이 막히게 하는 기계와 같은 안정감으로 수술을 진행했다.
① 그의 불안정한 성격   ② 그의 놀라운 침착함   ③ 그의 위로의 말
④ 환자에 대한 그의 인본주의적 태도   ⑤ 로봇 의사를 다루는 그의 능숙한 사용

| 해설 | 수술 전에는 긴장했지만, 수술을 시작해서 긴장하지 않았고, '기계와 같은 안정감(machinelike surety)'으로 수술을 진행했다고 했으므로, 침착하게 진행한 것에 놀랐다는 의미에서 정답은 ②가 된다.

| 어휘 | **not long ago** – 얼마 전에   **surgeon** ⓝ 외과 의사
delicate ⓐ 미묘한, 섬세한   **paralysis** ⓝ 마비, 중풍
machinelike ⓝ 기계와 같은, 정확한   **surety** ⓝ 확실, 안정성
dumbfound ⓥ (너무 놀라서) 말을 못 하게 만들다   **unstable** ⓐ 불안정한
humanistic ⓐ 인간성 연구의, 인본주의적인   **dexterous** ⓐ 솜씨 좋은, 교묘한

---

78 Commerce, empires and universal religions eventually brought virtually every Sapiens on every continent into the global world we live in today. Not that this process of expansion and unification was linear or without interruptions. Looking at the bigger picture, _____, the transition from many small cultures to a few large cultures and finally to a single global society was probably an _____ result of the dynamics of human history.

① however – indifferent

② though – inevitable

③ therefore – tangible

④ likewise – obscure

| 정답 | ②

| 해석 | 상업, 거대 기업들 그리고 보편적 종교는 결국 사실상 모든 대륙의 모든 인간들을 오늘날 우리가 살고 있는 지구촌 세상으로 이끌어 왔다. 이러한 확장과 통합의 과정이 선형적이라든지, 어떠한 개입이 없이 발생했다고 말하는 것은

아니다. 그러나 큰 그림을 보면, 수많은 소규모 문화에서 몇몇의 거대 문화로 그리고 마침내 하나의 전 세계적인 사회로의 이행은 아마 인류 역사의 역학 관계에 있어 필연적인 결과일지도 모른다.

① 그러나 – 무관심한　　② 그렇다 하더라도 – 필연적인
③ 그러므로 – 실재하는　　④ 마찬가지로 – 애매모호한

| 해설 | 'this process of expansion and unification was linear'와 'the transition from many small cultures to a few large cultures and finally to a single global society'는 내용상 같은 말이다. 그런데 'this process of expansion and unification was linear' 앞에 Not that ~이 붙었기 때문에 부정이다. 그렇기 때문에, 첫 번째 빈칸에 순접의 연결사가 나오면 두 번째 빈칸은 역접이, 첫 번째 빈칸에 역접의 연결사가 나오면 두 번째 빈칸에는 순접이 나와야 한다. '과정이 순차적이라고 무조건 말할 수는 없겠지만, 그럼에도 불구하고 그러한 과정의 흐름은 필연적일 수밖에 없다'라는 말이다.

| 어휘 | **empire** ⓝ 거대 기업　　　　　　　　**Not that ~** – ~라는 것은 아니다
unification ⓝ 결합, 통합　　　　　　**linear** ⓐ 직선의, 순차적인
transition ⓝ 이행　　　　　　　　　**indifferent** ⓐ 무관심한
inevitable ⓐ 필연적인　　　　　　　**tangible** ⓐ 실재적인
obscure ⓐ 모호한

---

79 It can be hard to pay complete attention for an entire class period even with the most exciting teachers. For this reason, many of our teachers try to include active participation during class. The rise of laptop computers and smartphones in the classroom over the last decade had increased the difficulty for teachers to hold students' attention. Ideally, such technology allows students to take notes, access online materials, or participate in classroom exercises. _____, students can also tune out during class by checking Facebook or email. 성균관대 2020

① Luckily　　　　　　　　② Accidentally
③ Otherwise　　　　　　　④ Unfortunately
⑤ Moreover

| 정답 | ④

| 해석 | 가장 흥미진진한 교사와 함께한다 한들 수업 시간 내내 수업에 완전히 주의를 쏟도록 하기란 힘들 수 있다. 이런 이유로, 다수의 교사는 수업 중 적극적 참여 활동을 포함하고자 한다. 지난 10년 동안 교실에 노트북과 스마트폰의 등장 빈도가 증가한 것은 학생들의 주의를 유지하는 데 있어서의 교사들의 어려움을 증대시켰다. 이상적으로는 이러한 IT 기술은 학생들이 필기를 하거나, 온라인 자료에 접속하거나, 수업 활동에 참여할 수 있게끔 한다. 유감스럽게도, 학생은 수업 중 페이스북이나 이메일을 체크하여 수업을 무시할 수도 있다.

① 다행히도　　② 우연히　　③ 그렇지 않으면　　④ 유감스럽게도　　⑤ 게다가

| 해설 | 빈칸 앞에서는 IT 기술이 학생의 학습에 도움이 될 수 있음을 보여 주고 있지만, 빈칸 뒤에서는 그 반대로 IT 기술로 인해 학생이 수업에 집중 못하고 수업에 방해되는 행위를 하는 것을 볼 수 있다. 즉 빈칸 앞에서는 장점이 뒤에서는 단점이 제시된다. 따라서 정답은 ④이다.

| 어휘 | **pay attention** – 관심을 쏟다, 주의를 기울이다   **tune out** – ∼을 듣지 않다, 무시하다

accidentally @ 우연히, 뜻하지 않게

---

80   A myth about sign languages is that they are the same language as spoken by their broader community, just done on the hands and face. This is not true. Actual sign languages have grammars that differ markedly from spoken languages in contact with them. (A) _____, countries which use essentially the same spoken language do not necessarily have mutually intelligible sign languages. The sign languages used in the United States, England, and Ireland, for example, are quite different from each other. Sign languages do not develop according to the grammatical rules of the spoken languages of their communities. (B) _____, they have their own complex morphology, phonology, syntax, and semantic rules. 에리카 2017

	(A)	(B)		(A)	(B)
①	Instead	Nevertheless	②	Instead	In fact
③	In fact	Nevertheless	④	In fact	Instead

| 정답 | ④

| 해석 | 수화에 관한 잘못 알려진 사실 중 하나는 수화가 더 광범위한 공동체(구어를 사용하는 집단)에서 사용하는 언어와 동일하며, 단지 (입이 아닌) 손과 얼굴로 발화되는 것으로 생각한다. 하지만 이것은 사실이 아니다. 실제 수화는 수화와 접촉하는 구어와 현저하게 다른 문법 체계를 가지고 있다. 실제로 사실상 같은 언어를 사용하는 국가들이라도 반드시 상호 이해할 수 있는 수화를 사용하는 것은 아니다. 예를 들어, 미국과 영국, 아일랜드에서 사용되는 수화는 서로 상당히 다르다. 수화는 지역 사회에서 사용하는 구어의 문법 규칙에 따라 발전된 것이 아니다. 그 대신, 수화는 그 자신만의 복잡한 형태론, 음운론, 통사론, 그리고 의미론적 규칙을 가지고 있다.

	(A)	(B)		(A)	(B)
①	그 대신	그럼에도 불구하고	②	그 대신	실제로
③	실제로	그럼에도 불구하고	④	실제로	그 대신

| 해설 | '사실은, 실은'을 뜻하는 'in fact'는 앞에서 한 말에 대해 자세한 내용을 덧붙일 때 쓰인다. '그 대신, 그렇다고 하기보다는'을 뜻하는 'instead'는 부정적 사실 뒤에 사용되어 「not A instead B」의 형태를 지니면서 'A라기보다는 B이다'는 뜻을 전달한다. 따라서 부정문이 오지 않은 빈칸 (A)에는 instead를 사용할 수 없고, 앞 내용에 대해 자세한 내용을 추가한 'in fact'가 오게 된다. 빈칸 (B) 앞에는 부정문이 사용되고 있어서 'instead'가 적합하다. 따라서 정답은 ④가 된다.

| 어휘 | **myth** ⓝ 허구, 신화, 낭설   **sign language** – 수화

markedly @ 현저하게, 두드러지게   **essentially** @ 사실상

not necessarily – 반드시 ∼한 것은 아니다(부분부정)   **mutually** @ 상호 간의

intelligible ⓐ 이해할 수 있는, 명료한   **morphology** ⓝ [언어] 형태론, 어형론

phonology ⓝ [언어] 음운론   **syntax** ⓝ [언어] 구문론, 통사론

semantic ⓐ 의미의, 의미론적인

01	③	02	②	03	⑤	04	②	05	①	06	③	07	②	08	②	09	④	10	③
11	①	12	②	13	①	14	②	15	③	16	①	17	④	18	①	19	③	20	①
21	①	22	④	23	②	24	④	25	③	26	③	27	①	28	③	29	③	30	③
31	①	32	①	33	②	34	①	35	①	36	①	37	③	38	①	39	②	40	①
41	①	42	③	43	①	44	①	45	④	46	②	47	③	48	⑤	49	③	50	①
51	③	52	②	53	④	54	①	55	④	56	②	57	②	58	①	59	②	60	③
61	④	62	③	63	⑤	64	①	65	④	66	①	67	①	68	③	69	③	70	④

(01~70) Complete each sentence below with the best word(s) or phrase(s).

---

01 The scope of the journal is quite restricted; they publish only articles _____ to education policies. 한국외대 2020

① dominant　　　　　　　　　② compared

③ pertinent　　　　　　　　　④ permitted

| 정답 | ③

| 해석 | 그 저널의 범위는 상당히 제한적이다. 오직 교육 정책에 관련된 것만 게재한다.

　　　① 우세한　　② 비교된　　③ 관련된　　④ 허용된

| 해설 | 저널의 범위가 제한적이라면 오직 교육 정책에 '관한 것만' 게재하는 저널일 것으로 유추 가능하다. 따라서 정답은 ③이다.

| 어휘 | **publish** ⓥ (신문·잡지에서 편지·기사 등을) 게재하다[싣다]

　　　dominant ⓐ 우세한, 지배적인　　　　　　**pertinent (to)** ⓐ ~에 관련된

---

02 Laurie has an _____ command of the Italian language. 성균관대 2011

① extreme　　　　　　　　　② outstanding

③ abundant　　　　　　　　　④ intensive

⑤ utter

| 정답 | ②

| 해석 | 로리(Laurie)는 뛰어난 이탈리아어 구사력을 보유하고 있다.

① 극단적인　　② 뛰어난　　③ 풍부한　　④ 집중적인　　⑤ 완전한

| 해설 | command는 '언어 구사력'이란 의미를 가지고 있으므로, 보기를 빈칸에 대입해 보면 '뛰어난 언어 구사력'이란 의미가 되는 ② outstanding이 문맥상 가장 적절하다. 특정 언어가 동반되지 않은 경우 abundant command of도 가능하지만, 여기서는 이탈리아 언어에 대해서 쓰고 있으므로 정답은 ②이다.

| 어휘 | **command** ⓝ 언어 구사력　　　　　　　**extreme** ⓐ 극도의; 극단적인
　　　outstanding ⓐ 뛰어난　　　　　　　**abundant** ⓐ 풍부한
　　　intensive ⓐ 집중적인　　　　　　　**utter** ⓐ 전적인, 완전한

03　She is always ＿＿＿＿＿ a fuss about nothing. Everybody is unhappy with her. 성균관대 2009

① starting　　　　　　　　　　　② complaining
③ doing　　　　　　　　　　　　④ having
⑤ making

| 정답 | ⑤

| 해석 | 그녀는 항상 아무것도 아닌 것에 대해 소란을 피운다. 모든 사람들이 그녀에게 불만이다.
　　　① 시작하다　　② 불평하다　　③ 하다　　④ 갖다　　⑤ 만들다

| 해설 | 'make a fuss about nothing'은 숙어로, '별거 아닌 일에 야단법석을 떨다'는 뜻을 지닌다. 따라서 정답은 ⑤가 된다.

| 어휘 | **fuss** ⓝ 호들갑, 법석, 야단
　　　make a fuss about nothing – 아무것도 아닌 일에 법석을 떨다

04　He has an ＿＿＿＿＿ taste in music, from rock to classical. 세종대 2017

① energetic　　　　　　　　　　② eclectic
③ authentic　　　　　　　　　　④ erratic

| 정답 | ②

| 해석 | 그 남자는 록에서 고전 음악까지 음악 취향이 광범위하다.
　　　① 정력적인　　② 광범위한　　③ 진짜의　　④ 변덕스러운

| 해설 | 좋아하는 음악 취향이 록에서 고전 음악까지 다양한 경우를 취향이 '광범위하다'고 한다. 따라서 정답은 ②이다.

| 어휘 | **energetic** ⓐ 정력적인, 활동적인　　　　**eclectic** ⓐ 다방면에 걸친, 광범위한
　　　authentic ⓐ 진짜의, 진품의　　　　　**erratic** ⓐ 불규칙한, 변덕스러운

05 Ending the regular season with a bitter 0–12 (0 wins and 12 losses) record, the head coach was _____ back to an assistant. 세종대 2020

① demoted

② acclaimed

③ unsewed

④ obstructed

| 정답 | ①

| 해석 | 0–12(0승 12패)라는 끔찍한 기록과 함께 정규 시즌을 끝낸 감독은 코치로 강등당했다.
　　　① 강등당하다　② 환호를 받은　③ 바느질하지 않은　④ 방해받은

| 해설 | 감독이 정규 시즌에 1승도 못 올렸으니 자연히 코치로 '강등당할' 수밖에 없다.

| 어휘 | **demote** ⓥ 강등시키다, 좌천시키다　　　　**acclaim** ⓥ 칭송하다, 환호를 보내다
　　　unsewed ⓐ 바느질하지 않은　　　　　**obstruct** ⓥ 막다, 방해하다

---

06 The area known as the Sahara Desert is one of the most _____ places in the world. 세종대 2017

① fervent

② ample

③ arid

④ foreign

| 정답 | ③

| 해석 | 사하라 사막으로 알려진 지역은 세상에서 가장 건조한 지역 중 하나이다.
　　　① 열렬한　② 풍만한　③ 건조한　④ 외국의

| 해설 | 사하라 사막이 어떤 곳인지를 떠올린다면 '가장 건조한' 곳 중 하나임은 쉽게 연상할 수 있다. 따라서 정답은 ③이다.

| 어휘 | **fervent** ⓐ 열렬한, 강렬한　　　　　**ample** ⓐ 충분한, 풍만한
　　　arid ⓐ 매우 건조한

---

07 The first lecture in the series will _____ on the religious beliefs of the country's general population. 덕성여대 2012

① speak

② focus

③ describe

④ examine

| 정답 | ②

| 해석 | 연속되는 강의 가운데 첫 번째 것은 그 국가의 일반 대중의 종교적 믿음에 관해 집중할 것이다.
　　　① 말하다　② 집중하다　③ 기술하다　④ 검토하다

---

08 Unfortunately, television programming is _____ with violence; there seems to be fighting, shooting, or bloodshed on the majority of channels. 중앙대 2013

① trepid   ② saturated
③ depleted   ④ querulous

| 정답 | ②

| 해석 | 유감스러운 점은 TV 프로그램은 폭력으로 가득한 것 같다. 싸움, 총격, 유혈 사태 등이 대부분의 채널에서 등장하는 것 같다.
① 소심한   ② 가득한   ③ 감손된   ④ 불평하는

| 해설 | 의미상 서로 관련이 있는 두 문장이 세미콜론(;)을 통해 연결된다. 세미콜론 뒤의 내용은 대부분의 TV 채널에서 싸움, 총격, 유혈 사태 등 폭력적인 묘사가 등장한다는 것이고, 이를 요약하면 TV가 폭력으로 '가득한' 것이라 할 수 있다. 따라서 정답은 ②이다.

| 어휘 | **bloodshed** ⓝ 유혈 사태   **trepid** ⓐ 소심한
       be saturated with – ~로 가득한   **depleted** ⓐ 열화된, 감손된
       querulous ⓐ 불평하는, 짜증내는

---

09 By studying other stars, _____ can forecast what the rest of the Sun's life will be like. 세종대 2017

① geologists   ② astrologists
③ physicians   ④ astronomers

| 정답 | ④

| 해석 | 천문학자들은 다른 별을 연구함으로써 태양의 남은 수명이 얼마나 될지 예측할 수 있다.
① 지질학자   ② 점성술사   ③ 의사   ④ 천문학자

| 해설 | 보기 중에서 다른 별을 연구하고 태양의 남은 수명을 예측하는 사람은 '천문학자'뿐이다. 따라서 정답은 ④이다.

| 어휘 | **geologist** ⓝ 지질학자   **astrologist** ⓝ 점성술사, 점성가
       physician ⓝ 의사, 내과 의사   **astronomer** ⓝ 천문학자

10 GPS has become _____ in civilian and military life, with hundreds of thousands of receivers in cars and weapons system.

① productive

② useless

③ ubiquitous

④ extinct

| 정답 | ③

| 해석 | GPS는 민간 및 군 생활 어디에서나 접할 수 있는 것이 되었고, 자동차 및 무기 시스템에 수십만 개의 수신기가 장착되어 있다.
① 생산적인　　② 무용한　　③ 어디에나 있는　　④ 사라진

| 해설 | GPS가 '자동차 및 무기 시스템에 수십만 개의 수신기가 장착되어 있는(with hundreds of thousands of receivers in cars and weapons system)' 상황이므로 문맥상 '어디에나 있는'을 의미하는 ③ ubiquitous가 가장 적절하다.

| 어휘 | **civilian** ⓐ 민간인의, 일반인의 ⓝ 민간인, 일반 시민　　**military** ⓐ 군(대)의, 군인의 ⓝ 군대, 군인
receiver ⓝ 수신기, 수화기; 수령인　　**productive** ⓐ 생산적인
useless ⓐ 무용한　　**ubiquitous** ⓐ 어디에나 있는
extinct ⓐ 멸종한, 사라진

---

11 Borrelia is the most contagious strain of any bacteria; infections are _____, yet diagnostics are lacking. 한국외대 2015

① rampant

② elusive

③ flawed

④ restrained

| 정답 | ①

| 해석 | 보렐리아(Borrelia)는 박테리아 중에서도 가장 전염성이 강한 균주이다. 감염 사례는 걷잡을 수 없이 확산되고 있지만 진단이 제대로 이루어지지 않고 있다.
① 걷잡을 수 없는　　② 찾기 힘든　　③ 결함이 있는　　④ 자제하는

| 해설 | 가장 전염성이 강하다면 감염 사례가 '걷잡을 수 없이 확산될' 수밖에 없다. 따라서 정답은 ①이다.

| 어휘 | **contagious** ⓐ 전염성의, 전염되는　　**strain** ⓝ 균주, 세포주
diagnostics ⓝ 진단법　　**rampant** ⓐ 걷잡을 수 없는, 만연하는
elusive ⓐ 찾기 힘든　　**flawed** ⓐ 결함이 있는, 흠이 있는
restrained ⓐ 자제하는, 절제된

12 Most of those polled stated that they would vote to reelect their legislator; this response showed the public was _____ a change in leadership. 중앙대 2015

① partial to

② wary of

③ inured to

④ receptive to

| 정답 | ②

| 해석 | 여론 조사에 참가한 사람들 중 대부분이 현역 국회 의원을 다시 선출하도록 표를 던지겠다고 밝혔다. 이러한 반응은 대중이 리더십의 변화를 경계하고 있음을 나타낸다.
① ~을 매우 좋아하는   ② ~을 경계하는   ③ ~에 단련된   ④ ~에 수용적인

| 해설 | 여론 조사 응답자 가운데 대부분이 현직 의원을 다시 뽑겠다고 답했다는 것은 리더십의 변화 즉 다른 사람을 뽑는 것에 대해 '경계한다'는 의미이기도 하다. 따라서 정답은 ②이다.

| 어휘 | **legislator** ⓝ 국회의원　　　　　　　　**partial to** – ~을 편애하는, ~을 매우 좋아하는
wary of – ~을 경계하는[조심하는]　　　　**inured to** – ~에 단련된
receptive to – ~에 수용적인[선뜻 받아들이는]

13 John could not _____ his ambitious plan because of the unexpected accident that happened to him. 세종대 2018

① implement

② compliment

③ torment

④ ferment

| 정답 | ①

| 해석 | 존(John)은 자신에게 발생한 예상치 못한 사건 때문에 자신의 야심찬 계획을 시행할 수 없었다.
① 시행하다   ② 칭찬하다   ③ 괴롭히다   ④ 발효시키다

| 해설 | 예상치 못한 상황을 겪게 되면 야심찬 계획을 세워 놨더라도 '시행할' 수는 없게 된다. 따라서 정답은 ①이다.

| 어휘 | **implement** ⓐ 시행하다　　　　　　　**compliment** ⓥ 칭찬하다
torment ⓥ 고통을 주다, 괴롭히다　　　　**ferment** ⓥ 발효시키다

14 In the past, most marriages were affairs of the pocketbook rather than affairs of the heart. Men wed women who had _____. 홍익대 2016

① affection

② dowries

③ parents

④ future

| 정답 | ②

| 해석 | 과거에 대부분의 결혼은 마음이 통하는 일이 아니라 재정 형편에 따른 일이었다. 남성은 지참금을 준비한 여성과 결혼했다.
① 애정　　② 지참금　　③ 부모　　④ 미래

| 해설 | 과거에 대부분의 결혼이 재정 형편에 따라 이루어졌다는 말은 즉 남성은 돈 즉 '지참금'을 지닌 여성과 결혼했음을 나타낸다. 따라서 정답은 ②이다.

| 어휘 | **pocketbook** ⓝ 재정 형편, 경제 사정　　　　　　　**affection** ⓝ 애정
dowry ⓝ 지참금

---

15 He seems to be a(n) _____ type par excellence; he seldom rises, except after great provocation. 한국외대 2016
① thoughtful　　　　　　　　　　② vigorous
③ sedentary　　　　　　　　　　④ arduous

| 정답 | ③

| 해석 | 그 남자는 몸을 많이 움직이지 않는 유형의 아주 대표적인 사례라 할 수 있다. 그 남자는 엄청나게 화가 난 경우를 제외하고는 거의 일어나는 일이 없다.
① 자상한　　② 활발한　　③ 몸을 많이 움직이지 않는　　④ 몹시 힘든

| 해설 | 엄청나게 화가 난 경우를 제외하고 거의 일어나지 않는 남자는 '몸을 많이 움직이지 않는' 사람이다. 따라서 정답은 ③이다.

| 어휘 | **par excellence** – (아주 좋은 사례임을 강조하는 의미에서) 탁월한, 대단히 뛰어난; 대표적인
provocation ⓝ 도발, 자극; 화나게 함　　　　　**thoughtful** ⓐ 배려심 있는, 자상한
vigorous ⓐ 활발한, 활기찬
sedentary ⓐ 주로 앉아서 활동하는, 몸을 많이 움직이지 않는
arduous ⓐ 몹시 힘든, 고된

---

16 Annual investments in genetic engineering firms _____ down slightly this year due to the world's economic recession.
① went　　　　　　　　　　② reduced
③ declined　　　　　　　　　④ jumped

| 정답 | ①

| 해석 | 유전 공학 기업을 대상으로 한 연 단위 투자액이 올해 전 세계적인 경기 침체로 인해 약간 줄었다.
① 줄어들다　　② 감소하다　　③ 하락하다　　④ 급증하다

| 해설 | 경기 침체로 인해 투자액은 감소할 수밖에 없다. 보기 중에서 전치사 down과 함께 결합하여 '감소하다'의 의미를 지니는 것은 ①뿐이다. ②와 ③은 down이 필요가 없고 ④는 의미가 맞지 않는다.

| 어휘 | **genetic engineering** – 유전 공학   **economic recession** – 경기 후퇴, 경기 침체

---

17 The editor's _____ reply suggested a lack of interest in the new book. 한국외대 2018

① loquacious   ② elegant

③ authentic   ④ terse

| 정답 | ④

| 해석 | 편집자의 간결한 대답은 (편집자가) 새 책에 대해 관심이 부족하다는 사실을 암시한다.

　　　① 말이 많은　　② 우아한　　③ 진품인　　④ 간결한

| 해설 | 새 책에 대해 관심이 부족한 사람은 할 말이 없기 때문에 대답 또한 '간결할(terse)' 수밖에 없다. 따라서 정답은 ④이다.

| 어휘 | **suggest** ⓥ 시사하다, 암시하다   **loquacious** ⓐ 말이 많은

authentic ⓐ 진본[진품]인   **terse** ⓐ 간결한, 간단한

---

18 When two people get married, it is with the assumption that their feelings for each other are _____ and will never alter. 세종대 2018

① immutable   ② impossible

③ incomparable   ④ improbable

| 정답 | ①

| 해석 | 두 사람은 결혼했을 때 서로에 대한 감정이 변하지 않으며 앞으로도 결코 달라지지 않을 것이라고 가정했었다.

　　　① 변하지 않는　　② 불가능한　　③ 비할 데 없는　　④ 있을 것 같지 않은

| 해설 | 결혼했을 때 부부는 서로의 감정은 지금도 변치 않고 앞으로도 '변치 않을' 것이라 생각할 것이다. 따라서 정답은 ①이다.

| 어휘 | **assumption** ⓝ 추정, 가정   **alter** ⓥ 변하다, 달라지다

immutable ⓐ 변하지 않는, 불변의   **incomparable** ⓐ 비할 데 없는, 비교가 안 되는

improbable ⓐ 있을 것 같지 않은; 희한한

19 He had nothing to do with the robbery. The cops are really _____ the wrong tree this time. 가톨릭대 2013

① conjuring up   ② perking up

③ barking up   ④ roughing up

| 정답 | ③

| 해석 | 그 남자는 강도 사건과는 아무 관련이 없다. 경찰은 이번에는 사실 헛다리를 짚은 셈이다.
① 상기시키다   ② 기운을 차리다   ③ 헛다리를 짚다   ④ 두들겨 패다

| 해설 | 그 남자가 강도 사건과는 아무 관련이 없다는 말은 즉 경찰이 '헛다리를 짚었다'는 의미이다. 따라서 정답은 ③이다.

| 어휘 | **bark up the wrong tree** − 헛다리를 짚다, 엉뚱한 사람을 비난하다
conjure up − ～을 상기시키다[떠올리게 하다]   **perk up** − 기운을 차리다
rough up − ～를 두들겨 패다

---

20 In my family there was a _____ agreement on the subject of curfews; my parents agreed that I should be home by midnight, and I did not. 이화여대 2009

① unilateral   ② multiple

③ uniform   ④ unanimous

| 정답 | ①

| 해석 | 우리 가족에는 통행금지 시간에 관해 일방적인 합의 사항이 존재했다. 우리 부모님께선 내가 자정까지는 집에 와야 한다는 데 동의하셨고, 나는 그렇지 않았다.
① 일방적인   ② 다수의   ③ 획일적인   ④ 만장일치의

| 해설 | 부모님은 합의했지만 나는 합의한 적 없는 통금시간은 '일방적인' 통금시간이다. 따라서 정답은 ①이다.

| 어휘 | **curfew** ⓝ 통행금지 시간, 통행금지령   **unilateral** ⓐ 일방적인, 단독의
multiple ⓐ 다수의   **uniform** ⓐ 획일적인, 한결같은
unanimous ⓐ 만장일치의

---

21 The illness can be spread by coughs and sneezes, or contaminated surfaces, and people with chronic diseases seem especially _____.

① vulnerable   ② imperative

③ rebellious   ④ assertive

| 정답 | ①

| 해석 | 질병은 기침과 재치기 또는 오염된 지면을 통해 확산되며 만성 질환을 지닌 사람이 특히 취약하다.
　　　　① 취약한　　② 긴요한　　③ 반항적인　　④ 적극적인

| 해설 | 이 질병은 점점 확산되며, 만성 질환인 사람에게 '특히 어떠하다'라는 구조에는 의미가 강조된 부분이 들어가야 한다. 즉 질병은 확산되고, 만성 질환인 사람에게는 특히 확산의 영향이 더 강하다는 의미로 연결되어야 한다. vulnerable은 '취약한, 연약한'의 의미를 지니므로 타당한 보기가 된다.

| 어휘 | **contaminated** ⓐ 오염된　　　　　　　**chronic** ⓐ 만성적인
　　　　vulnerable ⓐ 취약한, 연약한　　　　**imperative** ⓐ 반드시 해야 하는, 긴요한
　　　　rebellious ⓐ 반항적인　　　　　　**assertive** ⓐ 적극적인

---

22 Water bottle companies find it easier and more _____ to let you throw away the water containers and buy a new one each time.

① mercantile　　　　　　　　　　② monetary

③ salutary　　　　　　　　　　　④ lucrative

| 정답 | ④

| 해석 | 물병 회사들은 매번 물 저장 용기를 버리고 새것을 사도록 하는 것이 더 간편하고 수익성이 좋다는 점을 깨달았다.
　　　　① 상업의　　② 통화의　　③ 유익한　　④ 수익성이 좋은

| 해설 | 물병을 제조하는 회사들은 용기를 재활용하기보다는 새로운 것을 만들어서 파는 것이 회사의 수익 측면에서 더 좋다는 것을 알았다는 의미로 이어져야 한다. 참고로 ③의 경우는 회사의 입장에서 더 유익하다는 것은 '~에 대해 유익하다'는 또 다른 진술이 나와야 한다. 즉 그 문장만의 완성이 아닌 다른 문장의 도움을 받아야만 완전해지므로 타당하지 않다. 그에 비해 수익성이 좋다는 것은 사기업의 이윤 추구는 당연한 것이므로 그 문장만으로 완성된다.

| 어휘 | **mercantile** ⓐ 상업의, 무역의　　　　**monetary** ⓐ 통화의, 화폐의
　　　　salutary ⓐ 건강에 좋은; 유익한, 효과가 좋은　　**lucrative** ⓐ 수익성이 좋은

---

23 The memo clearly stated that sexual harassment will no longer be _____ at the firm. 경기대 2019

① conscripted　　　　　　　　　② tolerated

③ laminated　　　　　　　　　　④ encapsulated

| 정답 | ②

| 해석 | 그 메모에서는 직장에서의 성추행은 더 이상 용인되지 않을 것이라고 분명하게 언급했다.
　　　　① 징집되는　　② 용인되는　　③ 얇은 판으로 씌워진　　④ 압축된

| 해설 | 본문은 성추행이란 행위가 더 이상 '빈칸'되지 않을 것이라는 의미인데, 성추행이 부정적 의미를 갖고 있음을 감안하

면 문맥상 성추행은 '더 이상 용인[용납/허용]되지 않을 것이다'란 의미일 것으로 유추 가능하며, 따라서 빈칸에 적합한 정답은 ②가 된다.

| 어휘 | **conscript** ⓥ 징집하다, 징병하다   **tolerate** ⓥ 용인하다

        laminate ⓥ 엷은 판을 만들다, 얇은 판으로 씌우다

        encapsulate ⓥ (몇 마디 말이나 하나의 글 속에) 요약[압축]하다

---

24   Negotiations between the two parties have reached a _____; neither side is willing to shrink from previously stated positions. 가톨릭대 2015

     ① prolongation   ② destination

     ③ conformity   ④ stalemate

| 정답 | ④

| 해석 | 쌍방 간의 협상은 교착 상태에 이르렀다. 어느 쪽도 이전에 밝힌 입장에서 물러나지 않으려 한다.

        ① 연장   ② 목적지   ③ 순응   ④ 교착 상태

| 해설 | 세미콜론 뒤 문장은 빈칸에 해당되는 것을 풀어서 설명하고 있다. 어느 쪽도 자신의 입장에서 물러나지 않는 것은 '교착 상태'를 의미한다. 따라서 정답은 ④이다.

| 어휘 | **shrink from** − 피하다, 몸을 사리다   **position** ⓝ 입장, 태도

        prolongation ⓝ 연장   **destination** ⓝ 목적지, 도착지

        conformity ⓝ 따름, 순응   **stalemate** ⓝ 교착 상태

---

25   Some research suggests that people with an _____ lifestyle tend to live longer than people who indulge their appetites. 중앙대 2009

     ① erudite   ② adamant

     ③ abstemious   ④ itinerant

| 정답 | ③

| 해석 | 일부 연구에 따르면 절제하는 삶의 방식을 추구하는 사람은 자신의 욕구를 맘껏 충족하는 사람보다는 오래 산다고 한다.

        ① 박식한   ② 단호한   ③ 절제하는   ④ 떠돌아다니는

| 해설 | 자신의 욕구를 맘껏 충족하는 사람보다 더 오래 사는 사람은 '절제하는' 삶을 사는 사람일 것이다. 따라서 정답은 ③이다.

| 어휘 | **indulge** ⓥ 마음껏 하다, (특정한 욕구를) 충족하다   **appetite** ⓝ 식욕, 욕구

        erudite ⓐ 학식 있는, 박식한   **adamant** ⓐ 요지부동한, 단호한

        abstemious ⓐ 자제하는, 절제하는   **itinerant** ⓐ 떠돌아다니는, 순회하는

26 The large number of babies born from the mid-1940s to the mid-1960s produced the "baby boom," a _____ in the population. 서울여대 2016

① plight   ② thrust

③ bulge   ④ stopgap

| 정답 | ③

| 해석 | 1940년대 중반부터 1960년대 중반까지 많은 아이들이 태어났고 이는 '베이비 붐' 즉 인구 급증을 야기했다.
　　　① 역경　　② 취지　　③ 급증　　④ 미봉책

| 해설 | 1940년대 중반부터 1960년대 중반까지 많은 아이들이 태어난 시기는 인구 '급증'이 벌어진 시기이다. 따라서 정답은 ③이다.

| 어휘 | **plight** ⓝ 역경, 곤경　　　　　　　**thrust** ⓝ (주장·정책 등의) 요지[취지]
　　　bulge ⓝ 툭 튀어[불거져] 나온 것; 급증　　**stopgap** ⓝ 임시방편, 미봉책

---

27 Teachers play a(n) _____ role in the lives of children and they are given inherent trust to produce intelligent, successful individuals. 가톨릭대 2013

① invaluable   ② spiteful

③ dubious   ④ disparate

| 정답 | ①

| 해석 | 교사들은 아이들의 삶에 있어 매우 귀중한 역할을 하며 영리하고 성공적인 개인을 육성할 수 있도록 천성적으로 신뢰를 받고 있다.
　　　① 귀중한　　② 앙심을 품은　　③ 의심쩍은　　④ 이질적인

| 해설 | 교사는 아이의 육성을 위해 신뢰받는 입장에 있고 여기서 아이에게 '귀중한' 역할을 하는 것으로 유추 가능하다. 따라서 정답은 ①이다.

| 어휘 | **invaluable** ⓐ 귀중한　　　　　**spiteful** ⓐ 앙심을 품은
　　　dubious ⓐ 의심쩍은　　　　　**disparate** ⓐ 이질적인

---

28 The participants of the meeting couldn't _____ the conclusion, and so the discussion would resume after the break. 가톨릭대 2010

① define   ② make

③ draw   ④ settle

| 정답 | ③

| 해석 | 회의의 참석자들은 결론을 도출할 수 없었고, 그래서 휴식 후에 다시 토론을 재개하려고 했다.
　① 정의하다　　② 만들다　　③ 도출하다　　④ 해결하다, 결정하다

| 해설 | 결론에 도달하다는 reach[arrive at, draw, come to] a conclusion 등의 표현을 쓴다. 이때 draw a conclusion 이라고 하면 '결론을 도출하거나 이끌어 내다'는 의미가 된다. 결론이란 없던 것을 새롭게 만드는(make) 것이 아니라 '도달하는' 것이므로, make a decision은 괜찮은 표현이지만 make a conclusion은 어색한 표현이 된다. 따라서 정답은 ②가 아닌 ③이 된다.

| 어휘 | **resume** ⓥ 다시 시작하다　　　　　　　**define** ⓥ 정의하다, 정의를 내리다
　　　draw ⓥ 도출하다, 당기다, 끌다　　　　**settle** ⓥ 놓다, 진정시키다, 해결하다, 결정하다

---

29 When confronted by two women disputing the motherhood of a baby, King Solomon famously proposed that the baby be split in two, so each _____ could have half. 국민대 2016
　① proponent　　　　　　　　　　② defendant
　③ claimant　　　　　　　　　　　④ descendant

| 정답 | ③

| 해석 | 서로 본인이 아기의 엄마라고 주장하는 두 여성을 마주한 솔로몬 왕은 아이를 둘로 나눌 것을 명하고, 각 청구인이 절반의 아이를 가지도록 명한다.
　① 지지자　　② 피고　　③ 청구인　　④ 후손

| 해설 | 두 여인이 서로 한 아기에 대해 자신이 아기에 대한 소유권이 있다고 주장하고 있는 상황이며, 빈칸은 이 두 여인을 지칭하는 단어가 와야 한다. 따라서 각자 자신의 권리를 주장한다는 의미로 '청구인'의 뜻을 지닌 ③ claimant가 정답이 된다.

| 어휘 | **confront** ⓥ (문제나 힘든 상황이) 닥치다, (문제나 곤란한 상황에) 맞서다
　　　dispute ⓥ 반박하다, 이의를 제기하다; 다투다, (소유권을 두고) 논란을 벌이다
　　　motherhood ⓝ 어머니임, 모성(maternity), 모성애　　**be split in two** – 둘로 나눠지다
　　　proponent ⓝ (어떤 사상·행동 방침의) 지지자　　**defendant** ⓝ 피고
　　　claimant ⓝ (권리의) 청구인　　　　　　　　　**descendant** ⓝ 자손, 후손, 후예

---

30 Until recently in historical terms, a readiness to fight and the ability to kill was a way to _____ control over resources for survival. 서울여대 2009
　① deter　　　　　　　　　　　② exhort
　③ consolidate　　　　　　　　　④ circumvent

| 정답 | ③

| 해석 | 최근까지 역사적 관점에서 보면, 싸울 준비가 되어 있는 것과 죽일 수 있는 능력을 갖춘 것은 생존에 필요한 자원의 통제를 강화할 수 있는 수단이었다.
　　　① 단념시키다　　② 촉구하다　　③ 강화하다　　④ 피하다

| 해설 | 싸울 준비가 되어 있으면서 때에 따라 죽일 수도 있는 것은 생존에 필요한 자원을 통제할 수 있는 능력을 '키우는' 또는 '강화하는' 수단이라 할 수 있다. 능력을 강화하지 못한다면 결국 자원을 얻지 못해 생존이 위협받을 것이기 때문이다. 따라서 정답은 ③이다.

| 어휘 | **readiness** ⓝ 준비 만반　　　　　　　　　　**deter** ⓥ 단념시키다, 그만두게 하다
　　　exhort ⓥ 열심히 권하다, 촉구하다　　　　**consolidate** ⓥ 통합하다, 강화하다
　　　circumvent ⓥ 피하다, 면하다

---

31 Many health experts say that Africa's poverty and politics are to _____ for diseases that in most developed countries are easily preventable.

① blame
② call
③ criticize
④ destroy

| 정답 | ①

| 해석 | 많은 보건 전문가들에 따르면, 대부분의 선진국에서는 쉽게 예방 가능한 질병이 (아프리카에서) 발생하는 이유는 아프리카의 빈곤과 정치 때문이다.
　　　① 책임져야 하다　　② 부르다　　③ 비난하다　　④ 파괴하다

| 해설 | 아프리카의 빈곤과 정치는 원인, 질병 발생은 결과이다. 출제 의도는 인과를 나타내는 표현인 「A is to blame for B(A는 B에 책임이 있다, A는 B의 원인이다)」를 완성하는 것이다. 빈칸 전후의 to, for가 힌트이다.

| 어휘 | **preventable** ⓐ 예방 가능한　　　　　　**A be to blame for B** - A는 B에 대한 책임을 져야 하다

---

32 Mrs. Parker _____ offered the little boy a cookie when he came over to confess that he had broken her window while attempting to shoot her cat with his pellet gun. 단국대 2011

① magnanimously
② lucidly
③ horrendously
④ relentlessly

| 정답 | ①

| 해석 | Parker 부인은 소년이 그녀의 고양이를 공기총으로 맞추려다가 유리창을 깼다는 사실을 자백하러 왔을 때, 너그럽게도 쿠키를 내주었다.
　　　① 관대하게　　② 빛나게　　③ 끔찍하게　　④ 집요하게

---

33 The organization dedicated to wildlife and conservation has earned the highest honor that can be
_____ upon a university with a wildlife program. 중앙대 2011

① depended   ② bestowed

③ seized   ④ prevailed

| 정답 | ②

| 해석 | 야생 동물과 환경 보존에 적극 앞장서고 있는 그 단체는 야생 동물 프로그램을 추진하는 대학에 수여되는 최고 권위의 상을 받았다.
   ① 의지하다   ② 수여하다   ③ 붙잡다   ④ 만연하다, 승리하다

| 해설 | 빈칸에 들어갈 동사의 주어는 상(honor)이며, 수동태로 사용되면서 뒤에 upon이 와 있기 때문에 정답은 'be bestowed upon'의 형태로 사용되는 ②가 된다. 나머지 보기는 의미와 문형 모두 매우 어색하다.

| 어휘 | **be dedicated to** – ~에 전념한, ~에 헌신한   **conservation** ⓝ 보존
   bestow ⓥ 수여하다, 부여하다   **prevail** ⓥ 만연하다, 승리하다, 이기다

---

34 Harry's sketch of his uncle was not perfect, but it was instantly _____ to anyone who knew
him. 성균관대 2010

① recognizable   ② remarkable

③ viable   ④ inevitable

⑤ capable

| 정답 | ①

| 해석 | 해리(Harry)가 자신의 삼촌을 스케치한 것은 완벽하지는 않았지만, 그 스케치는 삼촌을 아는 사람은 누구든지 즉석에서 알아볼 수 있는 것이었다.
   ① 알아볼 수 있는   ② 뛰어난   ③ 실행 가능한   ④ 불가피한   ⑤ 역량 있는

| 해설 | 빈칸에 들어갈 만한 단어를 보기에서 대입해 보면, '완벽하진 않아도 스케치에 담긴 모습은 다른 사람이 봐도 충분히 인식할 수 있을 정도'였다는 의미의 ①을 가장 좋은 정답으로 볼 수 있다. ②도 어느 정도는 의미상 가깝긴 하지만, remarkable에 붙는 전치사가 for이기 때문에 정답으로 보기 힘들다. 나머지 보기는 of와 결합하는 ⑤ capable을

제외하고는 전치사를 통해 식별할 수 있는 것들이 아니며, 의미상으로도 맞지 않으므로 정답으로 보기 힘들다.

| 어휘 | **instantly** ⓐ 즉석에서; 즉각　　　　　　　　　**recognizable** ⓐ 알아볼 수 있는
　　　　viable ⓐ 실행 가능한　　　　　　　　　　　**inevitable** ⓐ 불가피한

35　Our school should be attentive to how shy the introverted students are and make sure they are not
　　　_____. 경기대 2010

① pardoned　　　　　　　　　　　　② referred to
③ bullied　　　　　　　　　　　　　④ gasped

| 정답 | ③

| 해석 | 우리 학교는 내성적인 학생들이 얼마나 부끄러움을 타는지 관심을 기울여야 하며 그들이 괴롭힘을 당하지 않도록
　　　대책을 강구해야 한다.
　　　　① 용인되는　　　② 언급되는　　　③ 괴롭힘을 당하는　　　④ 숨이 막히는

| 해설 | 위의 지문은 and를 중심으로 2개의 문장이 이어져 있는 형태이다. 학교는 내성적인 아이들이 수줍음이 많다는 사실
　　　에 대해 'should be attentive to sth(세심한 주의를 기울이다)'해야 하고, 또한 'should make sure(~하도록 확
　　　실한 대책을 세우다)'해야 한다는 내용이다. 따라서 그들(내성적인 아이들)이 '~하지 않도록 해야 한다'는 말이므로
　　　단어의 의미상 올 수 있는 말은 ③ be bullied(왕따를 당하다)가 적당하다.

| 어휘 | **attentive** ⓐ 주의 깊은, 세심한, 경청하는　　　**introverted** ⓐ 내성적인
　　　　make sure – 확인하다, 확신하다, 대책을 강구하다　　**pardon** ⓥ 용서하다, 인정하다
　　　　refer to – ~에 대해 언급하다, ~에 위탁하다　　　**bully** ⓥ 괴롭히다, 왕따시키다
　　　　gasp ⓥ 숨이 막히다

36　The common zebra is easily preyed upon by its faster predators, but on account of its stripes, the
　　　predators are often _____ and unable to focus. 세종대 2011

① distributed　　　　　　　　　　　② discharged
③ disoriented　　　　　　　　　　　④ disguised

| 정답 | ③

| 해석 | 보통의 얼룩말은 쉽게 자신보다 빠른 포식 동물의 먹이가 된다. 하지만 얼룩말의 줄무늬 때문에 포식 동물은 종종
　　　혼란에 빠지고 집중할 수 없게 된다.
　　　　① 분배하다　　　② 방출하다　　　③ 혼란시키다　　　④ 변장하다

| 해설 | 문맥상 '집중할 수 없다(unable to focus)'와 빈칸에 들어갈 단어는 유사한 성질을 지녀야 한다. 보기 중에서 이에
　　　해당되는 것은 ③이다.

어휘	prey on – ~을 잡아먹다	on account of – ~의 때문에
discharge ⓥ 방출하다, 해고하다	disorient ⓥ 혼란시키다, 어리둥절하게 하다
disguise ⓥ 변장하다, 가장하다	

37 He is one of the most _____ persons I have ever met, never accepting no for answer, and is extremely good at building customer relationships. 한국외대 2015

① indifferent   ② sarcastic

③ tenacious   ④ tenuous

| 정답 | ③

| 해석 | 그는 내가 만나 본 가장 악착같은 사람 중 하나였다. 결코 '아니요'란 말을 답으로 받아들이지 않았고 고객 관계를 구축하는 데 있어 극히 뛰어난 능력을 보였다.
　　① 무관심한 　② 빈정대는 　③ 악착같은 　④ 보잘것없는

| 해설 | 빈칸에 해당하는 형용사가 persons을 수식하고 있으므로 사람의 성격을 나타내는 것으로 볼 수 있고, 그 형용사에 대한 설명이 never부터 시작된다. '아닙니다'라는 말을 답으로 받아들이지 않고 어떻게든 고객과 관계를 구축하려고 애쓰는 사람은 '좋습니다'라는 말을 들을 때까지 고객을 상대로 '악착같이' 노력하는 사람이다. 따라서 정답은 ③이다.

어휘	extremely ⓐⓓ 극도로, 극히	customer relationship – 고객 관계
indifferent ⓐ 무관심한	sarcastic ⓐ 빈정대는
tenacious ⓐ 집요한, 완강한, 악착같은	tenuous ⓐ 미약한, 보잘것없는

38 The _____ singer would often start a concert in a sad mood, leave halfway through in a rage, and then come back at the end as happy as can be. 서강대 2017

① judicious   ② mercurial

③ shrewd   ④ sturdy

| 정답 | ②

| 해석 | 그 변덕스러운 가수는 슬픈 분위기로 콘서트를 시작해, 절반 정도 지나서 격노하며 무대를 떠났다가, 이후 마지막 부분에서는 더없이 행복한 모습으로 돌아오곤 했다.
　　① 현명한 　② 변덕스러운 　③ 빈틈없는 　④ 튼튼한

| 해설 | 빈칸은 어떤 가수의 특징을 설명하는 단어가 들어가야 한다. 그 가수는 콘서트를 슬픈 분위기로 시작하고, 중간 부분에서는 화를 내고 퇴장하며, 마지막 부분에서는 너무도 행복한 모습으로 돌아온다고 했으므로, 계속해서 감정이 변하는 '변덕스러운' 모습을 보인다는 것을 알 수 있다. 따라서 정답은 ② mercurial이 된다.

| 어휘 | halfway through – 도중에, 절반 정도 지나서 | rage ⓝ 격노, 분격 |
| as happy as can be – 더없이 행복한 | judicious ⓐ 현명한, 사려 분별이 있는 |

mercurial ⓐ 변덕스러운

sturdy ⓐ 억센, 튼튼한

shrewd ⓐ 빈틈없는, 기민한

---

39 Some researchers argue that pain can be _____; the pain sensations of others can be felt by some people, just by witnessing their agony. 가톨릭대 2017

① chronic

② contagious

③ empowering

④ manipulated

| 정답 | ②

| 해석 | 일부 연구자들은 통증이 전염될 수 있다고 주장한다. 어떤 사람들은 다른 사람들의 고통을 목격하는 것만으로도 그들이 겪는 통증을 느낄 수 있다.
① 만성적인   ② 전염성의; 잘 번지는   ③ 힘을 실어 주는   ④ 조작된

| 해설 | 고통을 겪고 있는 다른 사람을 지켜보는 사람도 똑같이 고통을 느끼는 것을 말하고 있다. 그 고통은 다른 이들에게 잘 퍼질 수 있는(contagious) 것이므로, 정답은 ② contagious가 된다.

| 어휘 | **pain sensation** – 통각(고통스러운 감정이 따르는 감각)

witness ⓥ 목격하다 ⑩ 목격자

agony ⑩ 고뇌

chronic ⓐ 만성의, 상습적인, 오래 끄는

contagious ⓐ 전염성의; 잘 번지는

empowering ⓐ 권한을 부여하는, 힘을 실어 주는

manipulated ⓐ 조작된

---

40 British society still has quite a strong class system which is based on birth and social position. The upper class consists mainly of members of the _____. The most senior are the royal family and members of the peerage.

① aristocracy

② bureaucracy

③ conspiracy

④ meritocracy

| 정답 | ①

| 해석 | 영국 사회에는 여전히 출생과 사회적 지위에 기반을 둔 굳건한 계급 제도가 존재한다. 상류 계급은 주로 귀족 계급 구성원들로 구성된다. 이들 중 가장 고위층은 왕족과 작위를 가진 귀족이다.
① 귀족   ② 관료 체제   ③ 음모   ④ 능력주의

| 해설 | 영국에서 상류층을 이룰 수 있는 것은 빈칸 다음 문장에서 설명되듯이 '왕족(royal family)'이나 '귀족 계급 구성원(members of the peerage)'에 해당된다. 따라서 빈칸에 들어갈 것은 ①임을 쉽게 유추할 수 있다.

| 어휘 | **consist of** – ~로 구성된

the peerage – (영국의) 귀족 계급; 작위

aristocracy ⑩ 귀족

bureaucracy ⑩ 관료 체제

conspiracy ⑩ 음모

meritocracy ⑩ 능력주의

41 Maintaining a courageous hope even while in prison, Nelson Mandela spent years trying to convince others that the fight against apartheid was not _____. 서강대 2009

① futile
② worthwhile
③ foreseeable
④ premeditated

| 정답 | ①

| 해석 | 교도소 안에서도 용기 있는 희망을 지속적으로 품고 있던 넬슨 만델라는 아파르트헤이트에 대항한 싸움이 헛된 것이 아니었음을 다른 사람들에게 확신시키고자 오랜 세월 노력했다.
① 헛된   ② 가치 있는   ③ 예측 가능한   ④ 사전에 계획된

| 해설 | 넬슨 만델라는 교도소 안에서도 굴하지 않고 용기 있는 희망을 품었으며, 이는 아파르트헤이트에 대한 싸움이 '헛된' 것이 아님을 다른 사람들에게 증명하기에 충분할 것이다. 따라서 정답은 ①이다.

| 어휘 | **futile** ⓐ 헛된, 소용없는   **worthwhile** ⓐ 가치 있는, 보람 있는
foreseeable ⓐ 예측 가능한   **premeditated** ⓐ 사전에 계획된

---

42 He said mudslides that covered much of the area, blackouts and lack of telecommunications were _____ the search efforts.

① excoriating
② decentralizing
③ hampering
④ abandoning

| 정답 | ③

| 해석 | 그는 그 지역의 대부분을 뒤덮은 이류와 정전, 그리고 전기 통신의 부재가 수색 노력을 방해한다고 말했다.
① 혹평하는   ② 분권화하는   ③ 방해하는   ④ 버리는

| 해설 | 정답의 단서는 mudslides that covered much of the area, blackouts and lack of telecommunications이다. 엄청난 진흙더미가 지역 대부분을 뒤덮고, 정전이 발생했으며, 전기가 제대로 작동하지 않는 상황이라면 수색 구조에 난항을 겪을 것이다. 따라서 정답은 ③이다.

| 어휘 | **mudslide** ⓝ 이류(산사태 때 마구 흘러내리는 진흙더미)
blackout ⓝ 정전   **telecommunication** ⓝ 전기 통신
excoriate ⓥ 혹평하다, 맹비난하다   **decentralize** ⓥ 분권화하다
hamper ⓥ 방해하다

43 Misunderstandings of dialect diversity have led to common claims that some dialects are _____, revealing carelessness or even stupidity. 서울여대 2016

① deficient
② discriminatory
③ elastic
④ eloquent

| 정답 | ①

| 해석 | 사투리의 다양성에 대한 오해는 일부 사투리에 결함이 있어서 경솔함이나 심지어 어리석음을 드러낸다는 흔한 주장으로 이어졌다.
① 결함이 있는   ② 차별적인   ③ 탄력 있는   ④ 유창한

| 해설 | 빈칸의 단어는 빈칸 뒤에 언급된 경솔함과 어리석음을 포괄할 수 있는 것이어야 한다. 보기 중에서 이러한 조건에 부합되는 것은 ①이다.

| 어휘 | **dialect** ⓝ 방언, 사투리   **diversity** ⓝ 다양성
carelessness ⓝ 부주의함, 경솔   **stupidity** ⓝ 어리석음, 우둔함
deficient ⓐ 결함이 있는, 모자라는   **discriminatory** ⓐ 차별적인
elastic ⓐ 신축적인, 탄력 있는   **eloquent** ⓐ 유창한, 웅변을 잘하는

44 Mary valued people who behaved as if they respected themselves; nothings irritated her more than a _____ waiter or a fawning salesclerk.

① flattering
② confident
③ qualified
④ solemn

| 정답 | ①

| 해석 | 메리는 마치 스스로를 존중하는 것처럼 행동하는 사람들을 귀히 여겼다. 비위를 맞추는 종업원이나 알랑거리는 점원보다 메리를 짜증나게 하는 것은 없었다.
① 비위를 맞추는   ② 자신감 있는   ③ 자격이 있는   ④ 근엄한

| 해설 | 문맥상 빈칸에 해당되는 것은 '알랑거리는(fawning)'과 의미가 동일하다. 그리고 메리가 말하는 스스로를 존중하는 것처럼 행동하는 사람은 고객에게 '빈칸'의 행위를 하지 않고 알랑거리지 않는 사람이다. 보기 중에서 이러한 조건에 부합하는 것은 ①이다.

| 어휘 | **fawning** ⓐ 알랑거리는, 아양 부리는   **flattering** ⓐ 아첨하는, 비위를 맞추는
confident ⓐ 자신감 있는   **qualified** ⓐ 자격이 있는
solemn ⓐ 근엄한, 침통한

45 The Native American, _____ to this continent, may have come here across the Bering Strait at some time in their history. 경기대 2010

① incorrigible　　　　　　　　　　② inherited

③ ingenious　　　　　　　　　　　④ indigenous

| 정답 | ④

| 해석 | 이 대륙 토착의 아메리카 인디언은 과거 어느 시기에 베링 해협(the Bering Strait)을 건너 이곳으로 왔을 것으로 추정된다.
　　① 교정할 수 없는　　② 유전되는　　③ 천재적인　　④ 토착의

| 해설 | 아메리카 대륙에 예전부터 살고 있던 인디언들에 대해 말하고 있다. 따라서 빈칸에는 아메리카 대륙에 '살고 있었던'에 해당하는 단어가 와야 한다. 의미상 ①과 ③은 어울리지 않는다. ② inherited는 inherit(상속받다, 물려받다)라는 동사에서 나왔으며, 이 단어는 「inherit A from B(B로부터 A를 물려받다)」와 같이 사용된다. 수동태로 전환된다고 하더라도 「A is inherited from B」의 형태가 되어 빈칸 뒤에 오는 전치사 to와 어울리지 않는다. 따라서 정답은 ④ indigenous이며, 'be indigenous to'의 형태로 사용되어 '토착의'란 의미를 지닌다. 예를 들어 Blueberries are indigenous to America.라고 하면 '블루베리는 원래 원산지가 아메리카'라는 뜻이 된다.

| 어휘 | **continent** ⓝ 대륙　　　　　　　　　　**strait** ⓝ 해협; 곤경, 난국

　　incorrigible ⓐ 교정할 수 없는, 구제 불능의, 고질적인　　**inherit** ⓥ 상속받다, 물려받다

　　ingenious ⓐ 천재적인, 독창적인　　　　　**indigenous** ⓐ 토착의, 원산의, 타고난

---

46 No life on earth is _____; survival depends on interactions with other species. Should the reliance on another species reach a level so great that the organisms are interdependent, scientists considered them to be symbiotic. 가천대 2016

① deteriorating　　　　　　　　　　② isolated

③ perishable　　　　　　　　　　　④ divergent

| 정답 | ②

| 해석 | 지구상의 어떤 생명체도 고립되어 있지 않다. 생존은 다른 종들과의 상호 작용에 달려 있다. 다른 종에 대한 의존도가 높아서 유기체들이 상호 의존적인 수준에 이르면 과학자들은 이들이 공생한다고 생각했다.
　　① 악화되어 가고 있는　　② 외떨어진　　③ 잘 상하는　　④ 갈라지는

| 해설 | 유기체의 생존이 다른 종들과의 상호 작용(interaction, interdependent)에 달려 있다고 했으므로 그 어떤 종도 독자적으로(isolated) 살아가는 것은 아니라는 것을 알 수 있다.

| 어휘 | **interaction** ⓝ 상호 작용, 상호의 영향; [컴퓨터] 대화　　**interdependent** ⓐ 상호 의존적인

　　symbiotic ⓐ 공생의, 공생하는　　　　　**deteriorating** ⓐ 악화 중인, 악화되어 가고 있는

　　isolated ⓐ 외떨어진, 외딴　　　　　　　**perishable** ⓐ 잘 상하는

　　divergent ⓐ 분기하는; 갈라지는

47 The first thing for a boy to learn, after obedience and morality, is a habit of — a habit of using his eyes. People say knowledge is power, so it is not only the knowledge which you get by _____.

광운대 2009

① instinct ② sensibility
③ observation ④ imagination
⑤ intuition

| 정답 | ③

| 해석 | 순종과 도덕성 다음으로 소년이 배워야 할 첫 번째 것은 습관, 즉 눈을 활용하는 습관이다. 사람들은 지식이 힘이라고 하며 따라서 관찰을 통해 얻을 수 있는 것은 지식뿐만이 아니다.
① 본능 ② 감성 ③ 관찰 ④ 상상력 ⑤ 직관

| 해설 | 소년이 배워야 할 눈을 활용하는 습관이란 뭔가를 보는 것이며, 결국 뭔가를 '관찰'하는 것을 의미한다. 따라서 정답은 ③이다.

| 어휘 | **obedience** ⓝ 복종, 순종 **morality** ⓝ 도덕성
sensibility ⓝ 감성 **observation** ⓝ 관찰
intuition ⓝ 직관력

---

48 The government must reinforce its non-discrimination policy. It could give tax incentives to firms _____ underpaid and discriminated workers into regular status. 광운대 2012

① inverting ② reverting
③ averting ④ reversing
⑤ converting

| 정답 | ⑤

| 해석 | 정부는 반드시 차별 금지 정책을 강화해야 한다. 차별 금지 정책은 제대로 보수를 받지 못하고 차별받는 근로자들을 정규직으로 전환시킨 기업에게 감세 혜택을 제공한다.
① 뒤집다 ② 되돌아가다 ③ 피하다 ④ 뒤바꾸다 ⑤ 전환시키다

| 해설 | 차별 금지 정책이 이행되면, 제대로 보수를 받지 못하고 차별받는 근로자들을 차별하지 않고 정규직으로 '전환시킨' 기업은 정책에 따라 감세 혜택을 받게 된다. 따라서 정답은 ⑤이다.

| 어휘 | **reinforce** ⓥ 강화하다, 보강하다 **non-discrimination** ⓝ 무차별, 차별 금지
tax incentive – 감세 조치 **underpaid** ⓐ 제대로 보수를 못 받는[급여가 적은]
invert ⓥ 뒤집다 **revert** ⓥ 되돌아가다, 복귀하다
avert ⓥ 방지하다, 피하다 **reverse** ⓥ 뒤바꾸다, 뒤집다
convert A into B A를 B로 전환시키다

49 Americans are consuming more alcohol per capita now than in the time leading up to Prohibition, when alcohol opponents successfully made the case that _____ drinking was ruining family life.

① instrumental

② irreplaceable

③ excessive

④ unethical

| 정답 | ③

| 해석 | 미국인들의 1인당 음주 섭취량은 과거 금주법 시행되던 시절, 음주를 반대하던 사람들이 성공적으로 과도한 음주는 가정을 망칠 수 있다는 주장을 펼치던 때보다 오늘날에 더 높다.
① 도움이 되는   ② 대체할 수 없는   ③ 과도한   ④ 비윤리적인

| 해설 | 정답의 단서는 alcohol opponents이다. 음주에 대해서 반대하는 사람들이므로, 술을 과도하게 마시면 가정을 해할 수 있다고 주장했을 것이다. 따라서 정답은 ③이다. 술을 마시는 것이 비윤리적이라고 이야기할 수 있는 근거는 주어진 문장 속에서 찾아볼 수 없다.

| 어휘 | **per capita** – 1인당
Prohibition ⓝ 미국의 금주법 시행 시대
instrumental ⓐ 중요한, 도움이 되는

lead up to – ~로 이어지다, ~에 이르다
opponent ⓝ 반대파, 반대하는 사람
irreplaceable ⓐ 대체할 수 없는

---

50 In a rapidly industrializing nation, in which there were many perils of poverty and violence, as well as opportunity, schools needed to _____ thrift, civility, and self control in the young. 가톨릭 2015

① inculcate

② terminate

③ amplify

④ dissipate

| 정답 | ①

| 해석 | 기회도 풍부하지만 가난과 폭력으로 인한 위험성도 큰 신속하게 산업화가 진행 중인 국가에서는 학교에서 젊은이들에게 검약, 정중함, 자제력 등을 심어 줄 필요가 있다.
① 심어 주다   ② 없애다   ③ 증폭시키다   ④ 소멸되다

| 해설 | 검약, 정중함, 자제력 등은 학교에서 젊은이들에게 가르쳐줘야 할 것들이다. 이러한 취지에서 '심어 주다'는 의미의 ①이 적합하다.

| 어휘 | **industrialize** ⓥ 산업[공업]화하다[되다]
thrift ⓝ 절약, 검약
self control – 자제력
terminate ⓥ 끝내다, 종료하다
dissipate ⓥ 소멸되다, 낭비하다

peril ⓝ 위험(성), 유해함
civility ⓝ 정중함, 공손함
inculcate ⓥ 심어 주다
amplify ⓥ 증폭시키다

51 We were all impressed by how _____ the movie star turned out to be; she was frank in talking and did not have any feeling of superiority, self-assertiveness, or showiness. 한국외대 2015

① up-and-coming

② out-of-fashion

③ down-to-earth

④ up-to-date

| 정답 | ③

| 해석 | 우리 모두는 그 스타 영화배우가 실제로는 매우 견실한 사람이라는 것이 드러나자 깊은 감명을 받았다. 그 배우는 말을 솔직하게 하며 우월감을 내세우거나 주제넘은 행동을 하거나 겉만 번지르르하지 않았다.
① 전도가 유망한 ② 한물간 ③ 견실한 ④ 최신의

| 해설 | 말을 솔직하게 하고, 우월감을 내세우거나 주제넘은 행동을 하지 않고, 겉만 번지르르하지 않은 사람은 '견실한' 사람이다. 따라서 정답은 ③이다.

| 어휘 | **superiority** ⓝ 우월성, 우월감　　　　**self-assertiveness** ⓝ 주제넘음, 자신만만함
showiness ⓝ 화려, 겉만 번지르르함　　　　**up-and-coming** ⓐ 전도가 유망한, 떠오르는
down-to-earth ⓐ 현실적인, 견실한　　　　**out-of-fashion** ⓐ 유행하지 않는, 한물간
up-to-date ⓐ 최신의, 현대적인

---

52 For sometime now, _____ has been presumed not to exist; the cynical conviction that everybody has an angle is considered wisdom. 중앙대 2015

① sedentariness

② disinterestedness

③ encomium

④ constellation

| 정답 | ②

| 해석 | 앞으로 한 동안은 무관심은 존재하지 않는 것으로 추정된다. 모두에게 사물을 보는 관점이 존재한다는 냉소적 확신이 현명한 것으로 여겨진다.
① 앉아 있음 ② 무관심 ③ 찬사 ④ 별자리

| 해설 | 세미콜론 뒤의 문장은 앞 문장을 부연 설명하는 역할을 한다. 세미콜론 뒤의 의미는 사람마다 각자 자신만의 관점이 존재한다는 시각이 현명한 시각이라는 의미이다. 이는 달리 말하면 자신만의 관점을 가진 것이 아니라 어느 관점에도 별 관심을 드러내지 않는 '무관심'한 것은 존재하지 않는다는 의미가 된다. 따라서 정답은 ②이다.

| 어휘 | **presume** ⓥ 추정하다, 여기다　　　　**cynical** ⓐ 냉소적인, 부정적인
conviction ⓝ (강한) 신념[의견]; 확신　　　　**angle** ⓝ (사물을 보는) 각도[시각], 관점
sedentariness ⓝ 앉아 있음, 앉아 일함　　　　**disinterestedness** ⓝ 사심이 없음, 무관심함
encomium ⓝ 찬사　　　　**constellation** ⓝ 별자리, 성좌

53 The most important question that we can ask, is whether there is any permanent _____ by which we can compare one civilization with another, and by which we can make some guess at the improvement or decline of our own. 광운대 2009

① organism   ② resource

③ symptom   ④ standard

⑤ knowledge

| 정답 | ④

| 해석 | 우리가 할 수 있는 가장 중요한 질문은 우리가 한 문명과 다른 문명을 비교할 수 있는 그리고 우리 문명의 발전과 쇠퇴에 관해 추측할 수 있는 영구적인 기준이 존재하는지 여부이다.
① 유기체   ② 자원   ③ 증세   ④ 기준   ⑤ 지식

| 해설 | 우리의 문명과 다른 문명을 비교하고, 우리의 문명이 과연 발전할 것인지 아니면 쇠퇴할 것인지를 판별하려면 어떤 '기준'이 있어야 가능할 것이다. 따라서 정답은 ④이다.

| 어휘 | **permanent** ⓐ 영구적인   **organism** ⓝ 유기체

---

54 Our dean always seemed to go along with the group and changed his opinion to complement those around him; his _____ nature often irritated his friends. 중앙대 2015

① malleable   ② insipid

③ vociferous   ④ plucky

| 정답 | ①

| 해석 | 우리 대학의 학장은 언제나 그 집단에 동조하는 것처럼 보였고 주변 사람들을 보완하기 위해 자신의 의견을 바꿨다. 학장의 순응적인 천성은 종종 친구들을 짜증 나게 했다.
① 순응적인   ② 재미없는   ③ 소리 높여 표현하는   ④ 용기 있는

| 해설 | 주변 사람들을 보호하기 위해 자신의 의견을 바꾸는 사람은 '순응적인' 천성의 사람이다. 따라서 정답은 ①이다.

| 어휘 | **go along with** – ~에 찬성하다[동조하다]   **complement** ⓥ 보완하다, 보태다
irritate ⓥ 짜증 나게 하다, 거슬리다   **malleable** ⓐ 영향을 잘 받는, 순응적인
insipid ⓐ 맛[풍미]이 없는; 재미없는
vociferous ⓐ (의견·감정을) 소리 높여 표현하는[외치는]
plucky ⓐ 용기[결단력] 있는

55 I'm still mulling over a meeting I attended last month in Boston, the spiritual retreat center, on exceptional experiences that challenge _____ science.

① pecuniary   ② voluntary

③ roundabout   ④ conventional

| 정답 | ④

| 해석 | 나는 여전히 지난달에 보스턴 기독교 명상 센터에 방문해서 기존의 과학에 이의를 제기하는 이례적인 경험에 대해서 곰곰이 생각해 보고 있다.
① 금전적인   ② 자발적인   ③ 에두르는   ④ 기존의

| 해설 | 정답의 단서는 exceptional experiences이다. 이례적이고 평소와는 다른 경험이라는 것은 기존의 것과는 무언가 다른 경험일 것이며, 기존의 것에 도전하고 이의를 제기하는 것일 것임을 유추해 볼 수 있다. 따라서 정답은 ④이다.

| 어휘 | **mull over** – ～에 대해 곰곰이 생각하다   **spiritual retreat center** – 기독교 명상 센터
exceptional ⓐ 이례적인   **pecuniary** ⓐ 금전적인
roundabout ⓐ 우회적인, 에두르는

---

56 An insurance company might send investigators to determine the cause of a mysterious fire. If the investigators sent back a report that the fire was caused by the presence of oxygen in the atmosphere, they would not _____ their jobs very long. 숙명여대 2014

① make   ② keep

③ do   ④ lose

⑤ search

| 정답 | ②

| 해석 | 보험 회사에는 불가사의한 화재의 원인을 밝히기 위해 조사관들을 보낼 수도 있다. 만일 조사관들이 대기 중에 산소가 존재했기 때문에 불이 일어났다는 내용의 보고서를 회신한다면 조사관들은 자신의 일자리를 오래 유지하지 못할 것이다.
① 만들다   ② 유지하다   ③ 하다   ④ 잃다   ⑤ 찾다

| 해설 | 원인을 알 수 없는 불가사의한 화재를 조사하기 위해 보험 회사에서 조사관들을 파견했는데, 대기 중에 산소가 존재해서 불이 났다는 식의 뻔한 내용을 조사 결과로 내놓는 조사관을 보험 회사에서 좋아할 리가 없고 결국 이런 조사관은 일자리를 오래 '유지하기'가 힘들 것이다. 따라서 정답은 ②이다.

| 어휘 | **insurance** ⓝ 보험; 보험금, 보험료   **investigator** ⓝ 조사관, 수사관
determine ⓥ 알아내다, 밝히다   **mysterious** ⓐ 불가사의한

57　These days so many marriages end in divorce that our most sacred vows no longer ring with truth. "Happily ever after" and "Till death do us part" are expressions that seem on the way to becoming _____. 국민대 2015

① pertinent

② obsolete

③ recurrent

④ scrupulous

| 정답 | ②

| 해석 | 요즘은 너무 많은 결혼이 이혼으로 끝나기 때문에 우리의 가장 성스러운 서약은 더 이상 진실하게 생각되지 않는다. '그 후로도 행복하게'나 '죽음이 우리 두 사람을 갈라놓을 때까지' 같은 것들은 한물간 표현이 되어 가는 것처럼 보인다.
　　① 적절한　　② 한물간　　③ 되풀이되는　　④ 세심한

| 해설 | 수많은 결혼이 이혼으로 마무리되고 결혼식 때 하는 서약이 진실하게 들리지 않는다는 말은, '그 후로도 행복하게'나 '죽음이 우리 두 사람을 갈라놓을 때까지' 같은 서약이 이제는 의미 없고 한물간 말에 불과하다는 의미이다. 따라서 정답은 ②이다.

| 어휘 | **sacred** ⓐ 성스러운　　　　　　　　　**vow** ⓝ 맹세, 서약
　　　ring with – (소리가) 가득하다, (어떤 특질이) 그득하다[넘치다]
　　　obsolete ⓐ 한물간, 구식의　　　　　**pertinent** ⓐ 적절한
　　　recurrent ⓐ 되풀이되는, 반복되는　　**scrupulous** ⓐ 세심한, 꼼꼼한

58　Lovers consumed with passion have more of a stimulating protein called nerve growth factor in their blood. The more intense the feelings of _____, the more nerve growth factor there is.

① infatuation

② frustration

③ tranquility

④ antipathy

| 정답 | ①

| 해석 | 열정에 사로잡힌 연인들은 혈액 속에 '신경 성장 인자(nerve growth factor)'라고 불리는 자극 단백질을 더 많이 갖고 있다. 사랑에 심취하는 감정이 더 강렬할수록, 더 많은 신경 성장 인자가 존재한다.
　　① 심취　　② 좌절　　③ 평온　　④ 반감

| 해설 | '강렬한 감정에 사로잡히다'는 뜻의 consumed with passion을 통해 연인들이 사랑에 심취해 있음을 알 수 있으며, 「the 비교급, the 비교급」을 통해 앞의 내용을 다시 한 번 반복하고 있으므로 역접은 일어나고 있지 않다. 따라서 사랑에 푹 빠져 있다는 뜻의 ① '심취(infatuation)'가 정답이 된다.

| 어휘 | **consume** ⓥ (강렬한 감정이) 사로잡다[휩싸다]; 소비하다; 먹다, 마시다
　　　passion ⓝ 열정　　　　　　　　　　**stimulating** ⓐ 자극하는
　　　protein ⓝ 단백질
　　　nerve growth factor – 신경 성장 인자 (지각[교감] 신경 세포의 성장을 자극하는 단백질)

intense ⓐ 강렬한

frustration ⓝ 좌절, 답답함

antipathy ⓝ 반감

infatuation ⓝ (사랑의) 열병, 심취

tranquility ⓝ 평온

---

59 In 2000, 50 percent of pregnancies in the United States were unexpected, the majority of them _____; about 60 percent of those unintended pregnancies were terminated by abortion.

① subsequent

② unwanted

③ savvy

④ biased

| 정답 | ②

| 해석 | 2000년도에 미국에서 발생한 임신 중 50%는 예상치 못한 것이었으며, 대다수가 원치 않는 임신이었다. 의도치 않은 임신의 대략 60% 정도의 결말은 낙태였다.

① 그 이후의　② 원치 않는　③ 요령 있는　④ 선입견이 있는

| 해설 | 정답의 단서는 unexpected, unintended pregnancies이다. 예상치 못하고 의도하지 않은 임신이었다면 원치 않는 임신이었을 것을 추론해 볼 수 있다. 따라서 정답은 ②이다.

| 어휘 | **pregnancy** ⓝ 임신

abortion ⓝ 낙태

savvy ⓐ 요령[재치] 있는

terminate ⓥ 끝내다, 종료시키다

subsequent ⓐ 그 이후의

biased ⓐ 선입견이 있는

---

60 Anxiety is a presentiment of danger when nothing in the immediate surroundings can be pinpointed as dangerous. The need for decisive action is checked by the _____ of any specific, circumventable threat.

① analysis

② affluence

③ lack

④ production

| 정답 | ③

| 해석 | 가장 인접한 주변 환경하에서 위험하다고 정확히 지목될 만한 것이 아무것도 없을 때 느끼게 되는 위험의 예감을 불안이라 한다. 결단력 있는 행동을 취할 필요성은 구체적이면서 회피 가능한 위협이 결여되었음으로 인해 억제된다.

① 분석　② 풍부함　③ 결여　④ 생산

| 해설 | 본문에서 말하는 불안이란 '주변에 아무것도 위험하다고 콕 집을 수 있는 게 없지만 위험하다고 느끼는 것'을 말한다. 만약 실제로 '구체적이면서 회피 가능한 위험'이 있다면 불안감보다는 실제적인 위험을 느끼기 때문에 이를 해결하기 위한 '결단력 있는 행동(decisive action)'을 취하겠지만, 그렇지 않기 때문에 행동이 '억제되는(is checked)' 것이라고 추측해 볼 수 있다. 따라서 의미상 빈칸에 들어가야 할 것은 '구체적이면서 회피 가능한 위협이 결여(lack)'되었다는 의미에서 ③ lack이 적당하다.

61 Administration officials privately accuse their European counterparts of being out-of-touch _____ who would meddle in American sovereignty and impede the President's ability to keep his promises to his voters on trade.

① dictators

② colonialists

③ aristocrats

④ bureaucrats

| 정답 | ④

| 해석 | 정부 고위 관료들은 사적으로 유럽의 고위 관료들을 상황을 제대로 파악하지 못하는 관료들이라고 비난했는데, 그들은 미국의 자주권에 간섭하고 대통령이 무역에 관해 유권자들에게 약속한 것을 지키지 못하게 하려고 할 것으로 보인다.

① 독재자   ② 식민지 개척자   ③ 귀족   ④ 관료

| 해설 | 정답의 단서는 counterparts이다. 정부 고위 관료와 대등한 위치에 있는 사람이라면 그들 또한 관료들일 것으로 추측해 볼 수 있다. 따라서 정답은 ④이다.

| 어휘 | administration official – 정부 고위 관료, 정부 당국자

privately ⓐⓓ 은밀하게

counterpart ⓝ 상대, 대등한 관계에 있는 사람

out-of-touch ⓐ ~와 동떨어져 있는, 상황을 제대로 인지하지 못하는

meddle ⓥ 간섭하다, 참견하다

impede ⓥ 방해하다, 지연시키다

colonialist ⓝ 식민지 개척자

bureaucrat ⓝ 관료

accuse ⓥ 비난하다

sovereignty ⓝ 통치권, 자주권

dictator ⓝ 독재자

aristocrat ⓝ 귀족

62 The dual roles of soldier and documentarian, participant and observer, must be difficult to reconcile for any combat photographer. For someone _____ about the mission, such reconciliation must be next to impossible.

① complaining

② caring

③ ambivalent

④ serious

| 정답 | ③

| 해석 | 군인이면서 다큐멘터리 작가이자, 참가자이면서 관찰자인 두 가지 역할은 그 어떠한 전쟁 사진 기자들에게도 받아들이기 어려운 것임이 틀림없다. 임무에 두 가지 측면이 존재하는 사람들에게 그러한 것들을 조화시키는 것은 거의 불가능에 가까울 것이다.
① 불평하는　　② 신경 쓰는　　③ 양면적인　　④ 진지한

| 해설 | 정답의 단서는 dual roles이다. 두 가지 역할을 함께하는 사람은 임무에 있어서 두 가지 모습을 보여 주는 양면적인 사람일 것이다. 따라서 정답은 ③이다.

| 어휘 | **dual** ⓐ 이중의　　　　　　　　　　　**documentarian** ⓝ 다큐멘터리 작가 (또는 프로듀서)
reconcile ⓥ 조화시키다, 받아들이다　　　**combat** ⓝ 전투, 싸움
next to - 거의　　　　　　　　　　　**ambivalent** ⓐ 양면적인

---

63 Many women are able to do their work, but they are prevented from gainful employment by a _____ on the part of employers which leads them to believe that men alone can give them adequate service. 광운대 2016

① disinterest　　　　　　　　　　② conviction
③ tradition　　　　　　　　　　　④ prescription
⑤ short-sightedness

| 정답 | ⑤

| 해석 | 많은 여성들은 자신의 일을 할 수 있는 역량이 되지만 고용주들 측의 근시안적 사고로 인해 돈을 충분히 벌 수 있는 일자리를 획득하지 못하고 있으며, 이러한 근시안적 사고는 고용주들로 하여금 남성만이 자신들에게 적절한 서비스를 제공할 수 있다고 믿게끔 유도하고 있다.
① 무관심　　② 신념　　③ 전통　　④ 처방전　　⑤ 근시안적 사고

| 해설 | 여성들은 충분히 자신의 일을 할 수 있는 역량을 갖추고 있음에도 불구하고 고용주들은 오로지 남성만이 적절한 서비스를 제공할 수 있다고 생각하고 여성들에게 제대로 된 기회를 제공하지 않는다. 이는 현실을 제대로 인식하지 못한 '근시안적 사고'에 기인한다. 따라서 정답은 ⑤이다.

| 어휘 | **gainful** ⓐ 돈벌이가 되는　　　　　　**adequate** ⓐ 충분한, 적절한
disinterest ⓝ 무관심, 사심이 없음　　**conviction** ⓝ 유죄 선고; 신념
prescription ⓝ 처방전　　　　　　　**short-sightedness** ⓝ 근시; 근시안적 사고

64 Netiquette is a collection of informal rules that apply to people who "talk" to each other through personal computers. You're more likely to be accepted in a community when you know the unspoken rules and remember _____.

① how people like to be treated

② what you can do to make people frustrated

③ when there is no verbal communication

④ that some people use the Internet to waste time

| 정답 | ①

| 해석 | 네티켓이란 PC를 통해 서로 '대화하는' 사람들에게 적용되는 비공식 규범의 모음이다. 여러분은 무언의 규범과 사람들이 어떤 식으로 대우받고 싶은지를 인지한다면 (인터넷) 공동체 내에서 받아들여질 가능성이 높아진다.
① 사람들이 어떤 식으로 대우받고 싶은지
② 사람들을 좌절시키기 위해 여러분이 할 수 있는 것
③ 언어적 의사소통이 없을 때
④ 일부 사람들이 시간을 버리기 위해 인터넷을 사용한다는 점

| 해설 | 공동체 내에서 '받아들여지기(accepted)' 위해서는 '규범(rule)'을 준수하면서 다른 사람을 존중해야 할 것이다. 보기 중에서 존중과 거리가 먼 나머지 보기를 제외하면 문맥상 가장 자연스러운 것은 ①이다.

| 어휘 | **collection** ⓝ 모음 　　　　　　　　**apply to** – ~에 적용되다
unspoken ⓐ 무언의 　　　　　　　　**verbal** ⓐ 말의, 언어의

---

65 Some critics argue that everything a writer "says" in a work of fiction should be interpreted in the context of the author's life; however, others contend that a text is more fruitfully regarded as _____, existing independently of its creator, similar to a creation of God or nature. 한양대 2015

① salient　　　　　　　　　　② flamboyant

③ insinuating　　　　　　　　④ autonomous

| 정답 | ④

| 해석 | 일부 비평가들은 소설 작품에서 작가가 '말한' 모든 것은 저자의 삶을 맥락에 두고 해석되어야 한다고 주장한다. 하지만 다른 이들은 글은 신이나 자연의 피조물과 비슷하게 창조한 이와는 독자적으로 존재하는 어떤 독자적인 것으로 보는 것이 더욱 유익하다고 주장한다.
① 핵심적인　② 대담한　③ 의심스러운　④ 독자적인

| 해설 | 일부는 저자의 말은 저자의 삶을 바탕으로 해석해야 한다고 말하고, 다른 일부는 피조물이 창조자의 손을 떠난 것처럼 '독자적으로 존재하는' 것으로 봐야 한다고 말한다. 문맥상 '빈칸'과 '독자적으로 존재하는'이 같은 것으로 볼 수 있으므로, 정답은 ④이다.

66 A child born into a home where people use a lot of words develops a sophisticated ability to use language, without even having to sit down and consciously develop this skill. A child born into a home where actions have predictable consequences learns to _____ impulses and practice self-control.

① restrain ② stimulate

③ preserve ④ transmit

| 정답 | ①

| 해석 | 사람들이 많은 어휘를 사용하는 가정에 태어난 아이는 언어를 사용하는 정교한 능력을 기르게 되며, 앉아서 이런 능력을 개발하기 위해 의식적인 노력을 할 필요 없이도 이런 일이 가능하다. 행위가 예측 가능한 결과를 가져오는 가정에 태어난 아이는 충동을 절제하는 법을 배우며, 자기 절제를 시행한다.
① 억누르다 ② 자극하다 ③ 보존하다 ④ 전송하다

| 해설 | 많은 어휘를 사용하는 가정에 태어난 아이는 언어 기술이 발달하고, 행위가 예측 가능한 결과를 가져오는 가정에 태어난 아이는 자기 절제를 보여 주는 등 긍정적인 결과를 가져온다는 내용이다. 따라서 빈칸이 들어간 부분도 긍정의 내용이 되어야 하기 때문에 충동을 억제한다는 ①이 정답이 된다. ②는 정반대의 내용이 된다.

| 어휘 | **sophisticated** @ 정교한, 복잡한 **consciously** @ 의식적으로

predictable @ 예측 가능한 **consequence** ⓝ 결과

impulse ⓝ 충동 **self-control** ⓝ 자기 절제, 자기 통제

restrain ⓥ 저지하다, 억누르다, 억제하다 **stimulate** ⓥ 자극하다

preserve ⓥ 보존하다 **transmit** ⓥ 전달하다, 전송하다

67 The families of a kibbutz and of an Amish community share several characteristics in common. The most obvious _____ that these two groups share is their underlying religious heritage. Each community is quite homogeneous in its religious views and has succeeded in preserving and handling these views down to the following generation. 건국대 2015

① similarity ② diversity

③ development ④ background

⑤ nonsense

| 정답 | ①

| 해석 | 키부츠와 아미시 공동체에 소속된 가정은 공통적으로 몇 가지 특성을 공유한다. 가장 두드러진 유사성으로는 이 두

공동체가 근본적인 종교적 전통을 공유하고 있음을 들 수 있다. 각 공동체의 종교관은 꽤나 성격이 동일하며 이후 세대에 이르기까지 이러한 종교관을 성공적으로 보존하고 다루었다.

① 유사성　② 다양성　③ 발전　④ 배경　⑤ 터무니없음

| 해설 | 아미시 공동체와 이스라엘의 키부츠 공동체는 몇 가지 특성을 '공유하고' 있다. 그리고 빈칸 뒤를 보면 공유하고 있는 특성 가운데 가장 두드러지는 것은 종교적 전통을 '공유하고' 있다는 사실 그리고 이들의 종교관은 그 성격이 '동일하다'는 사실을 알 수 있다. 여기서 빈칸 뒤에서 공통점에 관한 내용이 나왔기 때문에 빈칸에 가장 적합한 것은 '공통점, 유사성'을 의미하는 ①임을 유추할 수 있다.

| 어휘 | **obvious** ⓐ 두드러진, 분명한　　　　　　**underlying** ⓐ 근본적인, 근원적인
homogeneous ⓐ 동질의, 같은 종류[성격]의　**preserve** ⓥ 보존하다
handle ⓥ 다루다, 처리하다　　　　　　　**following** ⓐ 이후의, 뒤이은
diversity ⓝ 다양성　　　　　　　　　　**nonsense** ⓝ 터무니없음, 말도 안 되는 짓

---

68 Lexicographers may be hustling to put a word in the next editions of their dictionaries: subprime. In lending, prime — from the Latin primus "first" — is the least risky, giving the lender a low interest rate; the sub- prefix takes the meaning in the other direction: _____ but high risk.

① low credit　　　　　　　　　　② safe investment

③ high return　　　　　　　　　　④ high debt

| 정답 | ③

| 해석 | 사전 편찬자들은 다음 개정판에 '서브프라임(subprime)'이라는 단어를 넣으려고 분주한 모습을 보일 수 있다. 대출에서 '으뜸(first)'을 의미하는 라틴어 'primus'에서 나온 '프라임(prime)'은 위험률이 가장 낮은 것을 의미한다. 그래서 대출 기관은 낮은 금리로 대출해 줄 수 있게 된다. 하지만 'sub-'라는 접두어를 붙이면 정반대의 의미를 갖게 된다. 즉 높은 수익을 얻을 수 있지만 위험 또한 높은 대출이 된다.

① 낮은 신용(도)　② 안전한 투자　③ 높은 수익　④ 과다한 부채

| 해설 | 은행 등의 대출 기관(lender)들이 돈을 빌려주면서 이자율(interest rate)을 결정할 때, 위험도가 낮은 대출자에게는 우대금리(prime)를 적용해 저리로 대출해 주고, 반대로 위험도가 높은 대출자에게는 신용도가 낮기 때문에 이자율이 높은 서브프라임(subprime)을 적용한다. 후자의 경우, 은행 입장에서는 이자율이 높아서 많은 수익(high return)을 올릴 수는 있지만 빌려준 돈을 떼일 수 있는 위험 또한 증가(high risk)하게 된다. ①도 문맥상 올 수 있지만 빈칸 뒤의 but이 어울리지 않는다. but이 아닌 and가 와야 한다. ④의 경우는 대출 기관의 입장이 아닌 대출자의 관점이므로 적절하지 않다.

| 어휘 | **lexicographer** ⓝ 사전 편찬자
hustle ⓥ (결정을 내리도록) 재촉하다, (사람을 거칠게) 떠밀다[밀치다]
lender ⓝ (금융) 빌려주는 사람, 대출 기관　　　**interest rate** – 금리, 이자율
prefix ⓝ 접두어　　　　　　　　　　　　　　**low credit** – 낮은 신용(도)
safe investment – 안전한 투자　　　　　　　**high return** – 높은 수익
high debt – 과다한 부채

69 One common characteristic of the middle children is that they are good negotiators. They come naturally into this role because they are often right in the middle, between big brother and little sister. And because they can't have Mom or Dad all to themselves, they learn the fine art of _____.

숙명여대 2020

① condemnation

② gratitude

③ compromise

④ resolution

⑤ encouragement

| 정답 | ③

| 해석 | 가운데 아이들의 한 가지 공통적 특징은 그들이 좋은 협상가라는 것이다. 그들은 종종 형과 여동생 사이의 한 가운데 위치하기 때문에, 자연스럽게 그러한 역할을 맡게 된다. 그리고 그들은 엄마나 아빠를 온전히 차지할 수 없기 때문에, 타협의 훌륭한 기술을 배운다.
① 비난   ② 감사   ③ 타협   ④ 해결   ⑤ 격려

| 해설 | 형제 중 가운데 위치한 아이들의 특징을 언급하면서 그들이 협상을 잘한다고 설명하고 있다. 따라서 협상과 관련된 단어인 '타협'을 뜻하는 ③ compromise가 정답이 된다.

| 어휘 | **negotiator** ⓝ 협상가, 교섭자   **condemnation** ⓝ 비난
gratitude ⓝ 감사
compromise ⓝ 타협, 절충, 양보 ⓥ 손상시키다; 타협하다
resolution ⓝ 결심, 결의(문); 해결   **encouragement** ⓝ 격려

---

70 The American economy now exhibits a wider gap between rich and poor than it has at any other time since World War II. The most basic reason is that America itself is ceasing to exist as an economic system separated from the rest of the world. One can no more meaningfully speak of an "American economy" than of a "California economy." America is becoming _____. 에리카 2016

① a center of an isolated economy

② a center of a peripheral economy

③ only a region of a local economy

④ only a region of a global economy

| 정답 | ④

| 해석 | 미국 사회는 2차 세계 대전 이래 그 어떤 시기보다도 더 큰 빈부 간 격차를 드러내고 있다. 이렇게 된 가장 기본적인 이유는 미국 스스로가 더 이상 세계의 다른 지역과 별도로 분리된 경제 체제로서 존재하지 않기 때문이다. '캘리포니아 경제'라고 (미국에서 따로 캘리포니아를 분리하여) 말하는 것이 의미가 없는 것처럼 (전 세계에서 따로 미국을 분리하여) '미국 경제'라고 말하는 것도 의미가 없다. 미국은 점차 세계 경제의 일원일 뿐이다.
① 고립된 경제의 중심

② 지엽적 경제의 중심
③ 지역 경제의 일원일 뿐
④ 세계 경제의 일원일 뿐

| 해설 | 두 번째 및 세 번째 문장에서는 미국 경제가 세계 경제권과 분리된 별도의 경제로서 기능하던 시대는 지났고, 때문에 미국 경제만 따로 놓고 말하는 것이 의미가 없음을 말하고 있다. 이는 달리 말하면 미국은 '세계 경제의 일원일 뿐'인 것이다. 따라서 정답은 ④이다.

| 어휘 | **exhibit** ⓥ 드러내다, 보이다   **speak of** – ~라고 말하다

no more A than B – B가 아닌 것과 같이 A도 아니다

isolated ⓐ 고립된   **peripheral** ⓐ 주변적인, 지엽적인

01	③	02	①	03	④	04	②	05	⑤	06	①	07	②	08	④	09	⑤	10	①
11	④	12	①	13	①	14	①	15	①	16	④	17	①	18	①	19	③	20	①
21	②	22	③	23	④	24	②	25	②	26	④	27	④	28	①	29	③	30	①
31	⑮	32	⑲	33	⑭	34	①	35	⑩	36	⑫	37	⑳	38	⑤	39	⑨	40	⑬
41	⑧	42	⑤	43	②	44	⑯	45	⑲	46	⑩	47	⑳	48	⑥	49	⑬	50	⑮

01~30   Complete each sentence below with the best word(s) or phrase(s).

---

01   When all food seems scary, a kind of _____ sets in. We fail to distinguish real frights from _____ ones. 이화여대 2009

① dismay – superficial   ② expectation – genuine

③ apathy – bogus   ④ disappointment – impossible

| 정답 | ③

| 해석 | 모든 음식에 두려움을 느끼게 되면, 일종의 무감각이 자리 잡게 된다. 우리는 실제 공포심과 가짜 공포심을 구분하지 못하게 된다.
     ① 실망 – 피상적인   ② 예측 – 진짜의   ③ 무감각 – 가짜의   ④ 실망 – 불가능한

| 해설 | 모든 음식에 두려움을 느낀다는 것은 실제 존재하는 공포와 '가짜' 공포를 구분하지 못하고 음식이면 무작정 두려움을 느끼게 되며, 결국에는 어떤 공포에도 '무감각'해지는 상태에 빠진다는 의미이다. 따라서 정답은 ③이다.

| 어휘 | **set in** – (계속할 기세로) 시작하다, 자리 잡다   **dismay** ⓝ 실망
          superficial ⓐ 피상적인   **apathy** ⓝ 무관심, 무감각
          bogus ⓐ 가짜의, 위조의   **genuine** ⓐ 진짜의, 진품의

---

02   In order to _____ ratings, the incumbent directed party loyalists to flood the media with _____ about recent developments in job creation. 한양대 2015

① bolster – accolades   ② improve – rumors

③ nullify – falsehoods   ④ mollify – announcements

| 정답 | ①

| 해석 | 지지율을 높일 심산으로, 현직 정치인은 당 지지자들에게 언론을 일자리 창출에 대한 최근의 발전 상황에 대한 칭찬

으로 도배하도록 지시했다.

① 높이다 – 칭찬　　② 개선하다 – 소문　　③ 무효화하다 – 거짓　　④ 진정시키다 – 발표

| 해설 | 일자리 창출이 최근에 이루어진 상태에서 현직 정치인이 지지율과 관련해 할 수 있는 일은, 지지율을 '높이기' 위해 최근의 일자리 창출에 대한 '찬사'가 언론에서 다루어지도록 만드는 일이다. 따라서 정답은 ①이다.

| 어휘 | **incumbent** ⓐ 재임 중인　　　　　　　　　　　　**direct** ⓥ 지휘하다, 지시하다

loyalist ⓝ 충성파, 지지자　　　　　　　　　**flood A with B** – B로 A가 넘쳐나게[범람하게] 하다

bolster ⓥ 높이다, 강화하다　　　　　　　　　**accolade** ⓝ 찬사, 칭찬

nullify ⓥ 무효화하다　　　　　　　　　　　　**falsehood** ⓝ 거짓

mollify ⓥ 달래다, 진정시키다　　　　　　　　**announcement** ⓝ 발표

03　As _____ head of the institution, she attended social functions and civic meetings but had no _____ in the formulation of this year's schedule. 이화여대 2010

① actual – superior　　　　　　　　② complete – vote

③ real – competition　　　　　　　　④ titular – voice

| 정답 | ④

| 해석 | 그 기관의 이름뿐인 수장인 그녀는 사회적 행사나 시민 관련 회의에 참석은 했지만 올해 일정을 정하는 데 아무 발언권을 갖지 못했다.

① 실제의 – 상급자　　② 완전한 – 투표권　　③ 진짜의 – 경쟁　　④ 이름뿐인 – 발언권

| 해설 | '사회적 행사나 시민 관련 회의에 참석한' 그녀에게는 '올해 일정을 정하는 데' 있어 두 번째 '빈칸'을 갖고 있지 못했다는 점에서, 두 번째 빈칸에 들어갈 것은 뭔가 수장으로서의 직책과 관련 있는 것임을 유추할 수 있다. 보기 ①에서 ③까지 단어를 첫 번째 빈칸에 대입해 보면 그녀가 수장으로서 실제적인 권한을 갖고 있었다는 의미가 되지만, 실제적 권한을 갖고 있으면서도 일정을 정하는 데 있어 두 번째 '빈칸'을 갖고 있지 못했다는 의미가 되어 내용상 모순이 생긴다. 따라서 첫 번째 빈칸에는 ④의 titular(이름뿐인)이 가장 적합하다. 그리고 두 번째 빈칸에 ④의 voice(발언권)을 대입해 보면, '그녀는 이름뿐인 수장이었기 때문에 발언권이 없었다'는 의미가 되며, 다른 보기를 대입한 것과 비교하면 의미상 가장 무리 없는 뜻이 되므로 ④를 정답으로 보는 것이 가장 적절하다.

| 어휘 | **superior** ⓝ 상급자　　　　　　　　　　　　**titular** ⓐ 이름뿐인, 명목상의

voice ⓝ 목소리, 발언권

04　After carefully evaluating the genuineness of the painting, the art critics unanimously agreed that the work had been done by a _____ and should be _____. 중앙대 2010

① progeny – renewed　　　　　　　　② charlatan – rejected

③ neophyte – banned　　　　　　　　④ fanatic – purchased

| 정답 | ②

| 해석 | 미술 작품의 진위를 신중히 검토한 후, 미술 평론가들은 그 작품이 돌팔이에 의해 만들어 졌으며, 그렇기에 불합격되어야 한다고 만장일치로 동의했다.

① 자손 – 새롭게 되다　② 돌팔이 – 불합격되다　③ 초심자 – 금지되다　④ 광신도 – 구입되다

| 해설 | 평론가들이 만장일치로 that ~ 하는 것으로 합의했다는 내용에 두 빈칸이 놓여 있다. 그리고 and라는 순접의 접속사로 묶여 있으므로 두 문장은 비슷한 의미를 지녀야 한다. 앞의 빈칸에 올 수 있는 단어는 작품을 제작한 사람들이 와야 하므로 자손, 돌팔이, 초보, 광신자 중에서 ② charlatan과 ③ neophyte가 의미상 가능하다. ③ neophyte의 경우 초심자가 만들었기 때문에 이를 금지해야(ban) 한다는 말은 미술 작품의 진위를 가리는 것과 어울리지 않으므로 정답은 ②가 된다.

| 어휘 | **evaluate** ⓥ 평가하다　　　　　　　**genuineness** ⓝ 진위
unanimously ⓐⓓ 만장일치로　　　　**work** ⓝ 예술 작품(the art of work의 의미)
progeny ⓝ 자손, 아이들　　　　　　**charlatan** ⓝ 사기꾼, 돌팔이
reject ⓥ 불합격되다; 거부되다　　　　**neophyte** ⓝ 초심자, 초보자
fanatic ⓝ 광신도

05　The consensus appears to be that the most evident _____ of the indifference of our society to female workers is the great _____ in nursery facilities for kids. 숙명여대 2016

① paradox – intensity　　　　　　② expectation – shortage

③ symptom – intolerance　　　　　④ implication – interest

⑤ indication – deficiency

| 정답 | ⑤

| 해석 | 우리 사회가 직장 여성들에게 무관심하다는 것을 가장 명백하게 보여 줄 수 있는 지표는 바로 아이들을 위한 유아 시설의 극심한 부족이라는 것이 사람들의 일반적인 생각이다.

① 역설 – 강도　　② 기대 – 부족　　③ 증상 – 편협
④ 영향 – 관심　　⑤ 지표 – 부족

| 해설 | 'the indifference of our society to female workers'에서 여성 근로자에게 '무관심'하다고 했으므로 여성과 관련된 유아 시설이 부족(shortage, deficiency)한 것과 연관시킬 수 있다. 그리고 유아 시설이 부족한 것은 무관심을 보여 주는 결과물(symptom, implication, indication)이라고 할 수 있다.

| 어휘 | **consensus** ⓝ 의견 일치, 합의　　　　**indifference** ⓝ 무관심
nursery facility – 어린이집 시설, 육아원 시설　　**shortage** ⓝ 부족
symptom ⓝ 증상　　　　　　　　　　**intolerance** ⓝ 편협, 무관용
implication ⓝ (행동·결정이 초래할 수 있는) 영향[결과]
indication ⓝ 암시, 표시, 조짐　　　　　**deficiency** ⓝ 부족

06 The fact that even the most traditional European languages have _____ such words as "e-mail" seems to indicate that no language is _____ to foreign influences. 중앙대 2009

① incorporated – impervious
② prohibited – irrelevant
③ borrowed – sensitive
④ validated – susceptible

| 정답 | ①

| 해석 | 유럽의 가장 오래된 전통을 지닌 언어도 '이메일' 같은 단어를 포함한다는 사실은 외국의 영향을 받지 않는 언어는 존재하지 않음을 나타낸 것으로 보인다.
① 포함하다 – 영향받지 않는　② 금지하다 – 관계없는　③ 차용하다 – 민감한　④ 입증하다 – 예민한

| 해설 | '이메일'은 영어이며 최근에 생겨난 단어인데, 이 단어가 유럽의 오랜 전통을 지닌 언어에서도 외래어로 '포함'이 되었다는 것은, 그 어떤 언어라도 '영향을 받지 않는' 언어는 없다는 것을 의미한다. 따라서 정답은 ①이다.

| 어휘 | **incorporate** ⓥ 포함하다, 합병하다　　　　**impervious** ⓐ ~에 영향받지[휘둘리지] 않는
validate ⓥ 입증하다, 승인하다　　　　**susceptible** ⓐ 민감한, 예민한

---

07 Populist advertising is effective in the face of _____ competition. When Americans feel threatened from the _____, they tend to circle the wagon and forget their class differences. 이화여대 2009

① harsh – government
② foreign – outside
③ public – private
④ international – market

| 정답 | ②

| 해석 | 대중의 인기에 영합하는 광고는 외국과의 경쟁에 직면했을 때 효력을 발휘한다. 미국인들은 나라 밖으로부터 위협을 받고 있다는 생각이 들면 방위 태세를 갖추고 자국의 계급적 차이를 잊는 경향이 있다.
① 가혹한 – 정부　② 외국의 – 나라 밖　③ 공개적인 – 개인적인 것　④ 국제적인 – 시장

| 해설 | 우선 두 번째 빈칸을 보면, 미국인들이 계급적 차이를 잊으면서 한데 모여 단합하는 이유는 '나라 밖' 즉 외국과의 경쟁으로 인해 위협에 처해 있기 때문이다. 즉 외국의 적에 맞서 단결하는 것이다. 그리고 이에 따라 일반 대중을 대상으로 애국심 강조 같은 대중의 인기에 영합하는 광고를 내놓게 되면, '외국'과의 경쟁에 효력을 발휘한다. 따라서 정답은 ②이다.

| 어휘 | **populist** ⓐ 일반 대중의, 대중의 인기에 영합하는
circle the wagons – 단단히 방어 태세를 굳히다, 포장마차로 원형 진을 만들다
harsh ⓐ 가혹한, 냉혹한

08 Given that he came to the mediation with such an _____ attitude, it is no wonder there was little movement toward any harmonious agreement; I mean, he was absolutely _____.

① exemplary – disciplined

② ingratiating – fixated

③ immovable – outspoken

④ obdurate – incorrigible

| 정답 | ④

| 해석 | 그가 저런 완강한 태도로 중재 장소에 모였으니, 조화로운 합의를 이루기 위한 진전이 거의 없었던 것도 당연하다. 즉 그는 극도로 완고했다.
① 모범적인 – 훈련받은   ② 환심을 사려는 – 집착하는   ③ 요지부동의 – 노골적인   ④ 완강한 – 완고한

| 해설 | 첫 번째 빈칸에는 '~한 태도'로 중재에 참여했으니 조화로운 합의를 이루지 못했는지를 생각하면, 조화로운 합의를 위한 진전이 거의 없었다는 것은 중재에 참여할 당시의 태도가 '완강했음'을 의미한다. 그리고 두 번째 빈칸이 들어간 문장은, 그의 '완강한' 태도를 다시 강조하고 있으므로, 문맥상 그의 '완강한' 태도를 달리 표현한 말이 빈칸에 적합하다. 따라서 정답은 ④이다.

| 어휘 | **mediation** ⑪ 조정, 중재   **exemplary** ⓐ 모범적인
disciplined ⓐ 훈련받은, 잘 통솔된   **ingratiating** ⓐ 환심을 사려는
fixated ⓐ 집착하는   **immovable** ⓐ 움직이지 않는, 요지부동의
outspoken ⓐ 노골적으로 말하는, 노골적인   **obdurate** ⓐ 완강한, 고집 센
incorrigible ⓐ 완고한, 다루기 힘든

---

09 Employers who retire people who are willing and able to continue working should realize that _____ age is not an effective _____ in determining whether an individual is capable of working. 상명대 2012

① physical – complexion

② intellectual – criterion

③ titular – voice

④ complete – complexion

⑤ chronological – criterion

| 정답 | ⑤

| 해석 | 일을 지속할 의지도 능력도 있는 사람을 퇴직시킨 고용주들은 실제 연령이 개인의 근무 능력을 판단하기 위한 기준으로는 효과적이지 않음을 깨달아야 한다.
① 물리적인 – 안색   ② 지적인 – 기준   ③ 명목상의 – 목소리
④ 완벽한 – 안색   ⑤ 시간순의 – 기준

| 해설 | 첫 번째 빈칸에 들어갈 단어가 뭔지 잘 모르더라도, 빈칸 뒤 '연령'이란 단어와 '퇴직'이란 단어가 무엇을 연상하는지 생각해 보면, 고용주는 나이를 이유로 '일을 지속할 의지도 능력도 있는 사람'을 퇴직시키지만 나이는 근무 능력을 판단하기 위한 '기준'으로 보기엔 효과적이지 않다는 것이 본문의 주장임을 알 수 있다. 따라서 두 번째 빈칸에 적합한

것은 '기준'이다. 이를 감안하고 첫 번째 빈칸에 chronological을 대입해 보면, '생활 연령, 실제 연령'을 의미하는 chronological age라는 용어가 등장한다. 해석해 보면, 실제 연령 즉 숫자로 표현되는 능력은 퇴직 기준으로 삼아서는 안 된다는 본문의 내용에 전체적으로 부합된다. 이러한 점들을 감안했을 때 정답으로 가장 적절한 것은 ⑤이다.

| 어휘 | **criterion** ⓝ 기준
titular ⓐ 명목상의

complexion ⓝ 안색, 양상
chronological age – 생활 연령, 실제 연령

---

10 Nowadays there are few relics of antiquity in North America. Besides, most of the earliest colonial buildings that are still standing have been so modified and enlarged that the _____ design is no longer _____. 광운대 2016

① initial – discernible
② original – applicable
③ embellished – remained
④ intended – unnecessary
⑤ pertinent – relevant

| 정답 | ①

| 해석 | 오늘날 북미 지역에는 고대 유물이 거의 존재하지 않는다. 게다가 현재 남아 있는 초기 식민지 시기의 건물 가운데 대부분은 개조 및 확장이 너무 심하게 된 나머지 처음의 디자인을 인식하는 일이 불가능하다.
① 초기의 – 인식할 수 있는   ② 본래의 – 해당되는   ③ 미화된 – 남아 있는
④ 의도된 – 불필요한   ⑤ 관련 있는 – 적절한

| 해설 | 빈칸이 들어간 문장은 「so ~ that ....」 구문의 형태를 지니고 있기 때문에 so 다음의 modified and enlarged는 빈칸이 들어간 that 이하 절의 원인 역할을 하고 that 이하 절은 결과 역할을 한다. that절 앞까지의 의미를 살펴보면, 북미 지역에 남아 있는 고대 유물은 거의 없고 그나마 존재하는 초기 식민지 시설 건물은 '개조 및 확장이 너무 심하게 된(원인)' 상황이다. 그렇다면 결과에 해당되는 that절에 어떤 단어가 들어가야 할지 파악하기 위해 보기의 단어를 대입해 보면, 정답으로 가장 적절한 것은 개조 및 확장이 너무 심하게 된 나머지 '처음의 디자인을 인식하는 일이 불가능해졌다(결과)'란 의미에서 ①이다.

| 어휘 | **relic** ⓝ 유물, 유적
besides ⓐ 게다가, 뿐만 아니라
modify ⓥ 수정하다, 개조하다
initial ⓐ 최초의, 초기의
applicable ⓐ 해당[적용]되는
intended ⓐ 의도된, 계획된
relevant ⓐ 관련 있는, 적절한

antiquity ⓝ 고대, 아주 오래됨
colonial ⓐ 식민지의, 식민지 시대의
enlarge ⓥ 확장하다, 확대하다
discernible ⓐ 식별[인식]할 수 있는, 보고 알 수 있는
embellished ⓐ 윤색된, 미화된
pertinent ⓐ 적절한, 관련 있는

11 What creates tension in a piece of fiction is partly the way the concrete words are linked together to make up the visible action of the story. But it's also the things that are _____, that are implied, the landscape just _____ the smooth surface of things. 이화여대 2017

① illuminated – on

② curtailed – across

③ marked down – at

④ left out – under

⑤ included – beside

| 정답 | ④

| 해석 | 소설에서 긴장을 유발하는 것은 구체적 단어들이 모여 가시적인 이야기의 전개를 형성하는 방식과도 일정 부분 관련이 있다. 하지만 배제되어 있고 암시적인 것들, 상황의 매끄러운 면 아래 놓인 풍경들 또한 스토리에서 긴장을 유발한다.
① 빛나는 – 위에   ② 단축된 – 가로질러   ③ 인하된 – 특정 지점에
④ 배제된 – 아래에   ⑤ 포함된 – 옆에

| 해설 | 소설에서 이야기(스토리)의 긴장을 유발하는 것이 무엇인지 설명하고 있다. 외부로 들어나는(concrete, visible) 것들이 모여 긴장을 유발한다고 하면서 역접(But)을 이용해 그와 반대되는 것들도 긴장을 유발한다고 서술하고 있다. 따라서 But 이하의 내용은 구체적이고 눈에 보이는 것과 반대되는 '암시적(implied)이고 감춰져 있는' 것이 와야 한다. 정답은 ④로 이야기의 흐름에서 배제되고(left out), 가시적 상황(smooth surface of things) 아래 놓여진 (under), 즉 감춰진 것이 전체 흐름에 적합하다.

| 어휘 | **tension** ⓝ 긴장   **concrete** ⓐ 구체적인
implied ⓐ 함축된, 은연중의, 암시적인   **illuminated** ⓐ (불빛이) 환한[빛나는]
curtailed ⓐ 단축한, 줄인, 삭감한   **marked down** – (가격이) 인하된
left out – 버려진, 배제된

---

12 The tragic hero must be essentially admirable. The fall of a scoundrel or villain evokes _____ rather than pity. We feel compassion for someone we admire when that character is in a difficult situation. The nobler and more admirable the person is, the greater our anxiety at his or her _____. 이화여대 2015

① applause – downfall

② terror – prescience

③ enchantment – foresight

④ dread – prosperity

⑤ praise – conquest

| 정답 | ①

| 해석 | 비극의 주인공은 근본적으로 훌륭한 존재여야 한다. 악당이나 악한의 몰락은 연민보다는 박수를 자아낸다. 우리는 우리가 존경하는 인물이 어려움에 처했을 때 그 인물을 향해 연민을 느낀다. 그 인물이 고귀하고 훌륭할수록 우리는 그 인물의 몰락을 더욱 염려하게 된다.

① 박수 – 몰락　　② 공포 – 혜안　　③ 황홀감 – 선견지명

④ 두려움 – 번영　　⑤ 칭찬 – 정복

| 해설 | 첫 번째 빈칸: 악당의 몰락은 당연히 연민의 대상이 아니라 '박수' 받을 일이거나 '칭찬' 받을 일이다. 따라서 정답은 ①이나 ⑤가 될 수 있다. 두 번째 빈칸: 고귀하고 훌륭한 인물은 악당이 아니라 우리가 존경하는 인물이므로 연민의 대상이며 따라서 우리는 이러한 인물의 '몰락'을 염려할 수밖에 없다. 이러한 점들을 감안하면 정답은 ①이 됨을 알 수 있다.

| 어휘 | **essentially** ⓐⓓ 근본적으로, 본질적으로

scoundrel ⓝ 악당, 악인

evoke ⓥ 떠올려 주다, 자아내다

compassion ⓝ 연민, 동정

applause ⓝ 박수

prescience ⓝ 예지, 혜안

foresight ⓝ 선견지명

prosperity ⓝ 번영, 번창

conquest ⓝ 정복

admirable ⓐ 존경스러운, 훌륭한

villain ⓝ 악당, 악한

pity ⓝ 연민, 동정

anxiety ⓝ 염려, 걱정

downfall ⓝ 몰락

enchantment ⓝ 황홀감, 넋을 잃음

dread ⓝ 두려움

praise ⓝ 칭찬, 찬사

---

13 There may be no better example of what is meant by _____ medicine than the strategy of vaccination. A healthy person is given a tiny taste of a virus — flu or polio, say — that is too weak to cause illness but just enough to introduce the body to the pathogen. If the virus later shows up for real, the immune system is _____ and waiting for it.

① preventive – primed

② conservative – numbed

③ alternative – sabotaged

④ innovative – stupefied

| 정답 | ①

| 해석 | 백신 접종보다 예방 의학의 의미를 보여 주는 더 좋은 예는 없을 것이다. 예를 들어 소아마비나 독감 같은 바이러스가 병을 일으키기엔 너무 약하지만 몸이 병원균을 접해 보기에 딱 충분할 정도로 건강한 사람에게 맛보기로 소량 주어진다. 나중에 실제로 바이러스가 나타나면 면역 체계는 (바이러스에 관해) 미리 알고서 바이러스를 기다리고 있게 된다.

① 예방의 – 미리 알고 있는　　② 보수적인 – 마비된　　③ 대체의 – 파괴된　　④ 혁신적인 – 멍한

| 해설 | 첫 문장 이후부터는 백신 접종이 무엇인지를 설명하는 글이다. vaccination의 우리말 해석인 '예방 접종'이란 단어에서 알 수 있듯이 예방 접종을 받는 이유는 병을 예방하기 위함이다. 따라서 첫 번째 빈칸에 들어갈 가장 알맞은 것은 'preventive medicine(예방 의학)'이다. 그리고 예방 접종을 받은 면역 체계가 나중에 등장하는 바이러스에 대비해서 무엇을 할지를 빈칸에 보기를 대입해 보는 방식으로 유추해 보면 가장 알맞은 것은 'is primed and waiting for it(미리 알고서 기다리는 것)'이다. 따라서 정답은 ①이다.

| 어휘 | **what is meant by ~?** – ~라는 것은 무슨 뜻인가?

preventive medicine – 예방의학

polio ⓝ 소아마비

vaccination ⓝ 백신 접종, 예방 접종

taste ⓝ 맛보기; 소량

pathogen ⓝ 병원균

prime ⓥ 미리 가르쳐 놓다, 미리 알려 주다, 사전 지식을 주다

numb ⓥ 감각을 잃게 하다

sabotage ⓥ 고의로 파괴하다

stupefy ⓥ 멍하게 하다, 깜짝 놀라게 하다

---

14   Until 1964 most forms of gambling were illegal in the United States. Since then, however, more and more states have legalized gambling in order to raise revenue. The U.S. gambling industry has gone from an attitude of "_____" to one of "_____," as all but two states now have legalized gambling as a solution to their depressed economies. 건국대 2015

① prohibition – promotion   ② lavishness – frugality

③ prosperity – hardship   ④ obsession – addiction

⑤ destruction – construction

| 정답 | ①

| 해석 | 1964년까지 미국에서는 대부분의 형태의 도박은 불법이었다. 하지만 1964년 이후 점차 많은 주에서 세수를 늘리기 위해 도박을 합법화하기 시작했다. 미국의 도박 산업은 '금지'의 태도에서 '옹호'의 태도로 옮겨가고 있는데, 그이유는 두 개 주를 제외한 모든 주에서 침체된 경제를 활성화시키기 위한 방안으로 도박을 합법화했기 때문이다.
　　　① 금지 – 옹호　　② 낭비 – 검소　　③ 번영 – 곤란　　④ 강박 – 중독　　⑤ 파괴 – 건설

| 해설 | 첫 번째 빈칸 앞에서 세수를 늘리기 위해 도박을 합법화했음을 알 수 있다. 즉 '금지'되었던 도박이 '옹호'의 대상이되었던 것이다. 따라서 정답은 ①이다.

| 어휘 | **legalize** ⓥ 합법화하다

promotion ⓝ 옹호, 주창

frugality ⓝ 절약, 검소

hardship ⓝ 어려움, 곤란

prohibition ⓝ 금지

lavishness ⓝ 낭비, 헤픔

prosperity ⓝ 번영, 번성

obsession ⓝ 강박, 집착

---

15   Experts warn that although the U.S. and Japan share the same goals of keeping an increasingly assertive China in check and _____ an unpredictable North Korea, Tokyo's failure to face up to its history could _____ the efforts toward those goals. 가톨릭대 2014

① deterring – impede   ② governing – facilitate

③ monitoring – reprieve   ④ scrutinizing – mobilize

| 정답 | ①

| 해석 | 전문가들은 비록 미국과 일본이 점차적으로 자신의 목소리를 강하게 부르짖는 중국을 억제하고 예측이 불가능한 북한을 막아야 한다는 같은 목표를 공유하고 있지만 일본이 과거사를 인정하지 못한 결과 이러한 목표의 달성을 위한노력이 방해받고 있다고 경고했다.

① 막다 – 방해하다   ② 통치하다 – 가능하게 하다   ③ 감시하다 – 취소하다
④ 면밀히 조사하다 – 동원하다

| 해설 | 첫 번째 빈칸의 경우, 미국과 일본이 공유하고 있는 목표는 중국을 억제하는 것과 북한을 '빈칸'하는 것이다. '빈칸'은 문맥상 '억제'와 유사한 것이라 추측이 가능하다. 따라서 '막다'는 의미의 deter가 정답으로 적합하다. 두 번째 빈칸의 경우, 일본과 미국은 같은 목표를 공유하고 노력해야 하는 입장인데 일본이 과거를 똑바로 마주하지 못하고 있다는 사실은 목표 달성에 '방해'가 될 것으로 유추가 가능하다. 따라서 '방해하다'는 의미의 impede가 적합하다. 이러한 점들을 감안했을 때 정답으로 가장 적합한 것은 ①이다.

| 어휘 | **keep in check** – 억제하다, 억누르다
unpredictable ⓐ 예측할 수 없는, 예측이 불가능한
deter ⓥ 단념시키다, (못하게) 막다
govern ⓥ 통치하다, 다스리다
monitor ⓥ 감시하다, 추적 관찰하다
scrutinize ⓥ 면밀히 조사[검토]하다

assertive ⓐ 적극적인, 자기 주장이 강한
face up to – ~을 인정하다, ~을 직시하다
impede ⓥ 지연시키다, 방해하다
facilitate ⓥ 가능하게[용이하게] 하다
reprieve ⓥ 취소하다, 보류하다
mobilize ⓥ (사람들을) 동원하다

---

16 In general, one's memories of any period must necessarily weaken as one moves away from it. One is constantly learning new facts, and old ones have to drop out to make way for them. At twenty I could have written the history of my schooldays with an accuracy which would be quite impossible now. But it can also happen that one's memories grow sharper after a long lapse of time, _____ one is looking at the past with fresh eyes and can isolate and, as it were, notice facts which previously existed undistinguished among a mass of others. 건국대 2015

① whereas   ② although
③ yet   ④ because
⑤ whether

| 정답 | ④

| 해석 | 대체로 어느 시기에 대해 한 사람이 갖고 있는 기억은 그 시기로부터 멀어질수록 반드시 약해진다. 사람은 끊임없이 새로운 사실을 배우며, 오래된 사실은 새로운 사실에 자리를 내주기 위해 떨어져 나가야 한다. 내가 지금 스무 살이라면 내 학창 시절의 이력을 현재는 불가능할 정도로 정확하게 기술할 수 있었을 것이다. 하지만 오랜 시간이 흐른 후에 사람의 기억이 점차 예리해지는 경우도 있을 수 있으며, 이는 과거를 신선한 시각으로 관찰하면서 예전에는 수많은 사실들 속에서 딱히 두드러지지 않게 존재했던 사실을 따로 떼어놓은 후 그 사실들에 대해 이를테면 주목하는 것이 가능하기 때문이다.
① 반면에   ② 비록   ③ 하지만   ④ 왜냐하면   ⑤ ~인지 아닌지

| 해설 | 빈칸 앞에서는 오랜 세월이 흘렀음에도 사람의 기억은 예리해질 수 있음을 말하고 있으며, 빈칸 뒤는 그 이유에 관해 말하고 있다. 따라서 빈칸에 가장 적합한 것은 ④이다.

| 어휘 | **constantly** ⓐⓓ 끊임없이, 거듭하여   **drop out** – 빠지다, 떨어져 나가다

make way for – ～에 길을 열어 주다, 자리를 내주다   as it were – 이를테면, 말하자면
undistinguished ⓐ 특별하지[뛰어나지] 않은, 두드러지지 않은

17 The homing pigeon is a breed of pigeon that will return to its home when it is released at a distant place. Some people think these pigeons must have a remarkable visual memory, but they have found their way back over terrain they have not seen before. They can find their way in cloudy weather, so they do not depend upon the sun. It has been suggested, but not proved, that homing pigeons orient their bodies with the earth's magnetic field. The homing "instinct" is not understood, but

_____. 광운대 2016

① many theories have been proposed

② it is uninteresting anyway

③ the height of flight is remarkable

④ homing pigeons are difficult to catch

⑤ its essence has been found

| 정답 | ①

| 해석 | 전서구는 비둘기 품종 중 하나로 먼 곳에서 놓아주면 집으로 돌아온다. 몇몇 사람들은 전서구가 틀림없이 시각 기억이 매우 뛰어나기 때문에 집에 돌아올 수 있다고 생각하지만, 전서구는 이전에 보지 못한 지역도 날아서 돌아온다. 전서구는 흐린 날씨라도 길을 찾아오며, 때문에 태양에 의존하여 길을 찾는 것도 아니다. 증명되진 않았지만 제시된 가설에 따르면 전서구는 지구 자기장에 따라 자기 위치를 파악한다. 귀소 '본능'은 이해되지 않았지만 여러 이론이 제시되고 있다.
① 여러 이론이 제시되고 있다
② 어쨌든 재미없다
③ 비행 높이는 놀라울 만큼 높다
④ 전서구는 잡기 어렵다
⑤ 그 본질은 발견되었다

| 해설 | 전서구가 집으로 돌아오는 귀소 '본능'을 발휘하는 원리로 제시된 것은 시각 기억, 태양, 지구 자기장 등이 있다. 이처럼 여러 이론은 제시되었지만 아직 완전히 규명된 것은 없다는 것이 본문의 내용이다. 이러한 본문의 내용에 맞춰 빈칸에는 '여러 이론은 제시되었으나' 입증된 것은 없다는 취지에서 ①이 적합하다.

| 어휘 | **homing pigeon** – 전서구   **breed** ⓝ 품종
remarkable ⓐ 놀라운, 뛰어난   **visual memory** – 시각 기억
terrain ⓝ 지형, 지역
orient ⓥ 자기 위치를 파악하다[확정하다], ～을 지향하게 하다
magnetic field – 자기장   **homing instinct** – 귀소 본능
essence ⓝ 본질, 핵심

18 The scope and diversity of human thought and experience place great demands on language. Because communication is not restricted to a fixed set of topics, language must do something more than provide a package of ready-made messages. It must enable us to produce and understand new words, phrases, and sentences as the need arises. In short, human language must be _____ — allowing novelty and innovation in response to new thoughts, experiences, and situations. 숙명여대 2016

① creative
② natural
③ indispensible
④ illuminating
⑤ innate

| 정답 | ①

| 해석 | 인간의 사고와 경험의 범위와 다양성은 언어에 많은 요구를 한다. 의사소통이라고 하는 것이 정해진 주제에 국한된 것이 아니기 때문에 언어는 기성의 메시지를 제공하는 것 이상을 해야 할 필요가 있다. 언어는 필요할 때마다 우리에게 새로운 단어와 표현, 문장을 사용하고 이해할 수 있도록 해 주어야 한다. 요약하면, 인간의 언어는 반드시 창의적이어야 한다. 새로운 사고와 경험, 상황에 따라 새로움과 혁신을 제공해 주어야 한다.
① 창의적인 ② 자연스러운 ③ 필수적인 ④ 이해를 돕는 ⑤ 타고난

| 해설 | 빈칸 앞의 'in short'를 통해 앞의 내용의 결론부에 해당한다. 언어라고 하는 것은 새로운(new) 단어나 문장을 만들어 낼 수 있어야 하고 이해할 수 있어야 한다는 내용을 통해 '새로운'과 관련이 있는 creative가 정답이 된다고 유추할 수 있다. 그리고 빈칸 뒤의 대시 기호(—)를 통해 부연 설명하고 있으며, novelty/innovation 등의 단어가 앞의 new/creative와 어울린다.

| 어휘 | **place great demands on** – 많은 요구를 하다　　**be restricted to** – 제한되다
ready-made ⓐ 이미 만들어져 나오는, 기성품의　　**in short** – 요약하면, 요컨대
novelty ⓝ 새로움, 참신함　　**innovation** ⓝ 혁신
indispensible ⓐ 없어서는 안 될, 필수적인　　**innate** ⓐ 타고난, 선천적인

---

19 As children enter the educational system, traditional expectations for boys and girls continue. In the past, much research focused on how teachers were shortchanging girls in the classroom. Teachers would focus on boys, calling on them more and challenging them. Because boys were believed to be more _____, teachers assumed they would excel in math and science. Teachers encouraged them to go into careers, such as computer science or engineering. 건국대 2016

① modest
② arrogant
③ analytical
④ effeminate
⑤ conscientious

| 정답 | ③

| 해석 | 아이들이 학교에 들어가더라도 남자아이들과 여자아이들에 대한 전통적 기대는 계속 이어진다. 과거에는 교사들이 교실에서 여학생을 어떻게 부당하게 대하는지에 대한 연구가 많았다. 교사들은 남학생들에게 초점을 맞추고, 그들에게 더 많은 요구를 하고, 도전 과제를 부여했다. 남학생들이 더 분석적이라고 생각했기 때문에, 교사들은 남학생들이 수학과 과학에서 더 뛰어날 것이라고 가정했다. 교사들은 남학생들에게 컴퓨터 공학이나 공학 같은 일들을 하도록 권장했다.
① 겸손한　② 오만한　③ 분석적인　④ 여성적인　⑤ 양심적인

| 해설 | 남자아이들이 학교에 가면 여자아이들보다 수학이나 과학을 더 잘할 것(excel in math and science)이라는 전통적인 기대감이 있고, 그래서 'computer science or engineering' 같은 일을 남학생들에게 권한다고 말하고 있다. 이런 과목이나 직종은 분석적인(analytical) 것과 관련이 있으므로 정답은 ③이 된다.

| 어휘 | **shortchange** ⓥ (고객에게 고의로) 거스름돈을 덜 주다; ~을 속이다(cheat), 부당하게 다루다

call on – 요청하다, 촉구하다; 시키다 　　　　 **modest** ⓐ 겸손한; 그다지 대단하지는 않은, 보통의

arrogant ⓐ 오만한 　　　　　　　　　　　 **analytical** ⓐ 분석적인

effeminate ⓐ 여자 같은, 여성적인 　　　　　 **conscientious** ⓐ 양심적인, 성실한

---

20 How does a T-shirt originally sold in a U.S. shopping mall to promote an American sports team end up being worn by an African teen? Globalization, consumerism, and recycling all converge to connect these scenes. Globalization has made it possible to produce clothing at increasingly lower prices, prices so low that many consumers consider this clothing to be _____. Some call it "fast fashion," the clothing equivalent of fast food. 중앙대 2019

① disposable 　　　　　　　　　　　 ② expandable

③ invaluable 　　　　　　　　　　　 ④ unchangeable

| 정답 | ①

| 해석 | 본래 미국의 스포츠팀을 홍보하기 위해 미국의 쇼핑몰에서 판매된 티셔츠를 어떻게 아프리카의 십대 청소년이 착용하게 되었을까? 세계화와 소비주의 및 재활용이 한데 수렴되면서 이러한 장면을 서로 연결 짓게 된다. 세계화는 옷을 점차 낮은 가격에 생산할 수 있게 하였는데, 얼마나 낮은 가격이냐면 수많은 소비자들이 옷을 일회용으로 취급할 정도이다. 어떤 이들은 이러한 옷을, (음식이 아닌) 옷의 측면에서 패스트푸드와 같다는 의미에서, '패스트 패션'이라 칭한다.
① 일회용의　② 확장할 수 있는　③ 귀중한　④ 바꿀 수 없는

| 해설 | 너무 싸기 때문에 패스트푸드와 같은 취급을 할 정도의 옷은 '일회용' 옷이라 봐도 무방하다. 따라서 정답은 ①이다.

| 어휘 | **end up** – 결국 (어떤 처지에) 처하게 되다 　　　 **consumerism** ⓝ 소비주의

converge ⓥ 만나다, 수렴되다 　　　　　　　 **equivalent** ⓝ 동의어, 동등한 물건

disposable ⓐ 일회용의 　　　　　　　　　 **expandable** ⓐ 확대[확장]할 수 있는

invaluable ⓐ 귀중한 　　　　　　　　　　 **unchangeable** ⓐ 바꿀[변경할] 수 없는

21 Innovation is the implementation of a new or significantly improved product, service or process that creates value for business, government or society. Some people say creativity has nothing to do with innovation — that innovation is a discipline, implying that creativity is not. Well, _____. Creativity is also a discipline, and a crucial part of the innovation equation. There is no innovation without creativity. The key metric in both creativity and innovation is value creation. 인하대 2016

① I got it
② I disagree
③ it is totally true
④ it is well supported
⑤ I'm sure it's quite plausible

| 정답 | ②

| 해석 | 혁신이란 기업이나 정부 또는 사회에 있어 가치를 창출할 수 있는 제품이나 서비스 또는 과정을 새롭게 내놓거나 크게 개선하는 것을 실행하는 것이다. 어떤 사람들은 창의력이 혁신과 아무런 관련이 없다고 말한다. 이 말은 즉 혁신은 단련이며, 이는 창의력은 단련이 아니라는 것을 암시한다. 글쎄, 내 생각은 이와는 다르다. 창의력 또한 단련이며, 혁신이란 이름의 등식에 있어 핵심적인 부분이다. 창의력 없이 혁신은 존재하지 않는다. 창조성과 혁신의 중요 측정 기준은 가치 창출이다.
① 알겠다   ② 내 생각은 이와는 다르다   ③ 이는 전적으로 사실이다
④ 이는 충분히 입증된다   ⑤ 나는 그것이 상당히 이치에 맞는다고 확신한다

| 해설 | 빈칸 앞에서는 혁신은 단련이지만 창의력은 단련이 아니라는 언급에 관해 말하고 있고, 빈칸 뒤에서는 창의력 또한 단련임을 말하고 있다. 즉 빈칸을 기점으로 글의 흐름이 바뀐다. 따라서 빈칸에 가장 적합한 것은 빈칸 앞의 내용을 부정하는 ②이다.

| 어휘 | **implementation** ⓝ 실행, 이행   **significantly** ⓐ 상당히, 크게
have nothing to do with – ~와 아무 관련이 없다   **discipline** ⓝ 단련법, 수련법
equation ⓝ 방정식, 등식   **metric** ⓝ 특정 기준
plausible ⓐ 타당한 것 같은, 이치에 맞는

22 Roughly 170 people who have visited Yosemite national park in recent weeks have suffered upset stomachs and diarrhea, symptoms that park officials say are consistent with norovirus. *The San Francisco Chronicle* reported last week that a dozen recent park visitors reported illnesses, triggering widespread inspections of the park's food service and hotel facilities from federal health officials. Norovirus is a _____ stomach illness that's spread by contact with those infected or contaminated surfaces, according to the US Centers for Disease Control and Prevention.

① mental
② common
③ contagious
④ serious

| 정답 | ③

| 해석 | 최근 몇 주 동안 요세미티 국립 공원을 방문한 대략 170여 명의 사람들이 배탈과 설사를 겪었으며, 이는 노로바이러스 증상과 같은 증상이라고 공원 관계자는 말했다. 'The San Francisco Chronicle'의 보도에 따르면 지난주 수십 명의 공원 방문객들이 병에 걸렸으며, 이는 공원의 음식 서비스와 호텔 시설에 대해 연방 보건 관련 담당자들의 광범위한 점검을 야기했다고 한다. 노로바이러스는 전염성 복통이며 감염되거나 오염된 표면을 만지는 것으로 퍼질 수 있는 것이라고 미 질병 통제 예방 센터는 말했다.

① 정신적인   ② 흔한   ③ 전염되는   ④ 심각한

| 해설 | 정답의 단서는 spread by contact with those infected or contaminated surfaces이다. 감염되거나 오염된 표면을 만지는 것으로 퍼질 수 있는 질병이라는 것은 전염될 수 있는 질병을 뜻한다. 따라서 정답은 ③이다.

| 어휘 | **roughly** ⓐⓓ 대략적으로   **upset stomach** – 배탈
diarrhea ⓝ 설사   **trigger** ⓥ 촉발시키다
inspection ⓝ 조사, 점검   **facility** ⓝ 시설
infect ⓥ 감염시키다   **contaminate** ⓥ 오염시키다
contagious ⓐ 전염되는

---

23 The fountain pen has been mass-produced since the first half of the 19th century. Throughout the 20th century, the design underwent a number of innovations, including the use of replaceable and refillable ink cartridges, while materials used range from plastic, metal and wood. Today, fountain pens have undergone a ＿＿＿＿＿ as people rediscover their classic beauty — with sales increasing, particularly in the prestige category. 국민대 2019

① rectitude   ② retaliation
③ revelation   ④ resurgence

| 정답 | ④

| 해석 | 만년필은 19세기 전반기부터 대량으로 생산되었다. 20세기 전반에 걸쳐 만년필은 교체 및 리필 가능한 잉크 카트리지의 사용을 포함해 디자인 측면에서 수많은 혁신을 겪었으며, 플라스틱과 금속 및 나무에 이르기까지 다양한 재료가 사용되었다. 현재 만년필은 사람들이 만년필의 고전적인 아름다움을 재발견하게 되면서, 특히 선망의 대상이라는 측면에서 판매가 증가하면서, 부활을 겪고 있다.

① 청렴   ② 보복   ③ 폭로   ④ 부활

| 해설 | 사람들이 만년필의 고전적인 아름다움을 재발견하게 되었고 판매도 증가하였으니, 만년필은 '부활'을 겪고 있다고 할 수 있다. 따라서 정답은 ④이다.

| 어휘 | **replaceable** ⓐ 교체 가능한   **prestige** ⓝ 위신, 선망
rectitude ⓝ 정직, 청렴   **retaliation** ⓝ 보복, 앙갚음
revelation ⓝ 폭로   **resurgence** ⓝ 부활

24 It's heartbreaking when a child so young develops depression, but he is not alone. Though most of us think of mental health disorders as an adult problem, 70 percent of them begin in childhood and adolescence. While only about two percent of kids experience depression before their teen years, that number jumps after _____. And kids are experiencing depression earlier and in greater numbers than before. In the US, the number of 12- to 17-year-olds who dealt with a major depressive episode increased from 8.7 percent in 2005 to 11.3 percent in 2014

① senility　　　　　　　　　　　　　② puberty

③ marriage　　　　　　　　　　　　④ decrepitude

| 정답 | ②

| 해석 | 너무나도 어린아이가 우울증을 앓는다는 것은 매우 가슴 아픈 일이지만, 이는 혼자만의 이야기는 아니다. 우리 대부분은 정신 질환을 성인의 문제라고 생각하지만, 정신 질환의 70% 정도는 어린 시절과 청소년기에 시작된다. 2% 정도의 아이만이 10대가 되기 전에 우울증을 겪지만, 그 수치는 사춘기 이후에 급증한다. 그리고 아이들이 우울증을 더 어릴 때, 그리고 많은 수의 아이들이 더 어릴 때 우울증을 겪는다. 미국에서 심각한 우울증과 관련된 증세를 보이는 12세에서 17세 사이 학생들의 수가 2005년 8.7%에서 2014년 11.3%로 늘었다.
① 노쇠　　② 사춘기　　③ 결혼　　④ 노후

| 해설 | 정답의 단서는 70 percent of them begin in childhood and adolescence이다. 어린 시절과 청소년기부터 정신질환이 시작되는 비율이 70% 정도라고 이야기했으므로, 10대가 되기 전에 우울증을 겪는 학생들의 비율은 2% 정도밖에 되지 않지만, 그 이후에는 비율이 급증함을 알 수 있다. 따라서 빈칸에 가장 근접한 보기는 ②이다.

| 어휘 | **heartbreaking** ⓐ 가슴이 아픈　　　　　**depression** ⓝ 우울증
adolescence ⓝ 청소년기　　　　　　　**senility** ⓝ 노쇠, 노령
puberty ⓝ 사춘기　　　　　　　　　　**decrepitude** ⓝ 노후, 노쇠

---

25 Modern animal psychiatrists argue that there is no evidence of an animal knowingly attempting suicide in the wild. Researchers now know that the mass deaths of lemmings are an unfortunate consequence of a dense population of creatures emigrating together at the same time. In cases where a pet dies following its master's death, this can be explained by the disruption of a social tie. The animal does not _____ to die; instead, the animal was so used to its master that it no longer accepts food from another individual. "To think it died from suicide like a person after the death of a spouse is just a projection of a style of romantic human interpretation." 성균관대 2017

① follow a bad arrangement　　　　　② make a conscious decision

③ have a clear preference　　　　　　④ agree easily

⑤ reveal a hidden desire

| 정답 | ②

| 해석 | 현대 동물 정신과 의사들은 야생 상태에서 동물들이 고의로 자살을 시도한다는 증거는 존재하지 않는다고 주장한다. 레밍의 집단 자살은 동시에 함께 이주하는 레밍의 개체 수가 너무 많아서 생기는 불행한 결과라는 것을 이제 연구자들도 알고 있다. 애완동물이 죽은 주인을 뒤따라 죽는 경우가 있는데, 이것은 사회적 유대감이 깨져서 발생하는 것으로 설명될 수 있다. 그 동물은 죽겠다는 의식적인 결정을 내린 것이 아니다. 그 대신, 그 동물은 주인에게 너무 익숙해져 있어서 더 이상 다른 사람이 주는 음식을 받아먹지 않아서 벌어진 일이다. "배우자의 죽음을 뒤따라가는 사람처럼 그 동물도 자살로 죽은 것이라고 생각하는 것은 인간의 낭만적인 해석을 투영한 것에 불과하다."

① 나쁜 합의를 따르다　　② 의식적인 결정을 내리다　　③ 분명한 선호를 갖다

④ 쉽게 동의하다　　⑤ 숨겨진 욕망을 드러내다

| 해설 | 본문은 동물의 자살에 대해 말하고 있다. 야생에서 고의로 자살하는 동물은 알려진 바 없다고 설명한다. 레밍이 집단 자살을 하는 것도 실은 많은 개체 수가 동시에 이동하면서 발생하는 사건에 불과하다고 말한다. 주인이 죽은 후 뒤따라 죽는 애완동물도 있는데, 이것 또한 'the disruption of a social tie'으로 인해 발생하는 것이라고 설명한다. 이제 빈칸의 내용이 이어지는데, 이 문장은 「not A but B」와 같은 의미를 지니는 「not A instead B」의 구조를 취하고 있다. 따라서 A에는 그 동물은 '의도적으로 자살한 것'이 아니라 익숙함에 따른 '사회적 유대감의 붕괴'로 죽은 것이라는 내용이 되어야 하므로, 빈칸에는 자살을 하겠다는 의식적 결정을 내린 것이 아니라는 ②가 정답으로 적합하다.

| 어휘 | **psychiatrist** ⓝ 정신과 의사　　　　**knowingly** ⓐⓓ 알고서, 고의로

attempt suicide – 자살을 시도하다　　**lemming** ⓝ 레밍, 나그네쥐

dense ⓐ 밀도 있는, 빽빽한　　　　**emigrate** ⓥ 이민을 가다, (다른 나라로) 이주하다

disruption ⓝ 분열, 붕괴, 혼란　　　**be used to** – ~에 익숙한

spouse ⓝ 배우자　　　　　　　**projection** ⓝ 예상, 추정

interpretation ⓝ 해석, 이해, 설명; 통역

---

26 British medieval monarch Edward III had been dancing with the Countess of Salisbury at a ball when her garter suddenly slipped from her leg. As the courtiers gasped, the king gracefully picked up the undergarment and tied the garter around his own knee, saying "Shame upon him who thinks evil upon it." This ＿＿＿＿＿ gesture led to the creation of the Order of the Garter in 1348, the pinnacle of the knighthood honors system in the United Kingdom. 가천대 2020

① ominous

② superstitious

③ hilarious

④ chivalrous

| 정답 | ④

| 해석 | 중세 영국의 군주였던 에드워드 3세(Edward III)는 무도회에서 솔즈베리 백작 부인(Countess of Salisbury)과 춤을 추고 있었는데 갑자기 백작 부인의 가터가 다리에서 흘러내렸다. 조신들이 놀라 헉 하고 숨을 쉴 때 왕은 우아하게 속옷을 들어올리고 자기 무릎에 가터를 묶은 다음 "못된 생각을 하는 자 수치를 알라."라고 말했다. 이러한 예의 바른 행동은 1384년 영국 기사 작위 제도의 정점인 가터 훈장의 탄생으로 이어졌다.

① 불길한　　② 미신을 믿는　　③ 아주 우스운　　④ 예의 바른

| 해설 | 무도회에서 춤을 추는 중에 가터가 다리에서 흘러내리는 것은 귀부인 입장에서 매우 곤혹스러운 상황이겠지만, 에드워드 왕은 이를 보고 귀부인이 부끄러워하지 않도록 대처했다. 이처럼 여성에 대한 예의 바르고 정중한 태도를 가리켜 chivalrous라 하며, 따라서 정답은 ④이다.

| 어휘 |

medieval ⓐ 중세의
monarch ⓝ 군주
countess ⓝ 여자 백작, 백작 부인
ball ⓝ 무도회
garter ⓝ 가터 (스타킹·양말을 내려오지 않게 하는 밴드)
courtier ⓝ (특히 과거 왕을 보필하던) 조신
gasp ⓥ 숨이 턱 막히다, 헉 하고 숨을 쉬다
undergarment ⓝ 속옷
chivalrous ⓐ (특히 여자에게) 예의 바른[정중한]
pinnacle ⓝ 정점
knighthood honors − 기사 작위
Order of the Garter − 가터 훈장
ominous ⓐ 불길한
superstitious ⓐ 미신을 믿는
hilarious ⓐ 아주 우스운

---

27 The recession has caused many businesses to cut back on expenses in many areas, including raises. While your employees may deserve raises, you may not have the money there to provide them with monetary recognition. Despite spending decreases, it's important to recognize your employees' hard work through other means of _____. "Employees are concerned and consumed with the prospect of reduced salaries, temporary layoffs or job losses," says M.J. Helms, director of operations for The Ashton Group. "Now is the time to retain your super stars. You can attract and retain employees by offering rewards in exchange for time and effort."

① communication
② knowledge
③ transportation
④ compensation

| 정답 | ④

| 해석 | 경기 불황은 많은 사업들이 많은 부분에 있어 비용을 줄이게끔 했으며, 임금 인상도 여기에 포함되어 있다. 당신의 직원들이 임금 인상을 마땅히 받아야 함에도, 당신은 그들에게 금전적으로 그들의 수고를 인정해 줄 돈이 없을지도 모른다. 소비를 줄이더라도, 당신 직원들의 노고를 다른 보상 수단을 통해서 인정해 주는 것은 매우 중요하다. "직원들은 미래에 임금이 감소할까, 일시적으로 해고를 당할까, 혹은 직장을 잃을까 염려스러워하며 그러한 생각에 빠져 있습니다."라고 The Ashton Group의 운영 책임자 M.J. Helms는 말했다. "지금이야말로 당신의 훌륭한 직원들을 붙잡아 둘 때입니다. 당신은 (그들의) 시간과 노력에 대한 대가로 보상을 지불함으로써 그들을 당신의 편으로 만들고 붙잡아 둘 수 있습니다."
① 의사소통 ② 지식 ③ 교통수단 ④ 보상

| 해설 | 정답의 단서는 by offering rewards in exchange for time and effort이다. 시간과 노력에 대한 대가로 보상을 지급하라고 이야기했지만, 경기 불황의 상황에서 그 보상을 돈으로 주기에는 무리가 있다. 따라서 다른 보상 수단을 마련해야만 할 것이다. 정답은 ④이다.

| 어휘 |

recession ⓝ 불경기, 경기 불황
cut back on − ~을 줄이다
monetary ⓐ 재정의, 금전상의
recognition ⓝ 인정

prospect ⓝ 가능성, 예상, 전망
retain ⓥ 유지하다, 보유하다

layoff ⓝ 일시 해고
compensation ⓝ 보상

28 Basically, sanctions are a sort of economic version of bombs and bullets, designed to turn up the pressure on another country and its regime's leaders by hitting them in the wallet. "Sanctions are any penalty or disruption in the normal economic relations between two countries. Usually, sanctions are supposed to target a particular bad behavior or send a signal to an unfriendly country," one expert says. Sanctions often _____ freezing any of the target's assets — such as real estate or funds in bank accounts — that happen to be inside the U.S. and threatening to punish any financial institution inside or outside the U.S. that does transactions for the adversary or helps in some other way.

① involve   ② reject

③ exclude   ④ retain

| 정답 | ①

| 해석 | 기본적으로 제재란 폭탄과 총알의 경제적 버전의 한 종류로 볼 수 있으며, 재정적 타격을 가해 타국과 해당 국가의 지도자에게 압력을 행사하기 위해 고안된 것이다. "제재는 두 국가 사이의 일반적인 경제적 관계 사이에서의 어떠한 형태의 처벌 또는 분열을 말하며, 주로 제재는 특히 좋지 못한 행위를 대상으로 하거나 비우호적인 국가에 신호를 보내는 것이기도 하다."고 한 전문가는 말했다. 제재는 주로 미국 내에서 발생하는 대상 국가의 자산, 예를 들면 부동산이나 은행 계좌의 자산을 동결시키는 것을 포함하며, 미 대내외적으로 해당 국가와 거래를 하거나 어떠한 방식으로든지 도와주려고 하는 금융 기관은 처벌할 것이라고 위협하는 것도 이에 포함되기도 한다.
① 포함하다   ② 거절하다   ③ 배제하다   ④ 보유하다

| 해설 | 정답의 단서는 빈칸 이전까지의 지문 내용으로 볼 수 있다. 경제 제재 조치는 재정적 타격을 가하는 것으로 타국에 압력을 행사하는 것이며, 주로 비우호적이거나 좋지 못한 행위를 한 경우를 그 대상으로 한다고 언급되어 있다. 따라서 대상 국가의 자산을 동결시키는 행위는 제재 조치에 '포함'될 것이다. 정답은 ①이다.

| 어휘 | sanction ⓝ 제재
regime ⓝ 정권
disruption ⓝ 중단, 두절
real estate – 부동산
transaction ⓝ 거래, 매매

bullet ⓝ 총알
penalty ⓝ 처벌
asset ⓝ 자산
institution ⓝ 기관
adversary ⓝ 상대방, 적

29 As Facebook prepares for a much-anticipated public offering, the company is eager to show off its momentum by building on its huge membership: more than 800 million active users around the world. But the company is running into a roadblock in this country. Some people, even on the younger end of the age spectrum, just refuse to participate, including people who have given it a try. One of Facebook's main selling points is that it builds closer ties among friends and colleagues. But some who steer clear of the site say _____. "I wasn't calling my friends anymore," said Ashleigh Elser, 24, who is in graduate school. "I was just seeing their pictures and updates and felt like that was really connecting to them." 서울여대 2012

① people announce all kinds of major life milestones on the Web

② people who use it tend to have a general sense of trust in others

③ it can have the opposite effect of making them feel more, not less, alienated

④ it offers people a meaningful fun and free way to connect with their friends

| 정답 | ③

| 해석 | 페이스북은 많은 이들이 기대하던 주식 공모를 준비하는 동안 전 세계적으로 8억 명이 넘는 활동 이용자를 보유한 엄청난 규모의 회원수를 바탕으로 자신의 추진력을 과시하기를 열망하고 있다. 하지만 페이스북은 이 나라에서 장애물에 직면해 있다. 심지어 연령대가 가장 어린 축에 속하는 사람들을 포함해 일부 사람들은 그저 페이스북 가입 자체를 거부하고 있고, 여기엔 한번 페이스북 사용을 시도해 본 사람도 포함된다. 페이스북이 지닌 주요 장점 가운데 하나는 페이스북이 친구와 동료들 사이에 긴밀한 관계를 형성할 수 있게 해 준다는 점이다. 하지만 페이스북을 가까이 하지 않는 몇몇 사람들은 페이스북이 친구와 동료들과 가까워지는 것이 아니라 오히려 소원해지게 만드는 악영향을 미친다고 한다. 24세인 대학원생 에쉴리 엘저는 다음과 같은 말을 했다. "저는 이제 더 이상 친구들에게 전화를 하지 않아요. 대신 친구들 사진하고 업데이트된 글을 읽고 마치 친구들과 연락하는 듯한 느낌을 받지요."

① 사람들은 인터넷상에 온갖 유형의 인생의 중요한 전기를 모두 밝힌다

② 페이스북 이용자는 다른 사람에 관해 전반적으로 신뢰감을 갖는 성향이 있다

③ 페이스북은 친구와 동료들과 가까워지는 것이 아니라 오히려 소원해지게 만드는 악영향을 미친다

④ 페이스북은 사람들에게 의미 있는 즐거움과 함께 친구들과 연락할 수 있는 자유로운 방법을 제공한다

| 해설 | 우선 빈칸이 들어간 문장이 역접을 의미하는 But으로 시작하고 있으므로, 빈칸 앞의 내용이자 페이스북의 장점인 '페이스북은 사람들과 긴밀한 관계를 맺는데 도움을 준다'와 빈칸의 내용이 서로 반대임을 유추할 수 있다. 그리고 빈칸 뒤 내용을 보면, 페이스북을 하게 되면 직접 연락을 취하는 대신에 글이나 사진이 업데이트된 것을 읽고 마치 연락한 것 같은 느낌을 받게 되면서, 사람들과 가까워지는 것 같아도 실제로는 소외되고 있음을 알 수 있다. 따라서 정답은 ③이다.

| 어휘 | **public offering** – 주식 공모   **show off** – 과시하다, 자랑하다
momentum ⓝ 추진력, 기세   **build on** – ~을 기반으로 하다
roadblock ⓝ 장애물, 방해물   **selling point** – 장점
steer clear of – ~을 가까이 하지 않다   **milestone** ⓝ 중요한 사건[단계], 전기
alienate ⓥ 소원하게 만들다

30　A solar eclipse occurs when the Moon moves in front of the Sun and hides at least some part of the Sun from the earth. In a partial eclipse, the Moon covers part of the Sun; in an annular eclipse, the Moon covers the center of the Sun, leaving a bright ring of light around the Moon; in a total eclipse the Sun is completely covered by the Moon. It seems rather _____ that a celestial body the size of the Moon could completely block out the tremendously immense Sun, as happens during a total eclipse, but this is exactly what happens. Although the Moon is considerably smaller in size than the Sun, the Moon is able to cover the Sun because of their relative distances from Earth. 건국대 2013

① improbable

② inconsistent

③ irrelevant

④ impeccable

⑤ incompatible

| 정답 | ①

| 해석 | 일식은 달이 태양 앞으로 이동하게 되면서 지구에서 봤을 때 달이 최소한 태양의 일부라도 가렸을 경우에 발생한다. 부분 일식은 달이 태양의 일부를 가린 경우이다. 금환 일식은 달이 태양의 중심부를 가리게 되면서 달 주위에 밝은 빛의 원이 생기는 경우이다. 개기 일식은 달이 태양을 완전히 가린 경우이다. 달 크기의 천체가 개기 일식에서 벌어지는 것처럼 엄청나게 큰 태양을 완전히 차단할 수 있다는 것은 다소 말이 안 되는 것 같다. 하지만 이는 실제로 벌어지는 일이다. 달은 태양보다 크기가 상당히 작아도 태양을 완전히 가릴 수 있으며 이는 태양과 달의 지구로부터의 상대적인 거리 덕분이다.

① 말이 안 되는　② 모순되는　③ 상관없는　④ 흠잡을 데 없는　⑤ 공존할 수 없는

| 해설 | 본문에 따르면 빈칸에 들어갈 형용사는 '달 크기의 천체가 개기 일식에서 벌어지는 것처럼 엄청나게 큰 태양을 완전히 차단할 수 있다(a celestial body the size of the Moon could completely block out the tremendously immense Sun, as happens during a total eclipse)'는 말을 묘사하는 표현이다. 그런데 다음 문장을 보면 '하지만 이는 실제로 벌어지는 일이다(but this is exactly what happens)'라고 묘사된다. 즉 문맥상 '있을 법하지 않은 일'이 '실제로 일어났다'로 문장의 흐름이 이어지는 것이다. 따라서 빈칸에 적합한 것은 ①이다.

| 어휘 |
solar eclipse – 일식
total eclipse – 개기 일식
tremendously ⓐⓓ 엄청나게
relative distance – 상대적인 거리
inconsistent ⓐ 모순되는
impeccable ⓐ 흠잡을 데 없는

annular eclipse – 금환 일식
celestial body – 천체
immense ⓐ 어마어마한, 광대한
improbable ⓐ 있을 법하지 않은, 말이 안 되는
irrelevant ⓐ 무관한, 상관없는
incompatible ⓐ 공존할 수 없는

31~40 **Select the most appropriate word from the box below. A word can be used only once.**

① placate	② danger	③ separate	④ fertile
⑤ inspect	⑥ painstaking	⑦ impressive	⑧ alteration
⑨ assort	⑩ overstate	⑪ provocation	⑫ camouflage
⑬ apex	⑭ innovative	⑮ assessment	⑯ result
⑰ preserve	⑱ doctrine	⑲ overcome	⑳ potential

① 달래다	② 위험	③ 분리된	④ 비옥한
⑤ 조사하다	⑥ 공들인	⑦ 인상적인	⑧ 변경
⑨ 분류하다	⑩ 과장하다	⑪ 도발	⑫ 위장
⑬ 꼭대기	⑭ 혁신적인	⑮ 평가	⑯ 결과
⑰ 보존하다	⑱ 교리	⑲ 극복하다	⑳ 잠재력

31 When given a test or paper, a teacher is making a(n) _____ of a student's performance.

| 정답 | ⑮

| 해석 | 시험지나 과제물을 받으면, 선생님은 학생들의 성적을 평가한다.

| 해설 | 정답의 단서는 a teacher과 a student's performance이다. 선생님은 학생들의 성적을 '평가'하는 사람이다.

| 어휘 | **paper** ⓝ 시험지; 논문; 과제물　　　　**performance** ⓝ 학업 능력

32 Jews had to _____ many difficulties in concentration camps under Nazi-Germany.

| 정답 | ⑲

| 해석 | 유대인들은 나치 독일 아래의 강제 수용소에서 많은 어려움들을 극복해야만 했다.

| 해설 | 정답의 단서는 many difficulties이다. 어려움에 처한 유대인들은 이를 '극복해야' 했을 것이다.

| 어휘 | **Jew** ⓝ 유대인　　　　**concentration camp** – 강제 수용소

33 Arthur Miller's *Death of a Salesman* was considered a(n) _____ masterpiece of his time.

| 정답 | ⑭

| 해석 | 아서 밀러의 '세일즈맨의 죽음'은 그 시대의 혁신적인 걸작으로 여겨진다.

| 해설 | 정답의 단서는 masterpiece이다. 당시의 걸작이므로 아주 '혁신적'이었을 것임을 추론해 볼 수 있다.

| 어휘 | **masterpiece** ⓝ 걸작, 명작

---

34 Britain and France tried to _____ Hitler by allowing him to take over Czechoslovakia.

| 정답 | ①

| 해석 | 영국과 프랑스는 그가 체코슬로바키아를 점령할 수 있게 해 줌으로써 히틀러를 달래 보려고 노력했다.

| 해설 | 정답의 단서는 by allowing him to take over Czechoslovakia이다. 체코슬로바키아를 점령할 수 있게 해 주었다는 것은 그를 '달래' 보려는 의도가 있었다는 것을 생각해 볼 수 있다.

| 어휘 | **take over** – 탈취하다, 장악하다

---

35 The dictator _____(e)d his claims that the insurrections in the countryside are dying down.

| 정답 | ⑩

| 해석 | 독재자는 시골 지역의 내란 사태가 수그러들고 있다는 그의 주장을 과장했다.

| 해설 | 정답의 단서는 his claims이다. 확실한 근거를 찾기 어렵지만, 빈칸에는 동사가 들어간다는 것을 알 수 있으며, 그 중 목적어인 his claims와 가장 어울리는 단어는 overstate이다.

| 어휘 | **insurrection** ⓝ 반란 사태, 내란　　　　**countryside** ⓝ 시골 지역

---

36 Animals _____ themselves by using their fur in order to hunt prey or hide from predators.

| 정답 | ⑫

| 해석 | 동물들은 먹이를 사냥하거나 포식자로부터 숨기 위해서 그들의 털을 사용해 위장한다.

| 해설 | 정답의 단서는 by using their fur이다. 털을 이용해서 동물들이 사냥하거나 숨는다는 것은 털을 이용해 '위장'을 하는 것임을 알 수 있다.

| 어휘 | **fur** ⓝ 털　　　　**prey** ⓝ 먹이, 사냥감
　　　　predator ⓝ 포식자

37 Some scientists speculate that monkeys will one day have the _____ to speak.

| 정답 | ⑳

| 해석 | 몇몇 과학자들은 원숭이들이 언젠가는 말을 할 수 있을 것으로 추측한다.

| 해설 | 정답의 단서는 monkey와 to speak이다. 이 문제 또한 정답의 근거가 확실하게 제시되어 있지는 않지만, 해당 빈칸에 들어갈 품사가 명사라는 것을 파악한 후 원숭이들이 말할 '무엇'을 가지게 될지를 추론해 보면 가장 적절한 단어를 선택할 수 있다.

| 어휘 | **speculate** ⓥ 추측하다, 짐작하다

---

38 The physician _____(e)d the patient's feet and found them to be frost-bitten.

| 정답 | ⑤

| 해석 | 의사는 환자의 발을 진단하고 동상에 걸렸음을 알게 되었다.

| 해설 | 정답의 단서는 The physician과 found them to be frost-bitten이다. 의사가 발이 동상에 걸린 것을 알게 되었다면 발을 '진단'하고 '검사'했을 것이다.

| 어휘 | **physician** ⓝ 의사　　　　　　　　　　　　　**frost-bitten** ⓐ 동상에 걸린

---

39 The South African government during apartheid _____(e)d different ethnic groups into different sectors or regions.

| 정답 | ⑨

| 해석 | 인종 차별 정책 기간 동안 남아프리카 정부는 다양한 민족 집단들을 다른 구역이나 지역으로 분류했다.

| 해설 | 정답의 단서는 apartheid와 different ethnic groups into different sectors or regions이다. 인종 차별 정책 기간이었으므로 다른 민족들을 다른 분야 또는 구역으로 '분류시켰을' 것이다.

| 어휘 | **apartheid** ⓝ 인종 차별 정책　　　　　　　　**ethnic** ⓐ 민족의, 종족의
sector ⓝ 분야, 구역

---

40 At the _____ of a tepee is an opening which allows for ventilation.

| 정답 | ⑬

원뿔형 천막 맨 꼭대기 끝에는 환기를 위한 구멍이 있다.

| 해설 | 정답의 단서는 해당 문장의 내용이다. 환기를 위한 구멍이 존재한다는 것은 어딘가에 해당 구멍이 있다는 것이다. 꼭대기에 있는 것을 추론하기 힘들어도 문맥상 가장 적절한 어휘는 ⑬뿐이다.

| 어휘 | **tepee** ⓝ 원뿔형 천막   **opening** ⓝ 구멍

        ventilation ⓝ 환기, 통풍

(41~50)   Select the most appropriate word from the box below. A word can be used only once.

① chic	② ductile	③ incongruous	④ nebulous
⑤ stupendous	⑥ haughty	⑦ fester	⑧ tentative
⑨ metaphysics	⑩ morbid	⑪ docile	⑫ circumspect
⑬ condone	⑭ infiltrate	⑮ genesis	⑯ inauspicious
⑰ bias	⑱ invidious	⑲ paucity	⑳ nihilism

① 세련된	② 연성이 있는	③ 어울리지 않는	④ 흐린, 막연한
⑤ 굉장한	⑥ 거만한	⑦ 염증 일으키다	⑧ 일시적인, 잠정적인
⑨ 형이상학	⑩ 병적인	⑪ 온순한	⑫ 신중한, 치밀한
⑬ 묵과하다	⑭ 잠입하다	⑮ 기원, 발상	⑯ 불운한, 불길한
⑰ 편견	⑱ 불쾌한	⑲ 부족, 결핍	⑳ 허무주의, 무정부주의

---

41   Both sides agreed not to release contract details until the _____ agreement is ratified by both parties.

| 정답 | ⑧

| 해석 | 양측은 잠정적인 합의가 양당에 의해 비준될 때까지 계약의 세부 사항을 공개하지 않기로 동의했다.

| 해설 | 공개하기로 하지 않았다는 것은 잠정적인 합의가 아직 양측에 의해 확정이 안 되었다는 의미이므로, 이에 해당하는 보기는 tentative가 된다.

| 어휘 | **ratify** ⓥ 비준하다

42　Now, the range of viewing options is _____: scores of channels even without satellite or cable, high-definition to make wildlife docs look amazing, 3D for that cinema feeling, and hundreds of programmes you can watch whenever you want.

| 정답 | ⑤

| 해석 | 지금 TV 프로그램 선택 범위는 엄청나다. 위성이나 케이블 말고도 수십의 채널들, 야생 동물의 삶을 멋지게 화면에 담을 수 있는 고화질 TV, 영화의 느낌을 전해 주는 3D, 원할 때마다 시청 가능한 수백 개의 프로그램들이 있다.

| 해설 | 선택 사항이라고 하고 콜론(:) 뒤에 많은 것들을 나열하고 있으므로, 이들 전체를 통합해서 나타내야 한다. 그러므로 수많은 것들을 받으므로 많다거나 엄청나다는 의미의 단어가 나오면 된다.

| 어휘 | **high-definition(HD)** ⓝ 고선명도, 고화질　　　　**docs(= documentaries)** ⓝ 다큐멘터리

43　Some metals are about 50 times stronger than usual, and some amorphous materials become _____ rather than brittle.

| 정답 | ②

| 해석 | 일부 금속들은 보통의 것보다 50배나 더 강하며, 무정형의 물질들은 잘 부러지기보다 연성이 있다.

| 해설 | rather than을 판단의 근거로 보면, 부러지는 것이 아니라 휘거나 연성이 좋은 것이라는 것을 알 수 있다.

| 어휘 | **amorphous** ⓐ 무정형의, 모호한　　　　**brittle** ⓐ 잘 부러지는, 불안정한

44　Widows are traditionally considered _____, kept away from such occasions as wedding celebrations, and prescribed a quiet life, dressed in plain, often white, clothes.

| 정답 | ⑯

| 해석 | 미망인들은 전통적으로 불운이라고 여겼고, 결혼식과 같은 경우에는 가까이 하지 않았으며, 옷도 아무런 무늬가 없는 주로 흰옷을 입었다.

| 해설 | 남편이 사망한 여인이므로 불운이라고 여겼기에, 결혼식과 같은 행사에는 꺼려했다는 의미이다.

| 어휘 | **keep away from** – 가까이 하지 않다　　　　**plain** ⓐ 아무런 무늬가 없는

45 Since I've noticed a _____ of homemade and yummy agar-agar recipes online, I decided to help fill that void.

| 정답 | ⑲

| 해석 | 나는 집에서 만들고 맛있는 우뭇가사리 요리법이 온라인에 없는 것을 알고, 그러한 빈 공간을 메우고자 결심했다.

| 해설 | 부족하다거나 없다는 의미로 이어져야 하며, void를 단서로 없다는 것을 끌어낼 수 있다.

| 어휘 | **agar-agar** ⓝ 우뭇가사리　　　　　　　　　**void** ⓝ 빈 공간

---

46 The public health system is under pressure to approve more procedures as a means of combatting _____ obesity.

| 정답 | ⑩

| 해석 | 공중 보건 시스템은 병적인 비만에 맞서 싸울 수 있게 더 많은 수술을 승인하라는 압박을 받고 있다.

| 해설 | 비만의 심한 상태이므로 수술을 통해서라도 해결하자는 주장이 있다고 볼 수 있다. 비만을 꾸미는 형용사로 보기 가운데 morbid를 쓰면 '병적인 비만'을 나타내므로 타당하다.

| 어휘 | **procedure** ⓝ 수술

---

47 He interestingly commented on his view of the closeness between Marxism and _____, given that the former philosophy would have the proletariat abolish its own self in the process of overcoming capitalism.

| 정답 | ⑳

| 해석 | 그는 흥미롭게도 이전의 철학이 자본주의를 극복하는 과정에서 스스로 프롤레타리아를 폐지하도록 했다는 점에서 마르크스주의와 허무주의가 유사하다는 시각을 드러냈다.

| 해설 | 「closeness between A and B」의 구조이므로, 마르크스주의와 유사하게 주의나 이념을 타나내는 명사가 와야 한다. 그러므로 정답은 ⑳ '허무주의'가 타당하다.

| 어휘 | **closeness** ⓝ 근접, 접근, 친밀　　　　　　　**abolish** ⓥ 폐지하다
capitalism ⓝ 자본주의

48 Christ comes to be born not in a _____ palace decked with jewels and precious stones but a humble manger.

| 정답 | ⑥

| 해석 | 예수님은 보석으로 장식된 웅장한 궁궐에서 태어난 것이 아니라 초라한 말구유에서 탄생하셨다.

| 해설 | 「not A but B」의 구조이고, 그렇기에 초라하다는 것과 대비되는 웅장하고 대단한 것이 나와야 한다.

| 어휘 | **decked with** – ~로 치장된   **manger** ⓝ (소·말의) 구유, 여물통

---

49 The Department of Agriculture doesn't _____ selling animals at the state fair, the spokeswoman said.

| 정답 | ⑬

| 해석 | 농림부는 주의 박람회에서 동물을 사고파는 행위를 용인하지 않는다고 대변인이 말했다.

| 해설 | 박람회에서 동물을 거래하는 행위를 금지한다는 얘기이므로, 정답은 condone이 된다.

---

50 Climate change is a result we've come to associate with carbon emissions, but why? We should explore the _____ of these assumptions and lay their factual foundations before automatically link carbon emissions and climate change.

| 정답 | ⑮

| 해석 | 기후 변화는 탄소 배출과 연관되어 온 결과지만, 왜 그럴까? 우리는 탄소 배출과 기후 변화가 자동적으로 연결되기 전에, 이러한 추정의 근원을 탐구해서 그 토대를 닦아 두어야 한다.

| 해설 | lay the foundation for ~는 '무엇의 토대를 구축한다'는 의미이다. 이러한 추정의 토대에 대해서 알아본다는 의미와 연결될 수 있는 것이 추정의 '근원'을 파헤치는 것이 되어야 글의 흐름에 일치한다.

| 어휘 | **carbon emission** – 탄소 배출   **assumption** ⓝ 추정

MEMO

여러분의 작은 소리
에듀윌은 크게 듣겠습니다.

본 교재에 대한 여러분의 목소리를 들려주세요.
공부하시면서 어려웠던 점, 궁금한 점,
칭찬하고 싶은 점, 개선할 점, 어떤 것이라도 좋습니다.

에듀윌은 여러분께서 나누어 주신 의견을
통해 끊임없이 발전하고 있습니다.

에듀윌 도서몰 book.eduwill.net
· 부가학습자료 및 정오표: 에듀윌 도서몰 → 도서자료실
· 교재 문의: 에듀윌 도서몰 → 문의하기 → 교재(내용, 출간) / 주문 및 배송

에듀윌 편입영어 기본이론 완성 논리

발 행 일	2022년 8월 16일 초판
편 저 자	홍준기
펴 낸 이	권대호
펴 낸 곳	(주)에듀윌
등록번호	제25100-2002-000052호
주 소	08378 서울특별시 구로구 디지털로34길 55
	코오롱싸이언스밸리 2차 3층

ISBN 979-11-360-1700-0

www.eduwill.net
대표전화 1600-6700

취업, 공무원, 자격증 시험준비의 흐름을 바꾼 화제작!

에듀윌 히트교재 시리즈

에듀윌 교육출판연구소가 만든 히트교재 시리즈!
YES24, 교보문고, 알라딘, 인터파크, 영풍문고 등 전국 유명 온/오프라인 서점에서 절찬 판매 중!

공인중개사 기초서/기본서/핵심요약집/문제집/기출문제집/실전모의고사 외 12종

주택관리사 기초서/기본서/핵심요약집/문제집/기출문제집/실전모의고사

7·9급공무원 기본서/단원별 기출&예상 문제집/기출문제집/기출팩/실전, 봉투모의고사

공무원 국어 한자·문법·독해/영어 단어·문법·독해/한국사 흐름노트/행정학 요약노트/행정법 판례집/헌법 판례집/면접

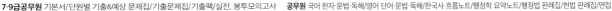

7급공무원 PSAT 기본서/기출문제집

계리직공무원 기본서/문제집/기출문제집

군무원 기출문제집/봉투모의고사

경찰공무원 기본서/기출문제집/모의고사/판례집/면접

소방공무원 기본서/기출문제집/실전, 봉투모의고사

맞춤형 화장품 조제관리사

검정고시 고졸/중졸 기본서/기출문제집/실전모의고사/총정리

사회복지사(1급) 기본서/기출문제집/핵심요약집

직업상담사(2급) 기본서/기출문제집

경비 기본서/기출/1차 한권끝장/2차 모의고사

전기기사 필기/실기/기출문제집

전기기능사 필기/실기

한국사능력검정시험 기본서/2주끝장/기출/우선순위50/초등

조리기능사 필기/실기

제과제빵기능사 필기/실기

SMAT 모듈A/B/C

ERP정보관리사 회계/인사/물류/생산(1, 2급)

전산세무회계 기초서/기본서/기출문제집

무역영어 1급 | **국제무역사 1급**

KBS한국어능력시험 | **ToKL**

한국실용글쓰기

매경TEST 기본서/문제집/2주끝장

TESAT 기본서/문제집/기출문제집

운전면허 1종·2종

스포츠지도사 필기/실기구술 한권끝장

산업안전기사 | **산업안전산업기사**

위험물산업기사 | **위험물기능사**

토익 입문서 | 실전서 | 어휘서

컴퓨터활용능력 | **워드프로세서**

정보처리기사

월간시사상식 | **일반상식**

월간NCS | **매1N**

NCS 통합 | **모듈형** | **피듈형**

PSAT형 NCS 수문끝

PSAT 기출완성 | **6대 출제사** | **10개 영역 찐기출**

한국철도공사 | **서울교통공사** | **부산교통공사**

국민건강보험공단 | **한국전력공사**

한수원 | **수자원** | **토지주택공사**

행과연형 | **휴노형** | **기업은행** | **인국공**

대기업 인적성 통합 | **GSAT**

LG | **SKCT** | **CJ** | **L-TAB**

ROTC·학사장교 | **부사관**